W9-BGB-769

Las capellanías castrenses durante la dictadura
Hurgando en la ética militar chilena

Hernán Vidal

University of Minnesota

LAS CAPELLANIAS CASTRENSES
DURANTE LA DICTADURA
HURGANDO EN LA ETICA MILITAR CHILENA

LAS CAPELLANIAS CASTRENSES DURANTE LA DICTADURA

© Hernán Vidal
© Mosquito Editores, para la presente edición
© Fotografía de portada: Alvaro Hoppe

Primera edición: Febrero 2005
Reg. Propiedad Intelectual Nº: 144.352

I.S.B.N.: 956-265-150-9

Impreso en los Talleres Gráficos de
MOSQUITO COMUNICACIONES
IMPRESO EN CHILE / PRINTED IN CHILE

Índice

Introducción

Acercamiento primero: Lo empírico y sus claves

La curiosidad que motivó esta investigación fue el desconocimiento que existe sobre la situación de las capellanías militares ante las violaciones de Derechos Humanos durante la dictadura militar.

La literatura acumulada ya ha estabilizado una imagen que presenta a la Iglesia Católica como el último baluarte institucional capaz de enfrentar al régimen militar por las atrocidades cometidas. A través de la Vicaría de la Solidaridad, creada en 1974, la Iglesia Católica asumió complejísimas tareas en defensa de los Derechos Humanos. La lista es larga pero enumerarla es imprescindible: recogió denuncias sobre la represion contra dirigentes y militantes de la Unidad Popular, del Movimiento de la Izquierda Revolucionaria (MIR) y contra activistas comunitarios; presentó recursos de amparo *(habeas corpus)* ante los tribunales para la protección de los perseguidos; habilitó la salida al exilio de quienes corrían mayor peligro; acogió a los torturados y les dio a ellos y a sus familiares asistencia legal, médica y económica; acogió y protegió a los familiares que buscaban a padres, esposos, hermanos, hijos desaparecidos; facilitó su organización y apoyó sus campañas de búsqueda y denuncia pública. La Conferencia de Obispos hizo innumerables llamados para calmar la violencia política y detener un conflicto armado que de hecho se desarrolló clandestinamente, sin reconocimiento público, desde fines de la década de 1970 hasta los primeros años de la década de 1990.[1]

Lo que he investigado sobre las capellanías militares difiere radicalmente de la imagen prevaleciente sobre el rol de la

Iglesia Católica en ese período.

Como trasfondo de esta discrepancia no debe olvidarse que, a pesar de la imagen homogénea que se ha construido, no existe "la" Iglesia Católica. La institución sirve de guía espiritual de los católicos de las más diversas identidades y orientaciones ideológicas. Como pastores, en la contingencia política los sacerdotes coinciden con las ideologías en conflicto dentro de una sociedad. Sin embargo, se dice que, en lo teológico, las jerarquías superiores buscan un consenso superior a los intereses en juego en esa contingencia para orientar la acción de la Iglesia en general. Por este motivo, para el observador externo, la Iglesia Católica toma el aspecto de un ente que, a pesar de reflejar en su seno las ideologías políticas potencialmente más dislocadoras de su unidad, después de todo logra situar sus vertebras con una flexibilidad que mantiene la trabazón de su espinazo. De hecho, como observador externo, no católico, durante esta investigación tuve amplia evidencia de la articulación de esa diversidad.

Esta observación es de importancia en la consideración de las capellanías castrenses. En la literatura sociológica internacional el tema "clásico" es determinar una gran ambigüedad: ¿qué lealtad predomina en la práctica pastoral del capellán?; ¿la eclesiástica o la militar?[2] En cuanto a la situación chilena, a pesar de las relaciones conflictivas entre la dictadura militar y la jerarquía episcopal de la Iglesia Católica, es imposible que las capellanías no fueran espacio para un acomodo ideológico-político. En su encargo profesional de servir las necesidades espirituales y sacramentales de las castas militares, los capellanes también tienen rango de oficiales, están sujetos a los reglamentos castrenses y gozan de salarios y beneficios de acuerdo con su jerarquía. Lo ambiguo de esta dualidad se magnificó con la suspensión del estado de derecho por el régimen militar.

Durante todo mayo y comienzos de junio del 2001 estuve en Chile para hacer entrevistas que pudieran entregarme una visión de las capellanías castrenses durante la dictadura militar. En general, las voces que escuché eran políticamente conservadoras y simpatizantes del régimen militar. Aunque fui muy

8

cauteloso en mis aproximaciones, por voluntad propia estas personas no perdieron tiempo en entrar al tema de las violaciones de Derechos Humanos durante el régimen militar. No podían pensar que hubiera otro motivo para que un investigador se les acercara. En casi todos fue evidente su dolor o su desilusión por las atrocidades cometidas por las Fuerzas Armadas. No titubearon en condenarlas como actos indignos de cristianos.

En las conversaciones de mayor tensión emocional nunca se expresó una culpabilidad, pero eran evidentes actitudes compungidas que a duras penas enmascaraban una pregunta desesperanzada ante un fracaso largamente lamentado –¿cómo es que personal militar que los capellanes habían atendido espiritualmente fueran capaces de tal ensañamiento contra otros seres humanos?

Escuché esfuerzos por salvaguardar el pundonor del Ejército de Chile (ECH) diciendo que "no era la institución la maleada" sino unos pocos individuos corrompidos que se excedieron en sus actos. No tuve dudas de esta sinceridad aunque sí tuve la impresión de que se me planteaba la cuestión de un modo retórico, cerebral, como elemento de un debate implícito en que deben ganarse puntos. No pude sino sentir una sensación de profundo respeto, pero, a la vez, cómo no pensar que esa voz simplemente hablaba en mala fe, que la objetividad espantosa de los datos históricos recolectados por la Comisión Nacional de Verdad y Reconciliación invalidaban sus excusas –a esos "pocos individuos corrompidos" una infraestructura logística institucional los había designado de acuerdo con un escalafón jerárquico a la tarea de cazar a "subversivos", interrogarlos, torturarlos, asesinarlos y hacerlos desaparecer. Esa infraestructura logística había puesto a su disposición casas de interrogación y tortura especialmente acondicionadas para esas tareas, como también habían contado con vehículos usados para la caza y para aplastar los cuerpos de los "subversivos", como ocurrió en algunos casos. Esa infraestructura logística también había fijado para los funcionarios encargados de la interrogación-tortura la rutina burocrática de un calendario y de un horario de trabajo, de días de descanso y de vacaciones. A menos que estuvieran de guardia, estos burócratas volvían a sus familias después de su turno y estaban libres los fines de semana.

Otra voz me invitó a compartir conclusiones que él consideraba inevitables desde una perspectiva de "sentido común" en el contexto de la época. Según su experiencia, hubo capellanes que sí expresaron su preocupación a los comandantes de sus unidades. Estos dijeron no tener ni evidencia ni conocimiento de la comisión de atrocidades, pero prometieron investigar. Más tarde los comandantes habían informado que la autoridad superior atribuía tales acusaciones a los "subversivos". Esta voz me pidió que considerara con cuidado lo que ya es sabido: que el régimen militar había encargado, centralizado y concentrado la represión de las redes subversivas clandestinas en organizaciones aisladas del resto de las Fuerzas Armadas, como fueron la Dirección de Inteligencia Nacional (DINA), el Comando Conjunto dirigido por la Fuerza Áerea y, luego, la Central Nacional de Inteligencia (CNI). ¿Cómo podía ponerse en duda la palabra de comandantes que simplemente no podían tener conocimiento de actividades tan segregadas y ocultas? Por lo demás, conocían a varios de esos comandantes de décadas atrás, en los años en que recién habían iniciado su carrera; los consideraban casi como sus "hijos", personas que sin duda eran cristianas y honorables, hijos de familias honorables. Aun dudando de la palabra de los comandantes, se me indicó que un cuestionamiento insistente no podía sino resultar en una ruptura de relaciones, en la expulsion de los capellanes del ECH. ¿No habría sido este resultado un abandono irresponsable de la misión a que los capellanes se habían consagrado voluntariamente?

Aunque en primera instancia condenaba las atrocidades cometidas por la DINA/CNI, otra voz me habló de la necesidad de suspender un juicio negativo contra las Fuerzas Armadas. Los hechos de las violaciones de Derechos Humanos debían discernirse en relación a la voluntad de Dios puesto que, después de todo, la represión había cumplido con liberar a Chile

10

del comunismo ateo. Antes de emitir cualquier juicio, esta voz pedía ejercicios espirituales para intuir la motivación real de los actos humanos en la lucha entre Dios y el mal. Actos que superficialmente pudieran aparecer como maldades atroces quizás responden a la consecución de un bien en el plan divino.

El testimonio más franco me habló del miedo diseminado a través de todo el ECH por la "Caravana de la Muerte", episodio con que, supuestamente, el Comandante en Jefe del ECH, general Augusto Pinochet, disciplinó a los mandos de las unidades de provincia luego de la toma del poder el 11 de septiembre de 1973.

En el trasfondo de la "Caravana de la Muerte"[3] está el hecho de que fue en Santiago donde las Fuerzas Armadas encontraron la mayor resistencia armada. A pesar de todo, ésta fue esporádica, dispersa y nunca constituyó una fuerza proporcional a la desplegada por las Fuerzas Armadas. Desde provincias los mandos militares informaron de un rápido control de sus regiones y del ambiente de paz que imperaba. Algunos comandantes se vanagloriaron de la cooperación recibida de las autoridades depuestas para asegurar el funcionamiento normal de los servicios públicos. En provincias la deposición de las autoridades del gobierno del Presidente Salvador Allende se había cumplido tranquilamente, sin alteración del orden público.

La sensatez de esta pacificación respondía a la inercia del estilo político con que se había estado transando la cosa pública en Chile desde la década de 1940. En esos años había surgido el Estado como el agente central de desarrollo económico y social del país con el proyecto de Industrialización Sustitutiva de la Importación (ISI). Debido al predominio de un estilo corporativo de negociación política y de administración social, hasta 1970 se habló de un Estado Benefactor o de Compromiso. En la práctica política cotidiana ese estilo se manifestaba con los frecuentes ágapes con que las diversas dirigencias gremiales y sindicales y las autoridades gubernamentales y religiosas se reunían para negociar y las ceremonias públicas en que aparecían para demostrar entendimiento mutuo y consenso general.

Pero ya visualizada la imposición de la nueva economía liberal de mercado; con el profundo desprecio de las Fuerzas Armadas por las castas políticas; decidida ya la destrucción del marxismo-leninismo en Chile a partir del golpe de Estado, el alto mando del ECH no permitiría la continuidad de ese estilo político. Para ello decidió demostrar de manera rotunda e impactante las nuevas disciplinas necesarias en el ECH para efectuar los cambios revolucionarios que se preparaban luego de la toma del poder. Este es el trasfondo de la serie de incidentes que se ha conocido como "Caravana de la Muerte".

El Comandante en Jefe del ECH, general Augusto Pinochet, nombró como Oficial Delegado suyo al general Sergio Arellano Stark con la misión de visitar unidades de provincia, aparentemente para "unificar criterios", "revisar" y "hacer más expeditos los Consejos de Guerra" que se tramitaban contra dirigentes de la Unidad Popular por subversión y traición a la patria. El general Arellano fue acompañado por oficiales reconocidos por su "línea dura" contra el comunismo. Más tarde éstos serían figuras centrales en la acción represiva de la DINA cuando fue formada oficialmente a comienzos de 1974.

Según los reglamentos, se comisiona a un Oficial Delegado cuando el Comandante en Jefe del ECH cuestiona la eficiencia con que los comandantes subalternos cumplen sus órdenes. De hecho, en representación del Comandante en Jefe, el Oficial Delegado tenía el poder para relevar de su cargo a los comandantes subalternos y corregir los daños causados por su ineptitud. El general Arellano no depuso a los comandantes visitados. Ello vendría tiempo después de su visita. En presencia de los Estados Mayores locales, el general Arellano y su comitiva revisaban las listas de los prisioneros sometidos a Consejo de Guerra y marcaban algunos nombres. Luego, mientras el comandante local gastaba su tiempo exclusivamente en la atención del general Arellano, sin su conocimiento los miembros de la comitiva procedían a matarlos aunque no hubieran estado condenados a muerte, aunque todavía no hubiera comenzado la causa contra ellos o aunque se los hubiera declarado libres de todo cargo. La oficialidad de las unidades cooperó con la masacre en el entendimiento tácito de que su jefe sabía del procedimiento y lo autorizaba. En todos los casos la comitiva procedió con salvaje ensañamiento, mutilando a las víctimas con cuchillos corvos antes de darles un tiro de gracia. La mayor parte de los asesinados fue enterrada en fosas anónimas. Los comandantes locales sólo supieron de lo ocurrido durante las reuniones generales de oficiales y suboficiales que siguieron después de cada visita del general Arellano.

Los comandantes locales se sintieron forzados a dar versiones falsas de las muertes para proteger su propia reputación, la del general Arellano, la imagen pública del ECH y de la Junta de Gobierno. Como justificación pública se acusó a las víctimas de intentos de sublevación y de escapatoria. Los oficiales que presentaron quejas por conducto regular interno fueron llamados a retiro, arrestados y torturados. Uno de los oficiales afectados comentó que "la misión del general Arellano estaba dirigida para adentro, para la casa. Eso era lo que más interesaba, porque el general Pinochet no sabía qué Ejército estaba mandando [...] Tenía que poner a todos en una línea, cualquiera fuera el costo" (Verdugo, p. 235).

Obviamente, todo esto también afectó a los capellanes castrenses.

Es a esta forma de diseminación del terror dentro del ECH a la que se refería ese capellán entrevistado. Aun altos oficiales aparecían del todo vulnerables ante la mano de hierro del alto mando. De manera bestial se habían impuesto nuevas reglas de juego que despreciaban toda norma burocrática, judicial y moral. ¿Dentro de la jerarquía militar, quién escucharía las preocupaciones de capellanes que tenían información fidedigna de atrocidades cometidas por personal militar? El temor fue magnificado aún más cuando, por conductos internos de la Iglesia Católica, se tuvieron noticias del asesinato de sacerdotes en los primeros meses del régimen militar. El capellán entrevistado insistió en que los Vicarios Castrenses de la época habían sido informados. Sin embargo, nunca se supo de diligencias que hubieran resultado de los informes que se les entregaron.

(Un sacerdote conocedor de esta situación, me hizo un comentario lapidario: los Vicarios Castrenses de la época eran conocidos como individuos intelectualmente mediocres, pusilánimes moralmente, totalmente entregados a la pompa militar e incapaces de enfrentar a la autoridad militar y cuestionarla)

En este testimonio también se me confió que en el cuerpo de capellanes el miedo paralizador de la conciencia moral no fue sólo cuestión de seguridad personal. Entre muchos capellanes fue, además, cuestión de avaricia. Se me dijo que muchos provienen de hogares muy humildes, no son muy educados ni demuestran mucha inteligencia. En provincias asumieron las funciones de capellán simplemente por la escasez de sacerdotes. No pasó mucho tiempo para que el salario correspondiente a un oficial y las granjerías asociadas con el grado se les hicieran indispensables. No se podía esperar de ellos que pusieran en peligro su situación acomodada insistiendo sobre el tema de la violación de Derechos Humanos. Habrían sido expulsados del ECH y, en realidad, nadie habría podido garantizar sus vidas. Este capellán testimoniante negó mi sugerencia de que quizás la inacción de estos capellanes ante las atrocidades cometidas proviniera de una postura ideológica ultraconservadora. Afirmó que la capellanía castrense nunca se había caracterizado por una preocupación o por un vigor intelectual.

("En realidad, en Chile las capellanías castrenses nunca han sido más que trabajo de sacristía –matrimonios, bautizos, ceremonias especiales, funerales", fue el comentario que me hizo un sacerdote).

Ese capellán testimoniante me mostró un sentimiento de culpa infinita. Fue durísimo consigo mismo, con sus colegas y con los Vicarios Castrenses durante la dictadura militar. Confesó que el miedo y la avaricia habían convertido el ministerio colectivo entre los militares en nada más que una granjería burocrática. La cobardía nunca permitió que el ministerio se manifestara como energía carismática, inspirada por el ejemplo de servicio redentor de Cristo a los seres humanos.

Esta amargura influyó en mi entendimiento de la única

14

entrevista que tuve con un capellán joven. Cuando se me hizo referencia a este capellán se me indicó que el ingreso de jóvenes como ése al ECH auguraba cambios profundos en la concepción general de la capellanía como ministerio realmente involucrado en la profesión militar.

Visité a ese capellán en un recinto de instrucción militar de gran importancia. Se trataba de una persona que, sin duda, recién comenzaba su década de los treinta; era atlético, afable, amistoso. Durante la dictadura militar había sido niño y adolescente. Hacía cuatro años que había terminado sus estudios de sacerdocio. Luego había tenido dos años de trabajo parroquial entre civiles antes de asumir como capellán del ECH. Me pareció evidente que, por la diferencia de edad, sería inútil dirigirle a este joven el tipo de preguntas hechas a otros capellanes.

Tomándonos una tasa de café en el casino de oficiales le expliqué mi proyecto como un intento de estudiar la concepción de la capellanía castrense imperante en el ECH como condicionamiento de la enseñanza de la Etica Militar. Le propuse que, para hablar de ese tema, quizás la mejor manera fuera calibrar los cambios que pudieran introducir los capellanes jóvenes en las instituciones castrenses. Inicialmente se mostró deseoso de hablar conmigo. Para facilitarle la organización de sus ideas, a medida que dialogábamos le propuse comparar su experiencia personal con aspectos básicos de la capellanía en el Ejército de Estados Unidos (EEU). Hice énfasis en mostrar la fuerte relación establecida por los capellanes estadounidenses entre la enseñanza ética y las materias y prácticas profesionales en las academias militares y en la planificación de las actividades de los diferentes comandos.

En el curso de mi breve exposición, la intranquilidad creciente de su postura y de sus gestos indicó el comienzo de una desazón que luego se le hizo intolerable. Arguyó que mis preguntas iban mucho más allá de cuestiones de su ministerio estrictamente religioso; me dijo que lo estaba adentrando en cuestiones de seguridad militar que no le competían. De todas maneras, no dejó de mostrarme su cortesía. Me indicó que, para continuar la conversación, necesitaba la presencia de un oficial de inteligencia y se excusó para salir en su busca. Se ausentó alrededor de quince minutos sin lograr ubicarlo. No obstante, en la oficina de inteligencia recibió el consejo de suspender el diálogo y remitirme al oficial encargado de las relaciones públicas en el Departamento Comunicacional del ECH. Sin abandonar su actitud cooperativa, se deshizo de mí indicándome que, realmente, yo necesitaba escuchar "una voz oficial".

No pude sino pensar que la alarma de este joven capellán ante la estrecha relación que le expuse entre lo militar y lo religioso en el EEU se debía a la pervivencia del miedo en el ECH, de la que ya se me había hablado. Tuve la impresión de que era un refugio moral para este joven la estricta separación de lo militar y lo religioso que impera en el ECH. Insistió varias veces en su relativa inexperiencia en los usos de la capellanía castrense. En el momento de mi entrevista tenía sólo dos años en el puesto. Entendí la reiteración de su inexperiencia como un argumento soslayado de que él no podia ni debía hacerse cargo de los actos de las generaciones castrenses que se responsabilizaron del golpe militar del 11 de septiembre de 1973.

Este capellán tenía razón, era indispensable escuchar "voces oficiales". Como acto preparatorio, antes de mi viaje a Chile ya había enviado un extenso e-mail explicando la naturaleza de mi investigación y solicitando entrevistas con Monseñor Pablo Lizama, el actual Obispo Castrense. Mi expectativa era tener conversaciones paralelas con él, con capellanes y sacerdotes, junto con hacer trabajo complementario de biblioteca y hemeroteca. Llegado a Santiago a comienzos de mayo de 2001, me presenté en el Obispado Castrense. Este se encuentra en la esquina de la Avenida Providencia con Los Leones, zona de lujosos rascacielos modernos, ocupados por el comercio más elegante de la ciudad. Desde este núcleo se irradian avenidas residenciales de las clases medias altas. El Obispado Castrense está instalado en una antigua residencia privada convertida en oficinas administrativas. El acceso está regimentado de manera militar. La reja de hierro sólo se abre eléctricamente después que el visitante usa un citófono para explicar el asunto que lo lleva allí. Aunque los recepcionistas visten de civil, su talante es obviamente militar. Luego de una corta espera, me atendió un funcionario que me explicó que en ese momento salía a cumplir una diligencia y que volvería en pocos minutos. Me pidió que lo esperara. Me retiré después de esperar más de una hora.

Volví dos días después. Esta vez el recepcionista me informó que la persona con quien debía hablar era realmente la secretaria personal de Monseñor Lizama, quien no se encontraba en su oficina. En mi visita siguiente tampoco pude hablarle. Finalmente encontré a la secretaria hacia fines de mi segunda semana en Santiago. Me indicó que en su oficina no había constancia del e-mail enviado con anticipación. Sin embargo, con gran amabilidad y, al parecer, voluntad de cooperación, tomó mis señas personales, examinó mis credenciales académicos y tomó razón de mi pedido de entrevistar al Obispo Castrense, o un representante, y de tener acceso a los documentos y publicaciones representativas del trabajo del Obispado que se estimaran convenientes. Me dijo que transmitiría mis pedidos a Monseñor Lizama y me haría saber su decisión lo más pronto posible. Me indicó, no obstante, que el Obispo era una persona muy ocupada.

Al despedirme pedí sugerencias a la secretaria sobre maneras alternativas de tener acceso a publicaciones del Obispado Castrense mientras esperaba la decision de Monseñor Lizama. En especial, me interesaba leer el Reglamento del Servicio Religioso del Ejército. Mi investigación bibliográfica previa me indicaba que era imperativo examinar el Reglamento para entender la relevancia posible que se asignaba a los capellanes en la educación ética de los militares. La secretaria me dijo que, desafortunadamente, no quedaba un ejemplar en su oficina, pero me sugirió que lo consiguiera en la sacristía de la Catedral Castrense, edificio adyacente al Obispado Castrense.

El enrejado de la sacristía de la Catedral Castrense es aún más macizo e imponente. Por el citófono una voz agresiva y viscosa me preguntó –"¡Qué quiere!". Le di mi razón y le expliqué que estaba allí por indicación de la secretaria del ispo Castrense. Se hizo un silencio. Supuse que la reja se abriría pero no ocurrió así. Esperé un rato. Volví a pulsar la tecla del citófono, pero esta vez no hubo respuesta. Nuevamente esperé y luego reiteré mi pedido. Nuevo silencio, pero poco después apareció un hombre alto, fornido, hosco, que me condujo a la oficina de la sacristía. Dio una contraseña para que se abriera una gruesa puerta que conduce al segundo piso. Al cabo de la estrecha escalera, tras un escritorio estaba un individuo de unos cincuenta años, de cuerpo grueso, rechoncho, cara rojiza, grueso pelo negro, muy engominado, vestido con ropa de lana gruesa, de corbata. Daba la impresión de no estar acostumbrado a esta vestimenta. Sin intento de cortesía me espetó bruscamente –"¿Quién es usted?". Volví a explicarle que la secretaria del Obispo Castrense me había dicho que quizás en su oficina pudiera obtener un ejemplar del Reglamento del Servicio Religioso del Ejército. Con voz indignada, casi gritando, me dijo –"¿Pero es que no sabe que es un documento reservado, de circulación interna de la institución?". Le expliqué que como persona ajena al Servicio Religioso no podia saberlo. Por otra parte, yo recurría a él por sugerencia de la secretaria del Obispo Castrense. ¿Por qué ella no me había advertido de la naturaleza reservada del documento? Mis explicaciones finalmente lo calmaron.

Sin duda me había enredado en una farsa; decidí explorar hasta qué punto llegaría. Al sacristán le pregunté quién podría autorizarme para obtener un ejemplar del Reglamento. Me dijo que tratara con la oficina del Comandante en Jefe del Ejército. Su tono irónico me sugirió que quería disuadirme demostrándome que me vería envuelto en una diligencia que tomaría mucho tiempo y que me enfrentaría a una alta autoridad con poca paciencia para atender a los deseos de un individuo como yo, anónimo e insignificante. Volví a la secretaria del Obispo Castrense y le conté lo ocurrido. No explicó el hecho de que me había encausado al sacristan para hacerle una petición indebida. Muy por el contrario, me sugirió que hablara con el sacerdote Secretario del Obispado Castrense.

En el Edificio de las Fuerzas Armadas, en el Barrio

Cívico del centro de Santiago, pedí acceso a la oficina del Comandante en Jefe del Ejército para obtener la autorización buscada. Con amabilidad se me indicó que encontraría el Reglamento en las imprentas del Instituto Geográfico Militar, empresa que edita todos los documentos oficiales del ECH. Allí supe que el Instituto no vende esos documentos. Dos días después, luego de que oficiara la misa rutinaria del mediodía en la Catedral Castrense, pude hablar brevemente con el Secretario del Obispado Castrense. Me impresionó su semejanza física con el sacristán; por un momento los confundí –similar grosura y chatura de cuerpo, cara rojiza, pelo negro grueso y engominado, traje poco ajustado a su figura, de lana negra y gruesa, que no llevaba con comodidad. En su oficina fue perentorio, no me ofreció asiento; con voz autoritaria y terminante me dijo que la documentación del Obispado Castrense sólo tenía circulación interna. Dijo tener muy poco tiempo y dio por terminada la entrevista.

(Reflexionando más tarde, pensé que estos incidentes ilustraban las opiniones en cuanto a que personas de origen social bajo y de educación limitada habían encontrado una movilidad ascendente en las capellanías castrenses).

Durante esos días también había estado trabajando en la biblioteca de la Escuela Militar del Libertador General Bernardo O'Higgins. Pregunté al bibliotecario si habría allí una copia del Reglamento. Me indicó que podría conseguirla en una oficina depósito de documentos oficiales en la planta baja. Cuando llegué allí el funcionario encargado demoró en salir a atenderme. Luego que hice mi petición retornó al interior y apareció acompañado de un capitán que llevaba capote y gorra como si viniera de fuera. Era obvio que no pertenecía a esa oficina y me pareció que el bibliotecario le había telefoneado para alertarlo de mi presencia. Como una especie de invitación a que explicara mis motivaciones, el capitán hizo una observación en cuanto a que me había observado en la biblioteca examinando un texto sobre problemáticas de la toma de decisiones estratégicas en los altos mandos militares. Al parecer yo había estado bajo escrutinio. Amablemente me explicó que esa oficina no estaba autorizada para mostrar documentos internos del servicio. Me sugirió que "volviera" al Obispado Castrense. Al parecer sabía que yo había estado allí. El círculo farcesco se había cerrado; había vuelto a punto cero, allí donde había comenzado.

(Me imaginé que esta farsa circular era una analogía degradada de lo que tantas personas sufrieron durante años en la búsqueda de sus familiares desaparecidos).

Como se verá en las últimas secciones sobre el esoterismo empleado por intelectuales de las Fuerzas Armadas en la Segunda Parte de este informe, quizás la clave más básica que entregaron estas anécdotas es que el lenguaje empleado por estas instituciones en sus relaciones públicas puede ser profundamente desorientador para el observador externo.

En la biblioteca de la Escuela Militar del Libertador Bernardo O'Higgins y en la Biblioteca Augusto Pinochet Ugarte de la Academia de Guerra del ECH recibí amables facilidades para consultar y fotocopiar el material que consideré necesario. Por otra parte, el coronel Pedro Pablo Bustos, jefe relacionador público del Departamento Comunicacional del Ejército en ese momento, a pesar de su sobrecargado calendario, tuvo a bien darme una larga entrevista[4] para explicarme los cambios en la enseñanza de Etica Militar como parte del programa de modernización del Ejército de Chile.

Creo que estas anécdotas comprueban empíricamente la existencia de las tres iglesias que conviven dentro de la Iglesia Católica chilena, según la tipología propuesta por Fernando Castillo Lagarrigue, s. j.[5], para explicar los conflictos ideológicos internos de la institución. Castillo habla de la coexistencia de tres Iglesias: una "Iglesia Liberadora", dinamizada por, y dinamizadora de la Teología de la Liberación que, en su modo de entender la "opción por los pobres" del CELAM de Medellín, quiso encarnarse en las acciones reivindicativas de los campesinos y los trabajadores más desposeídos de las poblaciones marginales, acercándose políticamente a sectores marxistas para la transformación de una sociedad injusta; la

"Iglesia Modernizada", que "se abrió al mundo" secularizado para apoyar y convivir con la utopía de un capitalismo moderno, transnacionalizado, capaz de crear en Chile la prosperidad necesaria como paso inicial para dignificar hasta a los más desposeídos; la "Iglesia Conservadora" o Tradicionalista, que, desde temprano en el siglo XX se concibió a sí misma como poder complementario de un Estado furibundamente anticomunista, antisubversivo, encerrándose en sí misma para defenderse contra los embates de un secularismo ateo.

Los seres engañadores y hoscos del Obispado Castrense, para quienes la mirada desde el exterior parece ser una amenaza, sin duda representan esa Iglesia Conservadora. Irónicamente, su agresivo énfasis en el secreto militar contrasta con la mayor apertura al escrutinio externo de las relaciones públicas del ECH. En ese contraste surge la sospecha de que la agresividad es una forma de compensación. En el pacto eclesiástico-militar, el Obispado Castrense aparece como un socio de poca monta para la cultura militar. Su papel es más bien ornamental, ceremonial, no incide de raíz en la educación moral de los militares.

Estudios dedicados a las capellanías castrenses en otros países[6] muestran que, en algún momento, el investigador se encontrará ante una impasable muralla de silencio impuesta por la seguridad militar. En el caso particular de este trabajo, inicié la investigación presuponiendo ese obstáculo. Por ello mi estrategia nunca fue la de recolectar datos específicos, individualizados, sobre lo ocurrido dentro de los circuitos de relaciones humanas de las capellanías castrenses durante el régimen militar. Mi propósito fue, más bien, encontrar claves que permitieran una "lectura" general de la institución como espacio iluminador de aspectos importantes de la historia y de la cultura chilena durante el régimen militar y sus consecuencias posteriores. En otras palabras, he intentado captar lo que la Comisión Nacional de Verdad y Reconciliación en el *Informe Rettig* llamó "verdad genérica", "formarse un concepto racional y fundamentado sobre lo ocurrido" (p. III) –es decir, entender la lógica general de las acciones humanas en un largo período de

21

suspension del imperio de la ley, del Estado de Derecho.

Ciertamente, mi uso del concepto de "lectura" requiere una explicación.

Todo ítem cultural expuesto a la mirada que busca entender su significado social debe entenderse como síntoma de una maraña simbólica de relaciones simultáneamente económicas, de clases sociales, de instituciones administradoras de la sociedad, de ideologías afines entre sí y/o en conflicto. El significado pasado, presente y las opciones de futuro de esas relaciones ha quedado decantado en la memoria de las personas que las construyeron, las sostuvieron y que todavía las sustentan, además de los documentos escritos, visuales y sonoros en que se han registrado los términos en que sus acciones se relacionaron entre sí. Los cuestionamientos que pueda hacer el entrevistador personalmente ayudan a detectar la jerarquía de categorías que puedan servir para ordenar el material acumulado y las secuencias en que se lo pueda narrar. Por tanto, instalado en esa maraña simbólica, todo ítem tiene una multiplicidad de aristas significativas que apuntan a un sinnúmero de lugares, personas, documentos que, en primera instancia, están ocultos a la mirada. Sin embargo, por esto mismo, los fracasos investigativos, las murallas de silencio son un aporte a la verdad porque dan cuenta de la manera de ser de un sector de la realidad. Aquello que en un lugar es censurado, oculto o acallado aparece en otros lugares con voces plurales. Por ejemplo, parte de lo que el Obispado Castrense me ocultara lo encontré sucio y empolvado en las librerías de viejo en la calle San Diego de Santiago. Me parece que la verdad no puede acallarse.

El texto que sigue quedó determinado por estas circunstancias y principios.

Instalar la mirada investigadora desde la perspectiva del Obispado Castrense demanda la adopción de criterios militares para observar el comportamiento político de la Iglesia Católica durante la dictadura. Esto lo hago en la Primera Parte, evaluando ese comportamiento dentro del marco de las "operaciones encubiertas" que caracterizaron la Guerra Fría, marco que mantendré en las dos partes siguientes de este trabajo. Debe considerarse que, a través de su mandato, Pío XII (1939-1958) consideró la derrota del movimiento comunista internacional como el objetivo principal de la política exterior del Vaticano, sumándose para ello a las operaciones encubiertas de la Agencia Central de Inteligencia (CIA) estadounidense en Europa desde fines de la Segunda Guerra Mundial. A ello también contribuyeron personalmente Pablo VI (1963- 1978) y Juan Pablo II (1978-).

La Segunda Parte estudia el trasfondo ideológico que sustentó la participación de capellanes militares en violaciones de Derechos Humanos, en su ocultamiento y en la legitimación religiosa del régimen militar cuando éste era aislado por la comunidad internacional de naciones. Contrastar los principios predominantes en la Jerarquía Episcopal con los que guiaron la acción de los capellanes castrenses pone en evidencia la disfuncionalidad de las capellanías como cristianizadores de la cultura militar. Toda declaración emitida por el Obispado Castrense en cuanto a su función habla de una misión evangelizadora. Si esto es así, ¿qué creó las condiciones espirituales para que los militares actuaran con saña criminal contra otros chilenos?

Esta pregunta me lleva a discurrir sobre la "Etica Militar" entendida como materia de estudio en los institutos de formación castrense y la "ética militar" en su sentido cultural mucho más amplio. La profesión castrense es una cultura constituida como modo o estilo de vida que se reproduce y readapta a nuevas contingencias históricas a través de las generaciones según actitudes y normas introyectadas en la personalidad individual como "moral", y como "ética" en la conducta colectiva de quienes constituyen estas instituciones. La Etica entendida como materia de estudio militar no corresponde necesariamente con las prácticas reales de las normas colectivas, como tampoco coinciden en ninguna sociedad ciertas prácticas concretas de la población con las normativas legales vigentes. No obstante, puesto que las instituciones militares son instrumento de la política de Estado, y éste es el principal responsable del imperio de la ley, se supone que los diversos niveles de mando deben actuar con una férrea disciplina vertical y horizontal al implementar la legalidad vigente.

Mostraré que la "Etica Militar" ultraconservadora enseñada por los capellanes durante la dictadura carece de toda relación con el quehacer cotidiano de la profesión militar. Peor aún, fue incapaz de demarcar los límites que debe tener la aplicación de la violencia sobre el enemigo. Considérese que las instituciones armadas de todo Estado nacional no deben prepararse sólo para ganar un conflicto armado sino también la paz que sigue al término de las hostilidades. Por tanto, la eficiencia profesional indica que la violencia usada para asegurar el triunfo no debe ir más allá de la necesaria para neutralizar la capacidad de resistencia del enemigo. Con este cálculo prudencial se sientan las condiciones óptimas para que los triunfadores más tarde impongan sus condiciones de manera más expedita, atenuando resquemores innecesarios entre los vencidos. En este sentido −con su política de ejecuciones sumarias ilegales, desaparición de prisioneros y el uso masivo de la tortura como instrumento de disuasión de la actividad política− las Fuerzas Armadas chilenas actuaron de manera incompetente. Esta incompetencia las ha obligado al uso sistemático de todo tipo de subterfugio para ocultar la verdad de sus atrocidades y presionar ilegalmente a los gobiernos democráticos.

La Etica Militar enseñada por los capellanes castrenses más bien contribuyó a legitimar, justificar o a hacer aceptables las violaciones de los Derechos Humanos en la cultura militar. Dadas las racionalizaciones oficiales sobre el uso de la violencia excesiva contra la oposición durante la dictadura, todo indica que la orientación de la cultura militar por los grupos de poder entronizados en los altos mandos hará inefectiva en el futuro la enseñanza profesional castrense más ajustada al Derecho Internacional Humanitario −las Convenciones de Ginebra y sus Protocolos Adicionales.

En la Tercera Parte y final de este informe, pongo en duda la posibilidad de un diálogo civil-militar honesto y, por tanto, una reconciliación nacional consciente de los términos en que se pueda conceder el perdón mutuo. Veremos que la cul-

24

tura militar ha sido dirigida para constituirla en una casta aislada que prefiere comunicarse con el resto de la sociedad montando operaciones de relaciones públicas, exhibiendo una transparencia espúrea. El resguardo principal de la democracia chilena actual parece estar en los límites impuestos a la casta militar por la política internacional de Estados Unidos. Inevitablemente esto lleva a un cuestionamiento de la manera en que se manifiesta la identidad nacional chilena: ¿qué hay en ella que impide una motivación colectiva para constituir la sociedad en espacio para la promoción de los Derechos Humanos como fundamento de la dignidad humana?

Queda claro, entonces, que, aunque la curiosidad que inició esta investigación fueron las capellanías castrenses, finalmente el trabajo derivó definitivamente hacia un entendimiento de la ética militar chilena contemporánea y su relación con una posible cultura chilena y una identidad nacional consciente y respetuosa de los Derechos Humanos, tarea por cumplir (¿quizás?). De allí el título en dos partes de este informe: "Las capellanías castrenses durante la dictadura"; "Hurgando en la ética militar chilena".

En su aproximación técnica y modo de argumentar esta investigación se instala en una posición intermedia entre las concepciones macro y microcósmicas del estudio del acontecer social. Durante el régimen militar, por un largo tiempo el investigador de la situación chilena debió echar mano de informes sociológicos macrocósmicos de gran abstracción. Esto se debió a la opacidad con que la autoridad del régimen tomaba sus decisiones, el reducido círculo de personas que las tomaban, el desconocimiento de las tensiones ideológicas que se desarrollaban en el interior del régimen. Por esta razón, todo informe analítico-interpretativo se basaba en una escasa información directa y debía confiar principalmente en intuiciones con poco apoyo en datos concretos[7]. Si se trataba de estudios de la situación política de sí misma producidos por la oposición al régimen, el observador externo se encontraba con la censura de datos de importancia por obvias razones de seguridad y por la inexistente relación de los productores con alguna orgánica partidaria de base. Esta sociología debía hablar de manera abstracta y elíptica. Después de 1990 la publicación de memorias, testimonios e investigaciones periodísticas sobre las relaciones de poder han demostrado lo desajustadas que estaban muchas de esas abstracciones.

Para remediar esta situación sugiero la necesidad de estudios como el que intento en este texto. Se trata de clarificar el conocimiento de las periodizaciones abstractas de la evolución del régimen militar con la lectura puntual y detallada *(close reading)* de ese material testimonial reciente. Estimo que compulsar material micro con material macro puede abrir nuevas perspectivas de conocimiento o calibrar el valor verdadero o nuevos usos del existente.

Este encabalgamiento micro-macro me ha obligado a una abundante cantidad de largas citas puesto que compulsar la relación mutua de estos enfoques del dato histórico exige lecturas minuciosas y comentarios detallados de los textos. Agréguese a esto que, como criterio de comprobación, el lector querrá conocer elementos claves de la literatura consultada, mucha de ella difícil de conseguir o no fácilmente a la mano. La abundancia de las citas es una invitación a que el lector haga esta nueva lectura junto conmigo.

Acercamiento segundo: Criterios para un entendimiento geopolítico de la Iglesia Católica

El paradigma de Castillo Lagarrigue para entender la Iglesia Católica de Chile tiene el atractivo de ser simple, de fácil aplicación y esclarecedor del dato histórico. No obstante, propone a las tres Iglesias como identidades rupturistas entre sí, lo cual oscurece la continuidad histórica que se ha dado entre las Iglesias Conservadora y Modernizada. Esa continuidad está en el anticomunismo intransigente de las jerarquías eclesiásticas ya desde la década de 1920, acentuado y articulado mucho más con la Guerra Fría iniciada en 1945. Es imperativo referirse a este aspecto para el entendimiento de las capellanías castrenses chilenas durante la dictadura.

Como paso previo, convengamos en unas cuantas premisas analíticas: imaginemos la Iglesia Católica como una burocracia transnacional que, al administrar un discurso teológico, bienes, capitales e influencia política, busca influir sobre todo tipo de relaciones económicas, sociales, políticas e ideológicas en sociedades específicas, a nivel nacional, regional y mundial. El centro de las decisiones políticas de gran trascendencia y su correspondiente elaboración teológica y diplomática está en el extranjero, en el Vaticano, Estado soberano que pertenece a la órbita de las potencias centrales del sistema mundial. La autoridad episcopal en las Iglesias periféricas debe armonizar su acción ante la política local y su influencia sobre las castas políticas y militares con las orientaciones originadas en el Vaticano. Hay aquí un importante polo de tensiones entre lo universal y lo nacional, puesto que lo nacional queda subsumido en la macrodimensión geopolítica del Vaticano. Esto se hizo del todo patente en el curso de la Guerra Fría, particularmente bajo el reinado de Juan Pablo II, para quien el eje de la política vaticana estaba en la derrota del bloque soviético; en este marco, para él la situación de otras regiones era secundaria, la de Chile entre ellas. Desde la periferia, la Teología de la Liberación y la Iglesia Liberadora pueden entenderse como una contrarreacción a la geopolítica del Vaticano.

La Iglesia Católica se define primordialmente como poder moral y ético. Sin embargo, de manera encubierta influye decisivamente en lo político para que su definición especial de los valores cristianos prevalezca en la administración de la sociedad por los Estados nacionales. En países como Chile, en que la separación constitucional del Estado y la Iglesia data de 1925, esa influencia se ejerce de manera mediatizada, reclutando el apoyo de católicos practicantes, reconocidos como líderes sociales, potenciales o ya en ejercicio, y a través de organizaciones sociales. Esos líderes son entrenados con cursillos sobre dinámicas sociológicas de grupo y adoctrinados en las enseñanzas sociales de la Iglesia. Esta influencia distanciada permite que el episcopado legitime y afirme su autoridad moral declarando públicamente que no apoya a ningún partido político o candidato. Este juego dota a la autoridad episcopal de una gran flexibilidad táctica en los conflictos políticos por cuanto la ambigüedad resultante le permite, a su conveniencia, definir como magisterio moral toda acción realmente política, o viceversa. Por otra parte, las corrientes teológicas y políticas que puedan darse dentro de la Iglesia o entre la militancia política laica, por muy contradictorias que sean entre sí, la autoridad episcopal puede instrumentalizarlas para mantener su influencia social, confiriendo apoyo y autoridad a alguna de esas tendencias según las circunstancias.

Para los propósitos de este trabajo es imperativo considerar a la Iglesia Católica como uno de los actores de mayor importancia en la Guerra Fría, factor que no ha sido sopesado en la literatura chilena sobre la Iglesia. Como paradigma analítico al respecto uso las implicaciones de la estrecha colaboración entre la administración del Presidente Ronald Reagan y Juan Pablo II en una prolongada operación encubierta llevada a cabo en Polonia entre 1982 y 1989 para mantener y amplificar las actividades subversivas del sindicato Solidaridad conducido por Lech Walesa[8]. El objetivo de esta operación fue desestabilizar el Estado comunista de Polonia, proyectar la desestabilización hacia otras naciones colindantes del bloque soviético y crear las condiciones para el colapso de la Unión Soviética, como ocurrió a partir de 1989. Veremos que el apoyo dado a Solidaridad revela el mismo esquema burocrático de acción empleado por Estados Unidos para terminar con el régimen militar del general Augusto Pinochet y dominar el proceso de transición a la democracia. La transición a la democracia en Chile fue un paradigma de acción burocrática encubierta ya practicado y perfeccionado en contra del bloque soviético de naciones.

A comienzos de mayo de 1982 el Presidente Reagan, mientras su administración también estaba embarcada en la lucha antirevolucionaria en Nicaragua y El Salvador, firmó la directiva de seguridad nacional NSDD 32 que orientó enormes recursos económicos, militares e institucionales en un esfuerzo

28

supremo para arruinar económicamente a la Unión Soviética. Su incapacidad para mantener un grado aceptable de calidad de vida para la población nacional, junto con los enormes gastos para mantener su posición de superpotencia en la Guerra Fría ya había sido constatada largo tiempo atrás por los servicios de inteligencia estadounidenses. Inducir a la Unión Soviética a mayores gastos militares finalmente la llevaría al colapso.

El lunes 7 de junio de 1982 el Presidente Reagan se entrevistó con Juan Pablo II en su biblioteca del Vaticano para sentar las bases de la cooperación en las operaciones encubiertas contra el gobierno comunista polaco. La cooperación de la Iglesia fue fundamental, dada su condición de institución que "a la vez era medio abierta, medio secreta. Abierta en lo que respecta a ayuda humanitaria –alimento, medicina, consultas médicas hechas en iglesias, por ejemplo– y secretas en cuanto a apoyo de actividades políticas: distribuición de equipos de prensa de todo tipo, espacio para reuniones clandestinas, organización de demostraciones públicas especiales" (p. 2). Las monjas, sacerdotes y obispos polacos montaron una eficiente red que recogió información desde la misma base social sobre las acciones cotidianas de las masas y de su estado de ánimo en las confrontaciones con el gobierno. A la vez, simpatizantes en los altos mandos políticos y militares comunistas cooperaban con la Iglesia polaca. Esta información era comunicada diariamente por radio al Vaticano.

Esto permitió de hecho la formación de una especie de comando conjunto compuesto por el Presidente Reagan y Juan Pablo II; el Secretario de Estado, general (r) Alexander Haig; William Casey, Director de la CIA; William Clark, consultivo de Seguridad Nacional; el cardenal Agostino Cassaroli, Secretario de Estado del Vaticano; el cardenal Pio Laghi, diplomático destacado en Washington; y el arzobispo Achille Silvestrini. Como comando de operaciones encubiertas, este grupo actuó fuera de los canales legales de sus respectivos gobiernos. Debe considerarse que, en este caso, el Vaticano no solo violó su política expresa de no inmiscuirse en lo político sino que, además, violó normas internacionales en cuanto a intervenir agresivamente en contra de un Estado nacional.

Diariamente este comando conjunto compartía información, evaluaciones e interpretaciones del desarrollo de la situación política general del bloque soviético. Por ello tuvieron capacidad de tomar rápidas decisiones estratégicas que luego se transformaban en acciones tácticas en Polonia. Así llegaron a un programa general de desestabilización de la institucionalidad comunista cuyos puntos fundamentales consideraban operaciones encubiertas para equipar, financiar y entrenar a movimientos de reforma; la intensificación de campañas de propaganda, rumores y desinformación; negar el acceso de los gobiernos comunistas a préstamos y tecnología occidentales; obstaculizar e impedir el comercio del bloque soviético con países no comunistas. Este programa contó con el apoyo de fondos y personal de la CIA, del Vaticano, de la Internacional Socialdemócrata, de la Internacional Democratacristiana, de la organización sindical estadounidense AFL-CIO, del movimiento sindical europeo.

Debe llamarse la atención sobre el modo en que se percibió el tráfico de todos estos recursos desestabilizadores, tanto por las organizaciones que los contribuyeron como por los receptores. Al articular el programa tanto el gobierno estadounidense como el Vaticano lograron ocultar la centralización de su gestión organizadora, de manera que las otras organizaciones creyeron actuar con independencia. A nivel de base, en Polonia los recursos eran entregados por individuos que desconocían el cuadro estratégico general en que estaban insertos. Por tanto, los organizadores y los activistas polacos actuaron con la illusion de responder a un movimiento exclusivamente nacional.

> [L]os dirigentes de la AFL-CIO nunca tuvieron una conciencia clara de lo extenso de la intervención clandestina de los Estados Unidos, o de la confianza en las orientaciones de la Iglesia que tuvo la administración [Reagan] en cuanto al grado en que convenía antagonizar a las autoridades polacas y soviéticas. [El director de la CIA] Casey no quería "conta-

minar" a los movimientos sindicales estadounidense y europeo dándoles demasiados detalles de los esfuerzos de la administración. Y en realidad no se trataba estrictamente de una operación de la CIA. Mas bien, era una mezcla de [operaciones] encubiertas, políticas públicas y alianzas secretas.

La oficina de Solidaridad en Bruselas se convirtió en local de convergencia y suministro de información para representantes del Vaticano, agentes de la CIA, de la AFL-CIO, de representantes de la Internacional Socialista, de la Fundación Nacional para la Democracia [National Endowment for Democracy] financiada por el Congreso [estadounidense], la cual también trabajaba en estrecha relación con Casey. Se convirtió en el lugar donde Solidaridad informaba a quienes la apoyaban –cuya identidad Solidaridad desconocía– de lo que necesitaba, del lugar en que serían más útiles la ayuda material y los activistas [infiltrados]. Sacerdotes, correos, activistas sindicales y agentes de inteligencia entraban y salían de Polonia con pedidos de ayuda y con información detallada sobre la situación interna del gobierno y de la clandestinidad. Polonia fue inundada con alimentos, ropa y dinero para pagar multas y gastos judiciales de líderes de Solidaridad (Bernstein, p. 9).

Las operaciones encubiertas contra el gobierno comunista de Polonia son las que han revelado más claramente una matriz operativa. Sin embargo, no puede olvidarse que sus antecedentes arrancan desde el período inmediatamente posterior al término de la Segunda Guerra Mundial. Ante el peligro de que el bloque soviético se expandiera más allá de las naciones ocupadas militarmente, la CIA intervino en el resto de los países europeos de la manera revistada. Para fortalecer al Partido Demócrata Cristiano de Italia y a otras organizaciones anticomunistas, en 1948 Estados Unidos canalizó más de $350 millones de dólares –de enorme valor en la época– para derrotar al

Partido Comunista que, en elecciones nacionales, parecía tener una alta probabilidad de triunfo. Pío XII participó en la planificación de este operativo habilitando para ello una estructura administrativa[9]. Figura importante de esta estructura fue Giovanni Battista Montini, que sería el Papa Pablo VI a la muerte de Juan XXIII.

En este relato es fácil detectar las temáticas que presidieron la campaña estadounidense y eclesiástica a comienzos de la década de 1960 para asegurar el triunfo de la Democracia Cristiana en Chile en las elecciones presidenciales de 1964 y la campaña subsiguiente para desestabilizar el gobierno de la Unidad Popular —el masivo influjo de fondos, equipamiento y personal técnico en apoyo de la acción conjunta de una agencia política y de la Iglesia Católica; el uso concertado de agentes chilenos de la CIA en los altos mandos políticos y militares; el uso de los gremios para crear una situación de ingobernabilidad; el embargo de tecnologías indispensables para la producción; el boicot del comercio intenacional del país atacado; la presión sobre organismos financieros internacionales para cortar líneas de crédito. Más adelante este esquema se repitiría en las intervenciones de la administración Reagan y Juan Pablo II para provocar la redemocratización de Chile. Tocaré estos temas nuevamente en la sección que sigue.

Notas

1.- Hernán Vidal, *Frente Patriótico Manuel Rodríguez: El tabú del conflicto armado en Chile* (Santiago de Chile: Mosquito Editores, 1995). En este trabajo desarrollo la idea de que, por lo menos desde 1978, en Chile existió un conflicto armado según la definición de las Convenciones de Ginebra (1949) y sus Protocolos Adicionales (1977). La Iglesia Católica y los partidos políticos conspiraron para acallarlo, mientras el régimen militar siempre negó practicar las estrategias y tácticas de la "guerra sucia", a pesar de considerarse en guerra permanente contra el "comunismo internacional".

2.- The General Commission on Chaplains and Armed Forces Personnel (Washington, D.C.), *Church, State and Chaplaincy: Essays and Statements on the American Chaplaincy.* A. Ray Applequist, ed. (1969).

3.- En cuanto a los hechos, sigo la versión de Patricia Verdugo, *Los zarpazos del Puma* (Santiago de Chile: Ediciones Chile-América CESOC, 1989). Las tesis de Verdugo han sido negadas por el hijo del general Arellano Stark en Sergio Arellano Iturriaga, *De conspiraciones y justicia* (Santiago de Chile: Editorial La Gironda, 2003). No obstante, con anterioridad había aparecido Jorge Escalante, *La misión era matar. El juicio a la caravana Pinochet-Arellano* (Santiago de Chile: LOM Ediciones, Colección Nuevo Periodismo, 2000) que aportaba mayores fundamentos a las tesis de Verdugo.

4.- Entrevista, 3 de junio, 2001.

5.- Fernando Castillo Lagarrigue, s.j., *Iglesia liberadora y política* (Santiago de Chile: ECO Educación y Comunicaciones, 1986).

6.- Ver, por ejemplo, Gordon C. Zahn, *The Military Chaplaincy. A Study of Role Tension in the Royal Air Force* (Toronto: University of Toronto Press, 1969).

7.- Para un examen de las limitaciones de los intelectuales de oposición al régimen militar en la recolección y análisis de datos sobre la situación política durante la dictadura ver: Maggy Le Saux, "Aspectos Psicológicos de la Militancia de Izquierda en Chile desde 1973". *Sur* (Santiago de Chile), Documento de Trabajo N° 49, agosto, 1985; Angel Flisfish, "Tendencias Ideológicas y Decisiones Políticas en el Régimen Militar". Gonzalo Vial, ed., *Análisis crítico del régimen militar* (Santiago de Chile: Universidad Finis Terrae, 1998).

8.- *Time Magazine Archive,* Carl Bernstein, "Cover Story: The Holy Alliance", February 24, 1992.

9.- John Cornwell, "Savior of Rome". *Hitler's Pope. The Secret History of Pius XII* (New York: Viking Penguin, 1999) pp. 319-335; Peter Hebblewaite, "Christian Democrats and the Cold War". *Paul VI, the First Modern Pope* (Mahwah, New Jersey: Paulist Press, 1993) pp. 204-226.

Primera parte
La Iglesia Modernizada y la Guerra Fría

En su historia contemporánea, la Iglesia Católica chilena ha sufrido de una crónica insuficiencia de financiamiento y de sacerdotes. Durante la primera mitad del siglo XX la Iglesia ni siquiera contó con los medios para hacerse presente en la totalidad del territorio nacional. De allí que dependiera de las contribuciones económicas de las oligarquías terratenientes y financieras, de las que procedía la mayoría de los obispos. Durante esos cincuenta años, esto afianzó una imagen política de estrecha asociación de la Iglesia Católica con los Partidos Conservador y Liberal. Esa dependencia obstaculizó tanto la diseminación de críticas a la organización de la sociedad chilena como el activismo que ya surgían dentro de la Iglesia por la mejora de la calidad de vida de los trabajadores, especialmente del campesinado, críticas inspiradas por las encíclicas *Rerum Novarum* (1891) y *Quadragesimo Anno* (1931).

El nombramiento de Eugenio Pacelli como Secretario de Estado del Vaticano en 1934 y su elevación al Papado como Pío XII (1939-1958) prolongó por un tiempo la simbiosis política de la Iglesia Católica con los Partidos Conservador y Liberal. Ya desde 1904 Pacelli había trabajado en la comisión que preparó el nuevo Código de Derecho Canónico promulgado en 1917 por Pío X. Esta reforma daba autoridad vertical al Papa en el nombramiento de obispos, sometía rígidamente al sacerdocio a sus directivas, y le daba enorme poder de censura en materias de fe, de moral y de política. Las Iglesias nacionales quedaban así totalmente supeditadas a la política internacional del Vaticano[1]. Este disciplinamiento había sido una contrareacción al cientificismo predominante en Europa a fines del siglo XIX en la administración de las sociedades y a la amenaza de debilitamiento del dogma católico por las tendencias secularistas y ateas que lo acompañaban, particularmente en Estados Unidos y Francia. El triunfo mundial del secularismo y del ateísmo pareció concretarse con la estabilización de la Unión Soviética y el surgimiento del fascismo y del nazismo en Italia y Alemania, mientras en Latinoamérica el Vaticano debía enfrentar la influencia continental del virulento anticlericalismo de la Revolución Mexicana.

Ya investido como Pío XII, Eugenio Pacelli acentuó aún más el anticomunismo y la oposición a toda forma de socialismo como elemento fundamental de la política internacional del Vaticano[2]. Por ello, a pesar de las reticencias de la misma curia vaticana y del episcopado alemán ante el racismo nazi, Pacelli había promovido un concordato que contribuyó a la legitimación del régimen hitleriano en 1933, así como lo había hecho con el gobierno de Benito Mussolini en 1929 y con el del fascista portugués Antonio Salazar en 1930. Después de todo, para Pío XII las diferentes formas de fascismo aparecían como alternativas más tolerables que el marxismo-leninismo soviético. Por ello Pío XII fue un duro crítico de los movimientos de masas que asociaba con la democracia representativa. Aunque el Vaticano llegó a atacar las formas seculares de fascismo, de hecho promovió un gremialismo autoritario en que la Iglesia tuviera una participación central. De allí que el fascismo de Francisco Franco en España fuera una forma ideal de gobierno para el Vaticano

Con los concordatos de separación del Estado, la Iglesia Católica esperaba tener la libertad de acción necesaria en caso de verse forzada a convivir oficialmente con Estados nazistas, socialistas o comunistas. Por ello, a nivel nacional, durante los años '30 y '40 la Iglesia siguió la triple estrategia de reiterar una estricta neutralidad política, prohibir estrictamente la cooperación de católicos con partidos marxistas y animar la formación en todo el mundo de grupos de Acción Católica. Con ellos se buscaba adoctrinar y orientar a líderes laicos de las clases profesionales como agentes para la cristianización de los diferentes ámbitos de la vida cotidiana y del trabajo. En esto la Iglesia demandaba un celo que condicionara a sus agentes como para "tener una mentalidad de misionero y adoptar los principios y tácticas de los conquistadores de la fe en los países de infieles"[3]. Para ello se empleaba, sin tapujos, lenguaje bélico en cuanto a la "conquista de la sociedad" y a "penetrar" ideológicamente y "conquistar" los sectores obreros y campesinos.

En el uso de laicos como complemento de la acción de un sacerdocio escaso, la Iglesia Católica chilena mostró ambigüedad ideológica: a pesar de reconocer la urgente necesidad de agentes laicos con capacidad para insertar los valores católicos en los tejidos más fundamentales de la sociedad, a la vez temía que sus agentes pudieran ser "contaminados" por valores extraños a la pastoral católica y absorbidos por una Modernidad escéptica ante el compromiso real de la Iglesia con los desposeídos; esto llevaría a la "atomización" de la unidad de la Iglesia. Por ello la Iglesia imprimió en la Acción Católica la rígida disciplina exigida por Pío XII. Esta disciplina hacía que la jerarquía eclesiástica fuera el cerebro "pensante" y los laicos reclutados el cuerpo "actuante". Al respecto María Antonieta Huerta comenta:

> *Sobre los principios queda claro que éstos son "de exclusiva incumbencia de la Jerarquía, pues solamente ella ha recibido de su Divino Fundador la misión de enseñar, de conservar y de interpretar auténticamente las verdades religiosas y morales reveladas por Nuestro Señor Jesucristo". En este sentido, la libertad de los seglares está en la posibilidad de realizar estudios y publicaciones sobre esta materia, con la correspondiente autorización de la Iglesia, y conscientes de que a ellos no les corresponde "determinar los principios religiosos y morales, ni emitir las orientaciones respectivas". En este plano están totalmente subordinados (p. 456).*

El Episcopado chileno formó la Acción Católica en 1931.

Además, consciente del poco arraigo del catolicismo entre las clases trabajadoras, para competir con los partidos de Izquierda, en 1947 y 1958 respectivamente la Iglesia organizó las Juventudes Obreras Católicas (JOC) y la Acción Sindical Chilena (ASICH). Durante toda la década de 1930 el Vaticano insistió en la prohibición de que los católicos cooperaran con partidos socialistas y comunistas, a pesar de claras coincidencias en la consecución de reformas en favor de los trabajadores. Las polémicas causadas por esta restricción llegaron a un punto álgido con la censura episcopal al partido Falange Nacional, de inspiración católica, por apoyar en 1947 las relaciones diplomáticas de Chile con la Unión Soviética. Ya claramente delineada la Guerra Fría después de 1945, un decreto de 1949 de la Sagrada Congregación del Santo Oficio –la antigua Inquisición– amenazó de excomunión a los católicos que apoyaran a los partidos comunistas.

La reorientación marxista-leninista de la Revolución Cubana en 1961 y la exportación de su fórmula revolucionaria al resto de Latinoamérica introdujeron la Guerra Fría directamente al continente. Este es el período de surgimiento de la "Iglesia Modernizada", el cual corresponde con la total apertura de la Iglesia Católica chilena a ingerencias de potencias extranjeras motivadas por la Guerra Fría. Como institución de naturaleza esencialmente transnacional y con un estilo de administración de un discurso cultural universalizante y su capacidad de oscurecer su conexión con intereses sociales contingentes, la Iglesia Católica chilena era el canal óptimo para la radicación local de los elementos materiales de las contiendas globales de la Guerra Fría, canal más eficiente para estos efectos que los partidos políticos, el Parlamento y las Fuerzas Armadas. Este es el punto en que se puede observar ya claramente las coincidencias con el modelo de operación encubierta revelado por la acción conjunta de Estados Unidos y el Vaticano.

Así convergieron la antigua política anticomunista de Pío XII y los aprestos anticomunistas de la Iglesia Católica a partir del Papa Juan XXIII (1958-1962), en concomitancia con los del

Departamento de Estado estadounidense. Los préstamos gobierno a gobierno para la modernización de la infraestructura nacional canalizados por el programa Alianza para el Progreso, el llamado a los conglomerados multinacionales a instalar subsidiarias en Chile y la reorientación de las funciones de las Fuerzas Armadas para la lucha contra el "enemigo interno" fueron estrategias que la Iglesia Católica complementó con programas sociales en que se invertía el flujo de financiamiento que llegaba desde el Catholic Relief Service de Estados Unidos, Misereor, Arviteor y Adveniat, agencias católicas de ayuda social y de educación de Alemania Occidental[4]. Estas organizaciones también canalizaron a Chile fondos de sus gobiernos respectivos. Por otra parte, ante la escasez de sacerdotes en Latinoamérica, Juan XXIII llamó al episcopado de Estados Unidos y de Europa a destacar un diez porciento de sus religiosos como misioneros en el continente. Este es uno de los períodos de máxima acentuación de la dimension transnacional-universalista en la Iglesia Católica chilena.

Para arraigar en Chile estos recursos, la Iglesia Católica tuvo abundante asesoría sociológica[5]. Numerosos cientistas sociales extranjeros ingresaron a Chile como supervisores de investigación y de estrategias de organización comunitaria de los recipientes de esos recursos. Bajo la autoridad de la Conferencia Episcopal se establecieron unidades investigativas como la Oficina de Sociología Religiosa (OSORE) (1958) y la Oficina de Planeamiento Técnico (OPT) (1962). Con la dirección de la Sociedad de Jesús, ILADES y DESAL se abocaron a estudios de transformación de la sociedad según el pensamiento social de la Iglesia. En 1961, la Conferencia Episcopal, con asesoramiento de sociólogos, comenzó la reorganización de la Iglesia para el período de la modernización capitalista, elaborándose el Primer Plan Nacional de Pastoral de la Iglesia Católica de Chile. Su objetivo fue racionalizar su acción social centrándose "en tres ideas fundamentales: Creación en los cristianos de la conciencia comunitaria; Atención de las personas evangelizadoras de los diversos ambientes; Preocupación por la masa de los cristianos mediante los Medios de Comunicación Social"

(Gómez de Benito, p. 185). Sus esfuerzos se dirigieron a experimentos de reforma agraria en tierras de la Iglesia, educación técnica para los campesinos, la construcción masiva de viviendas baratas para los pobladores marginales, la organización de cooperativas para la adquisición de viviendas, la organización de sindicatos campesinos.

Puesto que fue generado por una planificación conjunta, este programa eclesiástico de ingeniería social confluyó simbióticamente con la plataforma de reforma social con que el Partido Demócrata Cristiano (PDC) fue a las elecciones presidenciales de 1964 con su candidato Eduardo Frei Montalva. De hecho, se ha entendido la reorganización estratégica de la Iglesia entre 1960 y 1964 como apoyo político directo al PDC y como legitimación de sus proyectos de reformas, particularmente en lo que respecta a la reforma agraria. Por lo demás, muchos de los sociólogos y activistas que renovaron la acción social de la Iglesia simultáneamente trabajaron con el PDC y luego fueron reclutados como funcionarios del gobierno democratacristiano (1964-1970) para sus programas de reforma agraria y de formación de organizaciones de bienestar social entre los pobladores marginales (la llamada "promoción popular").

De este modo, el liderato eclesiástico de la época, renovado por el nombramiento de obispos simpatizantes de este tipo de reforma social, dio fin a la asociación exclusiva de la Iglesia Católica con las oligarquías conservadoras, desplazó de su importancia a la corriente fascista en su seno y adoptó la democracia parlamentaria como forma ideal de gobierno. No obstante, de allí en adelante la Iglesia dependería del influjo de fondos extranjeros. En el gobierno del PDC la Iglesia Católica chilena encontró un óptimo referente político que complementó la agenda de renovación ideológica y de expansion del trabajo pastoral señalada por el Concilio Vaticano II y por la Conferencia Episcopal de Medellín (1968).

Sin embargo, hacia 1967 el apoyo público al PDC ya declinaba[6]. Se frustraron las expectativas utópicas generadas por la propaganda democratacristiana en cuanto a la posibilidad de una "tercera vía" de desarrollo socio-económico, equidistante entre el capitalismo y el socialismo soviético. Esas expectativas se enfrentaron con las posibilidades reales de crecimiento económico definidas para Chile por los conglomerados transnacionales. Se hizo evidente que los préstamos internacionales concedidos para la modernización infraestructural y la infusión de ayuda humanitaria a los sectores de mayor pobreza realmente correspondían a una bonanza momentánea, inducida por la Guerra Fría, que el desarrollo real que generara la economía chilena nunca podría igualar.

Dentro del PDC surgió una disidencia que acusaba a la directiva de ser lenta en sus reformas, de proteger los intereses del gran capital chileno y extranjero. Los logros del gobierno de Eduardo Frei Montalva no satisficieron las expectativas generales de mejor calidad de vida. Frei había llegado a la presidencia con un 51 % del voto lo cual, a sus ojos, le permitía gobernar sin alianzas ni transacciones con otros partidos. Pero en las elecciones parlamentarias de 1969 el PDC sólo obtuvo un 29.8%. Los Partidos Conservador y Liberal recuperaron buena parte del voto perdido ante el PDC. El voto comunista y socialista creció a un 28%. Democratacristianos izquierdizantes se alejaron del partido para formar otro, el MAPU (Smith, *ibid)*. Recuentos de opinion pública señalaban la alta probabilidad de que la Izquierda concertada en la Unidad Popular ganara las elecciones presidenciales de 1970. Se hizo real la posibilidad de que en Chile se instaurara el socialismo. Con ello se polarizaron las posiciones políticas y surgió la violencia en las vías públicas, en las universidades, con las huelgas en diferentes ámbitos y con las "tomas" –ocupaciones ilegales de terrenos de propiedad privada por familias sin casa dirigidas por partidos de la Izquierda.

Esa polarización tuvo paralelos dentro de la Iglesia. Católicos radicalizados abandonaron la Iglesia y la fe para sumarse a la Izquierda. Los institutos jesuitas que antes articularan sociológicamente el catolicismo con la modernización capitalista ahora consideraban abiertamente la opción de un acercamiento político e ideológico al marxismo. Para ello echaron mano de la autoridad papal expresada en las encíclicas *Pacem in Terris* (1963), de Juan XXIII, y *Populorum Progressio* (1967) de Pablo VI. Su órgano de expresión fue la revista *Mensaje*. Sectores conservadores encontraron su polo más visible en la Asociación Chilena de Defensa de la Tradición, Familia y Propiedad (TPF). Esta organización reactualizó el gremialismo fascista que imperara en la Iglesia durante las décadas 1930-1940 y se conectó con grupos similares en Brasil y Argentina que alcanzaron notoriedad política con las dictaduras militares instauradas en 1964 y 1966 respectivamente. Su órgano de expresión fue la revista *Fiducia*.

Frente a esta polarización, el Episcopado decidió recuperar la función que tradicionalmente se ha autoasignado ante la sociedad y el Estado en épocas de crisis –la de protector y guía del "alma nacional"[7]. El Episcopado abandonó la imagen que desde comienzos de los años '60 lo asociara tan directamente al PDC, dejó de anatemizar al marxismo y se declaró estrictamente neutral ante las elecciones de 1970. Desde entonces su consigna fue la pacificación de los ánimos y la unión nacional.

Así quedaron claramente esbozadas las "tres Iglesias" descritas por Fernando Castillo Lagarrigue.

Ateniéndose a las directivas papales de Eugenio Pacelli, Pío XII, vigentes desde la década de 1920, y a las declaraciones de distensión de un rígido anticomunismo hechas por Juan XXIII y Pablo VI, el Episcopado buscó una estrategia flexible para la convivencia con el gobierno de la Unidad Popular que se inauguraría en 1970. Esto se tradujo en una política doble que nos obliga a discernir entre factores extraeclesiásticos, públicos, y factores internos, intrainstitucionales.

En lo externo el Episcopado reiteró su neutralidad política y su preocupación por la continuidad del sistema democrático en Chile, como también reconoció públicamente los méritos del programa de mejora de la calidad de vida de los trabajadores impulsada por la administración del Presidente Salvador Allende. El Episcopado manifestó su voluntad de apoyarlo, en la medida en que el gobierno respetara la Constitución. En las relaciones intraeclesiásticas, el Episcopado buscó neutralizar las demandas de los seguidores de la "Iglesia Liberadora" – crear un nuevo estilo de ministerio sacerdotal, cercano a las necesidades de los pobres; abrir un espacio de discusión en que se sintetizaran perspectivas cristianas y marxistas; y la demanda de un franco compromiso político de la jerarquía con el gobierno de la Unidad Popular.

Entre 1971 y 1973 se hizo notoria la organización Cristianos por el Socialismo (CpS), formada por alrededor de 300 sacerdotes, religiosas, laicos y pastores protestantes destacados en zonas de pobreza rural y urbana. Abrieron sedes en todo el país y mantuvieron una red informativa mensual de boletines, panfletos y artículos. Además tomaron contactos con otros grupos religiosos radicalizados, el ONIS en Perú y el Movimiento de Sacerdotes por el Tercer Mundo en Argentina. En una fuerte polémica con el Episcopado, en abril de 1972 un grupo de ochenta sacerdotes del CpS publicó un documento que planteaba al sistema socialista como la única alternativa de orden social abierta a los cristianos, la obligación religiosa del cristiano de involucrarse en el proceso revolucionario e identificarse con los partidos de la clase trabajadora y la imposibilidad de una Iglesia unificada sin aceptar y practicar la lucha de clases y la demanda de que los sacerdotes formaran movimientos políticos.

A la vez se dio un violento cambio en la orientación de muchos de los sacerdotes extranjeros que habían estado llegando a Chile como misioneros en las poblaciones marginales. Como testigos de la terrible miseria en estos espacios y de la ineficacia de la reformas del gobierno del PDC, se radicalizaron políticamente y movilizaron los fondos que traían desde el extranjero mediante canales extraeclasiásticos: "Los mismos nexos transnacionales que proveyeron a la Iglesia de un ímpetu consistente para la reforma social una década anterior, hacia los años del '70 se habían convertido en apoyo para posiciones más radicales" (Smith, p. 248). Durante el ultimo año del gobierno de la Unidad Popular, el CpS ya se había convertido en un magisterio de enseñanza paralela y contradictoria a la del Episcopado, en momentos en que éste trataba de mediar en la extrema polarización política a que se había llegado en Chile. En lo externo, a poco de reconocida la victoria electoral de Salvador Allende, la jerarquía eclesiástica resistió las presiones de los Partidos Conservador y Liberal para desacreditar a la Unidad Popular y llamar a los católicos a que se opusieran a la inauguración de su gobierno. Condenó, además, el asesinato del Comandante en Jefe del Ejército, general René Schneider, por una célula terrorista que actuaba con directivas de la CIA. Durante los dos primeros años de la administración Allende, el Cardenal Arzobispo de Santiago, Monseñor Raúl Silva Henríquez, declaró públicamente su apoyo al programa de reformas estructurales de la economía chilena, en el entendimiento de que ello redundaría en el desarrollo soberano de la economía chilena y en el crecimiento de los recursos financieros con que el gobierno proyectaba mejorar la calidad de vida de los trabajadores. Por este motivo Monseñor Silva Henríquez celebró la nacionalización definitiva de la minería del cobre de propiedad de las compañías estadounidenses Kennecott y Anaconda, la limitación de las garantías de repatriación de ganancias dadas en el pasado a las compañías multinacionales, la estatización de la banca privada y la mayor expansión del programa de reforma agraria. Una vez que Estados Unidos declaró el embargo a las exportaciones de cobre chileno como retaliación ante la expropiación de las minas de las compañías Kennecott y Anaconda, el Cardenal Silva Henríquez gestó que la Comisión de Paz y Justicia de los obispos franceses condenara públicamente la medida. También pidió al Cardenal Cooke de Nueva York que intercediera ante el Presidente Richard Nixon para evitar que en 1971 el Banco Mundial suspendiera los préstamos a Chile. Dos meses antes de la inauguración de la conferencia UNCTAD III en Santiago, abril de 1972, el cardenal envió un fuerte mensaje a los cristianos europeos pidiéndoles que consideraran seriamente la justicia de las demandas económicas del Tercer Mundo.

La gran fricción pública entre la jerarquía eclesiástica y la administración Allende sobrevino con la propuesta de la Escuela Nacional Unificada (ENU), orientada a uniformar los criterios prácticos e ideológicos de la educación nacional. La Jerarquía protestó por la falta de consulta en la elaboración del proyecto, por el escaso espacio abierto a los valores religiosos en los programas de estudio y por la liquidación del pluralismo cultural representado por las escuelas privadas, casi todas controladas por la Iglesia. Aunque las críticas de la Jerarquía fueron expresadas con moderación, sin restar apoyo a las otras reformas propiciadas por el gobierno, y a pesar de que el contenido del proyecto ENU no era ideológicamente exclusivista, la oposición inflamó los ánimos presentando la situación como un choque decisivo entre el marxismo internacional y la Iglesia Católica. La ENU fue identificada como el índice más claro de una agenda totalitaria del gobierno de Allende. Aumentaron los choques callejeros entre grupos extremistas. Los medios de comunicación dieron a conocer la intransigente oposición al proyecto por parte de los altos mandos militares. Amplios sectores de ciudadanos políticamente independientes finalmente aceptaron la imagen de que no había otra alternativa de pacificación y restauración del orden y de la convivencia nacional que la de un golpe militar.

Durante 1973 la polarización social y la violencia pública se agudizaron con la incertidumbre ante la política gubernamental de confiscación de empresas privadas, con la huelga de camioneros que provocó el caos en la distribución de mercancías de uso diario, con el desorden exacerbado por el mercado negro y la autoclausura de sus negocios por los comerciantes minoristas. Ante la posibilidad ya visible de una guerra civil o de un golpe militar, el Cardenal Silva Henríquez, el Episcopado y la revista *Mensaje* ("Nuestros Obispos: Llamado Apremiante", N° 221, agosto de 1973) insistieron en condenar al terrorismo de ultraizquierda y ultraderecha. Insistieron en sus llamados a calmar los ánimos y a la negociación entre la Unidad Popular y el PDC, el partido mayoritario de la oposición, para preservar el orden democrático. En agosto de 1973, a un mes del golpe militar, un editorial de la revista *Mensaje* planteaba la importancia de las rogativas episcopales para que las partes en conflicto se dieran una tregua en que trabajaran por un "consenso mínimo" para preservar la democracia, situándose generosamente más allá de toda diferencia ideológica. A la vez el editorial planteaba el desafío ético de los obispos al demandar de los militantes una dificilísima madurez política para obligar a los líderes de partidos a la negociación pacífica, mientras que a los liderazos políticos se les pedía magnanimidad en la profunda crisis nacional. Este sería uno de los temas de mayor importancia para la Iglesia durante todos los años de dictadura, tema que años más tarde llegaría a fruición con el Acuerdo Nacional por la Transición Plena a la Democracia gestado por el Cardenal Francisco Fresno en 1985, la Concertación de Partidos por el No y luego con la Concertación de Partidos por la Democracia:

> *Hay que hacer recapacitar a los que hablan ligeramente de guerra civil sin tomarle el peso a lo que ésta significa [...] Los ciudadanos y los grupos pueden exigir de sus líderes que trabajen activamente para ir creando ese difícil consenso, pueden amenazarlos con abandonarlos si no tienen la magnanimidad y perpicacia para estar a la altura de la gravedad de la situación. Es fundamental que los dirigentes políticos de uno u otro bando no caigan en la tentación de armar más y más a sus bases. El desarme se impone drásticamente [...] ¿Cómo llegar a este consenso? Los Obispos sugieren una tregua, un cambio de actitud y un recurso a la oración. La confianza se desmorona despacio; cuando uno lo descubre ya está rodando peligrosamente por la pendiente. Una tregua no resuelve los problemas. Pero permite detenerse al borde del abismo y aplicar cirugía de urgencia para recobrar un mínimum de salud cívica. Los políticos saben qué gestos y qué palabras pueden exasperar un conflicto; saben también cómo abrir pasos graduales a un mínimum de consenso. Pero los gestos no operan efectos al instante como las palabras mágicas. Hay que darles tiempo para*

prosperar y éste es el objeto de la tregua propuesta ("Nuestros Obispos: Llamado Apremiante", *Mensaje,* N° 221, agosto de 1973).

Al narrar las relaciones de la Jerarquía Episcopal con el régimen militar hago énfasis en las argumentaciones de Brian H. Smith. Su valor especial está en las modulaciones más finas que introduce en el estudio de esas relaciones, modulaciones que la literatura chilena sobre el tema no ha considerado.

Smith argumenta que, contra la imagen de firme oposición al régimen militar desde sus comienzos, durante más de cuatro años el Episcopado mantuvo una actitud ambigua e inconsistente ante él, incluso llegando a legitimarlo. La crítica episcopal a la represión militar –y a la política socio-económica que la originaba– se hizo del todo clara sólo a partir de 1976, cuando algunos obispos, sus asesores laicos y connotados dirigentes del Partido Demócrata Cristiano fueron agredidos verbal y físicamente por agentes de la DINA. Según Smith, "Sólo cuando consideraron que los intereses más fundamentales de la Iglesia eran atacados (generalmente la vida o la seguridad de los sacerdotes) hablaron pública y críticamente contra las estructuras de opresión que afectaban a toda la sociedad" (p. 312). Prestar atención a las modulaciones discursivas de la relación Iglesia-régimen militar nos permitirá contrastar la concepción política de la Jerarquía Episcopal con la que parece prevalecer entre los capellanes militares chilenos, lo cual examinaremos en la Segunda Parte de este trabajo.

Hacia septiembre de 1973, el liderato de la Iglesia, a todo nivel, expresaba *privadamente* la convicción de que la polarización política de Chile sólo se solucionaría con un golpe militar. A pesar de la puntillosidad constitucionalista que había adoptado ante el gobierno de Salvador Allende, ocurrido el golpe la Jerarquía no cuestionó la legitimidad del gobierno de facto y lo aceptó como hecho consumado, confiando, además, en la promesa de la Junta en cuanto a un pronto retorno a la constitucionalidad. A los pocos días, desde grupos de base de las diferentes diócesis se comenzó a recoger un volumen creciente de información sobre arrestos arbitrarios, maltratos y ejecuciones ilegales. Esto llevó a la Iglesia a gestar el Comité de Cooperación para la Paz en Chile, organización también integrada por las comunidades protestantes y judía para prestar ayuda de emergencia a los perseguidos y a sus familiares.

La ambigüedad inicial del Episcopado a que se refiere Smith se originó en que obispos partidarios del gobierno militar interfirieron en las negociaciones del Cardenal Raúl Silva Henríquez con la Junta para establecer los principios básicos de sus relaciones. Ellos presionaban por un apoyo irrestricto a la Junta, en circunstancias que el cardenal buscaba seguir las antiguas orientaciones políticas de Pío XII en cuanto a un distanciamiento ante gobiernos dictatoriales de orientación derechista o izquierdista.

El Cardenal Silva Henríquez y la Junta llegaron al acuerdo de que la Iglesia conservaría la libertad institucional para llevar adelante los programas religiosos y sociales de emergencia que considerara necesarios. A cambio de esto, la Iglesia aceptaría la legitimidad del gobierno y buscaría formas de cooperar con él en el futuro. Sin embargo, el distanciamiento político deseado por el cardenal fue directamente contradicho por las declaraciones públicas de los obispos simpatizantes del régimen militar. En entrevistas dadas entre septiembre de 1973 y marzo de 1974 el Obispo Francisco Valdés de Osorno, el Arzobispo Juan Francisco Fresno de la Serena, el Arzobispo jubilado Alfredo Cifuentes de la Serena, el Arzobispo Emilio Tagle de Valparaíso, el Obispo Eladio Vicuña de Chillán, el Obispo Augusto Salinas de Linares y el Obispo Jorge Hourton de Puerto Montt hicieron declaraciones que comprometían políticamente a la Iglesia –caracterizaron a las Fuerzas Armadas como los enviados por Dios para liberar a Chile de "las peores garras de la mentira y la maldad que hayan hecho plaga de la pobre humanidad" (Smith, p. 292). Aún más, acusaron al gobierno de la Unidad Popular de la destrucción del "alma nacional"; justificaron las masacres como el derrame de "un poco de sangre" en busca de un bien mayor; compararon el golpe militar a la guerra de independencia de 1810. Comenta Brian

Smith, "Algunos de los obispos que habían condenado a los Cristianos por el Socialismo por contradecir las orientaciones episcopales en cuanto a la participación política de los sacerdotes y la identificación de su oficio con movimientos políticos partidistas, ahora ellos mismos eran culpables de acciones aún más graves, justificando el derramamiento de sangre y las mentiras. Ninguna crítica pública fue expresada por los otros obispos colectiva o individualmente" (p. 293); "Por ultimo, una vociferante minoría de seis obispos projuntistas hizo imposible que la Conferencia Episcopal articulara como cuerpo una crítica pública consistente de la violencia y el derrame de sangre de los primeros seis meses" (p. 294).

Por razón de este desentendimiento, durante 1974 –en la noche más negra de la represión militar– la Conferencia Episcopal publicó un solo documento sobre la situación de los Derechos Humanos en Chile, "La Reconciliación en Chile"[8], del 24 de abril de 1974. El documento comienza con un cauteloso y obsequioso proemio que dice, "Al tocar este tema, los Obispos no hemos podido menos de dar un vistazo a la realidad de nuestra Patria y hemos expresado nuestras preocupaciones y nuestras esperanzas. No quisiéramos que esta parte de nuestra reflexión fuera considerada como política. El nuestro es un juicio de Pastores, que con humildad exponen a sus hijos sus preocupaciones y los exhortan a trabajar por la reconciliación: no tenemos la pretension que nuestro juicio sea el único verdadero. Respetamos a quienes disientan de nosotros. Con modestia expresamos nuestros temores, nuestras angustias, nuestros anhelos" (*Documentos del Episcopado*, p. 13). Sólo después de estas autodescalificaciones vienen los dos párrafos medulares del documento –los que se refieren al retorno a una democracia constitucional, al estado de derecho y la preocupación por las atrocidades cometidas por los servicios de seguridad militar. En ellos el lenguaje obsequioso es acentuado por los eufemismos usados para no referirse claramente a la tortura y a las desapariciones de prisioneros:

La condición básica para la convivencia pacífica es

la plena vigencia del estado de derecho, en el que la Constitución y la Ley sean una garantía para todos. Por eso nos interesa que se esté elaborando rápidamente un nuevo texto constitucional. Y por eso estimamos oportuno que entretanto el Gobierno haya publicado una Declaración de Principios. Su inspiración explícitamente cristiana es valiosa, y estimamos que, no obstante ciertas insuficiencias en la formulación del ideal cristiano para la vida social y política, ella constituye una base para orientar la acción cívica y social en esta situación de emergencia. Ojalá que todos, gobernantes y gobernados, se atengan fielmente a su espíritu en la búsqueda del bien común. Pero somos los primeros en desear que los principios cristianos sean incorporados a la Constitución de nuestra Patria en virtud de la libre aceptación de nuestro pueblo y después de una discusión en que todos los ciudadanos puedan participar activa y conscientemente (p. 15).

Nos preocupa, finalmente, en algunos casos, la falta de resguardos jurídicos eficaces para la seguridad personal que se traducen en detenciones arbitrarias o excesivamente prolongadas en que ni los afectados ni sus familiares saben los cargos concretos que las motivan; en interrogatorios con apremios físicos o morales; en limitación de las posibilidades de defensa jurídica; en sentencias desiguales por las mismas causas en distintos lugares; en restricciones para el uso normal del derecho de apelación (p. 16).

Para la discusión posterior del sentido cultural de las capellanías castrenses, interesa recordar que las referencias episcopales a "ciertas insuficiencias en la formulación del ideal cristiano para la vida social y política" son un reparo contra el gremialismo fascista del principal asesor político de la Junta militar, Jaime Guzmán Errázuriz, quien redactó la *Declaración de Principios* del régimen militar.

La siguiente declaración sobre Derechos Humanos de la Conferencia Episcopal tomó diecisiete meses en aparecer. El 5 de septiembre de 1975 publicó "Evangelio y Paz" (*Documentos del Episcopado, op.cit.*), declaración que, de manera muy cauta, fue rebajada a la calidad de "documento de trabajo", de simple "borrador". Aunque ya la información acumulada sobre la violencia ilegal de los servicios de seguridad militar era voluminosa, en el documento los obispos evaden la responsabilidad de declarar que ello ciertamente ocurre en Chile. Más bien desarrollan una exposición magistral abstracta sobre las causales materiales y espirituales de la violencia en el capitalismo y en el socialismo, y por el liberalismo, el individualismo, el marxismo y el nacionalismo. En lo que respecta a Chile concretamente, los obispos prefieren ser laudatorios de los militares.

> *Nosotros reconocemos el servicio prestado al país por las FF.AA. al liberarlo de una dictadura marxista que parecía inevitable y que debía de ser irreversible. Dictadura que sería impuesta en contra de la mayoría del país y que luego aplastaría esa mayoría. Cierto es que había en nuestro proceso chileno algunas características que permitían a muchos esperar un consenso mayoritario en torno a tareas comunes que interesaban a marxistas, laicos y cristianos, en el respeto de un sano pluralismo. Por desgracia muchos otros hechos, que los propios partidarios del pasado gobierno hoy día critican y lamentan, crearon en el país un clima de sectarismo, de odio, de violencia, de inoperancia y de injusticia que llevaba a Chile a una guerra civil o a una solución de fuerza* (p. 110).

Esta apología se apoyaba en la convicción de que, a nivel individual, los obispos todavía podían influir a las autoridades militares usando las relaciones cordiales que generalmente se entablan en los círculos exclusivos de las autoridades políticas, militares, policiales y eclesiásticas. Indudablemente, esta actitud era contradicha flagrantemente por la información ya acumulada por la Iglesia en cuanto a que la represión militar no era asunto de individuos indisciplinados sino cuestión institucional y sistemática de las Fuerzas Armadas. Al respecto, Brian Smith cita las palabras de uno de los obispos que entrevistó:

> *Las cenas, las cartas privadas, o las conversaciones son más efectivas que las denuncias públicas.*
> *Sin duda esto no es profético, pero también es cierto que tenemos que vivir en este país. No podemos dejarlo, y los obispos no pagaremos las consecuencias, las pagarán los religiosos y los laicos... La tortura no es todo... La persona torturada afecta entre 50 a 100 personas. Pero hay muchos otros problemas sociales y económicos que afectan a más chilenos. Para muchos la situación actual es mejor −sin huelgas, sin caos, el orden ha retornado, han cesado las amenazas y el lenguaje abusivo, los niños pueden asistir en paz a las escuelas y pueden continuar sus estudios. La situación era mucho más compleja de lo que puede entender un periodista extranjero.*
> *Los sacerdotes, los religiosos y los laicos están divididos. Un desafío profético no es útil −no porque las estructuras de la Iglesia deban mantenerse... sino para preservar la presencia de la Iglesia. Se necesita la prudencia. Estoy contento con la actual Iglesia chilena −tiene la independencia y la libertad para criticar. Más de esto no es útil ni prudente* (p. 299).

La ambigüedad de la Jerarquía ante el régimen militar terminó a mediados de 1976 con dos ataques directos de la DINA contra tres obispos y contra políticos democratacristianos de estrecha relación con la Jerarquía. En junio de ese año se realizó en la ciudad de Santiago la Sexta Asamblea de la Organización de Estados Americanos. En una de sus sesiones, seis prominentes políticos del PDC presentaron una carta a los ministros de relaciones exteriores reunidos allí denunciando los estados de sitio permanentes con que gobernaba la dictadura, los arrestos ilegales, las violaciones de la integridad de las personas por la DINA y la irresponsabilidad de los tribunales en la protección de los Derechos Humanos. Dos de los denunciantes, Eugenio Velasco, antiguo decano de la Escuela de Leyes de la Universidad de Chile y ex-magistrado de la Corte Suprema, y Jaime Castillo, Ministro de Justicia durante la administración de Eduardo Frei Montalva, fueron expulsados del país por considerárselos un peligro para la Seguridad Nacional. El 16 de agosto el Comité Permanente del Episcopado hizo una declaración que contenía dos párrafos de gran dureza:

> *Es condición esencial para el bien común que cada uno de los miembros de una comunidad tenga la garantía absoluta que serán respetadas sus opiniones y que no será sancionado por sus actos sino en virtud de un juicio en el que el juez imparcial y libre dictamine sobre su culpabilidad. Pretender que la autoridad tiene antecedentes graves y no darlos a conocer es abrir un camino de inseguridad para todos los miembros de una nación.*
>
> *Si esto ocurre con profesionales de prestigio, de reconocida capacidad intelectual y que han ejercido cargos de alta responsabilidad, ¿qué podrá suceder con modestos e ignorados ciudadanos? (Documentos del Episcopado, p. 158)*

El segundo incidente ocurrió a mediados de agosto de 1976, en dos ocasiones –durante la estadía en una conferencia en Riobamba y Quito, Ecuador, de los obispos Enrique Alvear, Fernando Ariztía y Carlos González sobre acción pastoral latinoamericana y, luego, a su retorno a Chile. La DINA indujo a las autoridades policiales ecuatorianas a arrestarlos por subversión y criminalidad política. En Chile la DINA organizó una campaña de prensa en que se los sindicaba como "obispos izquierdistas" y "traidores a la fe". En el aeropuerto internacional de Santiago también organizó y azuzó a una muchedumbre que los insultó, los atacó con piedras y agredió físicamente a sus familiares y acompañantes. La fuerza policial presente no intervino y agravó los hechos arrestando a los tres obispos y a sus acompañantes. En su protesta del 17 de agosto de 1976 el Comité Permanente del Episcopado adoptó una rígida posición que no trepidó en amenazar hasta los más altos jerarcas del régimen militar, reconociendo ahora claramente la naturaleza sistémica de la acción represiva del gobierno y sus implicaciones continentales, usando en ello una retórica agresiva de la cual, en adelante, ya no habría retirada:

> *Cumplimos con el deber de recordar que, conforme a las normas canónicas vigentes, quienes ejercen violencia contra la persona de un Arzobispo u Obispo incurren automáticamente en excomunión reservada de modo especial a la Santa Sede.*
>
> *La misma pena está prevista para quienes dan leyes, mandatos o decretos contra la libertad o contra los derechos de la Iglesia, o a los que directa o indirectamente impiden el ejercicio de la jurisdicción eclesiástica del fuero interno o externo, recurriendo para ello a cualquier potestad laical.*
>
> *Las acciones que denunciamos y condenamos no son aisladas. Se eslabonan en un proceso o sistema de características perfectamente definidas, y que amenaza imperar sin contrapeso en nuestra América Latina. Invocando siempre el inapelable justificativo de la seguridad nacional, se consolida más y más un modelo de sociedad que ahoga las libertades básicas, conculca los derechos más elementales y sojuzga a los ciudadanos en el marco de un temido y omnipotente Estado Policial. De consumarse este proceso, estaríamos lamentando la "sepultura de la democracia" en América Latina...* (*Documentos del Episcopado*, pp. 160-161).

El curso ya irremediablemente conflictivo del Episcopado contra el régimen militar quedó demostrado a fines de 1976, cuando el general Augusto Pinochet anunció que las Fuerzas Armadas permanecerían en el gobierno a largo plazo, hasta que los planes para la transformación radical de la sociedad chilena quedaran realizados. Por ello, el Partido Demócrata Cristiano (PDC) intensificó su agitación contra la dictadura. Denunció la represión política y el extremo deterioro de la calidad de vida de los sectores medios y bajos por el modelo económico librecambista impuesto con la violencia militar. El PDC se cobijó en la política internacional de defensa de los Derechos Humanos de la administración del Presidente Jimmy Carter, la cual daba incentivos y garantizaba cierta protección para la disidencia chilena. El PDC inició debates internos sobre escenarios posibles para el término de la dictadura, la transición a la democracia y alguna forma de coordinar la acción política con la Izquierda. En enero de 1977 el gobierno contratacó clausurando la Radio Balmaceda, propiedad del PDC. El 12 de marzo el general Pinochet anunció la disolución de todos los partidos políticos no marxistas que antes sólo habían sido declarados en receso.

El 27 de marzo de 1977 el Comité Permanente del Episcopado respondió con una carta pastoral titulada "Nuestra Convivencia Nacional". Este documento se diferencia de los anteriores por la amplitud de su crítica. Ya no se dirige a protestar contra hechos puntuales; ahora enjuicia toda la estructura económica, social y política de la dictadura. Con este documento la Iglesia intentó intervenir en las deliberaciones de la Comisión Constitucional nombrada por el régimen para redactar una nueva constitución nacional. La carta pastoral muestra la estrecha relación entre el modelo económico neoliberal con la ausencia de un orden constitucional que permita el respeto de la ley, la participación consensual de las mayorías en la cosa pública y la consecuente denigración y represión de la diversidad política. Lo más relevante es que, de hecho, la carta desahucia el reconocimiento de legitimidad gubernamental del régimen militar, legitimización a la que la Iglesia se había comprometido anteriormente.

...creemos que no existirán plenas garantías de respeto a los Derechos Humanos, mientras el país no tenga una **Constitución***, vieja o nueva, ratificada por* **sufragio popular***. Mientras las leyes no sean dictadas por* **legítimos representantes de la ciudadanía***. Y mientras* **todos los organismos del Estado***, desde el más alto hasta el más bajo, no estén* **sometidos a la Constitución y a la ley***. Tal fue el fundamento de la construcción portaliana, origen de la "tradición e idiosincracia profundamente jurídica del país", que el Sr. Presidente de la República reconoce... (Documentos del Episcopado, p. 170; las negritas son originales del texto).*

Algunos llegan a creer que las decisiones dependen únicamente de razones **científicas***, como si en las ciencias humanas no hubiera variedad de opiniones y de teorías, lo que permite diversidad también de opciones.*

Sostener que los problemas económicos no admiten más que una solución, sin otra alternativa, es establecer el reinado de la ciencia de las élites científicas por sobre las responsabilidades. Es también suponer que las decisiones tomadas se inspiran solamente en **razones científicas** *y que ninguna* **razón dogmática** *o* **interés de grupo** *interviene en tales decisiones. Y no es así: las posiciones doctrinarias y los intereses de grupo pesan a menudo, a veces inconscientemente, en las decisiones tomadas.*

En nombre de los Derechos Humanos, y en nombre del derecho de participación, la Iglesia pide que las diversas opciones económicas sean sometidas a un debate abierto, pide que el acceso a las decisiones y la posibilidad de ejercer presiones no sean reservados a una sola escuela científica, o a algunos grupos económicos más privilegiados. Sin un gran debate nacional, las razones dadas por los especialistas carecen de su plena credibilidad. Suele haber más sabiduría en varias sentencias que discuten entre sí, que en una sola que se afirma a sí misma, dogmáticamente y sin contradicción (*Documentos del Episcopado,* p. 171, las negritas pertenecen al texto original).

Mientras las relaciones con el gobierno militar empeoraban, a partir de "Nuestra Convivencia Nacional" la Iglesia estabiliza y expande ese modelo de crítica totalizante de la sociedad chilena[9]. Esta ampliación es clara en el "documento de trabajo" titulado "Humanismo Cristiano y Nueva Institucionalidad", publicado el 4 de octubre de 1978. Este documento fue dividido en dos partes. La segunda se dirige al estudio de la lógica administrativa del régimen militar. En el análisis intervinieron politólogos, sociólogos, economistas y juristas que asesoraron a los obispos que escribieron el documento.

En esa parte segunda los argumentos episcopales se basan en el concepto de "Nación como comunidad nacional" constituida por "personas que tienen un origen y un vínculo comunes dados por la naturaleza y la cultura [...], el territorio, la lengua, las costumbres, la historia, la tradición". En su labor evangelizadora de los pueblos la Iglesia promueve la ética cristiana para lograr "un tipo de sociedad basada en la fraternidad, la solidaridad, en los cuatro pilares de la paz: la verdad, la justicia, el amor y la libertad, es decir, animada con tales valores morales superiores que pueda conocerse en ella una 'christianitas', una sociedad vitalmente fecundada por el Evangelio" (*Documentos del Episcopado,* p. 366). La medida de este logro está en la actitud de respeto generalizado y el activo fomento de los Derechos Humanos civiles, políticos, económicos, sociales y culturales como características fundamentales de las psicologías nacionales. En esto la Iglesia se diferencia del movimiento laico de Derechos Humanos. Este se especializa en la defensa de los derechos de sectores específicos – laborales, de la mujer, de los indígenas, de las minorías étnicas, ecológicos, etc., y para ello interpela judicialmente al Estado y a las instituciones de la Sociedad Política por ser los principales responsables y garantizadores de la implementación de los

Derechos Humanos: "La reducción de los Derechos Humanos reducidos a una simple defensa de los derechos particulares por parte de los individuos, sin atención a los demás o a la sociedad, lleva a la formación de grupos que no son más que ligas de defensa de intereses particulares por estimables y fundados en derecho que sean estos intereses. Para la Iglesia los Derechos Humanos se integran desde una visión de conjunto del hombre y de la sociedad, de sus fines y naturaleza" (p. 366). La Iglesia más bien hace énfasis en la iniciativa en pro de los Derechos Humanos surgidos desde la diversidad de identidades que forman la Sociedad Civil entendida como una comunidad políticamente unida para que así funcione como tal comunidad. Para ello confía en un constante proceso de concientización, educación y movilización social y política para la creación y mantenimiento del sentido comunitario: "Son las personas y las comunidades intermedias las que deben estar ante todo decididas y convencidas a convivir en un tipo de sociedad justa y solidaria fundada en los Derechos Humanos. Por más que el Estado estableciera normas jurídicas justas y oportunas, si la comunidad política no se sintiera interpretada por ellas, no se sentiría obligada a observarlas" (p. 366). En esta protección y fomento de la diversidad de identidades humanas de la Sociedad Civil, en contraste con las tendencias doctrinariamente homogenizadoras del Estado, radica el concepto de "Humanismo Cristiano". Este concepto es, realmente, una afirmación de la democracia representativa como el espacio en que mejor pueden realizarse los Derechos Humanos :

> *De allí el rechazo por parte de la ética social cristiana de todo economicismo, tanto liberal como socialista, que busque la participación y el desarrollo **sólo en el crecimiento económico**. La experiencia demuestra no sólo que tal crecimiento no se traduce necesariamente en un desarrollo social, sino además, que el crecimiento económico liberal tiende a acentuar las diferencias entre ricos y pobres. Tampoco admite reducir los objetivos políticos al solo crecimiento*

económico y a la redestribución, pues el hombre tie-
ne otras aspiraciones trans-económicas hacia un
desarrollo integral. El régimen democrático con par-
ticipación representativa parece tener las mejores
posibilidades de conjugar libertad con igualdad,
siempre que la participación no se dé sólo en los
derechos civiles, sino también en los derechos econó-
micos y sociales. Ello es realizable, sin embargo, sólo
en un contexto de efectivos valores morales y respon-
sabilidades libremente consentidas y guiadas por un
alto sentido de justicia y solidaridad (p. 361, las negritas son parte del original).

Para que se realice esta "inspiración moral salvadora"
(p. 352), las sociedades necesitan vivir la paz del "Humanismo
Cristiano". Por el contrario, el régimen militar buscó solucionar
la crisis nacional chilena declarando estados de excepción a
través de todo su gobierno de diecisiete años. En su trasfondo
estos estados de excepción conciben la sociedad como en un
estado de guerra permanente. De hecho, los estados de excepción son parte integral del Derecho Internacional y son reconocidos como instrumentos legítimos de gobierno para enfrentar y solucionar graves crisis nacionales. De acuerdo con las
obligaciones del Estado chileno en cuanto al respeto de los
tratados en que se ha comprometido, los estados de excepción
sólo pueden ser declarados en consulta con la Comisión de
Derechos Humanos de las Naciones Unidas e impuestos por el
tiempo necesario para solucionar esas crisis, permitiéndose la
suspensión sólo de algunos derechos civiles y políticos. En el
Derecho Internacional, el propósito central de los estados de
emergencia es la protección del sistema democrático y de los
Derechos Humanos. Mediante los estados de emergencia se
llama a que toda la población se involucre en la defensa de la
democracia. Por esto es que los obispos afirman que la Seguridad Nacional "es una responsabilidad en general de todo el
cuerpo social" (p.368). Por el contrario, justificándose con la
ideología militarista de la Doctrina de la Seguridad Nacional el

régimen arrogó para el Estado –el Poder Ejecutivo, en realidad– la soberanía que reside en la Sociedad Civil para generar
las autoridades de gobierno y usó los estados de excepción
para un objetivo contrario: destruir el sistema democrático y
paralizar a la población nacional por largo tiempo en el ejercicio
de sus derechos civiles y políticos.

*En la dramática coyuntura, sin embargo, en que las
Fuerzas Armadas han intervenido para asumir las
responsabilidades de Gobierno –en principio como
un régimen de emergencia o excepción–, comprobamos que los objetivos de la Seguridad Nacional se
ven solicitados para justificar restricciones de las
libertades públicas y a la suspension de ciertos derechos civiles. Comprobamos también que son invoca-
dos para mantener indefinidamente el cierre de las
instituciones legislativas y su reemplazo por una legislación rápida por decretos-leyes, la limitación o
suspension de la soberanía del pueblo y de las auto-
nomías de instituciones que actuaban como cuerpos
intermedios (universidades, municipalidades, sindicatos, partidos políticos, juntas de vecinos, etc.), la
sustitución de la Constitución por Actas Constitucionales, dictadas por el Poder Constituyente proviso-
rio, el control sobre los medios de comunicación
social, la falta de garantías jurídicas en la defensa
de los inculpados políticos, etc. (pp. 368-369).
Paulatinamente a las razones de orden, por así decirlo técnico-militar, se han agregado nuevas razones y nuevos argumentos de tipo político que tienen
el resultado de prolongar y casi institucionalizar el
estado de emergencia primero y enseguida de proporcionar espesor ideológico y doctrinario a la Seguridad Nacional. Así es como deviene casi una filosofía que se integra con otros elementos ideológicos
como por ejemplo el nacionalismo que escamotea el
problema social, la crítica a la democracia represen-*

*tativa, a los políticos y a los partidos políticos, a'
sufragio universal, etc. Así es también como se invo-
ca la aceptación y el compromiso ciudadano en torno al noble objetivo de la unidad nacional para un
nuevo proyecto de institucionalidad. Así es además
como se ve llevada a reprimir a todos cuantos
disienten activamente y a denigrar a los que lo hacen
pasivamente. La libertad de los ciudadanos sufre así
una limitación permanente y profunda* (p. 369).

No obstante la relevancia política que pueda tener esta
estabilización de una crítica totalizante del régimen militar por
la Iglesia Católica, para los propósitos de este trabajo es de
menor importancia. De hecho, los mismos obispos afirman que
la segunda parte "no tiene el mismo tipo de autoridad que le
atribuimos a la primera parte y la presentamos como **material
auxiliar**" (p. 345; las negritas están en el original). La importancia de la primera parte está en que la Iglesia declara su
intención de comenzar, de allí en adelante, una decidida intervención en las coyunturas de la política chilena, "insertándose
en sus variadas circunstancias concretas de manera que su
salvación impregne, anime y oriente las estructuras de convivencia" (p. 352). Esto requiere un conjunto de delicadas pre-
cisiones conceptuales por parte de los obispos, puesto que la
Iglesia rehusa considerarse a sí misma como agente crasamente político y busca identificarse como maestra evangélica, situándose por sobre y más allá de la contingencia política, afirmando "su independencia respecto a los poderes y partidos
políticos" (p 350): "La Iglesia y la fe cristiana no quieren entrar
en la política ni como partido, ni como una ideología, ni como
una instancia de poder, sino como una inspiración moral
salvadora" (p. 352).

Esta última cita indica la estrategia justificatoria usada
por los obispos para abrirse un espacio claramente político. En
primer lugar, los obispos reconocen rectamente que, "a lo largo
de su historia", a la Iglesia "[s]e le ha criticado más bien
ciertos excesos e intemperancias en el compromiso con los

poderes políticos terrenales" (p. 348); en esto, sin duda, se refieren a la estrechísima relación que mantuvieron con el Partido Conservador en las primeras décadas del siglo XX y, más tarde, con el Partido Demócrata Cristiano y la administración del Presidente Eduardo Frei Montalva. No obstante, con el coraje mostrado al tomar los riesgos de su enfrentamiento con la dictadura en defensa de los Derechos Humanos, ya en 1978 los obispos piensan que la Iglesia ha ganado credibilidad y estatura ética en la comunidad nacional. A juicio de los obispos, esto permite que la Iglesia ejerza un magisterio que apela a la confianza nacional, puesto que "se desprende de los intereses de este mundo sólo para estar disponible para penetrar en lo mejor de la sociedad, para colocarse al servicio del bien común, para ofrecer a todos su ayuda y sus medios de salvación" (p. 350):

> *La Jerarquía, en el ejercicio de su misión pastoral, de modo especial en lo que toca a cuestiones políticas, es [...] acreedora al respeto de la comunidad y a que sus declaraciones y actitudes no sean sospechadas de partidarismo contingente, de mezquindad o de desviación doctrinal o incluso de influencia marxista o liberal. Un esfuerzo de restablecimiento de la confianza y del respeto es condición indispensable en las circunstancias en las que la pasión política se ha desbordado y se han producido lamentables confusiones y radicalizaciones partidarias* (p. 350).

Avalándose con esta confianza recuperada ante la población y la imagen de imparcialidad en la busca del bien común, los obispos solicitan que la ética cristiana no sea considerada meramente como una ideología de una institución que tiene poder político y que no deja de ejercerlo. De manera simultánea, esta solicitud es tácitamente dirigida a otros interlocutores –a la "Iglesia Liberadora", a la oposición antimilitar marxista y al movimiento gremialista que apoyaba al régimen militar. Esta interlocución multiple se explica por el contexto de una época anterior –la década de los '60–, con la gran difusión y recepción en Chile del materialismo histórico y su concepto de "ideología". Este concepto busca desnudar el misterio mítico de todo discurso emitido por una institución asociada con el poder social hegemónico porque contiene una agenda subliminalmente oculta que busca mantener dominadas a las clases sociales subalternas. En la medida en que el marxismo fue uno de los componentes en que se fundó la llamada "Iglesia Liberadora", este esceptisismo fue asumido por un sector de la Iglesia que a la vez exigía una clara definición política de la Jerarquía Episcopal en favor del gobierno de la Unidad Popular. Más tarde, ya instaurada la dictadura, los católicos militantes en el gremialismo también exigieron del Episcopado un claro apoyo político del régimen militar y la legitimación de su poder ejercido de facto.

Por esto es que, al anunciar la presión constante que pensaban desarrollar para la restauración de la democracia en Chile, los obispos intentan alejar de sí las nociones de ideología y de partidismo político y a la vez reclamar para su discurso la validez del misterio religioso en la acción social:

> *No como un partido: Los partidos son formas particulares de enfocar y promover el bien común en una comunidad política concreta. Por más que se inspiren en teorías filosóficas, se proyectan de hecho en organizaciones, programas, acciones, autoridades, alianzas, estrategias, recursos y tácticas concretas, elementos todos que particularizan una opción determinada y dibujan una fórmula política en confrontación con otras posibles (p. 352).*
>
> *Por la universalidad del llamado a la fe y al pueblo de Dios, por la trascendencia de su misión que sobrepasa lo temporal, por ser signo de unidad y amor superiores entre los hombres, la Iglesia no es un partido político ni puede comportarse como tal, ni confundirse con ninguno (p. 353).*
>
> *No como una ideología: pues una ideología es un sistema de ideas que comporta un diagnóstico huma-*

no acerca del mundo, el hombre y la sociedad, una estructura de valores temporales que promover o defender; un conjunto de intereses que salvar.

*La fe cristiana es desde cierto punto de vista más pobre que todo eso. En su esencia es sólo el sí respondido por todo el hombre –desde su centro personal– al "Sí" dado por Dios en la persona de Jesucristo a la comunidad humana. Tanto el llamado divino como la respuesta humana se realiza en un proceso de **don y comunicación personales,** donde todo Dios se da a la comunidad humana, y toda la comunidad creyente se da a Dios, por un camino que bien puede llamarse de liberación (o Salvación) hacia la "nueva tierra y nuevos cielos" en un reino de amor. En virtud de esta misma índole de intercambio y comunicación personales, la fe cristiana **asume, fomenta y eleva** todas las formas positivas de consenso vivido, en cualquier comunidad histórica concreta, operando como un fermento fecundante. Pero simultáneamente será una **instancia crítica** atenta y vigilante, ante cualquier intento de doblegar y anular la inagotable riqueza personal de lo humano, en aras de algún sistema cerrado de ideas férreas, aun cuando ese sistema se autointerponga como inspirado en el depósito revelado. La fe cristiana discernirá siempre entre la médula esencial de su realidad, que es diálogo vivo y nunca adecuadamente traducible en fórmulas fijas, y su cauce expresivo, que sin traicionar esa misma médula esencial, se encarna y estructura de maneras diferentes, según épocas y comunidades históricas* (p. 353; las negritas están en el original).

El documento "Humanismo Cristiano y Nueva Institucionalidad" fue publicado el 4 de octubre de 1978. La propuesta episcopal de una acción social fundamentada en discursos de mayor trascendencia y universalidad integradora de las identidades culturales chilenas eventualmente encontró una homología tanto en el movimiento laico de Derechos Humanos como en el campo político. El hecho es que, en su demanda de justicia, organizaciones como las que representaban a familiares de prisioneros desaparecidos, ejecutados ilegalmente y torturados no podían interpelar a la comunidad nacional para obtener su apoyo sobre la base de los discursos políticos que habían llevado a los grandes enfrentamientos de fines de 1972 y 1973 y, finalmente, al colapso de la democracia chilena. La simpatía sólo podía pedirse apelando a los mitos acumulados en la historia colectiva y el catolicismo, la religión más importante en Chile por su arraigo en la conciencia histórica nacional. Por su parte, en la búsqueda de un consenso político general para la restauración de la democracia, la mayoría de los partidos llegó a una conclusion similar en cuanto a que el mantenimiento de doctrinas políticas totalizadoras y exclusivistas no permitirían el diálogo, el entendimiento, la negociación y el consenso. Este dilema afectaba especialmente a los partidos de la Izquierda marxista en lo que respecta a continuar adhiriendo al leninismo. Para ellos, mantenerlo llevaría a una lucha armada con escasos recursos materiales, contra Fuerzas Armadas profesionales masivamente superiores y bien equipadas, junto con asumir una responsabilidad ineludible por la destrucción incalculable de vidas humanas y de valiosísimas instalaciones infraestructurales.

En condiciones que recuerdan la acción política de la Iglesia polaca antes referida en la Introducción de este trabajo, esta convergencia homológica tuvo una matriz material en las dependencias de la Iglesia en Santiago. En la cultura política chilena actual ya ha quedado asentada como cuestión de sentido común la noción de que uno de los condicionamientos más importantes en la formación de un consenso político general hacia la democracia fue el trabajo multipartidario dentro de organizaciones eclesiásticas como la Vicaría de la Solidaridad y la Pastoral Obrera. Militantes de centro e Izquierda trabajaron allí en defensa de los Derechos Humanos y en la reconstrucción del movimiento sindical. De hecho, la Vicaría de la Solidaridad se convirtió en una especie de central de inteligencia en que se acumulaba y analizaba el dato empírico del desarrollo de la represión para interpretar la política global de los servicios de seguridad militar en sus diferentes etapas. Durante el arzobispado del Cardenal Raúl Silva Henríquez las dependencias de la Iglesia fueron lugares para encontrar información fidedigna y para la reunión, discusión, intercambio entre los obispos y los líderes políticos, seminarios de estudio y debate, coordinación y distribución de recursos materiales en un período de ilegalidad o receso de los partidos políticos. Un dirigente socialista[10] se refirió así a estas relaciones:

> *Yo diría que hasta por ahí como en el año '80, aproximadamente, no existían más allá de algunos encuentros puntuales con algunos obispos o a nivel parroquial por problemas de Derechos Humanos que afectaban a nuestros dirigentes. Los primeros contactos que nosotros tuvimos con la jerarquía de la Iglesia fue por problemas concretos de Derechos Humanos. Yo diría que de hace tres años a esta parte [1983], hemos desarrollado una interlocución estable con la Conferencia Episcopal y con el propio Cardenal y no ha sido como era en el pasado –para requerir ayuda ocasionalmente para solucionar problemas de Derechos Humanos– sino para discutir sobre la realidad nacional, para conversar sobre las coincidencias o diferencias que podamos tener. Muchas veces han sido ellos los interesados en decirnos cosas a nosotros, otras veces hemos sido nosotros los interesados en manifestarles preocupaciones nuestras. Hay, por lo tanto, una relación que antes no existía (p. 161).*
>
> *En nuestro partido, particularmente en nuestra base, había un importante sector que era muy contrario a la Iglesia Católica por todo lo que ella representaba. Había una visión de lo que la Iglesia fue en el pasado en Chile, una Iglesia que se jugaba demasiado por el status quo, demasiado por los poderosos y no*

por aquellos que estaban desafiando el status quo y que estaban buscando transformaciones. Yo creo que esta percepción ha cambiado totalmente. Incluso hay gente que llega a nuestro partido que viene de sectores cristianos [...] que no habiendo militado antes vienen de comunidades cristianas y se han incorporado al partido. Entonces, hay aquí otro insumo que, de alguna manera, no de manera sustancial pero sí importante, ha influido en la orientación que tiene actualmente nuestro partido. Todo esto ha significado que tengamos un canal de comunicación con la Iglesia que antes no teníamos y eso yo creo que es extraordinariamente importante (p. 161)

Actualmente, los documentos de la Iglesia no sólo tienen influencia sobre los militantes sino también sobre las cúpulas. Cada uno de los pronunciamientos que ha hecho la Conferencia Episcopal ha sido material de discusión no sólo en reuniones de Comité Central e, incluso, en eventos nacionales cuando los documentos se han referido a coyunturas críticas. Los materiales no son analizados como documentos de Iglesia propiamente tales sino como documentos de Iglesia que se refieren a la realidad nacional, como la opinión de un sector del país que es fundamental. Esto es lo que ha ocurrido con casi todos los documentos que ha emitido la Iglesia Católica en los últimos tres o cuatro años (p. 162).

Obviamente, estos sucesos no eran desconocidos por los organismos de seguridad militar y recibían atención especial. Durante la dictadura los templos y los locales de la Iglesia fueron atacados por grupos de extrema derecha y agentes de la DINA y la CNI que los dinamitaron y rayaron con insultos. Innumerables religiosos fueron amenazados de muerte. Los servicios de seguridad militar orquestaban campañas de desprestigio de la Jerarquía Episcopal por los medios de comunicación y organizaban demostraciones públicas contra ella y contra curas párrocos. Abogados de la Vicaría de la Solidaridad fueron acosados, arrestados y torturados; agentes de seguridad militar intentaron infiltrarse en el personal la Vicaría. Sacerdotes extranjeros fueron expulsados de Chile o se les impidió su retorno al país.

En este contexto estalló la crisis económica de 1981. A continuación presento el cuadro sinóptico general de ese período de crisis[11].

A mediados de 1982, el gobierno debió devaluar el peso que desde junio de 1979 se había mantenido fijo a $ 39 por dólar. Con un dólar artificialmente bajo, el comercio de exportación había perdido competitividad y decrecido, mientras las importaciones de artículos de consumo suntuario aumentaron, duplicándose la deuda externa en sólo tres años. Ya en 1981 el déficit de la cuenta corriente era del 21% del PIB y de allí siguió aumentando: "Las facilidades para conseguir créditos nuevos se evaporaron y hubo necesidad de recursos frescos para pagar los intereses y amortizaciones y para cubrir el déficit de cuenta corriente. El pago neto de intereses se multiplicó por cuatro entre 1978 y 1983, alcanzando el 7% del PIB, la deuda de corto plazo aumentó, duplicando su participación a un 20% de la deuda total en 1981, la cual era de 17.000 millones de dólares (13% del PIB), los compromisos de amortización de la deuda privada crecían aceleradamente y las proyecciones mostraban que se triplicarían entre 1981 y 1985" (Huneeus, p. 508). El sistema financiero colapsó por el gran número de bancarrotas de empresas e individuos que habían contratado sus deudas con el dólar fijo. El sistema financiero fue intervenido y garantizado por el Estado. Esto se tradujo en una brutal baja de la productividad (-14,5% del PGB en 1982). El desempleo llegó al 31,3% en 1983. La situación se vio agravada aún más por las grandes alzas del precio del petróleo por la OPEP y la baja del cobre —sostén de la economía chilena— en el mercado internacional.

En mayo de 1983 estallaron las grandes protestas nacionales que desde entonces se repitieron cada mes. Considerando que la situación nacional marchaba a una explosión insurreccional similar a la ocurrida en Nicaragua, el Partido Comunista inauguró el Frente Patriótico Manuel Rodríguez como organización militar al parecer independiente. El 10 de agosto de 1983 asumió como Ministro del Interior Sergio Onofre Jarpa para intentar una supuesta política de "apertura" que por primera vez reconocía a la oposición como interlocutor del gobierno. La actividad de los partidos políticos se hizo pública y, desde allí en adelante, ocupó un espacio que no perdería. Pero, en realidad, la "apertura" era una maniobra táctica planeada por el Estado Mayor de la Presidencia para ganar tiempo y desorientar a la oposición. Paralelamente, Carabineros, el Ejército y la CNI intensificaban la represión contra la oposición armada y, especialmente, contra las poblaciones marginales, donde los actos de protesta eran más visibles y dramáticos. Hacia fines de 1985 las Protestas Nacionales ya habían producido 3.197 víctimas fatales (Huneeus, p. 533). En el período 1983-1984 el régimen militar parecía marchar al colapso y la sociedad chilena parecía estar al borde de una violencia generalizada.

Interviene la "Santa Alianza"

Ante el advenimiento de esta violencia, el Vaticano cambió su estrategia política en Chile. A pesar de la enorme gravitación política lograda por el Cardenal Raúl Silva Henríquez, Juan Pablo II dejó que pasara a retiro de inmediato al cumplir 75 años en 1983. En su reemplazo nombró como primado a Monseñor Juan Francisco Fresno, obispo de La Serena, conocido como conservador y simpatizante del régimen militar.

Desde este momento la Iglesia Católica chilena deja de actuar según motivaciones locales –según las alentara Pablo VI en su relación con el Cardenal Silva Henríquez– para someterse a la macropolítica internacional del Vaticano.

El cambio implicó el abandono de la estrategia única de confrontación con el régimen seguida por el Cardenal Silva Henríquez quien, por tanto, había perdido capacidad de negociación. Fue reemplazada por la presión directa e inexorable para que Augusto Pinochet abandonara el poder en negociación con un emisario como el Cardenal Fresno, amigo personal del general. Este es el momento en que la geopolítica de la administración Reagan y la de Juan Pablo II se unen en la llamada "Santa Alianza" para actuar conjuntamente por la redemocratización de Chile.

Es preciso entender la lógica que llevó a la alianza, para luego trazar su acción en Chile.

Para ello es necesario entender la forma en que Juan Pablo II reorientó la *Ospolitik* vaticana –las relaciones diplomáticas con el bloque soviético– una vez que fue elegido Papa en 1978[12].

Pablo I continuó y complementó la *Ospolitik* iniciada por Juan XXIII en 1962. Esta había sido profundamente influida a pocos días de iniciado el Concilio Vaticano II por la cercanía a una guerra nuclear durante la confrontación de Estados Unidos con la Unión Soviética por los misiles que ésta instalara en Cuba. El peligro nuclear llevó al Vaticano a descartar la línea anticomunista agresiva seguida por Pío XII y abrir un díalogo con la Unión Soviética y sus aliados. Este fue el propósito de la encíclica de Juan XXIII *Pacem in Terris,* de abril de 1963, que abogaba por la paz mundial. Por su parte, Pablo I adoptó un realismo basado en la convicción de que la división de Europa pactada en Yalta a fines de la Segunda Guerra Mundial por las grandes potencias era ya inamovible y que la Unión Soviética sería hegemónica a muy largo plazo en el bloque comunista. Si se distendían las relaciones internacionales, el Vaticano esperaba que la estabilización del sistema comunista gradualmente lo llevaría a posiciones socialdemócratas más flexibles y pacíficas. Esto llevaría, finalmente, a una convergencia de intereses entre las naciones occidentales y orientales y a una paz duradera.

Mientras tanto, en sus negociaciones con las naciones del Pacto de Varsovia el Vaticano buscaba asegurar por lo menos la supervivencia sacramental de la Iglesia –es decir, conseguir que se permitiera a la Iglesia el nombramiento de obispos. Esta estrategia se llamó *salvare il salvabile,* salvar lo salvable:

> *La operación de esa estrategia requería concesiones tácticas de la Iglesia tales como reducir la temperatura de la retórica anticomunista católica, distanciar a la Santa Sede de una conexión con el Occidente en la política internacional, y, tal vez en el aspecto más controversial, detener el movimiento eclesiástico clandestino creado en la Europa oriental durante las dos primeras décadas de la Guerra Fría. Más específicamente, esto significaba detener el ordenamiento clandestino de sacerdotes por obispos secretos, lo cual era una espina en el costado de los gobiernos comunistas, particularmente en Checoslovaquia* (Weigel, *WH,* p. 229).

Por el contrario, ya antes de su papado, el obispo Karol Wojtyla consideraba inmoral y catastrófico aceptar la división entre un mundo libre y otro sojuzgado por el comunismo, según el Pacto de Yalta; rechazaba, además, el acomodamiento con el bloque soviético por la creencia de que éste ya era una realidad histórica inamovible e imperecedra, así como rechazaba el diálogo critianismo-marxismo basado en esta suposición. De hecho, Wojtyla continuó la ordenación secreta de sacerdotes para Checoslovaquia sin comunicarlo al Vaticano (Weigel, *WH,* p. 233).

En el trasfondo de su crítica, en Wojtyla estaba la experiencia de la ocupación soviética de Polonia desde fines de la Segunda Guerra Mundial. La Iglesia polaca tenía certeza y evidencia directa de la vulnerabilidad del sistema comunista por la radical corrupción del Estado y del Partido Comunista, porque la vasta mayoría de los pueblos sojuzgados estaban alienados de él y porque los gobernantes mantenían una imagen de representatividad fundada en la mentira organizada y reproducida por los aparatos ideológicos del Estado y sostenida por el peligro de la intervención militar rusa. No obstante, esta llamada "cultura de la mendacidad" se proyectaba a sí misma como el auténtico futuro utópico de la especie humana, para siempre:

> *El sistema dependía de la entrega espiritual. Es decir, dependía de la desmoralización: no simplemente en el sentido psicológico del término, sino en el sentido humano y ético más fundamental. A pesar de sus reclamos de inevitabilidad histórica, de ser la concreción de Las Cosas Como Son, el sistema totalitario [comunista] y su cultura dependían de la mentira sujeta a la complicidad. El sistema se sostenía no sólo por el terrible poder de la policía secreta y de su completo apparat de seguridad interna, sino de una masa crítica de gente dispuesta a aceptar la apariencia como si fuera la realidad, a abandonarse a "las reglas del juego". Así estos individuos cómplices por voluntad propia se convertían en actores del juego, "posibilitaban que el juego prosiguiera", hacían posible que el juego "existiera por sí mismo"* (Weigel, *FR*, p. 48).

Con esta percepción, la Iglesia polaca había desarrollado una estrategia de no confrontación política con el sistema, prefiriendo proteger y expandir los espacios de libertad de culto y de actividad cultural permitidos por el Estado comunista. Por ello la Iglesia había fomentado todo tipo de organizaciones de teatro, literatura, música, filosofía, arte, baile, historia y de apoyo comunitario para preservar un "alma nacional" descrita como esencialmente católica. Relacionado con esto estaban las celebraciones de los íconos más representativos del catolicismo polaco como símbolos de la nacionalidad –la Madona Negra de Czestochowa, *Regina Poloniae;* la devoción a San Estanislao, martir; la Gran Novena de 1966-1970 para celebrar el milenio del catolicismo polaco. La Iglesia polaca promovía un tipo de acción colectiva que quitaba énfasis a lo político, entendiendo lo político como actos que entrampan a la gente en las estrategias sociales y procedimientos del Estado, aun si se afirma la disidencia opositora. En cierto modo se buscaba un fortalecimiento de la Sociedad Civil promoviendo una actuación de las personas como si el Estado no existiera.

A su retorno del Concilio Vaticano II, el Obispo Wojtyla reorientó estas estrategias para darles un carácter de defensa de los Derechos Humanos civiles y políticos y de la democracia como la mejor forma de administración social para implementarlos. Para ello se basó en el documento conciliar *Dignitatis Humanae*, "Declaración de Libertad Religiosa", a cuya redacción Wojtyla contribuyó sustancialmente. Como instrumento de agitación política contra la "cultura de la mendacidad", Wojtyla hacía énfasis en la búsqueda de la verdad: "La dignidad humana implica 'una obligación moral de buscar la verdad, especialmente la verdad religiosa'. Buscar la verdad implica la obligación de vivir de acuerdo con esa verdad. Esta obligación de buscar la verdad no puede cumplirse a menos que los hombres y las mujeres 'disfruten tanto de la libertad psicológica como de la inmunidad ante toda coerción externa', porque es mediante 'el libre consentimiento como los hombres deben adherirse a la verdad que han descubierto' " (Weigel, *WH,* p. 165). Entendida de esta manera, la actividad cultural cotidiana promovida por la Iglesia aparecía como una terapia colectiva de regeneración moral. Según Václav Benda, intelectual católico checo,

Como descargo de conciencia durante este período [de dominación comunista] *que es más oprobioso que cruel, no basta cuidar del alma y creer que la Verdad –la Verdad que en un lugar y tiempo específicos tomó forma humana y caminó entre la gente y asumió su sufrimiento– no es más que una posición que debe mantenerse... Si, sin embargo, la forma principal del mal político actual es una pesadumbre restrictiva que todo ciudadano lleva sobre los hombros y en su interior, por tanto la única posibilidad es desprenderse de ese mal, escapar de su poder y buscar la verdad. En estas circunstancias, toda lucha genuina por nuestra alma se convierte en acto político público, y a la vez en acto creativo, porque ya no sólo se "define a sí mismo" contra algo (en realidad no hay nada contra lo cual definirse), sino más bien un deshacerse de un lastre y una apertura a lo nuevo y lo desconocido* (Weigel, *FR,* p. 51).

Conviene detenerse en la forma en que Juan Pablo II concibe el arte y la ética porque no sólo explica la resistencia anticomunista polaca a través de lo cultural sino que, además, ilumina el valor asignado por el Papa a las ceremonias masivas en sus visitas a diferentes países[13]. Por otra parte, esa concepción del arte explica el poco respeto que demostró Juan Pablo II por el general Augusto Pinochet en su visita a Chile en agosto de 1987.

Arte y teatro masivo en la pastoral de Juan Pablo II

La encarnación es el concepto constituyente del arte según Juan Pablo II[13]. Es el modo en que los valores morales que caracterizan a la humanidad se concretan en espacios, formas, colores, sonidos, en cuerpos humanos. En el arte, lo espiritual toma forma material en la historia y permite epifanías, intuiciones del significado trascendental de la existencia que los seres humanos buscan en el devenir social. Para sí mismo el ser humano es un misterio y necesita una constante revelación de sí mismo en las epifanías que el arte le entrega. En esto hay una analogía directa del modo en que Cristo, el hijo de Dios, fue encarnado como hombre para entregar a la especie el misterio de Dios y el de su propia busca de autotransformación ética en cercanía con la Palabra de Dios. Por tanto, la analogía se extiende para unir los misterios del ser humano, de Cristo y de Dios en el artefacto artístico. De allí que la encarnación artística debe entenderse trascendentalmente como la búsqueda de la Verdad de Dios.

Los seres humanos, en cierto sentido, son desconocidos para sí mismos. Jesucristo no sólo revela a Dios, sino también "revela totalmente al hombre para el hombre". En Cristo, Dios ha reconciliado al mundo para sí. Todos los creyentes son llamados a dar testimonio de esto; pero depende de vosotros, hombres y. mujeres que han dado la vida al arte, declarar con toda la riqueza de vuestro ingenio que en Cristo el mundo está redimido: la persona humana es redimida, el cuerpo humano es redimido, y la creación entera que, según San Pablo "espera impaciente la revelación de los hijos de Dios" (Rom. 8:19), es redimida. La creación espera la revelación de los hijos de Dios también mediante el arte y en el arte. Esta es vuestra tarea. La humanidad en toda época, aun hoy en día, espera que el arte ilumine su camino y su destino (Letter, p.10).

En la cotidianeidad esto se refleja en las decisiones que debe tomar el ser humano ante las múltiples incitaciones que le presenta la convivencia. Como conviviente, el ser humano debe elegir el bien, es decir, aquello que permita la preservación y continuidad de relaciones con otros seres humanos, sin las cuales lo humano es inconcebible. La elección es, por tanto, constituyente de comunidad, es decir, constituyente de espacio para la mejor manifestación del potencial de la vida humana. Los bienes posibles para la elección son múltiples y las elecciones mismas son limitadas. Por tanto, los bienes elegidos y su naturaleza revelan lo que es cada ser humano, lo que es su verdad ante la comunidad y ante la trascendentalidad de la Verdad de Dios.

A la luz de esto se hace crucial conocer y elegir acciones que realmente conduzcan a la realización de las personas en la comunidad. Para que así ocurra las personas deben tener la capacidad de juzgar el valor verdadero de lo que eligen, esa es la natu-

raleza objetiva de estos actos y su efecto tanto en el prójimo como en el que actúa. Esta es la verdad moral; e incluye un juicio en cuanto a si hará buena a la persona en el sentido de acarrear su verdadera realización, o lo contrario. Por tanto, aunque es de notar que el desarrollo moral no puede reducirse al logro de nuevos niveles de capacidad para resolver dilemas morales, la capacidad de juzgar correctamente sigue siendo, sin embargo, uno de los factores esenciales del crecimiento moral (Mclean, p. 8).

El hombre como sujeto que se actualiza y se manifiesta mediante la acción consciente debe, por tanto, orientar su ser humildemente hacia el Amor (la Persona trascendente) para así escapar de la alienación psicológica, del utilitarismo cínico y de las obsesiones que no traen júbilo. Debe actualizarse en la presencia del Amor y manifestar ese Amor al prójimo. El significado, aún más, la necesidad, de la vida de Cristo se hace evidente en el momento que intentamos describir el ideal del amor sin egoísmo o caritas, ejemplificado en su plenitud en la humildad y en la inmolación del Hijo de Dios. Fue creado para ser pecado que no conocía el pecado, para que nosotros pudiéramos convertirnos en seres de virtud (ver 2 Cor. 5:16); El se rebajó al estatus de esclavo, renovando así la capacidad de amar en el hombre caído. El Amor se nos revela en el compromiso cotidiano con la paradoja del sacrificio que otorga vida, la paradoja de la cruz, mediante la cual el dolor se transforma en júbilo, la desesperación en esperanza, "las lágrimas en baile" (Kwasniewski 2, p. 5).

Por otra parte, las elecciones de bienes por los individuos están condicionadas por la acumulación de anteriores elecciones hechas por quienes integran la comunidad. Estas crean esquemas de conducta emocional e intelectual que ayudan o coartan la elección del valor de los bienes, esquemas que se hacen característicos de una comunidad. Esos esquemas comunitarios se han sedimentado con la acumulación del arte producido a través de la historia. Por tanto, en el arte se muestra la verdad de una comunidad de la misma manera en que la elección que ella condiciona y revela la verdad del individuo. Esta verdad comunitaria se llama tradición.

[E]*l término "valor" expresa el bien en relación a una voluntad que en los hechos lo reconoce como bien y responde a él deseándolo. De este modo, individuos o grupos diferentes, o posiblemente los mismos en períodos diferentes puede que tengan conjuntos de valores bien perfilados a medida que se hacen sensibles, y valoran conjuntos de bienes bien perfilados. Generalmente, sin embargo, lo que ocurre en el tiempo es un sutil desplazamiento en la jerarquización del grado con que valoran bienes diversos. Así se delinea un cierto patrón de valores que, de manera más estable, refleja sus elecciones libres, corporativas. Esto constituye la tipología básica de una cultura; de la manera como se reafirma en el tiempo, construye una tradición o herencia cultural.*

Al conformar la cultura, los valores constituyen el patrón primordial y la jerarquización de bienes que las personas nacidas en esa herencia cultural experimentan desde sus años más tempranos. En estos términos ellos interpretan y configuran el desarrollo de sus relaciones con otras personas y grupos. Los jóvenes atisban el mundo a través de los lentes culturales formados por sus familias y ancestros los cuales reflejan el padrón de elecciones de la comunidad en su larga historia –a menudo en dificilísimas condiciones. Como ocurre con un par de anteojos, los valores no crean el objeto, pero sí revelan y enfocan la atención sobre ciertos bienes y conjuntos de bienes más bien que otros (Mclean, p. 6).

Como se observa, hay una tensión dialéctica entre las elecciones del individuo con los condicionamientos éticos que la comunidad le entrega y pone a su alcance. Esta tensión confiere un sentido profundamente dramático, teatral, a la acción humana puesto que, al asumir libremente los elementos éticos que le entrega la tradición, el ser humano conscientemente encarna un rol, una máscara que lo convierte en persona. Hay, por tanto, una libertad de elección que constituye la democracia como espacio altamente dramático y que sólo puede preservarse y mantenerse en la medida en que el gobierno garantice la libertad de elección, es decir, los Derechos Humanos.

> ...el hombre "no llega a ser individuo en el sentido más verdadero y pleno hasta que se experimenta a sí mismo como individuo actante (in actu)". Por tanto, por su propia naturaleza, aunque sin excluir su aspecto objetivo, la acción es siempre subjetiva, relacionada con la conciencia de sí misma de una persona que actúa. En términos abstractos, un "hombre" actúa, pero más central es el acto singular y concreto de la persona como ente único. Al reflexionar sobre su capacidad para actuar y dar forma al mundo, el individuo descubre el dinamismo de la "persona-acto", la íntima correlación entre ser uno mismo y el comportamiento de uno mismo. Uno no puede separar un acto de la persona que lo actúa, como si existieran separadamente; la persona es la que actúa y el acto es siempre personal. Las acciones así adquieren un carácter dual de realización del ser (el gradual "hacerse a sí mismo" del ser) y la manifestación del ser (la comunicación del ser). Wojtyla expresa esto diciendo que el acto "es una revelación específica del ser" tanto como una revelación específica del ser para sí mismo (Kwasniewski 1, p. 4).

Como se observa, el obispo Wojtyla tiene una aproximación fenomenológica al entendimiento del valor de la persona por cuanto sitúa su entendimiento en los procesos internos de la conciencia al tomar responsabilidad moral de sí misma en su relación con el prójimo y con la comunidad. Es decir, la subjetividad emerge desde dentro de sí misma y debe respetarse su derecho a la libre determinación normalmente asegurada por la ley natural. Esta predomina más o menos en toda sociedad en que predomina el espíritu religioso y la sanidad de las costumbres tradicionales. Contra esta sanidad atenta el espíritu de la Modernidad, tanto en su variante comunista como en la capitalista. En ambas variantes hay aspectos comunes –se implementa una ingeniería social de acuerdo con normas abstractas y universalizadas que homogenizan la conducta personal para asegurar el control social, el aumento de la producción y el consumismo. Se imponen y aplican esas normas mecánicamente, en todo lugar y época, sin considerar las características diferenciales de las culturas locales. Se procede como si los seres humanos fueran objetos y se los vacía del drama teatral de asumir la responsabilidad moral de su conducta. De este modo surgen los totalitarismos evidentes o solapados –como en Occidente– en que la ingeniería social lleva a los seres humanos a una entrega a las normas impuestas y la responsabilidad moral es reemplazada por la indiferencia, el hedonismo, la busca irreflexiva de toda forma de comportamientos, drogas o artefactos analgésicos para evitar el dolor inevitable de estar vivo. Con ello las sensibilidades colectivas quedan dispuestas a aceptar grandes catástrofes genocidas creadas por seres humanos, como en el nazismo, el stalinismo y los holocaustos permanentes del aborto en sociedades que incorrectamente se estiman a sí mismas como democráticas.

En la Modernidad se da una paradoja extrema –la búsqueda científica de la verdad para llegar a la plenitud humana mediante la administración técnica de la sociedad y de la productividad finalmente pervierte y vicia la verdad. Esto ocurre porque la aplicación mecánica e irrestricta de las normas de la ingeniería social en cualquier lugar y época llevan a un burocratismo arrogante, desconectado de la realidad histórica, en que el prurito de aplicar las normas con premura, inexorablemente, enceguece ante la diversidad cultural y el respeto de ella. Con ello se crea un orden social en que los hombres creen haber alcanzado la libertad para crearse y recrearse a sí mismos, pero se trata de una libertad en que el ser humano se hace indiferente al imperativo ético:

> *El pensamiento de Wojtyla sobre la libertad fue profundamente influido por su experiencia como confesor y director espiritual. Para él la libertad de la indiferencia no sólo hacía imposible construir una sociedad libre que reconociera la dignidad de la persona humana; además vaciaba la vida personal de su drama inherente. Según sus antiguos penitentes, el padre Karol Wojtyla, confesor, nunca dijo "Debes hacer esto". Más bien, en las confesiones que a menudo duraban más de una hora, intentaba ayudar al penitente a identificar la tensión dramática en que vivía; el sacerdote y el penitente exploraban juntos las respuestas posibles a esa tensión y los principios cristianos que debían guiar la reflexión sobre las opciones –y luego Wojtyla decía, "Debes elegir"* (Weigel, "Preparing...", p. 8).

Considerando que el drama esencial del ser humano es encarnar valores trascendentales para darse a sí mismo por amor y sacrificio a sus semejantes, Wojtyla hace equivalentes la historia de la humanidad con la historia de Cristo y, por tanto, de la Iglesia Católica. Con su sacrificio para redimir a la humanidad Cristo fijó para la eternidad un ejemplo arquetípico en que los seres humanos no tienen sino la opción de encarnar en su propia vida para dar sentido auténtico a la historia de la especie.

> *¿Cómo entra el Creador en nosotros, aun cuando no le damos una bienvenida? ¿Cómo percibe el hombre su propia inadecuación, la estupidez de su egoísmo, el absurdo de vivir nada más que como consumidor*

80

*o como rodela de la maquinaria social? Estas intui-
ciones sólo pueden ocurrir cuando la persona es
confrontada, en el silencio de su interioridad espiritual, con la desgarradora agonía de la no realización de sí misma, y comienza a ver, como si desper-
tara de un sueño, la única cura que existe para su
soledad. Este es el momento del conocimiento espiritual de uno mismo, el descubrimiento de las profun-
didades del ser como criatura de gran dignidad,
hecha para el amor eterno. El conocimiento de uno
mismo trae consigo una "inquietud creativa" en que
"lo que es más profundamente humano... palpita y
late"; "la búsqueda de la verdad, la insaciable necesidad de bien, el hambre de libertad, la nostalgia por
lo hermoso y la voz de la conciencia". Una persona
que escucha esta voz y se compara honestamente con
el ideal que proclama verá que está hecha para conocer la verdad y amar lo que es verdaderamente
bueno; verá que la vida sólo tiene significado cuando se la vierte en la fe del amor. Si luego busca
intensamente el único amor perfecto que satisface la
necesidad más profunda del hombre, lo descubrirá,
con la gracia de Dios, en Jesucristo, quien une la
plenitud del hombre con el esplendor de Dios*
(Kwasniewski 2, p. 8).

Todo totalitarismo –bien sea evidente o encubierto como
en las supuestas sociedades democráticas occidentales– implica una perversión de la comunidad como espacio para la preservación de la vida. Elimina la libre elección de los individuos
y, por tanto, su posibilidad de encarnar libremente la analogía
histórica de Cristo, hijo de Dios. Puesto que la religión entendida como esa encarnación es la que constituye la comunidad
como espacio para la manifestación del potencial de la vida, la
resistencia al totalitarismo no puede ser violenta. La violencia
trae el imperio de la muerte, lo cual es negación de la religión.
De allí que la Iglesia polaca hubiera resistido el totalitarismo

comunista promoviendo el arte en la Sociedad Civil como espacio para preservar la encarnación de valores trascendentales. Según palabras de Juan Pablo II:

> *Las protestas que llevaron al colapso del Marxismo tenazmente insistieron en explorar toda vía de negociación, diálogo y testimonio de verdad, apelando a la conciencia del adversario y buscando despertar en él un sentimiento de dignidad humana compartida. Parecía que el orden europeo resultante de la Segunda Guerra Mundial y sancionado por los Acuerdos de Yalta sólo podía ser derrocado con otra guerra. Por el contrario, se lo superó con el compromiso no violento de gente que, aunque siempre rehusó ceder ante la fuerza del poder, una vez tras otra tuvo éxito en encontrar modos efectivos de dar testimonio de la verdad. Esto desarmó al adversario, puesto que la violencia siempre necesita justificarse con el engaño, y aparecer, con falsía total, defendiendo un derecho o respondiendo a alguna amenaza* (Weigel, FR, p. 53).

Clausurada la opción de la violencia revolucionaria, Juan Pablo II plantea la reorientación de la historia humana a muy largo plazo, como tarea de evangelización de la Modernidad para reorientar sus esquemas de intelectualización. La evangelización estaría dirigida fundamentalmente hacia la cultura, en general, entendida como encarnación y materialización de valores trascendentales. Como objetivo mínimo de la evangelización está el de injertar en la Modernidad el drama de la elección y la responsabilidad ética como elemento esencial, óntico, de la especie humana; lo óptimo sería la aceptación total, intelectual y emocional, del arquetipo Cristo y de sus implicaciones por las burocracias científicas y técnicas:

> *La sabiduría convencional busca los motores de la historia en la alta política y en la economía: el mar-*

xismo-leninismo, el fascismo, el nacionalsocialismo fueron resultado de la unificación de Alemania, la revolución industrial, la Primera Guerra Mundial, el Tratado de Versalles, etc., etc., etc. Wojtyla –que aprendió de su padre que Polonia, la nación, ha sobrevivido por su lengua, su literatura, y sus convicciones religiosas cuando Polonia, el Estado fue abolido– se convenció de que la historia corre por canales esculpidos mucho más profundamente. Por tanto, comenzó a mirar a la cultura, a la estructura de las ideas que sostiene a una sociedad o a una civilización, a discernir las fuentes de los flujos y reflujos de la historia (Weigel, "Preparing...", p. 4).

Para expresarlo de manera más evangélica: la convicción más básica sobre la que se ha construido la vida de Karol Wojtyla es la convicción de que la narrativa cristiana es verdadera, y que en esa verdad se revela el telos, el objetivo final, de la libertad humana. La narrativa cristiana no es simplemente una entre las narrativas posibles para dar cuenta de lo que existe. Más bien, ya hace mucho tiempo Wojtyla está convencido –y su pontificado es una serie de variaciones de este gran tema– de que la historia de la Iglesia es la historia del mundo, rectamente entendida. Por tanto, la tarea de la Iglesia no es condenar la Modernidad. La tarea de la Iglesia en el mundo moderno es proponer, persuadir, convencer a la Modernidad de que en Cristo y en la Iglesia se encuentra la verdadera "narrativa" de la condición humana, incluyendo la búsqueda humana de la libertad. A veces esto requiere hablar la verdad al poder, con vehemencia. Pero todo en servicio de la persuasión y, en última instancia, la conversión (*Ibid.*, p. 6).

Lo expuesto tiene implicaciones para el significado de la acción política oficial del catolicismo y la temporalidad de esa acción. Ahora, a través del Pontificado universal, se reitera la estrategia a muy largo plazo de la Iglesia polaca en cuanto a dar primacía al fortalecimiento de las organizaciones culturales de la Sociedad Civil como asentamiento y fundamento de la identidad nacional y la continuidad histórica de la nación, quitando énfasis a la política contingente. Esto llevó a Juan Pablo II al intento de desmantelar la Teología de la Liberación latinoamericana, caracterizada por su premura por intervenir en la contingencia política en los espacios de miseria catastrófica de los pueblos del Tercer Mundo. El Vaticano acalló a algunos de sus representantes, prohibió la participación política de los religiosos, desacreditó y prohibió el uso del materialismo histórico como instrumento de análisis social.

Como se verá más adelante, esta concepción de lo político y su temporalidad afectó la visión de Juan Pablo II en cuanto al régimen militar chileno. Por otra parte, es importante considerar que también en esta visión figuró el sufrimiento colectivo como uno de los ingredientes esenciales, necesarios, en la redención de la Modernidad.

El éxito político de la estrategia polaca de resistencia cultural masiva pareció comprobarse con la primera visita de Karol Wojtyla a Polonia en junio de 1979, después de ser ungido como Juan Pablo II. En nueve días visitó las ciudades de Varsovia, Gniezno, Opole, Czestochowa, Mogila, Cracovia. La masividad de la asistencia a las ceremonias públicas rebasó toda expectativa y fue visible a pesar de los trucos de las cámaras de televisión estatal para minimizarla. Hay consenso en considerar que la misa celebrada por el Papa en la Plaza de la Victoria en Varsovia inició una cadena de sucesos que marcó el fin del bloque soviético. Juan Pablo II convirtió esta ocasión en el modelo teatral que seguiría en las numerosísimas visitas a países de todos los continentes que ha caracterizado su papado.

Precisamente por esto es conveniente considerar que en todo acto teatral hay diferentes circuitos de significación que actúan simultáneamente y que ellos no concuerdan necesariamente entre sí. En primer lugar tenemos los significados simbólicos que los organizadores tienen en mente al montar un espectáculo público. Luego están los elementos materiales, los gestos, movimientos, momentos del día, luces y sonidos que se han conjugado para comunicar esa intención. También está la capacidad de interpretación simbólica que puedan tener los espectadores para entender lo exhibido. Finalmente, como ocurrió con la ceremonia de la Plaza de la Victoria, está el canal de comunicación con que se la trasmitió nacional e internacionalmente. En esa oportunidad se dio una conjugación ideal de todos estos circuitos ya que el pensamiento del obispo Wojtyla había sido diseminado masivamente ya largo tiempo antes en las Iglesias y entre los disidentes anticomunistas de Polonia y Checoslovaquia. Por otra parte, dada la preocupación de Wojtyla por atraer a la intelectualidad en general, elementos fundamentales de su pensamiento habían sido adoptados por el discurso cultural aun de intelectuales reticentes ante la función de la Iglesia Católica en la historia de sus países.

En la Plaza de la Victoria en Varsovia, Juan Pablo II fusionó la identidad nacional polaca y su derecho a la autodeterminación con la universalidad del catolicismo, dándole a la fusión un claro sentido geopolítico. En su homilía dijo:

> No puede excluirse a Cristo de la historia humana en ningún lugar del mundo, en ninguna latitud o longitud geográfica. Todo intento de excluir a Cristo de la historia humana es un atentado contra el hombre. Sin Cristo es imposible entender la historia de Polonia (Weigel, FR, p.132).

La muchedumbre respondió cantando:

> Queremos a Dios, queremos a Dios, queremos a Dios en el círculo familiar, queremos a Dios en los libros, en las escuelas, queremos a Dios en las órdenes del gobierno, queremos a Dios, queremos a Dios (Ibid.).

Dado su conocimiento de la cultura literaria polaca, durante su visita Juan Pablo II estaba consciente del predominio de una sensibilidad colectiva originada en la épica romántica de la liberación de Polonia. En sus discursos hizo calladas referencias a la trilogía de novelas de Henryk Sienkewicz –*A fuego y espada, El diluvio, Fuego en la estepa*– en que caballeros templarios combatían a través de toda Polonia, Lituania y Ucrania en busca de la gloria en la defensa de la Patria y de la fé católica; también hizo referencias a los poemas de Adam Mickiewicz en conmemoración de antiguas victorias marciales en celebración del espíritu indomable de Polonia, descrita como el "Cristo de las Naciones", crucificada por los pecados de Europa. Se dice que todo polaco los ha leído desde su niñez y que Polonia es incomprensible sin ellos (Weigel *FR*, pp. 139-140 y nota 90 de estas páginas).

El hecho es que, en un momento en que la administración comunista de Polonia había entrado en la crisis más profunda de incompetencia y corrupción y después de largos años de disidencia soterrada, las ceremonias masivas de Juan Pablo II condensaron un sentimiento de comunidad nacional públicamente articulada que luego llevaría al triunfo de Solidaridad, el sindicato independiente de trabajadores. Años después, un importante activista sindical "describió la peregrinación como aquel punto en que 'nosotros' y 'ellos' se clarificaron decisivamente como 'la sociedad' y 'el poder'. Antes de junio de 1979, estaba claro quienes era 'ellos': el régimen. Pero no estaba claro quienes era el 'nosotros': cuántos de 'nosotros' había, y cuánto podíamos confiar en ese 'nosotros'. Luego llegó el Papa y el 'nosotros' se aclaró: 'nosotros' somos la sociedad, y el país es nuestro. 'Ellos' son una costra artificial" (Weigel, *FR*, p. 134).

A pesar de que en la imagen creada en torno a la peregrinación de 1979 haya predominado una apelación al nacionalismo polaco, no puede perderse de vista que fue la primera y más importante representación teatral de una resolución ideológica tomada por Juan Pablo II en cuanto al Concilio Vaticano II. De todo el material producido por el Concilio, Juan Pablo II había hecho énfasis por sobre todo en un documento, *Dignita-*

tis Humanae, "Declaración de Libertad Religiosa". En la afirmación de la libertad religiosa Juan Pablo II encontró el basamento teológico para superar imputaciones de que la Iglesia es nada más que otra institución impulsada por intereses políticos particulares. Sobre la base de *Dignitatis Humanae* la Iglesia podía proclamarse institución interesada sólo en ser *defensor hominis,* defensora universal de los derechos del ser humano más allá de todo partidismo político y defensora de la democracia como la mejor forma de gobierno para asegurarlos (Weigel, *FR,* p. 73).

El ceremonial de la peregrinación de Juan Pablo II fue escenificado para trasbasar el significado restringido que pudiera haber tenido sólo para la situación de Polonia. En la versión de la "Santa Alianza" de Carl Bernstein y Mario Politi[14] esa intención se cumplió cuando Ronald Reagan, ya declarado candidato a la presidencia de Estados Unidos, sentado en el porche de su rancho en Santa Bárbara, California, vio por televisión parte de la misa en la Plaza de la Victoria de Varsovia. Lo acompañaba Richard Allen, católico devoto, quien más tarde sería su principal asesor en asuntos de Seguridad Nacional. Instantáneamente comprendieron el potencial de un entendimiento político con el Vaticano para la derrota del bloque soviético.

Instalado en la presidencia, Reagan inició una serie de contactos reservados con Juan Pablo II a través de William Casey y Vernon Walters, director y anterior subdirector de la CIA, también católicos devotos. Aunque discutieron e intercambiaron información sobre toda la situación mundial del momento, su preocupación se concentró en Polonia y Centroamérica. Según lo narrado en la Introducción de este trabajo, la administración Reagan cooperó con el Vaticano de manera encubierta para la desestabilización del gobierno polaco. Por el contrario, la preocupación pública del gobierno de Reagan estaba en terminar con los revolucionarios salvadoreños y con el gobierno Sandinista de Nicaragua. El Congreso tenía serios reparos en financiar a los Contras que operaban desde Honduras. Reagan los presentaba como luchadores por la libertad de

Nicaragua, en circunstancias que sus dirigentes y buena parte de la tropa habían pertenecido al gobierno de la dinastía Somoza y a su Guardia Nacional. Congresistas opositores hacían evidente la inconsistencia ética de apoyar a los Contras como liberadores democráticos mientras a la vez se apoyaba al régimen militar chileno, repetidamente censurado en las Naciones Unidas y en la Organización de Estados Americanos por sus violaciones de Derechos Humanos.

En estas circunstancias, en 1983 la administración Reagan adoptó la estrategia vaticana de defensa de los Derechos Humanos para dar contenido real a su política anticomunista en favor de la democracia, para lo cual, de algún modo, también debía incluir en ella a dictaduras como la chilena. En esto hubo un brusco giro estratégico que causó fuerte curiosidad en los analistas políticos[15].

Reagan había llegado a la presidencia desacreditando la decisión del Presidente Jimmy Carter de evaluar las relaciones de Estados Unidos con otros gobiernos sobre la base del respeto del Derecho Internacional de Derechos Humanos. Reagan y su equipo consideraban que esta política dañaba los intereses estadounidenses al alienar a gobiernos claramente anticomunistas, aliados, por tanto, por mucho que fueran dictatoriales. Para ello Carter había creado la Subsecretaría de Derechos Humanos y Asuntos Humanitarios dentro del Departamento de Estado y había ordenado que este Departamento emitiera un informe anual al respecto. En 1981 Elliott Abrams fue nombrado Subsecretario de Derechos Humanos y llevó adelante la reorientación de la política internacional del gobierno. En 1985 Abrams fue nombrado Secretario de Estado Asistente para Asuntos Interamericanos, encargado de supervisar la política de Estados Unidos para Latinoamérica y el Caribe[16].

Como lo demostró el escándalo Irán-Contra, al integrar la política de Derechos Humanos a su geopolítica, Estados Unidos no descartó las operaciones secretas ilegales, según se demostró en El Salvador, Guatemala y Nicaragua. En esto se dió una duplicidad mutuamente complementaria en la acción conjunta de la administración Reagan y del Vaticano. Por una parte, Estados Unidos negaba la comisión de graves violaciones de Derechos Humanos por los gobiernos de El Salvador y Guatemala; por su parte, Juan Pablo II intentaba neutralizar el apoyo masivo de los católicos al gobierno Sandinista en Nicaragua. A partir de la generalización de la violencia en Chile desde 1983, la administración Reagan y el Vaticano comenzaron una labor conjunta para terminar con el gobierno de Augusto Pinochet y crear la condiciones para la transición a la democracia.

La administración Reagan desestabiliza al régimen militar chileno

Ya a partir de julio de 1983 la administración Reagan había iniciado fuertes presiones contra el gobierno del general Pinochet. Ese mes había hecho pública su preocupación por las medidas represivas del régimen militar contra las Protestas Nacionales iniciadas en mayo. En la retórica de los representantes de Reagan, Rodolfo Seguel, el líder sindical que había llamado a las Protestas, fue comparado a Lech Walesa, dirigente del sindicato polaco Solidaridad. A raíz del arresto de Gabriel Valdés, líder democratacristiano, el Departamento de Estado hizo una fuerte declaración condenatoria, a la vez refiriéndose a "la necesidad de que los líderes moderados de todos los sectores encuentren el modo de establecer el consenso básico necesario para la transición a la democracia buscada por la vasta mayoría de los chilenos" (Sigmund, 144). Estados Unidos comenzó a presionar a la dirigencia del Partido Demócrata Cristiano para que se acercara a sectores de la Derecha identificados como de tendencia democrática.

Para promover este consenso, el embajador James Theberge tuvo frecuentes reuniones con dirigentes de toda la oposición. Ante la terminación del diálogo entre el Ministro Onofre Jarpa con la Alianza Democrática por el régimen militar y también el fracaso de las primeras gestiones de intersección política del Cardenal Juan Francisco Fresno en 1983, el embajador Theberge hizo público el desagrado de su gobierno. Por otra parte, en marzo de 1984, James Michel, el Secretario de Estado Asistente para América Latina llamó la atención sobre la falta de consenso entre la oposición, advirtiendo que "el presente impase" en la oposición llevaría "a una creciente desestabilización de la situación política" por la que se perdería la posibilidad de la democracia. Michel abogó por el desarrollo de un consenso político de centro. Desde ese momento la embajada de Estados Unidos inició contactos frecuentes con la oposición, los que siempre fueron anunciados públicamente (Sigmund, p. 147). El 21 de junio de 1985, al inaugurarse una estatua de Abraham Lincoln en Santiago, el embajador Theberge habló contra la concentración del poder "gubernamental en un solo hombre", agregando que la tiranía nunca se justifica "a pesar de las constituciones y complejos argumentos legales que tratan de mostrar lo injusto como si fuera justo" (Sigmund, p. 154).

Hacia fines de 1984 la administración Reagan concluyó que esta diplomacia "suave" no daba resultados mientras la violencia pública y la represión aumentaban. Intensificó la presión alegando "el fracaso de las autoridades en responder a los deseos de la mayoría de los chilenos de un retorno pacífico a la democracia" (Sigmund, p. 148). Como en la época de la Unidad Popular, el campo de presión fue lo económico. Se filtró a la prensa el dato de que la administración había discutido la posibilidad de vetar nuevos préstamos a Chile por el Banco Interamericano de Desarrollo (BID). Al votar en contra de una nueva resolución de repudio por las violaciones de Derechos Humanos en Chile de la Asamblea General de las Naciones Unidas, por primera vez el embajador de Estados Unidos atacó "la dura represión que aplicaba el régimen militar". En diciembre 10, 1984, en las ceremonias de celebración del Día Mundial de los Derechos Humanos el Presidente Reagan declaró que "era una afrenta a la conciencia humana la falta de progreso a la democracia en Chile y Paraguay" (Sigmund, p. 149). A comienzos de 1985, por primera vez Estados Unidos vetó un préstamo de 430 millones de dólares a

Chile por el BID. A este veto siguió una abstención, en el Banco Mundial, que fue explicada por el Secretario de Estado George Schultz como reflejo de las "reservas" del gobierno ante la situación en Chile. Por apenas diez votos fracasó una resolución ante la Casa de Representantes para impedir todo préstamo gubernamental a Chile y, en especial, para terminar con las garantías de seguro a las inversiones estadounidenses a través de la Overseas Private Investment Corporation (OPIC). Esta última medida habría sido un golpe devastador para la economía chilena. En mayo-junio de 1985 la presión económica llegó a su punto de mayor intensidad. La Tesorería de Estados Unidos impuso la negociación para el retorno a la democracia como requisito para la aprobación por el Banco Mundial de un préstamo de 2 mil millones de dólares para los planes de desarrollo de Chile en los dos años siguientes.

El 16 de junio el régimen militar capituló y levantó el estado de sitio. Al día siguiente, la Casa de Representantes aprobó un conjunto de préstamos a Chile que incluía 150 millones de dólares para la construcción de carreteras. Aunque celebró la suspensión del estado de sitio, el Departamento de Estado hizo notar que su reemplazo por un estado de emergencia seguía limitando las libertades civiles y políticas. En realidad, la represión continuó.

En abril de 1985 el embajador James Theberge fue reemplazado por el diplomático de carrera Harry Barnes. En mayo Elliott Abrams reemplazó a Langhorne Motley como Secretario de Estado Asistente para América Latina. En su política contra el régimen militar chileno la administración Reagan necesitaba personal diplomático más claramente identificado con la oposición. Es preciso considerar que Theberge y Motley habían sido nombramientos políticos que correspondían a la anterior animadversión de la administración Reagan en cuanto a la protección de los Derechos Humanos en las relaciones internacionales de Estados Unidos. Theberge había sido enviado como embajador a Chile precisamente por su simpatía con la dictadura de Pinochet y después de la visita a Chile de la embajadora de Estados Unidos ante las Naciones Unidas

Jeanne Kirkpatrick en agosto de 1981. Ella había llegado Chile para neutralizar la política adversa del Presidente Carter ante el régimen de Pinochet, manifestar el apoyo de la administración Reagan y proyectar ese apoyo internacionalmente.

Aunque, por supuesto, el embajador Theberge había trasmitido privada y públicamente los reparos de su gobierno al régimen militar, por los canales internos del Departamento de Estado se había opuesto a que Chile fuera hostilizado económicamente. Una duplicidad similar se había observado en el Secretario Motley. En febrero de 1985, al término de una visita a Chile para presionar al general Pinochet, Motley había creado una situación ambigua. En una declaración a la prensa dijo que el "destino de Chile está en manos de chilenos y está en buenas manos", lo que, sin duda, podía interpretarse como apoyo al régimen militar. El Departamento de Estado corrigió esta versión, entregando una supuesta versión completa en que se decía que el "destino de Chile está en manos de chilenos y está en buenas manos, con lo que me refiero a todo el espectro [político] nacional al que he tenido acceso"; "la democracia es una de las cosas que consideramos necesarias para lograr nuestros objetivos generales que son la paz, la estabilidad y el progreso" (Sigmund, p. 150).

En una entrevista de1989, Motley describió que el propósito de su ida a Chile había sido el de persuadir a Pinochet que levantara el estado de sitio pero reconoció que nunca lo había hecho formal o informalmente. Había sido alertado por el general Vernon Walters, quien había reemplazado a Jeanne Kirkpatrick como embajador de Estados Unidos ante las Naciones Unidas y que conocía a Pinochet, que le sería difícil negociar con él. Según dijo al entrevistador, "Pinochet no me sorprendió ni me desilusionó. El es el más grande hijo de puta que se pueda encontrar parado en dos patas", pero también observó que la oposición estaba "viviendo en un mundo de fantasía" al esperar que Estados Unidos expulsara a Pinochet del poder (Sigmund, nota 16, p. 226).

Con Harry Barnes y Elliott Abrams la campaña de Estados Unidos contra el gobierno del general Pinochet se hizo inexorable. La iniciativa complementaria del Vaticano se hizo a través del Cardenal Juan Francisco Fresno.

Hacia fines de 1984, Juan Francisco Fresno había iniciado un período de consulta con personeros de diferentes tendencias políticas no violentistas. En una reunión del 22 de julio de 1985 se leyó un borrador escrito por los asesores en que las áreas de consenso se hicieron patentes. Los representantes de los partidos comisionaron a los asesores para que redactaran un documento oficial. Este fue aprobado y suscrito el 25 de agosto de 1985 con el título de Acuerdo Nacional por la Transición a la Plena Democracia. Fue suscrito por representantes de la Democracia Cristiana, la Social Democracia, la Unión Socialista Popular, y los Partidos Radical, Socialista (Núñez), Liberal, Republicano y Renovación Nacional, partido de derecha adherente al régimen militar aunque crítico. Quedaron excluidos la Unión Demócrata Independiente (UDI), partido de apoyo incondicional al régimen militar, y los partidos revolucionarios –el Partido Comunista, el Partido Socialista (Almeyda) y el MIR.

El Acuerdo Nacional respondió a las presiones de la Iglesia para que los partidos no revolucionarios unificaran criterios y abandonaran la línea insurreccional seguida hasta entonces. Esta presión de la Iglesia ya había sido informada por la Conferencia Episcopal en la Carta a los Católicos titulada "El Renacer de Chile" (17 de diciembre de 1982). Como respuesta positiva, en marzo de 1983 los partidos de oposición habían formado una Alianza Democrática y firmado el Manifiesto Nacional. Su propósito era servir de interlocutores del Ministro del Interior Onofre Jarpa, militante de Renovación Nacional, nombrado por el general Pinochet para la distensión del agudo conflicto causado por la crisis económica y la iniciación de las Protestas Nacionales en mayo de 1983.

En el Manifiesto Nacional se habían hecho exigencias maximalistas –la renuncia del general Pinochet; la redemocratización pacífica de Chile a partir de un Acuerdo Nacional para la creación de una nueva Constitución. Esta debía ser formulada por una Asamblea Constituyente que debía representar a todos los sectores políticos, civiles y militares. La Constitución sería aprobada por la ciudadanía en un plebiscito nacional. Luego de la renuncia del general Augusto Pinochet, un Gobierno Provisional conduciría la transición a la democracia y en un plazo de dieciocho meses restablecería un sistema constitucional y el respeto pleno del Estado de Derecho y los Derechos Humanos. Estas expectativas máximas se explican por la suposición errónea de que el régimen militar no podría recuperarse de la crisis económica.

Con el Acuerdo Nacional, la administración Reagan y la Iglesia prevalecieron sobre la oposición para que aceptara el mecanismo de transición a la democracia instituido por el régimen militar. El régimen consideraba que la redemocratización se había iniciado en 1980, con el plebiscito que había aprobado la nueva Constitución. De acuerdo con sus artículos transitorios, a partir de 1981 el general Pinochet había asumido como Presidente de la República por ocho años. La sucesión presidencial se dirimiría en algún momento de 1988, con un plebiscito al que se llamaría con noventa días de anticipación. En él la ciudadanía debería votar SI o NO por un candidato único elegido unánimemente por la Junta Militar, quien, sin duda, sería el general Pinochet. Una vez aprobado para un segundo período, en 1989 el general llamaría a elecciones parlamentarias y asumiría la presidencia en 1990 para gobernar según los artículos permanentes de la Constitución. Para que se realizara este proceso, con anticipación el gobierno debía dictar las leyes de Registro Electoral y de Partidos Políticos puesto que después de 1973 los registros habían sido incinerados y los partidos políticos habían sido declarados en receso o disueltos. Mantener en reserva la fecha del plebiscito y la promulgación de esas leyes era un arma intimidatoria contra una oposición que todavía no se articulaba consensualmente. Esta tendría muy poco tiempo para llamar a sus militantes a registrarse y montar una campaña nacional sin acceso a los medios de comunicación e impedida por las constantes declaraciones de estados de emergencia.

El gobierno no prestó atención al Acuerdo Nacional, a pesar de la presión pública del Episcopado para llevarlo a la negociación. En una entrevista personal con el general Pinochet, el Cardenal Fresno nuevamente intentó persuadirlo a negociar, siendo silenciado terminantemente ("...demos vuelta la página").

La intransigencia del general Pinochet desencadenó –ya definitivamente– por parte de la administración Reagan y del Vaticano una campaña de desestabilización de su poder. Mediante operaciones encubiertas y maniobras públicas, en Estados Unidos y en Chile se iniciaron los preparativos de apoyo a la oposición para el plebiscito de 1988.

A riesgo de crear confusión, para tener una comprensión cabal de la envergadura de la campaña de desestabilización, es preciso romper la secuencia temporal de esta narración y proyectar las consecuencias de esas operaciones hasta el momento de la derrota del régimen militar en el plebiscito.

Estas operaciones apuntaron a objetivos múltiples y simultáneos –dividir a los miembros de la Junta de Gobierno; fomentar la disensión entre la oficialidad de los mandos altos y medios en el Ejército y Carabineros; financiar grupos de estudios de política pública tanto de la derecha democrática, del centro y de la izquierda no revolucionaria para uniformar criterios de acción conjunta, formular estrategias de transición a la democracia, de renegociación de las relaciones con Estados Unidos y con los grupos de inversionistas extranjeros; formar, entrenar y financiar grupos de movilización ciudadana para la participación en los debates políticos y la votación en el plebiscito de 1988 y las elecciones presidenciales y parlamentarias de 1989; asegurar y financiar la consultoría de expertos estadounidenses en estrategias eleccionarias psicológicas y de control de la veracidad de los cómputos electorales para evitar la esperada interferencia del régimen militar; financiar el acceso de la oposición a los medios de comunicación dominados por el régimen militar.

La National Endowment for Democracy (NED) y el

United States Information Agency (USAID) del gobierno de Estados Unidos y organizaciones de estudios de política pública representantes del espectro político del país tales como el National Democratic Institute (NDI) del Partido Demócrata, el International Republican Institute (IRI) del Partido Republicano, la Heritage Foundation, el American Enterprise Institute de tendencia derechista y la Fundación Ford entregaron fondos a organizaciones en Chile tales como el Centro de Estudios Públicos (CEP), de orientación derechista, el Centro de Estudios del Desarrollo (CED) y el (CIEPLAN) de orientación democratacristiana y la Facultad Latinoamericana de Ciencias Sociales (FLACSO) de orientación socialdemócrata.

Este financiamiento apoyó publicaciones como la revista *Análisis* asociada con la FLACSO y el periódico *La Epoca* del Partido Demócrata Cristiano, entre otras. Fondos del programa Iniciativa Democrática del USAID para apoyar la campaña de registro para las votaciones fluyeron bajo la cobertura de la Comisión de Promoción de Elecciones Libres (COPEL) de la Organización de Estados Americanos (OEA) basada en Costa Rica, la que transfirió los fondos a Chile a través de la organización Caritas de la Iglesia Católica. Estos fondos financiaron la Cruzada por la Participación Ciudadana dirigida por Mónica Jiménez, antigua decana de la Escuela de Servicio Social de la Pontificia Universidad Católica de Chile, organización que creó la Cruzada Ciudadana con los colores amarillo y blanco del Vaticano y una cruz. Los institutos de los Partidos Demócrata y Republicano de Estados Unidos financiaron el Comité por Elecciones Libres de Sergio Molina, antiguo Ministro de Hacienda del Presidente Eduardo Frei Montalva. La Fundación Hans Seidel, relacionada con la Unión Social Cristiana del Partido Demócrata Cristiano alemán, así como otros fondos canadienses, europeos y del NED estadounidense, financiaron los análisis sociológicos de opinión pública del CEP y del Centro de Estudios de la Realidad Chilena (CERC) de la Academia de Humanismo Cristiano.

Estos fondos también financiaron viajes al extranjero de personeros políticos asociados con la Alianza Democrática para plantear y unificar criterios con gobernantes de Estados Unidos, países europeos y de la cuenca del Pacífico. Conferencias políticas organizadas en Estados Unidos por institutos de investigación de los Partidos Demócrata y Republicano y por instituciones académicas permitieron a estos personeros afinar los planteamientos con que la Concertación de Partidos por la Democracia reconstruiría las relaciones de Chile con Estados Unidos una vez restablecida la democracia. En septiembre de 1985, representantes de la Alianza Democrática aprovecharon una conferencia organizada por el Woodrow Wilson International Center for Scholars sobre los partidos políticos del Cono Sur para reunirse en Washington con Elliott Abrams y discutir el Acuerdo Nacional (Sigmund, p. 156). Se estima que entre 1984 y 1988, sólo en crear las condiciones para el acercamiento mutuo de la oposición al régimen militar, el gobierno de Estados Unidos mismo gastó 6.800.000 dólares, complementados con 100.000 dólares de la Fundación Ford y 30.000 de la Fundación Zoros.[17]

En conversaciones con representantes de compañías financieras, bancos, compañías de seguros y compañías mineras estadounidenses y con consorcios australianos, neozelandeses y japoneses, personeros de la Alianza Democrática garantizaron el respeto de su propiedad en la transición a la democracia. Tiempo antes del plebiscito de 1988, organizaciones estadounidenses financiaron los servicios y el viaje a Chile de más de doce expertos en psicología de las campañas políticas, detección y control de fraude en las votaciones y recuentos de votos, como también proveyeron equipo de computación para estos efectos. En las vísperas del plebiscito, el National Democratic Institute financió el viaje a Chile de cincuentaicinco observadores. También lo hicieron la Latin American Studies Association (LASA), la Freedom House y muchas otras organizaciones estadounidenses de defensa de los Derechos Humanos.

Retornemos ahora a la secuencia temporal de la narrativa.

Mientras la oposición hacía esfuerzos por llegar a un consenso unitario, como candidato único el general Pinochet había iniciado su campaña presidencial a mediados de 1986, intensificándola durante 1987, en circunstancias en que la acción de la oposición continuaba paralizada por los estados de emergencia y su desarticulación organizacional. Hacia fines de 1987 el general había hecho veintinueve giras a provincias y visitado cincuenta y dos ciudades[18]. Las encuestas de opinión pública señalaban que un 40% de la ciudadanía lo apoyaba. En 1987 los índices económicos señalaban que la gran depresión iniciada en 1981 estaba en vías de ser superada. Ante datos tan auspiciosos, en septiembre de 1988 la Junta Militar decidió llamar al plebiscito presidencial el 5 de octubre, con el general Pinochet como candidato único.

Fue el cortísimo plazo que tenía la oposición para iniciar la campaña del NO, lo que hizo expedita la transición a la democracia. Una vez que el gobierno cerró la opción de una elección con más de un candidato, la tarea de derrotar al régimen en el plebiscito provocó un acercamiento entre los partidos, acercamiento exento de las veleidades ideológicas que habían creado la imagen pública de incapacidad de liderazgo para la oposición. Así se logró una unidad de conducción y una solución rápida de los problemas de la campaña misma, postergándose las diferencias ideológicas de fondo.

Ante la campaña iniciada por Pinochet y la falta de garantías para la campaña de la oposición, el 31 de marzo de 1986 el Secretario de Estado George Schultz hizo una declaración en que identificaba como mera dictadura al gobierno del general Pinochet, retirándole toda valoración a su anticomunismo y presionando por un pronto retorno de Chile a la democracia. El 17 de diciembre de 1987 el Presidente Reagan y George Schultz, hicieron una declaración conjunta destinada tanto a asegurar garantías a la oposición en cuanto a su participación en el plebiscito como a advertir al régimen militar que Estados Unidos no aceptaría ninguna falsificación de los resultados. Es preciso considerar la vehemencia de dos párrafos de esa declaración:

El Presidente de los Estados Unidos y el Secretario de Estado creen que ahora debe hacerse la siguiente

declaración, porque esta Administración está con-
vencida de que Chile se acerca a un momento polí-
tico crucial. El pueblo de Chile tendrá pronto la
oportunidad de tomar una decisión fundamental res-
pecto a su futuro presidente. Tal como lo indica
nuestra declaración, nos interesa que esta decisión
sea tomada dentro de un clima de pleno respeto de
los derechos humanos y civiles, de manera que la
determinación democrática de la mayoría sea expre-
sada en forma libre y exacta y que, posteriormente,
sea respetada en su totalidad. Al expresar nuestra
opinión sobre este asunto nos unimos a los países de
la Comunidad Europea, los que emitieron una decla-
ración similar.

Estados Unidos cree que para que el ideal de sobe-
ranía popular sea una realidad en Chile, debe esta-
blecerse un clima de libertad y de competencia justa
muchos meses antes de la votación. Tal clima debería
caracterizarse por el acceso fácil y equitativo a los
medios de comunicación social, especialmente la
television; por la discusión sin restricción de temas
políticos; por una amplia libertad de reunión; por un
anuncio temprano de las reglas de cualquier proce-
dimiento electoral; por el otorgamiento de facilida-
des a los posibles votantes para registrarse y por la
libertad de la ciudadanía y los grupos políticos para
hacer campañas en favor de sus ideas en forma
pacífica. Los estados de excepción que limitan la li-
bertad de asamblea, de asociación y de expresión no
son compatibles con un procedimiento electoral legí-
timo.[19]

Meses antes, el 19 de febrero de 1987, la administración
Reagan había proclamado el triunfo sobre el gobierno comunista polaco levantando las restricciones económicas y comerciales (*Time*, febrero 24, 1992). El 1 de abril Juan Pablo II llegaba
a Santiago de Chile. A su arribo pidió a las multitudes que lo

recibían que "no permanezcan indiferentes ante la injusticia". También declaró ante los obispos chilenos que esperaba el retorno del país a la democracia "en un futuro no muy distante" y que "toda nación tiene el derecho a la libre determinación". Estos sucesos indudablemente se conjugan con el modelo de acción encubierta que Estados Unidos y el Vaticano habían aplicado en Polonia.

La visita a Chile de Juan Pablo II: Abril 1-6, 1987

La llegada de Juan Pablo II a Chile ocurrió cuando la administración Reagan ya tenía muy avanzado su programa de desestabilización del poder del general Augusto Pinochet. Por tanto, la visita puede entenderse como un proyecto a la vez de complementación y refuerzo.

Con esa visita a Chile, la Iglesia Católica deseaba repetir el triunfo político de la gira de Juan Pablo II por Polonia en 1979. Por tanto, conviene recordar las consideraciones hechas en una sección anterior, en torno a los diferentes circuitos de significación que constituyen un espectáculo público. Ellos generalmente no convergen –la intención simbólica de quienes montan el espectáculo, lo que realmente ocurre en el escenario y los códigos de lectura de lo anterior por parte de los espectadores. Dado el profundo conocimiento de la cultura polaca de Juan Pablo II, su retórica y las expectativas libertarias de la mayoría de la población, en Polonia esos circuitos convergieron, creando espectáculos de enorme repercusión política. No ocurrió así en Chile.

En Chile Juan Pablo II buscaba trasmitir su filosofía personal en cuanto a que las culturas nacionales deben resistir las tendencias homogenizadoras de la Modernidad, mensaje del cual las masas de la población chilena eran del todo ignorantes. La Iglesia Católica chilena, por su parte, esperaba provocar una reconstitución simbólica de la Sociedad Civil reuniendo a opositores y adherentes al régimen militar en espectáculos de devoción al Papa. Por su parte, los partidos de oposición esperaban que el Papa condenara abierta y fuertemente al régimen militar por las violaciones de Derechos Humanos. A la vez, los servicios de seguridad militar entendían la visita como una oportunidad para montar operaciones psicológicas que prestigiaran y legitimaran al régimen.

Juan Pablo II nunca hizo en Chile una exposición continua y concentrada del mensaje de su filosofía personal. Más bien siguió la estrategia de dispersar segmentos en diferentes ciudades de su gira. Los textos completos de los discursos no fueron reproducidos por los servicios noticiosos. La Iglesia Católica chilena los expondría en un sitio de Internet muchos años más tarde.[20] Por tanto, la población sólo conoció extractos breves, seleccionados por los medios de comunicación según su orientación política. Puede decirse, entonces, que, a excepción, quizás, de quienes asistieron a todas las ceremonias papales, cada sector político podía leer y entender lo que deseaba.

Esos segmentos quedaron distribuidos en el "Discurso al Mundo de la Cultura y Constructores de la Sociedad", dado en la Universidad Católica; en el "Discurso al Consejo Económico para América Latina (CEPAL)", sede de las Naciones Unidas en Santiago; en el "Discurso a los Pobladores de la Zona Sur de Santiago"; en el discurso de "Encuentro por la Paz" en Punta Arenas, pequeña ciudad del extremo sur de Chile; en el "Discurso de Despedida", dado en el Aeropuerto Cerro Moreno, Antofagasta.

La reconstrucción de la filosofía personal de Juan Pablo II expresada en Chile la hago extractando de los diferentes discursos en términos de secuencia lógica, no en la secuencia temporal de los discursos mismos. Esta reconstrucción resulta ser un imperativo porque Juan Pablo II no hizo referencias directas y específicas a la situación política chilena. Sus referencias indirectas las hizo estrictamente dentro de los parámetros de su filosofía personal, para lo que introdujo variaciones muy generales, apropiadas a la situación latinoamericana en la Guerra Fría. Hizo alusiones a la manera con que las dos grandes potencias involucradas habían instrumentalizado el espacio latinoamericano para sus propios fines estratégicos, introduciendo la violencia militar en detrimento de los pueblos de la región. Además, de manera muy velada, se refirió a que las Fuerzas Armadas habían traicionado su misión de proteger a su población al dejarse instrumentalizar en la lucha anticomunista de acuerdo con la Doctrina de la Seguridad Nacional, violando los Derechos Humanos de sus ciudadanos.

En la Universidad Católica:

La cultura de un pueblo –en palabras del documento de Puebla de los Angeles– es "el modo particular como los hombres cultivan su relación con la naturaleza, entre sí mismos y con Dios" (GS. 53b) de modo que puedan llegar a un "nivel verdadera y plenamente humano" (Puebla, 386). La cultura es, por tanto, "el estilo común" (GS 53c) que caracteriza a un pueblo y que comprende la totalidad de su vida: "el conjunto de valores que lo animan y desvalores que lo debilitan... las formas a través de las cuales aquellos valores o desvalores se expresan y configuran, es decir, las costumbres, la lengua, las instituciones y estructuras de convivencia social" (Puebla, 387). En una palabra, la cultura es, pues, la vida de un pueblo.

...os aliento encarecidamente a que sepáis presentar en su justa imagen una cultura del ser y del actuar. El "tener" del hombre no es determinante para la cultura, ni es factor creador de la cultura, sino en la medida en que el hombre, por medio de su "tener", puede al mismo tiempo "ser" más plenamente hombre en todas las dimensiones de su existencia, en todo lo que caracteriza su humanidad. Una cultura del ser no excluye el tener: lo considera un medio para buscar una humanización integral, de modo que el "tener" se ponga al servicio del "ser" y del "actuar".

En términos concretos, esto significa promover una cultura de la solidaridad que abarque la entera co-

munidad. Vosotros, como elementos activos en la conciencia de la Nación y compartiendo la responsabilidad de su futuro, debéis haceros cargo de las necesidades que toda la comunidad nacional ha de afrontar hoy. Os invito, pues, a todos, hombres de cultura, "constructores de la sociedad", a ensanchar y consolidar una corriente de solidaridad que contribuya a asegurar el bien común: el pan, el techo, la salud, la dignidad, el respeto a todos los habitantes de Chile, prestando atención a las necesidades de los que sufren.

La Iglesia, en esta hora cargada de responsabilidades, os acompaña en vuestra ineludible misión de buscar la verdad y de servir sin descanso al hombre chileno. Desde su propio ámbito os alienta a profundizar en las raíces de la cultura chilena; a robustecer vuestra función dentro de la comunidad con niveles de competencia científica cada vez más serios y rigurosos, evitando la tentación de aislamiento respecto de la vida real y de los problemas del pueblo. De este modo, prestaréis una magnífica e insustituible contribución a la toma de conciencia de la identidad cultural por parte de vuestro pueblo.

La identidad cultural supone tanto la preservación como la reformulación en el presente de un patrimonio pasado, que pueda así ser proyectado hacia el futuro y asimilado por las nuevas generaciones. De esta manera, se asegura a la vez la identidad y el progreso de un grupo social. En el pueblo, que conserva de manera notable la memoria del pasado y está expuesto en forma directa a las transformaciones del presente, vosotros podréis encontrar las raíces de aquellas peculiaridades que hacen de la vuestra una cultura que tiene ciertos rasgos comunes con las de otras naciones del mundo latinoamericano, una cultura chilena, cristiana y católica, una cultura noble y original.

En Santiago, sede de las Naciones Unidas, Consejo Económico para América Latina:
El desafío de la miseria es de tal magnitud, que para superarlo hay que recurrir a fondo al dinamismo y a la creatividad de la empresa privada, a toda su potencial eficacia, a su capacidad de asignación eficiente de los recursos y a la plenitud de sus energías renovadoras. La autoridad pública, por su parte, no puede abdicar de la dirección superior del proceso económico, de su capacidad para movilizar las fuerzas de la nación, para sanear ciertas deficiencias características de las economías en desarrollo, y en suma, de su responsabilidad final con vistas al bien común de la sociedad entera.
Pero Estado y empresa privada están constituidos finalmente por personas. Quiero subrayar esta dimensión ética y personalista de los agentes económicos. Mi llamado, pues, toma la forma de un imperativo moral: ¡sed solidarios por encima de todo! Cualquiera sea vuestra función en el tejido de la vida económico-social, ¡construid en la región una economía de la solidaridad!

En el Aeropuerto Cerro Moreno, Antofagasta:
Os aliento a continuar por ese camino, aprovechando los valores propios del alma chilena, para que sepáis iluminar desde la fe vuestro futuro y construir sobre el amor cristiano las bases de vuestra actual y futura convivencia. Quiera Dios que estas inolvidables jornadas de intensa comunión en la fe y en la caridad, infundan en todos los chilenos un renovado compromiso de vida cristiana, de fidelidad a Cristo, de voluntad de servicio y ayuda a los hermanos, particularmente a los más necesitados.

En Puerto Montt:
Oh, Chile, consciente cada vez más de las exigencias

*de tu fidelidad a Cristo, no dudes un momento en
resistir:*

*–a la acción de los agentes del neomaltusianismo que
quieran imponer un nuevo colonialismo a los pueblos
latinoamericanos; ahogando su potencia de vida con
las prácticas contraceptivas, la esterilización, la liberación del aborto, y disgregando la unidad, estabilidad y fecundidad de la familia;*

*–el egoísmo de los "satisfechos" que se aferran a un
presente privilegiado de minorías opulentas, mientras
vastos sectores populares soportan difíciles y hasta
dramáticas condiciones de vida, en situaciones de
miseria, de marginación, de opresión;*

*–a las interferencias de potencias extranjeras que
siguen sus propios intereses económicos, de bloque o
ideológicos, y reducen los pueblos a campos de
maniobra al servicio de sus propias estrategias.*

En Punta Arenas:

*Oponed la mayor resistencia a los llamados a la vio-
lencia, que deriva de la ceguera del espíritu y del
desorden interior. Una vez más ruego a los que usan
la violencia y el terrorismo, que desistan de estos
métodos inhumanos que cuestan tantas vidas inocentes: la senda de la violencia no lleva a la verdadera
justicia, ni para sí ni para los demás.*

*Sabéis que para realizar la justicia, que es fuente de
la auténtica concordia social, es necesario respetar
la plena dignidad de toda persona. El Concilio Vaticano II, en la Constitución "Gaudium et Spes"
elenca [sic] todas aquellas violaciones que atentan
contra la vida o la integridad de la persona humana.
En particular, denuncia la práctica de las torturas
morales o físicas y las califica como "infamantes en sí
mismas, que degradan la civilización humana, deshon-
ran más a sus autores que a sus víctimas y son totalmente contrarias al honor debido al Creador" (N° 27).*

En la vida política chilena, los sucesos de importancia, los que comenta la prensa nacional y los que exportan los periodistas extranjeros en sus reportajes, ocurren en Santiago, la capital de Chile, las provincias son más bien un "paisaje". Por ello llama la atención que Juan Pablo II hiciera las declaraciones más cáusticas –las que podrían haberse asociado directamente con la situación chilena– en Puerto Montt, pequeña ciudad sureña que, en el escenario nacional, nunca ha tenido significación simbólica.

¿Es que Juan Pablo II buscó evitar una confrontación directa con el general Pinochet?

Esta suposición es válida si consideramos la minusvalía del dictador dentro de los parámetros de juicio moral del Papa. ¿Qué beneficio podría tener una confrontación con un dictadorcillo cuyos días en el poder estaban contados? George Weibel, el biógrafo autorizado de Juan Pablo II, señala que, en la entrevista personal del Papa con el general del 2 de abril de 1987, en el palacio gubernamental de La Moneda, hubo solo un momento de discrepancia. Testigo fue el nuncio papal en Chile, Arzobispo Angelo Sodano. En la conversación, el general Pinochet cuestionó: "¿Por qué la Iglesia habla tanto de la democracia? Un método de gobierno es tan bueno como cualquier otro". Según Weigel, Juan Pablo II "discrepó de manera amable pero firme. 'No', dijo, 'el pueblo tiene derecho a sus libertades, aunque cometa errores al ejercitarlos' " (Weigel, *WH,* p. 533).

Hubo una displicencia por parte de Juan Pablo II frente al poder del general Pinochet. ¿Qué mayor relevancia podía tener este dictadorcillo que no quería irse del poder cuando el Papa ya había mostrado la capacidad para derrotar al sistema soviético? Desde la perspectiva del Papa, con la arrogancia propia de la Modernidad y con vastos recursos económicos, militares e ideológicos, los comunistas habían buscado afianzar su poder e influencia mundial para siempre, proclamándose vanguardia liberadora de toda la especie humana, pretendiendo imponer sus fómulas político-administrativas a todos los pueblos, homogenizándolos sin reconocer su diversidad histórica.

106

La Iglesia polaca había triunfado restituyendo a su pueblo el orgullo por su cultura, había reconstruido una Sociedad Civil fuera del alcance de la burocracia comunista, había movilizado un enorme movimiento sindicalista independiente, surgido precisamente de esa conciencia del valor de la cultura nacional. Por el contrario, este dictadorcillo se había mantenido en el poder inmovilizando políticamente al pueblo, atemorizándolo para que no ejerciera sus derechos, suplantando su soberanía e identidad cultural pretendiendo que las Fuerzas Armadas eran el único y verdadero depósito histórico de los valores nacionales; había impuesto un nuevo régimen económico como si se hubiera tratado simplemente de una decisión del estado mayor militar. ¿Qué respeto podía tener el Papa por este tipo de gobernante que violaba las bases más fundamentales de su credo social?

La pequeñez del general Pinochet se demostró cuando autorizó y se prestó a participar en una operación psicológica de los servicios de seguridad militar (Weigel, *WH*, p. 533). Frente a La Moneda, en la Plaza de la Constitución, esos servicios habían juntado una muchedumbre que a grandes gritos pedía la aparición del Papa en uno de los balcones de la sala de reunión con el general Pinochet. Amablemente, éste llamó la atención sobre el hecho y condujo al Papa al balcón. La aparición de los dos personajes fue abundantemente fotografiada y filmada por periodistas nacionales y extranjeros previamente avisados.

Según Weigel, la verdadera confrontación ocurrió al día siguiente en el Parque O'Higgins, durante la misa de celebración de Santa Teresa de Jesús de los Andes, canonizada poco tiempo antes, acto en que se congregó alrededor de un millón de pesonas. Relata Weigel,

> *Monseñor* [Cristián] *Precht, encargado de los servicios litúgicos durante la peregrinación, llegó temprano al lugar e intuyó que algo andaba mal. La muchedumbre ubicada ante la plataforma del altar no respondía de la manera acostumbrada durante las*

alocusiones de preparación emotiva antes de la misa. Se informó al Papa que algo andaba mal y que podría darse algún problema. Su respuesta fue simple: "Haremos todo según lo planeado". Durante las lecturas bíblicas al comienzo de la misa comenzó un disturbio a la izquierda del Papa. Además de hacer imposible que se escucharan las lecturas, los provocadores comenzaron a quemar llantas que habían traído al parque. La policía tardó en responder. Cuando finalmente intervinieron, las mangueras de compresión de agua, las golpizas y el gas lacrimógeno complicaron el tumulto, en el que quedaron contusos 600 provocadores y policías. En el momento álgido del caos, un representante del gobierno chileno se dirigió calmadamente al padre Roberto Tucci, organizador de los viajes de Juan Pablo, y le dijo "Qué bueno que haya ocurrido esto, para que el Papa vea como es esta gente" –refieriéndose a los izquierdistas que quemaban llantas.

Ni el padre Tucci ni monseñor Precht creen que lo ocurrido en el Parque O'Higgins pueda haber ocurrido sin previo conocimiento y connivencia del régimen de Pinochet. El tema principal de la peregrinación papal había sido la reconciliación; el gobierno tenía que demostrar la naturaleza violenta de Chile para justificar su política represiva. En un Estado policial como el que gobernaba a Chile en 1987, era inconcebible que los agitadores pudieran llevar llantas y gasolina a un lugar de demostraciones públicas sin que el régimen hiciera la vista gorda. El hecho de que transcurriera bastante tiempo antes que la policía interviniera en el tumulto provocó sospechas. Por otra parte, ninguno de los provocadores fue arrestado, a pesar de que se filmaron tanto la violenta intervención de la policía como los desmanes. (Weigel, WH, pp. 534-535).

Como asunto de relaciones públicas de la Iglesia Católica, el significado de la visita de Juan Pablo II terminó con una ambigüedad favorable al régimen militar. Las imágenes más difundidas en Chile y en el extranjero fueron las del balcón, con la que el Papa parecía dar su apoyo al general Pinochet, y las de los desmanes en el Parque O'Higgins. Como los servicios de seguridad militar esperaban, estos fueron atribuidos a la Izquierda violentista (Sigmund, p. 166). No obstante, los organizadores chilenos persistieron en la creencia de que los propósitos generales de la visita se habían cumplido. El biógrafo Weigel señala esta certeza, reiterando que en Chile se había repetido la experiencia exitosa de Juan Pablo II en Polonia:

Algo crucialmente importante había ocurrido para una transición pacífica a la democracia con la visita papal a Chile. Millones de chilenos habían 'votado' por la propuesta de que la vocación del país es el entendimiento, no la confrontación violenta. Las calles se habían recuperado [...] Aun el gobierno había aprendido algo. Después de años de actuar unilateralmente, se vio forzado a cooperar con la Iglesia para arreglar la visita. En sí misma esta interrelación era una especie de reconciliación [...] El cardenal Fresno y monseñor Precht, y sus colegas estaban convencidos de que restaurar la sociedad civil era la precondición para restaurar la democracia. La precondición para restaurar la sociedad civil era la reconciliación nacional. Esto es lo que ellos, y Juan Pablo II, habían tratado de lograr en cinco días (Weigel, WH, p. 535).

Restauración de las relaciones Chile-Estados Unidos

Hacia mediados de septiembre de 1988, oficiales del alto mando del Ejército de Chile informaron a sus contactos de la CIA que el general Pinochet y seguidores acérrimos preparaban un golpe de Estado en caso de que triunfara el NO en el plebiscito de octubre.[21] La administarción Reagan actuó con rapidez y vigor para impedirlo. Sobre la base de documentos secretos Peter Kornbluh narra las gestiones de la CIA y del Departamento de Estado:

Funcionarios del gobierno de Reagan intentaron asegurar la pulcritud del plebiscito. Notas diplomáticas de gran franqueza fueron presentadas a numerosos funcionarios del régimen en diferentes niveles – en los Ministerios de Relaciones Exteriores y del Interior, el Ejército, la Junta, y al mismo Pinochet– previniendo a las autoridades de "no tomar o permitir medidas orientadas a crear pretextos para cancelar, suspender o anular el plebiscito". En reuniones con los chilenos, representantes de Estados Unidos fueron autorizados para usar un lenguaje duro: "Quiero advertirle rectamente que implementar tal plan dañaría seriamente las relaciones con Estados Unidos y destruiría totalmente la reputación de Chile en el mundo", decían en parte las instrucciones que debía repetir el portavoz estadounidense. "Debe informarse al Presidente Pinochet que si autoriza o permite una extrema violencia y medidas ilegales que burlen su promesa solemne de presidir un plebiscito libre y justo su reputación en Chile y en el mundo quedará irremediablemente destruida".
Tras bambalinas, el jefe de la Estación de la CIA recibió instrucciones de disuadir con firmeza de tal acción a los funcionarios de la policía secreta chilena; oficiales del Comando del Sur hicieron advertencias similares a sus contactos dentro de las Fuerzas

Armadas chilenas. Washington también pidió al gobierno de la Thatcher –gran amiga de Pinochet– que presionara al régimen privadamente. El 3 de octubre el Departamento de Estado aumentó la presión en la conferencia de prensa del mediodía expresando públicamente su preocupación de que "el gobierno de Chile ha hecho planes para cancelar el plebiscito presidencial del próximo miércoles o anular sus resultados" (p. 424).

El éxito de la campaña conjunta de la administración Reagan y del Vaticano para provocar disensión en la Junta de Gobierno puede medirse con lo ocurrido a las dos de la madrugada del día siguiente al plebiscito, el 6 de octubre de 1988. En momentos en que funcionarios del régimen militar intentaban falsificar los resultados de la votación en sus informes públicos, el general de la Fuerza Aérea Fernando Matthei, miembro de la Junta de Gobierno, hizo declaraciones públicas declarando el triunfo de la oposición momentos antes de integrarse a una precipitada reunión de la Junta convocada por el general Pinochet. En la reunión, el general Pinochet exigió que los miembros de la Junta firmaran un decreto dándole poderes extraordinarios de emergencia. Matthei rehusó y fue apoyado por el almirante José Toribio Medina. Aislado, el general Pinochet se vio obligado a rehusar los aprestos de intervención de las tropas hechos por el vice-comandante del Ejército, el general Santiago Sinclair (Sigmund, p. 176).

Al año siguiente, en diciembre de 1989 –cuando los recuentos de opinión pública indicaban que sin duda triunfaría– la Concertación de Partidos por la Democracia mandó a Washington una delegación de alto nivel para demostrar de manera articulada al liderato de la administración de George Bush la lógica política del régimen democrático que se inauguraría en marzo de 1990. Como ocurre en este tipo de ocasiones, con seguridad esos planteamientos ya habían sido discutidos exhaustivamente en Chile con mucha anticipación. Ellos serían las bases consensuales para la nueva relación de los gobiernos

111

de Chile y Estados Unidos. Los enviados fueron Angel Flisfisch, Carlos Ominami, Rolf Lüders (anterior Ministro de Economía del régimen militar), Jorge Arrate (Secretario General del Partido Socialista), Edgardo Boeninger (vice-presidente del Partido Demócrata Cristiano), Carlos Portales y Augusto Varas. Más tarde, en el gobierno del Presidente Patricio Aylwin, Ominami sería Ministro de Economía; Flisfisch y Varas serían consejeros del Ministerio Secretaría General de Gobierno; Portales sería director de política internacional en el Ministerio de Relaciones Exteriores. La faz pública del trabajo de esta delegación fue un encuentro académico abierto en que los chilenos presentaron trabajos escritos, seguidos por comentarios de investigadores estadounidenses.

El encuentro fue organizado por el Woodrow Wilson Center y FLACSO-Chile con financiamiento de las Fundaciones Ford y Andrew Mellon. A la vez se dieron reuniones con representantes del gobierno del Presidente George Bush en lo que fue "un suceso político de la más alta significación", según palabras de los organizadores. Además, los organizadores definieron el sentido esencialmente normativo de las presentaciones –exponer las garantías y seguridades mutuas que se darían Chile y Estados Unidos para sus relaciones futuras: "una de las características del consenso emergente para la transición [a la democracia] fue el entendimiento de que la transición no podría completarse y que un consenso nacional no podría mantenerse a menos que y hasta que las relaciones con los Estados Unidos fueran restablecidas sobre una base firme y amistosa. El hecho de que el seminario ocurriera en Washington tuvo mayor significación que lo simbólico. Las sesiones formales fueron complementadas con reuniones informales entre los participantes y miembros del Congreso y del Poder Ejecutivo del gobierno de Estados Unidos. Se establecieron relaciones personales que seis meses más tarde se traducirían en nexos oficiales efectivos entre el nuevo gobierno civil de Chile y el gobierno de Estados Unidos".[22]

Aunque las presentaciones que examino a continuación no pueden reducirse sólo a las garantías dadas, por la naturaleza de este trabajo más bien haré énfasis en ellas.

Angel Flisfisch y Carlos Ominami[23] expusieron las garantías económicas que Chile ofrecía a Estados Unidos. Esto lo hicieron explicando los medios con que la Concertación intentaría resolver en democracia las contradicciones político-económicas generadas por la situación de Chile en una economía global en la que no tenía otra alternativa que la de mantenerse en ella. Las dos presentaciones se complementan entre sí: lo que Flisfisch sólo esboza, Ominami le da contenido.

Flisfisch hizo énfasis en la destrucción de la cohesión solidaria de la población y la consecuente anomia social causada por la incertidumbre e inseguridad creadas por los ajustes estructurales para abrir la economía chilena a la internacional –alto desempleo o empleo sólo parcial por la privatización de empresas estatales, el cambio de importancia de diferentes sectores de la producción y las limitaciones legales impuestas a la protección de los puestos de trabajo; la pérdida o drástica disminución del seguro social y médico por la desinversión estatal; la alta criminalidad juvenil; la disminución del acceso a la educación. Esta situación llevaría indefectiblemente a una sociedad hobbsiana de violencia competitiva generalizada a menos que hubiera una intervención del Estado. No obstante, Flisfisch reconoce la imposibilidad de restaurar el Estado Benefactor de tipo keynesiano, conocido en Chile como Estado de Compromiso. Por tanto, el nuevo régimen político democráctico exploraría simultáneamente la expansión del número de grandes grupos empresariales dirigentes de la economía chilena y la expansión de la participación ciudadana en el proceso político. En otras palabras, la Concertación buscaría expandir el capitalismo librecambista. Con el aumento de los grupos empresariales, el nuevo sistema de gobierno superaría el favoritismo del régimen militar por algunos grupos oligárquicos. Esto significaría que, del poder de una oligarquía se pasaría al de una "poliarquía", es decir, un capitalismo más competitivo y, por tanto, potencialmente más democrático. Aunque Flisfisch no lo explicita, puede colegirse la expectativa de que elementos de esa poliarquía podrían ser más abiertos a la negociación social solidaria. En cuanto a la participación política ciudadana, el nuevo gobierno reforzaría factores ético-simbólicos ceremoniales para renovar el sentimiento de solidaridad social, discerniendo a la vez lo positivo de las solidaridades tradicionales y del régimen político anterior a 1973 o creando nuevas, surgidas con el neoliberalismo.

Ominami apoya las suposiciones de Flisfisch de dos maneras: por una parte, sugiere que, aun cuando el régimen militar impuso exitosamente el neoliberalismo, no logró el grado de iniciativa y eficiencia que se podría alcanzar más tarde con el gobierno de la Concertación. Afirma que "la consolidación de nuestro desarrollo exportador requiere un salto cualitativo en la organización y magnitud de nuestra presencia en el extranjero" (p. 21). Para ello la Concertación promovería la formación de organizaciones privadas para obtener y difundir la información necesaria para una mejor participación de la empresa privada en el mercado internacional. También propiciaría la modernización constante de la producción creando un Fondo de Desarrollo Tecnológico. Por otra parte, el gobierno crearía los medios para una mejor educación y preparación técnica de la fuerza laboral chilena. Así como lo indicara Flisfisch, Ominami reitera que la Concertación garantizaría de mejor manera la continuidad del librecambio confirmando la expectativa de Flisfisch en cuanto al surgimiento de un empresariado con conciencia social solidaria. De hecho, indica que en el Chile del momento existían tanto grupos empresariales preparados para una negociación social como sectores sindicales dispuestos a hacer concesiones para asegurar la estabilidad de la economía a cambio de seguridad laboral: "Los empresarios reconocen los riesgos de que no hayan buenas relaciones entre los trabajadores y las empresas. Son unánimes en reconocer que se necesita una empresa integrada [...] Por otra parte, en las estrategias que los líderes sindicales piensan adoptar para la mejora de las condiciones de sus miembros, 78 por ciento de las respuestas sugiere una estrategia de integración y acuerdo con la empresa" (pp. 26-27).

Carlos Portales y Augusto Varas[24] exponen las garantías que la Concertación espera de Estados Unidos. Estas presentaciones son también complementarias entre sí.

Portales es mucho más franco al indicar que la nueva democracia chilena dependería del apoyo político y económico de Estados Unidos. En lo político se refiere a la necesidad de neutralizar el poder de facto del Ejército durante las primeras etapas de la transición a la democracia. Para ello Portales pide que Estados Unidos instrumentalice la certificación del respeto de los Derechos Humanos que debe dar el Presidente para la restauración de relaciones bilaterales con Chile. En particular, sugiere que se presione y neutralice al Ejército mediante la insistencia en que se juzgue y castigue a los oficiales de la DINA responsables del asesinato de Orlando Letelier y Ronnie Moffit. Durante las décadas de 1970 y 1980, este asesinato había sido uno de los principales factores de alienación en las relaciones chileno-estadounidenses. Pide, además, no sólo de Estados Unidos, los recursos para modernizar la burocracia del Congreso, del poder judicial y de las Fuerzas Armadas, reorientándolas hacia la democracia. En lo económico, Portales señala que, así como Estados Unidos había demostrado la vulnerabilidad de la exportación de frutas chilenas con el envenenamiento de dos uvas en 1989, Estados Unidos también podría dar una señal de renovada confianza en la economía chilena a los inversionistas extranjeros restituyendo a Chile su status de nación privilegiada en el Sistema Generalizado de Preferencias (Generalized System of Preferences, GSP), como también el seguro a los capitales estadounidenses invertidos en Chile mediante la Corporación de Inversiones Privadas de Ultramar (Overseas Private Investment Corporation, OPIC). Ambos privilegios habían sido suspendidos en 1987 en la campaña de la administración Reagan contra el general Pinochet.

El mensaje fundamental de Carlos Portales es que para "alcanzar la democracia plena, el proceso de transición debe continuar después de diciembre de 1989 y marzo de 1990. Esto plantea el primer requisito para quienes en el extranjero están interesados en la democracia en Chile. Este asunto no debe desaparecer de las relaciones estadounidense-chilenas. Se necesita un renovado interés de la comunidad internacional, particularmente de los Estados Unidos, en el apoyo de los esfuerzos para completar y consolidar la democracia" (p. 63).

Augusto Varas se refirió a las relaciones militares. Puesto que su presentación fue la última del seminario, Varas tiene el respaldo de las referencias hechas en todas las anteriores. De acuerdo con ellas, el gobierno de la Concertación aparecía como un socio futuro altamente confiable en la protección de los intereses de Estados Unidos y de la apertura de la economía chilena a la internacional. No obstante, la Concertación tendría que enfrentarse con los intentos de las Fuerzas Armadas de autonomizarse "como un poder estatal independiente que no reconoce ninguna otra limitación fuera de los valores nacionales, que son definidos por ellas unilateralmente" (p. 76). Sobre esta base, Varas se permite algunos puntos críticos en cuanto a una posible regresión política de la nueva administración Bush, en contraste con la política redemocratizadora en las Américas seguida por la administración Reagan. Varas llama la atención sobre afirmaciones públicas del nuevo Secretario Asistente para Asuntos Interamericanos que mostraban la pervivencia de un intervencionismo de antiguo cuño en la región –Estados Unidos continuaría promoviendo "la democracia en el hemisferio sin descontar el uso de la fuerza militar para proteger los intereses nacionales de Estados Unidos" (p. 71). Varas también se refiere a declaraciones del director de la CIA, William M. Webster, en cuanto a la necesidad de mantener "operaciones encubiertas" dada la "fragilidad" de las nuevas democracias en la región, lo cual "hace que su supervivencia dependa de la actitud de los militares y de la capacidad de los militares para mantener la ley y el orden" (p. 71). Varas hace ver que esto contradice la propia posición de Estados Unidos puesto que "esta tendencia a la coerción de los procesos políticos en la región no apoya un progreso real hacia el gobierno democrático y el control civil de los militares" (p. 71).

Varas hace énfasis en el hecho de que la política futura de la Concertación hacia las Fuerzas Armadas coincide con la política interamericana formulada por Estados Unidos en el segundo quinquenio de la década de 1980 –el imperativo de reprofesionalizar a los militares y de redefinir los términos de las relaciones entre civiles y militares en Latinoamérica:

> *Legitimar este rol profesional en el área de la defensa nacional implicaría separar a los militares de roles políticos de hecho y cambiar la imagen institucional de las fuerzas armadas creadas durante los regímenes militares. La relegitimación del rol profesional de los militares y el involucramiento de las fuerzas civiles democráticas en la problemática de la defensa nacional son los procesos con que se podría desarrollar una nueva relación civil-militar. Los asuntos políticos, sociales o económicos podrían ser áreas de confrontación entre la "fortaleza militar" y los partidos políticos y el gobierno. Por tanto, la profesionalización de las fuerzas armadas latinoamericanas es el factor más importante para el futuro de Chile así como el de toda la región. La expansión [militar] hacia roles no militares y el desdibujamiento de [sus] roles debería evitarse y la especificidad de la profesionalización debería fortalecerse* (p. 76).

Para este propósito Varas pide cooperación para que, al restablecerse las relaciones militares bilaterales, la administración Bush reitere que se lo hace bajo el principio incuestionable de que los militares deben someterse a la autoridad civil. "Esta política debe hacerse explícita a los grupos empresariales, sindicales y políticos en toda Latinoamérica tanto como en Chile. Este objetivo no ha sido comprendido en todos los niveles de la administración Bush" (p. 77).

Prueba del compromiso efectivo contraído por Estados Unidos para la protección de la nueva democracia chilena está en lo ocurrido con el general Pinochet poco antes de la asunción del poder por el Presidente Patricio Aylwin en marzo de 1990. Narra Peter Kornbluh:

> *En el día de la inauguración* [del gobierno de Aylwin],

117

Pinochet dio una recepción en su residencia para el jefe de la delegación de Estados Unidos, el Vicepresidente Dan Quayle, y el Secretario Asistente para Asuntos Interamericanos Bernard Aronson. Cuando llegaban, gente favorable a Pinochet que llevaba perlas y bluejeans de elegante diseño y que estaba furiosa de que Washington hubiera apoyado el retorno a un gobierno civil, insultó a los americanos y golpeó la limousine que los transportaba. Se suponía que la reunión era una visita de estilo para saludar a un líder saliente, pero Quayle llevaba instrucciones secretas "para presionar a Pinochet a someterse a la autoridad del gobierno de Aylwin", y "hacer énfasis en que Estados Unidos apoya resueltamente el proceso democrático en Chile". Años más tarde, Aronson recordaría el mensaje que entregaron los representantes de Estados Unidos al general en cuanto a que pudiera socavar los esfuerzos de su país por reconstruir la democracia: "Le dijimos que ni se le pasara por la mente intervenir. Que tenía que dejar que las cosas siguieran su curso" (op.cit, p. 428).

Al terminar esta Primera Parte, debemos considerar que, si se examinan los sucesos políticos ocurridos desde 1990 en adelante, es incuestionable que los gobiernos de la Concertación se han regido y han sido favorecidos por las normas y expectativas establecidas en ese seminario de Washington en diciembre de 1989.

Notas

1.- John Cornwell, "Hidden Life"; "Papal Power Games" en *Hitler's Pope. The Secret History of Pius XII* (New York: Viking, Penguin Group, 1999).

2.- En Cornwell ver: "To Germany"; "Pacelli and Weimar"; "Hitler and German Catholicism"; "Hitler and Pacelli"; "The Concordat in Practice"; "Pius XI Speaks Out"; "Darkness Over Europe"; "Triumph"; "Pacelli, Pope of Peace".

3.- María Antonieta Huerta, *Catolicismo social en Chile. Pensamiento y praxis de los movimientos apostólicos* (Santiago de Chile: Ediciones Paulinas, 1991) p. 452.

4.- Brian Smith, "The Rise of Christian Reformism". *Church and Politics in Chile. Challenges to Modern Catholicism* (Princeton: Princeton University Press, 1982).

5.- Justino Gómez de Benito, *Proyectos de Iglesia y proyectos de sociedad en Chile (1961-1990). Análisis de las orientaciones pastorales en Chile* (Santiago de Chile: San Pablo, 1995).

6.- Brian Smith, "Apex and Decline of Christian Democracy: Chile 1964-1970".

7.- En cuanto a este concepto de "alma nacional" ver: Cardenal Raúl Silva Henríquez y Monseñor Cristián Precht Bañados, *El alma de Chile* (Santiago de Chile: Ediciones CIEPLAN, 1986).

8.- *Documentos del Episcopado. Chile 1974-1980* (Santiago de Chile: Ediciones Mundo, 1982).

9.- Hugo Cancino Troncoso, "La Crítica Eclesial al Proyecto de Institucionalización y la Conceptualización Episcopal de una Sociedad Democrática". *Chile: Iglesia y dictadura, 1973-1989* (Odense, Denmark: Odense University Press, 1997).

10.- Patricio Dooner, *Iglesia, reconciliación y democracia* (Santiago de Chile: Editorial Andante, 1989).

11.- Para esto sigo a Carlos Huneeus, *El régimen de Pinochet* (Santiago de Chile: Editorial Sudamericana, 2000).

12.- En esto sigo dos publicaciones de George Weibel, *The Final Revolution* (New York: Oxford University Press, 1992); aquí se narra la visita de Karol Wojtyla, ex-Obispo de Cracovia, en su primera visita a Polonia como Juan Pablo II, primer suceso que detona el colapso del bloque soviético de naciones. *Witness to Hope* (New York: Cliff Street Books, 1999) ha sido reconocida como la biografía "oficial" de Juan Pablo II por el acceso "sin precedentes" que Weigel tuvo a los archivos personales del Papa. De aquí en adelante, al citar a Weigel usaré junto a su nombre las siglas *FR* y *WH* para indicar la fuente de la información usada.

13.- Esta exposición fue preparada sobre la base de Letter of His Holiness Pope John Paul II to Artists (1999) *http://www.vatican.va/ holy-father/john-paul-ii/letters/documents/hf*

George Weigel, "John Paul II and the Priority of Culture". *First Things. http://www.leaderu.com/ftissues/ft9802/articles/weigel.html*

George Weigel, "John Paul II –Preparing the 21st Century". Catholic Educator's Resource Center *http:///www.catholiceducation.org*

George F. McLean, "The Person and Moral Growth: The Dynamic Interaction of Values and Virtues".

http://www.crvp.org/bookSeries05/V-4/chapter_x.htm

Thomas Guarino, "Karol Wojtyla: The Thought of the Man Who Became John Paul II". *First Things.*

http://print.firstthings.com/ftissues/ft9804/reviews/guarino.html

James V. Schall, s.j., "The Pope on the Human Person".

http://www.catholic.net/RCCPeriodicals/Dossier/0102-97/Article 1.html

Thomas F. Dailey, osfs, "John Paul II: Human Dramatist on a World Stage". Another View (op-ed publications).

http://www4.desales.edu/SCFC/Studies/op-101603.htm

Peter A. Kwasniewski, "A Philosophy of Action and Love. Some Basic Ideas in the Ethics of Karol Wojtyla". First article. *http:// www.catholic.net/rcc/Periodicals/Faith/7-8-98/Philosophy.html*

Peter A. Kwasniewski, "A Philosophy of Action and Love. Some Basic Ideas in the Ethics of Karol Wojtyla". Second article. *http:// www.catholic.net/RCC/Periodicals/Faith9%2010%2098/Philoso-phy.html*

Father Mieczylaw Albert Krapiec,o.p., "Towards an Integral Anthropology"

120

http://www.vaxxine.com/hyoomik/lublin/integralna.html

Las traducciones son mías.

14.- Carl Bernstein and Marco Politi, *His Holiness. John Paul II and the Hidden History of Our Time* (New York: Doubleday, 1996), p. 8.

15.- Tamar Jacoby, "The Reagan Turnabout on Human Rights". *Foreign Affairs,* Summer, 1986.

16.- En cuanto a las operaciones de desestabilización del régimen militar chileno por la administración Reagan, de aquí en adelante echo mano del trabajo de Paul E. Sigmund, *The United States and Democracy in Chile* (Baltimore, Maryland: A Twentieth Century Fund Book; The Johns Hopkins University Press, 1993). Sigmund hace un recuento detallado de la manera en que la administración Reagan creó las condiciones para poner término al régimen. Puede decirse que la intención expresa de Sigmund es rehabilitar a Estados Unidos demostrando que, así como Estados Unidos intervino para desestabilizar a la administración Allende, Estados Unidos también intervino para rescatar a Chile de una dictadura como la del general Pinochet. Obviamente, esta intervención masiva indicaría que todo el proceso de redemocratización en Chile fue posible como un elemento más de la geopolítica de un gobierno intensamente conservador, como en realidad fue la administración Reagan. Sin duda esta imagen sería del todo incómoda para la Concertación de Partidos por la Democracia, como también para un sector de la derecha democrática como Renovación Nacional. Por tanto, no sorprende que el material de Paul E. Sigmund no haya sido integrado a las interpretaciones del término del régimen militar producidas por historiadores chilenos.

17.- Jeffrey M. Puryear, "Building Democracy: Foreign Donors and Chile". Columbia University and New York University Conference Paper N° 57, 1991.

18.- Enrique Cañas Kirby, *Proceso político en Chile. 1973-1990* (Santiago de Chile: Editorial Andrés Bello, 1997) p. 224.

19.- Luis Maira, *La Constitución de 1980 y la ruptura democrática* (Santiago de Chile: Editorial Emisión, 1988) pp. 191-192.

20.- Los textos usados han sido tomados de esta fuente.

21.- Peter Kornbluh, *The Pinochet File* (New York: The New Press, 2003).

22.- Joseph S. Tulchin and Augusto Varas, eds., *From Dictatorship* *to Democracy. Rebuilding Political Consensus in Chile* (Boulder, Colorado: Lynne Rienner Publishers; Woodrow Wilson Center Current Studies on Latin America, 1991), Preface, vii e Introduction, pp. 7-8.

23.- Angel Flisfisch, "The Challenges Faced by Latin America: Democracy, Structural Adjustment, and Social Cohesion"; Carlos Ominami, "Promoting Economic Growth an Stability". Tulchin and Varas, eds,

24.- Carlos Portales, "Transition to Democracy and US-Chilean Relations"; Augusto Varas, "New Perspectives in US-Chilean Relations". Tulchin and Varas, eds.

Segunda parte
El Vicariato Castrense de Chile: Remanso tradicionalista

Narrar las peripecias de la "Iglesia Modernizada" durante la dictadura requirió un complejo entramado textual para conectar múltiples consideraciones históricas, tanto de carácter abstracto como específicas –la continuidad de la política internacional anticomunista del Vaticano desde la época de Pío XII hasta el reinado de Juan Pablo II, junto con el desarrollo de la oposición al régimen militar en Chile bajo la tutela estadounidense. Esta dinámica narrativa ocurre porque fue el obispado representativo de la "Iglesia Modernizada" el que tuvo las conexiones geopolíticas que la convirtieron en uno de los actores políticos principales del período. Fueron ellos los que mayormente absorbieron y encarnaron en Chile los estímulos de la Guerra Fría. Esa premura es innecesaria al narrar la acción de los sacerdotes representativos de la "Iglesia Conservadora" o "Tradicional" encarnada en los capellanes castrenses que apoyaron a la Fuerzas Armadas durante el régimen militar.

En primer lugar, examinemos aspectos institucionales.

En el presente las capellanías militares están organizadas en un Obispado Castrense. Este fue establecido por la Constitución Apostólica *Spirituali Militum Curae* (SMC) (1986). Siguiendo las nuevas disposiciones del Concilio Vaticano II, la SMC especificaba la importancia de la relación de la Iglesia con las culturas militares en la política mundial contemporánea. Estableciendo una relación con el espíritu reformador del Concilio Vaticano II (CVII), en la SMC se señala que: "...al sopesar la acción de la Iglesia en el mundo de hoy, [el CVII] incluso consideró cuanto se refiere al fomento y promoción de la paz en toda la tierra, acerca de la cual afirmó que los que se hallan en el Ejército se deben considerar a sí mismos como ministros o instrumentos de la seguridad y de la libertad de los pueblos, pues desempeñando bien esta función, contribuyen realmente a estabilizar la paz".[1] La SMC fue considerada un avance en el ordenamiento de las capellanías comparándola con la Instrucción *Sollemne Semper* del 23 de abril de 1951 puesto que ponía "al día las referidas normas, a fin de que gocen de mayor fuerza y eficacia" (González, p. 298). Por otra parte, la SMC llamaba al establecimiento de normas mínimas para el trabajo pastoral que reflejaran la situación específica de las Fuerzas Armadas en las diferentes naciones: "las normas de esta naturaleza no pueden ser las mismas para todas las naciones cuando el número de los fieles católicos adscritos a la milicia no es el mismo en todas partes, tanto absoluta como relativamente, y cuando las circunstancias difieren mucho entre sí en cada uno de los lugares" (González, p. 299).

El lapso entre los años 1951 y 1986, fechas de promulgación de los dos documentos señalados, encuadra las confrontaciones mundiales más serias de la Guerra Fría. Palabras tan mesuradas como las que se usan para relacionar "la acción de la Iglesia en el mundo de hoy" en cuanto al "fomento y promoción de la paz" con las Fuerzas Armadas como ministros o instrumentos de la seguridad y de la libertad de los pueblos" pueden entenderse como eufemismos que encubren la acción anticomunista de la Iglesia Católica en ese enfrentamiento bélico.

El trabajo de los capellanes militares durante la dictadura militar transcurrió mayormente dentro del marco de un Vicariato Castrense creado para Chile por el Acta Papal (*Motu Propio, MP) In hac Beatissimi Petri Cathedra* de Pío X (3 de mayo de 1910). Aunque no fue especificado así originalmente, en la práctica chilena el Vicario Castrense había sido un obispo con las facultades de tal cargo pero sujeto a los obispados diocesanos; estos son funcionarios que administran la actividad eclesiástica en un *territorio delimitado.* A diferencia, la jurisdicción del Vicario Castrense –tanto como la del Obispado Castrense hoy en día– era *personal;* es decir, se diferenciaba de un obispo de diócesis porque no estaban a su cuidado los habitantes de un territorio sino los que ejercen una determinada profesión, los militares y sus dependientes en este caso. Por tanto, éstos están sujetos a una doble jurisdicción episcopal –la castrense y la diocesana: "el militar cristiano vive en una doble perspectiva, la militar y la cristiana, unidas como parte del común esfuerzo por la perfección y santidad de la vida, que no requiere artificios externos, sino vivir con sentido espiritual lo que ya la naturaleza del servicio militar exige por sí mismo" (González, p. 13).

A pesar de la separación de la Iglesia y el Estado según las Constituciones de 1925 y 1980, el obispo encargado de lo castrense ha sido el único oficio eclesiástico nominado conjuntamente por el Papado y la Presidencia de la República de Chile. Recibe sus facultades directamente del Papa. Estas facultades son ejecutivas y legislativas (dictar normas administrativas para su Vicariato/Obispado y para la disciplina de los capellanes menores y de los fieles, de acuerdo con el Código Canónico); tiene la facultad de orden (disponer de los medios de santificación y de los sacramentos, medios que puede delegar en los capellanes menores para su tarea pastoral); tiene la facultad de magisterio (que permite establecer la superioridad del obispo y de los capellanes menores frente a los fieles, en una relación de maestro-discípulos); tiene la facultad de fuero externo e interno (el poder necesario para ordenar materialmente la sociedad y la mente de los fieles según valores cristianos). Es imperativo considerar que, a pesar de la separación entre Iglesia y Estado, en una situación en extremo irregular, hasta el presente la Iglesia Católica tiene el monopolio de las capellanías castrenses, a pesar de la conocida existencia de un fuerte contingente de personal militar asociado con el Protestantismo.

Recordemos que, a través de su historia, Chile ha tenido una crónica escasez de sacerdotes católicos. Por otra parte, en el país no ha existido un seminario castrense para la formación especializada de capellanes, como en Colombia. Por ello, los capellanes militares son elegidos entre los sacerdotes de las diócesis; el obispo castrense debe solicitar la cooperación de los prelados de diócesis para su designación. Estos sacerdotes se incorporan al servicio de acuerdo con el escalafón militar, con grado, salario y beneficios de oficiales, comenzando con el rango de capitán. El obispo castrense está investido con el grado de brigadier general.

Para los propósitos de este trabajo se hace indispensable situar el Vicariato Castrense en el paradigma analítico-interpretativo de la Iglesia Católica propuesto por Fernando Castillo Lagarrigue, s.j. Fue él quien señaló la existencia de tres concepciones institucionales conflictivas dentro de la Iglesia. Según Castillo Lagarrigue, las Iglesias "Conservadora" (o "Tradicionalista"), "Modernizada" y "Liberadora" habían surgido como respuesta a la "crisis de identidad" sufrida por la Iglesia a partir de 1930 con los efectos en Chile de la Gran Depresión mundial. Esta catástrofe acentuó la urgente demanda de cambios en la estructura económica chilena. La estrecha base productiva de la economía era incapaz de generar suficientes empleos, bienes y servicios al alcance de una creciente población nacional. Como generadora de finanzas para el gasto público, la declinante minería del salitre estaba en vías de ser reemplazada por la emergente gran minería del cobre, propiedad de conglomerados multinacionales estadounidenses. La ineficiente producción agropecuaria en manos de una pequeña oligarquía latifundista obligaba a un alto gasto de divisas para la importación de alimentos. En este contexto sería profundamente cuestionada la "tradicional" y exclusiva asociación de los liderazgos eclesiásticos con la oligarquía representada por los Partidos Conservador y Liberal.

El Vicariato y el Obispado Castrense corresponden nítidamente al perfil de la "Iglesia Conservadora" o "Tradicional". Al tipificarla, Castillo Lagarrigue resaltó la "continuidad entre la identificación (y encarnación) de la Iglesia tradicional, colonial y neocolonial, con las oligarquías tradicionales (terratenientes y financieras) y la identificación de esta Iglesia conservadora con las nuevas oligarquías en el capitalismo subdesarrollado" (p. 33). Se trata de una Iglesia que, por su concepción de la historia nacional y su asociación con esas oligarquías, siempre tuvo o buscó el poder político con una estrecha relación con formas de Estado autoritario: "...eso la va a conducir a terribles complicidades con [...] las dictaduras militares" (p. 34). Esta Iglesia sospecha de una mayor democracia política y económica como manifestación de "comunismo" y en este anticomunismo se fundamenta su identidad y su ortodoxia. "Esta Iglesia conservadora tiende a ver el origen de la violencia en la 'subversión' de Izquierda. Su relación con el Estado (autoritario) la lleva por principio a confiar en la rectitud, honestidad y buena intención de las autoridades" (p. 35). Ante la evidencia indiscutible de las atrocidades cometidas por las Fuerzas Armadas "la Iglesia conservadora teme pronunciarse abiertamente y denunciar públicamente estas situaciones, porque le parece que sería 'meterse en política'. En realidad, su temor es a entrar en conflicto con el Estado. Prefiere, entonces, realizar tímidas gestiones 'privadas' con las autoridades, tratando de corregir estos 'excesos' " (p. 35).

Durante los mismos días del golpe militar de septiembre de 1973, y en el período posterior inmediato ocurrieron sucesos que, como sucedió con la "Iglesia Modernizada", rebasaron los límites de lo estrictamente eclesiástico en la acción de los capellanes. Por ejemplo, a pesar de ser personal militar no combatiente, durante el golpe militar capellanes castrenses participaron en las redadas de activistas de la Izquierda, en sus interrogatorios, tortura y ejecuciones sumarias; un capellán incitó el asesinato de otro sacerdote asociado con la "Iglesia Liberadora" indicando al oficial encargado que "si a éste no lo matas, él te matará a ti y a tu familia".[2] Los capellanes militares también se esforzaron por legitimar al gobierno militar mientras la mayoría del Episcopado no quería comprometerse y actuaba con gran ambigüedad al respecto. La ceremonia pública más importante de ese apoyo fue la de los capellanes del Ejército de Chile a pocos días de consumado el golpe militar. El Cardenal Silva Henríquez se había negado a oficiar el tradicional *Te Deum* con que la Iglesia conmemora la independencia de Chile cada 18 de septiembre, siempre teniendo como invitados especiales a los Presidentes del gobierno de turno y al cuerpo de ministros. Brian Smith narra lo siguiente:

> En la academia militar en Santiago, el obispo Francisco Gillmore, jefe de los capellanes militares y general de Ejército, celebró una misa con veinticuatro capellanes. Los miembros de la Junta estaban presentes, junto con comitivas representantes de las otras ramas de la fuerzas armadas y de civiles, incluyendo delegaciones de niños de varios liceos. La misa fue trasmitida nacionalmente por la estación de televisión estatal y se dio la absolución general de pecados (sin admisión expresa de pecado) a todos los que asistieron desde el comienzo de la ceremonia –privilegio concedido a los soldados sólo antes de entrar en combate, cuando no hay oportunidad de confesarse privadamente. En la homilía el obispo-general también agradeció a Dios que la "antorcha de la libertad reapareciera en las manos de las Fuerzas Armadas" y que "la esperanza de orden, respeto, dignidad y trabajo" retornaran al país "después de tanta ansiedad y odio de los años anteriores" (p. 300).

Más tarde el activismo político de los capellanes de relevancia política dejó de mostrarse en público. Su influencia se instaló en la llamada "extrema concentración del poder" característica de la dictadura, en cerrados círculos en que un pequeñísimo grupo de personas tomaba las más importantes decisiones para la administración y la nueva institucionalidad nacional. En este tipo de escenario la actuación y las declaraciones de unos cuantos individuos directamente asociados con los diferentes grupos de poder adquirieron una influencia o un significado político que no habrían tenido en el juego abierto de la competición democrática.

De aquí surge una paradoja. En general, los sacerdotes que entrevisté no atribuyen mayor prestigio o influencia en la sociedad chilena a los obispos castrenses de las últimas décadas. No obstante, en circunstancias en que la representatividad social y política quedó suspendida por el régimen militar, situar la mirada inquisitiva desde el Vicariato Castrense revela campos discursivos nunca evidentes públicamente durante la democracia anterior al 11 de septiembre de 1973. Estos alcanzaron fuerte influencia en el régimen militar a través de la acción de dos personas –Jaime Guzmán Errázuriz, asesor jurídico y político de la Junta Militar, y el sacerdote Osvaldo Lira Pérez, ss.cc., quien, en la opinión de sacerdotes entrevistados, aunque no fuera capellán militar, de hecho actuó como capellán *ad hoc* de los miembros de la Junta. En el trasfondo también está el historiador Jaime Eyzaguirre, fallecido en 1968.[3]

Estas consideraciones obligan a que la narración que sigue tome un paso lento, reflexivo, atento no a la rapidez y cantidad de los sucesos políticos sino a la naturaleza de la influencia ideológica de esos pocos en las cúpulas del poder dictatorial. Por ello el título de "Remanso Tradicionalista" de esta sección.

El relato puede comenzar con *Iglesia, gobierno, principios.* (1976) escrito del capellán militar Florencio Infante Díaz. En él hace una apología de la *Declaración de Principios de la Junta Militar* para legitimar el golpe de Estado. Es el único escrito originado desde el interior del Vicariato Castrense para ese efecto. Apareció dos años después de la *Declaración,* sin sello editorial ni patrocinio oficial del Vicariato. Fue impreso por Talleres Gráficos Gendarchile (Gendarmería) de Santiago con un formato poco prolijo y papel de muy baja calidad. Se trata del tipo de publicación de pequeño tiraje que generalmente circula entre simpatizantes de una causa ideológica, financiado con gran esfuerzo por el autor con fondos propios y/o, quizás, con la ayuda de amigos. El propósito de este tipo de publicación no es divulgar una posición ideológica y someterla al escrutinio abierto de otros intelectuales sino dar un testimonio material de ese consenso preexistente entre los simpatizantes. Esto convierte la entrega del libro en una especie de ceremonia especial de solidaridad, lo cual llama la atención sobre el hecho de que pasaron dos años entre la aparición de la *Declaración de Principios* y la publicación del escrito del capellán Infante. Sin duda, en ese lapso el capellán Infante tuvo los diálogos y discusiones que finalmente terminaron en la estructuración del texto. Podría decirse, entonces, que, políticamente, estos intercambios son los realmente importantes en cuanto fueron parte de un activismo en que se llegó a consensuar opiniones. El escrito resultante puede entenderse más bien como una reiteración materializada de ese activismo, reiteración por la que se exhibe lealtad y compromiso con el régimen militar.

El Prólogo, escrito en octubre de 1975 por Monseñor Francisco Gillmore Stock, Vicario General Castrense de la época, refuerza ese sentido ceremonial. Según la tradición pastoral de seleccionar las lecturas de los fieles, en el Prólogo el obispo trasmite su autoridad al texto indicando que "Como Vicario Castrense de Chile felicito al Capellán Infante por su interesante y acucioso estudio que nos ofrece y recomiendo su lectura como texto permanente de orientación y consulta". También señala la pauta ideológica con que debe leerse el texto de Infante. Para Monseñor Gillmore la "perfecta armonía" con que deben complementarse y coordinarse la ciudad temporal, el Estado y la Iglesia para que "los ciudadanos se realicen felices en sus obligaciones y derechos en miras de una perfecta convivencia colectiva" se habían fragmentado en Chile y las Fuerzas Armadas y Carabineros habían hecho su "Pronunciamiento" para "sacarlo del caos económico, social y espiritual en que estaba". Veremos que el deseo de esa "perfecta armonía" se origina en el concepto de "sociedad orgánica", central en el integrismo fascista.

Con esta pauta el capellán Infante divide sus comentarios en acápites tomados de los conceptos fundamentales de la *Declaración de Principios*. Por las pistas ideológicas que entregan estos acápites conviene mencionar los principales: "Coincidencia de la Declaración de Principios con la Doctrina Social Católica" (p. 15); "El Hombre Tiene Derechos Naturales Anteriores y Superiores al Estado" (p. 26); "El Estado Debe

130

Estar al Servicio de la Persona y No al Revés" (p. 28); "El Fin del Estado es el Bien Común General" (p. 30); "El Bien Común Exige Respetar el Principio de Subsidiariedad" (p. 33); "Chile: Un Nacionalismo que Mira Hacia la Universalidad" (p. 71).

El conjunto de estos acápites es articulado por una tácita esquematización de la historia chilena que la conecta directamente con la evolución de la Iglesia Católica. Señala el año 1932 como el momento en que claramente "Chile había entrado en descomposición. El desconcierto era general. La enfermedad venía de años" (p. 5). Al señalar ese año, el capellán Infante establece una analogía entre la desestabilización institucional de la década de 1920 con los conflictos asociados con el gobierno de la Unidad Popular en el período 1970-1973. Aquí debe considerarse la insurrección en 1924 de la oficialidad joven del Ejército ante la corrupción del Congreso; la caída del gobierno del Presidente Arturo Alessandri y su reemplazo por las Juntas de Gobierno militar de 1924 y 1925; la sublevación de la marinería de guerra en Coquimbo; las insurrecciones civiles de Copiapó y Vallenar organizadas por el Partido Comunista en 1931; la efímera República Socialista de 1932. A no dudar, queda implícita en la sinopsis histórica de Infante con la dictadura del coronel Carlos Ibáñez del Campo como eminencia protectora del orden establecido. Junto con la protección de las Fuerzas Armadas, en los círculos conservadores chilenos se valoró especialmente la encíclica papal *Quadragessimo Anno* (1931) de Pío XI. En ella se refuerza al anticomunismo chileno por su condena al socialismo y por la denuncia de toda compatibilidad que pudiera tener con el cristianismo. Sobre esta base, en 1932 el Episcopado chileno había lanzado un llamado para advertir que la "sociedad está enferma porque los principios que deben regular y encaminarla a su verdadero fin yacen relegados al olvido; y en vez de ellos rigen otros que elevan a la sociedad no a su perfección sino a su ruina. Hay pues que restaurarla" (p. 7). Hay aquí una nostalgia del orden señorial añorado por la "Iglesia Tradicional", medievalista y asociada con las antiguas oligarquías. *Quadragessimo Anno* sirve a

Infante para la conexión metafórica de las figuras de Carlos Ibáñez del Campo en las décadas de 1920 y 1930 y Augusto Pinochet Ugarte a partir de 1973.

Este nexo hace significativo que Infante guarde total silencio tanto sobre la tecnificación de la pastoral católica hacia fines de la década de 1950 como sobre la íntima asociación de la Iglesia Católica con el reformismo capitalista del Partido Demócrata Cristiano durante los años 1960. Esto queda explicado por la clave fascista que entrega ya claramente al señalar que el golpe militar de 1973 tiene un paralelo directo con los inicios de la guerra civil española: "A estas mismas razones apelaron los Obispos españoles en su Pastoral Colectiva del 1º de Julio de 1937, defendiendo la legitimidad del alzamiento español nacionalista del 18 de julio de 1936" (p. 14). Infante profundiza esta referencia al desacreditar el juego democrático parlamentario siguiendo el ideario del integrismo franquista. Sindica a los partidos políticos que compiten en la democracia parlamentaria como los causantes de "la honda crisis moral" chilena. Para esta acusación cita un mensaje de Navidad de Pío XII radiodifundido en 1944:

> *Qué espectáculo representa un Estado democrático dejado al arbitrio de la masa. La libertad, de deber moral de la persona, se transforma en pretensión tiránica de desahogar libremente los impulsos y apetitos humanos con daño a los demás. La igualdad degenera en nivelación mecánica, en uniformidad monócroma, y el sentimiento del verdadero honor, actividad personal, respecto de la tradición, dignidad, en una palabra, todo lo que da a la vida su valor, poco a poco se hunde y desaparece. Y únicamente sobreviven por una parte, las víctimas engañadas por la fascinación aparatosa de la democracia, fascinación que se confunde ingenuamente con el espíritu mismo de la democracia, con la libertad e igualdad, y por otra los explotadores más o menos numerosos que han sabido mediante la fuerza del*

132

dinero o de la organización, asegurarse sobre los demás una posición privilegiada y aun el mismo poder" (pp. 58-59).

Para Infante la verdadera historia de Chile se restaura con el Pronunciamiento Militar del 11 de septiembre de 1973 "cuando tantos habían perdido la esperanza de la resurrección de Chile" (p. 93). El golpe militar es una manifestación de la "presencia velada" (p. 24) de Dios en la historia chilena. Por primera vez esa presencia se había manifestado con la llegada de los conquistadores españoles encabezados por Pedro de Valdivia y los misioneros mercedarios, franciscanos, dominicos, jesuitas y agustinos. Su llegada conformó para siempre la esencia de la identidad nacional chilena, entendida esta como "la unidad que resulta entre un gran número de familias y de individuos que poseen generalmente la unidad de raza, de lengua, de cultura, de tradiciones y que manifiestan efectivamente el anhelo de vivir en común" (p. 40), de acuerdo con los "Proyectos Nacionales" señalados por la autoridad militar en ese momento (p. 44). Reforzando su historicismo basado en esencias históricas inmutables, Infante cita al ideólogo derechista Jorge Prat Echaurren, para quien la Patria "son los valores de la sangre y del pasado que nos entroncaron a España, al Occidente Cristiano y a Roma, es decir, que nos hacen partícipes del estilo de vida de más alto rango espiritual que la Humanidad ha concebido" (p. 71). Para Infante "España es la madre y como toda madre merece respeto, veneración, cariño" (p. 77). Con estos antecedentes la identidad de los conquistadores españoles, la Iglesia Católica y la Junta Militar instaurada en 1973 se unen en un heroísmo redentor y épico.

Infante espera que el régimen militar no abandone el poder hasta que Chile "haya sido purificado" (p. 60) de las desviaciones de su esencia histórica. Por ello hace una afirmación lapidaria: "Una enfermedad de años no se cura en unos días o en unos pocos meses. El tratamiento tiene que ser enérgico y prolongado, pero cuando el cuerpo rebosa de salud agradece la terapia" (p. 48).[4] Si se usa el lenguaje crítico contemporáneo, Infante identifica la enfermedad con la Modernidad y su utopía de que la humanidad alcanzaría la plenitud material y espiritual con la administración científica de la sociedad y de la producción. Implícitamente Infante establece que los modernistas son la "semilla disociadora" que ha arrazado con "las instituciones y héroes", "con lenguaje de traidor y mentiroso [que] es una verdadera blasfemia contra todo lo grande y noble de nuestra historia" y que "habrá que arrancarla de raíz, con tesonera paciencia, ahogando los odios y sembrando la unión" (nota 57, p.44). Tomando palabras de Pablo I, Infante condena tanto al marxismo como al capitalismo liberal que, irónicamente, la dictadura militar ya en esos años buscaba imponer en Chile:

> *El Cristiano que quiere vivir su fe en una acción política concebida como servicio, tampoco puede adherirse sin contradicción a sistemas ideológicos que se oponen radicalmente en los puntos sustanciales a su fe y a su concepción del hombre: ni a la ideología marxista, a su materialismo ateo, a su dialéctica de la violencia y a la manera como ella entiende la libertad individual dentro de la colectividad negando al mismo tiempo toda trascendencia al hombre y a su historia personal y colectiva; ni a la ideología liberal que cree exaltar la libertad individual sustrayéndola a toda limitación, estimulándola con la búsqueda exclusiva del interés y del poder considerando las solidaridades sociales como consecuencias más o menos automáticas de iniciativas individuales y no ya como un fin y un criterio más elevado del valer de la organización social (p. 18).*

Nada en el estilo, la retórica o en la estrategia argumentativa del capellán Infante da rango intelectual a su escrito. Sin embargo, contiene esa audaz fusión histórica entre Iglesia Católica, nación y Estado. El escrito parece una parodia de "El Acercamiento a Almotázin", el cuento de Jorge Luis Borges. En este cuento se narran las peripecias de un hombre que,

134

metido contra su voluntad en las masacres religiosas de la India a comienzos del siglo XX, cree atisbar en el rostro de un ser abyecto trazas desdibujadas de la "perfección" de un ser superior y ausente; se dedica a buscarlo. Lo que en el escrito de Infante son débiles señales ideológicas, ya en 1947 lo había desarrollado con gran vigor intelectual el sacerdote fascista Osvaldo Lira, uno de los fundadores del Movimiento Revolucionario Nacional Sindicalista en 1949, organización que implantó en Chile el franquismo español. Las indicaciones de Infante en cuanto a la voluntad de Dios en la llegada de los conquistadores y misioneros españoles y de que "España es la madre y como toda madre merece respeto, veneración, cariño" (p. 77), Lira ya las había desarrollado como teoría general del mestizaje y de la esencia cultural latinoamericana con base filosófica en el escolaticismo tomista.

Las argumentaciones de Lira[5] tienen un trasfondo analógico según el cual la dinámica de la historia es impulsada por la simultánea confrontación y compenetración andrógina de principios vitales masculinos y femeninos; tal como Infante, Lira habla de España como la "Madre Patria". Sin embargo, al hablar de la acción de los conquistadores, la identidad de estos se caracteriza por la capacidad de penetrar e impregnar. Para Lira, en la relación imperial entre España y Latinoamérica predomina el principio masculino.

Según Lira, la empresa militar de la conquista es el momento de constitución de la culturas chilena y latinoamericana. Se puede colegir que, en el caso chileno, ese período fue cortísimo, apenas un "instante" (p. 31) dada la escasa resistencia que ofrecieron los indígenas en la zona central. Esta zona fue el núcleo geopolítico desde el cual se irradiaría el poder imperial hacia el resto del territorio chileno. Aunque Lira no lo resalta, es en el momento del encuentro entre el hispano y el indígena cuando se manifiesta el trasfondo metafórico de un principio universal, superior, activo, masculino (español) y un principio inferior, pasivo, femenino (indígena). Expresiones dispersas a través del texto entregan la impresión de que en un útero indígena se ha depositado el espermio producido por la colisión de un principio cultural activo que penetra y un principio pasivo que recibe, para luego dar a luz un ente vivo, la nación chilena: por ejemplo, expresiones tales como "contacto militar" (p. 48); "mutua compenetración" (p. 57); "alumbramiento" (p. 51); "salió del claustro político materno" (p. 33); "crecimiento, culminación y decadencia" (p. 33):

> [E]s decir, que los valores indígenas han sido puro
> y simple sujeto pasivo, que han actuado, en consecuencia, no como impulso determinante, sino como
> principio de individuación, de contención y de límite.
> De acuerdo con estas observaciones que caen de su
> peso, podemos decir que el influjo de las formas
> indígenas de vida colectiva se ejerció, por lo que
> respecta a la genesis y estructuración de las naciones hispano-americanas, casi exclusivamente no en
> el orden del impulso, sino en el de los límites (p. 42)
> De esta manera, la fisonomía histórica de las naciones hispano-americanas se destaca con caracteres
> inconfundibles. Desde luego, podemos descubrir en
> todas ellas una esencia o naturaleza constituida por
> un doble principio, formal y material: el principio
> formal o determinante, fuente de todas las perfecciones intrínsecas, lo encontraremos en la cultura española; el principio material, en cambio, o sea el
> conjunto de valores que por sus faltas de operancia
> —permítasenos el neologismo— sólo pudieron imponerle ciertos modos y condiciones de existencia a la
> cultura española, lo brindaron los indígenas (pp. 58-
> 59).

El "instante" del encuentro es una "vivencia" que genera "el alma" de una nación. Esta le dará su identidad única, "su unidad, su carácter orgánico u organizado" (p. 26) a través de la historia. "[U]na nación verdaderamente digna del nombre de tal, da la impresión no de un caos ni de fugacidad, sino de un todo sólidamente asentado sobre ciertas bases que le aseguran permanencia, a la vez que ordenado de tal suerte que todo el complejo de sus actividades espirituales y materiales, individuales y colectivas, apunta hacia un objetivo último perfectamente determinado" (pp. 26-27). El alma de la nación es un ente supraindividual, una cosmovisión que se encarna en la materialidad de la población nacional (pp. 26-35). El alma latinoamericana es el mestizaje que Lira define como "aquél en que se da cierto desequilibrio racial; aquél en que existe una raza, o, si se encuentra demasiado biológico el término raza, una forma de cultura que desde el principio se mostró superior a todas las demás" (p. 40). A no dudar, aquí se origina el esencialismo histórico del capellán Infante.

También en Lira se origina la noción de caos político directamente relacionada con la de enfermedad. Esta ocurre como un debilitamiento, un desvirtuamiento del vigor originario cuando los líderes y la masa de una nación se distancian de "la verdad histórica y los principios de una sana filosofía de la cultura" (p. 48). Se trata de períodos en que las naciones pierden conciencia de los valores que originaron la nacionalidad y permiten que se introduzcan y predominen valores extranjeros, en este caso franceses, ingleses, estadounidenses, comunistas, mientras la masa y los líderes se muestran incapaces de una acción rectificadora conjunta:

[L]a trayectoria histórica de Hispanoamérica ha experimentado cierto cambio de rumbo espiritual, que la ha hecho ir divergiendo más y más de aquella concepción de la vida que es peculiar de los españoles. En otras palabras, parece como que, en cierto modo, los valores de la cultura española en las naciones hispanoamericanas se hubieran desvirtuado al conjuro de las aportaciones culturales europeas (p. 71).
Esa es la tragedia del mundo hispánico. No concluimos todavía de superar esa ignorancia espesa para con nuestros valores raciales, mantenida y robustecida por los manejos inteligentes de nuestros enemigos

históricos, confabulados con los enemigos domésti-
cos de nuestra causa. Y claro está que, mientras no
conozcamos esos valores, no podremos amarlos, ni,
por consiguiente, podremos tampoco procurar efi-
cazmente mantenerlos en vigor. Lo cual resulta tanto
más grave cuanto esa vigencia se identifica con el
ser mismo de una nación" (p. 78).

Lira es vehemente y violento en la denuncia de esta situación. Para él es "una traición", un "delito de lesa patria" y exige un pronto castigo porque "es urgente enmendar rumbos antes de que sea demasiado tarde y de que lleguen así a hacerse reos del título infamante de asesinos de la Patria" (p. 58). Aún más, puesto que se atenta contra la cultura introducida por los conquistadores, se trata de "un parricidio" (p. 58), uno de los tabúes fundamentales de la civilización que demanda un severo castigo.

La introducción en Chile del parlamentarismo inglés creó las condiciones para la gradual degeneración de la esencia hispánica de Chile. Lira lo llama "democracia liberal inorgánica" (p. 88). Para Lira esta democracia es, en realidad, una forma de totalitarismo por cuanto los partidos políticos, que representan intereses específicos de segmentos de la sociedad, engañan a la población presentando programas de acción que pretenden encarnar el bien general de una nación. Por tanto, los partidos políticos son, inevitablemente, elementos de contradicción y fragmentación nacional. Los partidos congregan sólo momentáneamente a la población nacional entendida, en el juego parlamentario, como individuos dispersos. Su identidad común está marcada nada más que por "la posición que ocupan en el mercado del trabajo", las cuales son "puramente cuantitativas referentes a la riqueza que posean" y "nada dicen acerca de la misión que haya de desempeñar cada una de ellas en la sociedad" (p. 218).

La amenaza constante de este caos es lo que Lira llama "democracia liberal inorgánica". Esta contrasta con la "sociedad orgánica" de la Edad Media, en que el orden se afianzaba en que cada individuo conocía y aceptaba el lugar jerárquico que le correspondía en el trabajo colectivo de reproducción material y espiritual de la sociedad.

El noble estaba por encima del villano, ciertamente; pero más que por el dinero, diferían entre sí por la misión que debían desempeñar uno y otro en la nación; más social la misión del villano, la del noble era más propiamente política. El villano era el factor de la producción, tal y como lo fueron los siervos en relación a la agricultura durante la Edad Media. En cambio, el noble era el que debía participar en el gobierno y, además, el que estaba obligado, por oficio y beneficio, a blandir la espada cuando fuera necesario para asegurar el clima normal a las actividades sociales. Onus et honor, este era el motivo de la supremacía política de los nobles. No era, pues, que no hubiera diferencias cuantitativas —aun cuando en ciertos casos no las hubo; era que las diferencias cuantitativas se revelaban como mera resultante de diferencias mucho más hondas, porque eran cualitativas, mientras que hoy día la función específica ha cedido el paso a la función cuantitativa. De aquí proviene que, al orgullo bien entendido de clase que reinó en la Edad Media, y que, tanto como del caballero era patrimonio del villano —los oficios se transmitían de padres a hijos con resultados prodigiosos en cuanto a la calidad de los productos, en lo cual la fábrica no ha logrado suplantar la artesanía—, ha venido a suceder la lucha de clases. O sea, que cada clase pretende aniquilar a las otras porque se ven en ellas un contrario y un enemigo (pp. 218-219).

Los artículos en que Lira propone su teoría de la cultura aparecieron en 1949-1951. La violencia implícita en la condena del "delito de lesa patria" emerge con claridad cuarenta años más tarde, en *Derechos humanos, mito y realidad* (Santiago de Chile: Publicaciones Nuevo Extremo, 1993). Se trata de un escrito en que Lira recoge argumentos articulados con mucha anterioridad, como apoyo religioso a los círculos de poder del régimen militar. Recordemos que ya hacia 1975 las violaciones de los Derechos Humanos en Chile se habían convertido en preocupación nacional e internacional que generaba el mayor repudio al gobierno militar.

Lira condena la preocupación por los Derechos Humanos por originarse en un secularismo liberal que ha abandonado la visión teocéntrica del mundo, es decir, se trata de una visión secularista que ha desplazado a Dios del centro de la actividad política de las naciones: "Por este gran motivo reviste caracteres francamente repulsivos la mezcla confusa en que se revuelven todos aquellos que van vociferando las defensas declaradas de esos derechos humanos tan traídos y llevados" (p. 56). Según Lira, el ser humano ha sido endiosado como compensación del vacío dejado por la expulsion de Dios como eje de las sociedades. Se trata de una confusión demoníaca por cuanto el ser humano vive de prestado –es Dios quien provee la esencia de su existir, "el universo en que todos vivimos y actuamos y operamos no depende de quienes vivimos en su seno, sino de Aquel que lo está manteniendo en su existir" (p. 40). Esa confusión proviene del pluralismo ideológico de la democracia liberal ("El aforismo de que *cada cual tiene su verdad"*, p. 107). A su vez, esa democracia se origina en quienes buscan debilitar a la Iglesia Católica, es decir, los "hijos de la Reforma Protestante. O dicho en otros términos, del individualismo religioso, que es el más peligroso y maléfico de todos porque intenta destruir y aniquilar el *Cuerpo Místico de Cristo"* (p. 106). Por tanto, restaurar la sanidad social implica la restauración de la unidad cristiana y del teocentrismo, lo cual depende de la acción decidida y aun violenta de los católicos. Para ello es imperativo que dejen de conceder "importancia exagerada a lo que muchos de ellos llaman paz –y que no es, por cierto, la paz que nos ha dejado Cristo–[y] han preferido evitar el enfrentamiento y la contienda a trueque de poder desarrollar una vida cotidiana sin sobresaltos ni inquietudes" (p. 107). Lira se refiere a esta violencia correctiva como la restauración de "los *derechos divinos* que poseen trascendencia infinita respecto de los derechos humanos" (p. 108).

> *Luego, no antes, vendrá el ejercicio de nuestros derechos. Después de rendir cuentas exactas de los talentos que se han recibido [de Dios]. De esos talentos que, en conjunto, constituyen esa vida humana que cada uno de nosotros debe ejercer en conformidad con las exigencias capitales de Aquel que nos la está concediendo. Y esto trae, por fundamental consecuencia que, aun cuando lo andemos voceando con voz estentórea, no somos ni nunca podemos ser dueños de nuestro propio vivir. Ni nuestros derechos, tampoco, ser soberanos. Y ésta es una verdad que no podremos nunca transar. Por más que nuestros adversarios se empeñen (p. 119).*
> *Los derechos en cuestión se proclaman, se vocean, pero no se fundamentan ni motivan. Esos tales viven de puros clamores destemplados, de puros griteríos. Pareciera, en verdad, que la intensidad de ese vocerío está en relación directa con la total carencia de una base en qué fundarlo... y con el afán inconfesado de apagar, en la medida en que se pueda, la voz interior de las obligaciones y deberes que resuena suavemente, pero de modo casi incontenible, allá en el fondo de nuestra alma. Esta es la razón de la persistencia –íbamos a decir que el frenesí– de insistirse en los derechos: se necesita a toda costa ahogar la voz de las obligaciones y deberes (p. 123).*

No se necesita mucho más para entender que, según Lira, los únicos detentadores legítimos de Derechos Humanos son los católicos tradicionalistas que han conservado una visión teocéntrica de la sociedad. Nadie más:

> *A nosotros, hijos de la única Iglesia verdadera y*

miembros del Cuerpo Místico de Cristo, nos corresponde, por función, asegurar, en un primer momento, la profundidad de esos derechos profundamente humanos, y luego, manifestarlos y proyectarlos tales como son, sin alteraciones que los desfiguren aminorándolos ni hipertrofiándolos. En este orden de valores, en efecto, todo disfraz resulta inoportuno, y además, dañino y corruptor. Y es preciso mantenernos, en esta perspectiva, en una posición de intolerancia relativa a los principios. Porque, en la región de los principios verdaderos, cualquier actitud de tolerancia se convierte en un atentado imperdonable a la Verdad. Que es, en buenas cuentas, un atentado contra Cristo (p. 134).

Quizás no deba sorprender la ferocidad de Lira contra los "agnósticos y ateos". No obstante, hay una ferocidad mayor contra un oponente al que, a lo largo del texto, se hacen referencias más discretas –el Cardenal Raúl Silva Henríquez y los obispos asociados con la "Iglesia Modernizada". Recordemos que fue el Cardenal Silva Henríquez quien fundó la Vicaría de la Solidaridad en 1974, la institución campeona de los Derechos Humanos que Lira considera "hipertrofiados". Como dependencia eclesiástica, la Vicaría fue la única institución con el respaldo de poder necesario para oponerse privada y públicamente a las atrocidades cometidas por la dictadura militar y a los efectos sociales de su política económica neoliberal. De la Vicaría surgieron las otras organizaciones que formaron el conglomerado de defensa de los Derechos Humanos en Chile. A pesar de su general discreción, en las páginas 83 y 84 de *Derechos Humanos. Mito y realidad,* Lira da rienda suelta a su odio:

[E]s preciso destacar que no basta predicar los derechos humanos. Se requiere además **saber predicarlos.** *Porque predicar la verdad sólo a medias, o inclusive, ocultarla del todo, significa, tal vez, la ma-*

*nera peligrosa de mentir. Y sabemos perfectamente, porque lo dijo el propio Cristo, Señor Nuestro, que la mentira es hija del demonio, de aquél que fue homicida desde el principio. Por eso no vacilamos en sostener muy claramente que los derechos humanos se predican según Dios o no se predican, simplemente. Y los solos y únicos que pueden predicar los derechos humanos según Dios son los que de verdad creen en El. Decimos que no cualesquiera sino los que creen en verdad. Porque estamos hartos ya de indecisiones y cobardías. O estamos con El o estamos contra El. Porque lo que hace falta hoy en día más que nunca no son medias tintas sino tintas enteras... Como también estamos hartos de componendas que no componen nada. No debemos dejar vencernos por ninguna especie de complejos ni identificarnos tampoco, con la **cautela**, la **prudencia**.*

Desajuste entre norma y realidad

La petición de Lira de una violencia irrestricta contra quienes atenten contra la esencia hispánica de Chile se reviste con un mesianismo elevado a la categoría de épica nacional. Esta destrucción mesiánica es legitimada y prestigiada por la interpretación de las capellanías castrenses según el extenso "estudio canónico y jurídico sobre la asistencia espiritual a las Fuerzas Armadas en Chile" del sacerdote Opus Dei Juan Ignacio González Errázuriz, *Iglesia y Fuerzas Armadas* (Santiago de Chile: Universidad de los Andes, Colección Jurídica, 1994). Allí González fusiona el magisterio de la Iglesia Católica con el magisterio de las Fuerzas Armadas en la formación de ciudadanos rectos.

Siguiendo preceptos de su orden, González estima que la vida militar, "como tantos otros caminos por los que el hombre realiza su tránsito terreno, puede conducir también a la santificación personal y comunitaria y a la vida eterna"; "todos los

143

caminos honestos llevan a Dios" (p. 2). Por sobre todo, González valora la labor civilizadora de los ejércitos, citando en particular la de los "tercios españoles ' en la conquista de Chile, que "fueron los que luego nos legaron muchas de nuestras costumbres, formas y hábitos de vida y también la fe, sin cuya presencia toda aquella empresa no tiene explicación ninguna, por más que se empeñen algunos en intentar enlodar la hazaña civilizadora, poniendo como único motivo de la misma el codiciado oro de América" (p. 3). En la época contemporánea, González ve la continuidad de esa labor civilizadora en la educación y disciplina entregada a los jóvenes que cumplen con su servicio militar obligatorio:

> *Se acentúa, de esta forma, la función pedagógica del ejército, en la cual los que han asumido la vida militar por su propia determinación vocacional deben formar a quienes llegan a vestir el uniforme transitoriamente. De este modo el ejército entrega una preciosa contribución a la formación de los ciudadanos. No se enseña al soldado solamente a amar su uniforme y a usar las armas, sino que el cuartel se transforma en una escuela de amor a la Patria, de servicio a los compatriotas y con ese crecimiento interior, fruto del ejercicio de virtudes tan típicamente militares como la lealtad, la obediencia, la disciplina y el sentido de la jerarquía, el soldado llega a pronunciar, con su propia voz y lleno de orgullo, la fórmula clásica del juramento militar, en cuya virtud se dispone a rendir la propia vida en servicio de la Patria y de sus conciudadanos* (pp. 4-5).

Obviamente, González considera que la formación del soldado debe corresponder a valores del catolicismo, lo cual lo lleva a establecer una analogía en que "la lucha del cristiano por alcanzar la vida verdadera tiene una similitud con aquella del soldado por lograr la victoria' "(p. 10); más aún, la voluntad militar del soldado por sacrificar su vida por la nación puede compararse "con una sublimidad que es completamente plena en el martirio cristiano" (p. 12). "Todas estas virtudes en su vertiente, son las que el militar cristiano vive en una doble perspectiva, la militar y la cristiana, unidas como parte del común esfuerzo por la perfección y la santidad de la vida, que no requiere sino vivir con sentido espiritual lo que ya la naturaleza del servicio militar exige por sí mismo" (p. 13).

Sin duda hay una enorme fisura ética entre el llamado del capellán Infante y Osvaldo Lira a remediar el crimen de "lesa Patria" y la violencia práctica con que las Fuerzas Armadas destruyeron los seres demoníacos en la realidad concreta. Ese desajuste se concretó en un referente material del todo tangible –los centros secretos de interrogación y tortura de la DINA, del Comando Conjunto y de la CNI. En reducidos espacios, allí se concentraba a decenas de prisioneros terriblemente malolientes por el desaseo de días y semanas, sucias sus ropas por el orín, la defecación y la menstruación, espacios hechos aún más pestilentes e infecciosos porque los baños eran inutilizados a propósito por los agentes de seguridad militar para crear una atmósfera de mayor denigración de los prisioneros.[6] De allí partían quienes serían asesinados y desaparecidos.

El ex-suboficial de la Fuerza Aérea Andrés Valenzuela Morales muestra una perspectiva realista del proceso educativo idealizado por González.[7] En agosto de 1984 Valenzuela desertó del Comando Conjunto –la organización encargada de desmantelar las redes clandestinas del Movimiento de la Izquierda Revolucionaria (MIR) y del Partido Comunista– espiritualmente agobiado por el salvajismo de la represión en que se vio forzado a participar. En su testimonio ante personal de la Vicaría de la Solidaridad, Valenzuela reveló que, recién enganchados para el servicio militar en la Fuerza Aérea y destinados a custodiar los centros secretos de interrogación y tortura, los jóvenes conscriptos de dieciocho años eran seleccionados al azar, sin que tuvieran alternativas: "Nos formaron y nos dijeron que lo que íbamos a ver teníamos que olvidarlo y al que hablaba algo... Hubo amenazas..." (p. 19). Si es que hubo un proceso educativo, éste se relacionaba con el refinamiento de la capacidad de violencia que los conscriptos demostraran ante los prisioneros: "Nos metían de a poco en el sistema y nos observaban, veían como reaccionábamos. Parece que yo reaccioné bien... Pero otra vez también me impresioné: había un hombre que tenía la piel morada, estaba entero morado..." (p. 26).

Así Valenzuela fue hecho miembro de un "grupo de reacción" y participó en más de ciento cincuenta allanamientos y arrestos como también en interrogatorios, torturas, violaciones sexuales, asesinatos y desaparecimientos. "Nueve años más tarde, Andrés Valenzuela [estaba] cansado ya de intentar sacarse el olor a muerte que le impregnaba la piel..." (p. 89). Por temor a ser asesinado al perder la confianza de sus jefes, no pidió tratamiento psicológico en profundidad. Es de importancia observar que en ese mundo no existía la opción de pedir la ayuda espiritual de un capellán militar. Abandonado de todo apoyo, como ha ocurrido con otros represores, la violencia culpable que acumuló contra sí mismo finalmente lo llevó a buscar conscientemente que su propia familia lo repudiara:

> *Soy un mal padre. Juego raramente con mis hijos. No quiero que mis hijos me quieran. Sé que cualquier día me van a matar y no quiero que sufran. Por eso soy así en mi casa. Incluso mis hijos quieren más a sus tíos. Cuando éstos llegan, mis hijos corren a su encuentro, los abrazan... los saludan... Cuando llego, a veces corren y yo no les hago mucho caso... Prefiero que no me quieran. Con mi familia soy igual. No visito nunca a mis padres* (p. 268).

¿Qué capacidad de evangelización cristiana han tenido los capellanes castrenses si consideramos la experiencia de suboficiales como Andrés Valenzuela Morales?

Consideremos, además, que el vacío entre la práctica concreta de la represión y el ensalzamiento de la pastoral castrense y el proceso educacional de conscriptos en las Fuerzas Armadas tienen un correlato aún mayor en la inoperancia de la Corte Suprema en la vigilancia por el respeto del estado de

146

derecho y la defensa de los Derechos Humanos, particularmente en el uso del recurso de amparo *(habeas corpus)*, para la protección de personas en manos de los servicios de seguridad militar. Esto provocó la profunda preocupación de juristas por el deterioro de la jurisprudencia chilena. No obstante, en las apariencias y con el aval de los Ministros de la Corte Suprema, el régimen militar parecía respetar el estado de derecho por la simple razón de que no había intervenido a un Poder Judicial subordinado a la voluntad del poder de facto.

En 1986, ya en medio de los intensos embates de la "Santa Alianza" contra el poder del general Augusto Pinochet, y quizás conectado con la organización que tuvieron esos embates, la Escuela de Derecho de la Universidad de Valparaíso organizó la Quinta Jornada de Ciencia General del Derecho bajo el temario "Desajustes entre Norma y Realidad"[8] . En pasajes de sus palabras de inauguración del encuentro el Decano de la Facultad de Ciencias Jurídicas, Económicas y Sociales, Italo Paolinelli Monti, se refirió a la extrema relativización de la norma jurídica a que se había llegado en Chile. Reparemos en que el comedimiento extremo del Decano Paolinelli para con la Corte Suprema llega a oscurecer su línea de argumentación:

> *Sabemos que el jurista en sentido estricto trabaja, preferentemente, con las normas jurídicas válidas de un determinado ordenamiento jurídico dotado de realidad y vigencia histórica, a fin de proveer, de un modo mediato o inmediato, a su aplicación a los casos jurídicamente relevantes de la vida social que, por hallarse regulados por tales normas, han de ser comprendidos y resueltos, precisamente, sobre la base de la concurrencia de esas mismas reglas. Sin embargo, no constituye una tarea ajena al interés de los juristas la que se refiere a la verificación del grado de eficacia que las normas jurídicas encuentran en el curso de la vida social, en cuanto tales normas son obedecidas o desobedecidas por los su-*

jetos imperados, a la vez que aplicadas o inaplicadas, con sus consecuencias de tipo coactivo, por los respectivos órganos jurisdiccionales. Y ello porque una oportuna y más exacta información acerca del curso efectivo de las conductas de los sujetos imperados y órganos jurisdiccionales observan por referencia a las que de unos y otros exigen las normas, permite al jurista un cálculo o un pronóstico igualmente más certero acerca de la probabilidad de que una o más normas concurrentes respecto a un caso determinado, sean o no efectivamente observadas por quienes corresponde, y –lo que puede ser aún más importante– aplicadas verdaderamente por los órganos jurisdiccionales (p. 10)

No han errado, pues, quienes consideran que la relación entre la eficacia de las normas, esto es, su general obedecimiento y aplicación, la validez de las mismas, o sea, su existencia en cuanto prescripciones de deber ser, constituye uno de los problemas cruciales y más definitorios de toda teoría jurídica; problema respecto del cual –como bien sabemos– cabe desde la postura de quienes, instalados de espaldas a la realidad, sostienen que no hay relación alguna entre validez y eficacia de las normas, hasta la de quienes, en el extremo opuesto, proponen que el obedecimiento y aplicación generalizados de las normas han de ser vistos como el verdadero fundamento de la validez de éstas, o sea, como el hecho que les confiere u otorga su existencia de tales y su consiguiente pretensión de obligatoriedad (pp. 10-11).

En general, las presentaciones hechas en la Jornada hacen observaciones sobre casos concretos para fundamentar la preocupación por el debilitamiento del imperio de la ley en Chile. Sin embargo, vale la pena citar pasajes de la presentación del jurista Godofredo Stutzin L., "La Ley Como Sustituto de la Realidad" por la preocupación extrema que expresa por el escaso valor de la ley misma en ese momento:

No se puede caracterizar en forma más precisa y concisa la distorsión que sufre frecuentemente la función de la ley (entendiéndose por "ley" toda norma establecida por la autoridad): en vez de actuar sobre la realidad, la sustituye; en vez de ser un medio llega a ser un fin en sí. La realidad aparente de la ley pasa a cubrir como una pantalla la realidad verdadera de los hechos; el color negro de estos últimos desaparece tras el color rosa de la norma legal.

Es una situación peligrosa: el divorcio entre la ley y la realidad y, más aún, la sustitución de aquella a ésta, acarrea funestas consecuencias para ambas partes. Mientras la realidad se ve doblemente desamparada, privada no sólo del beneficio de la acción legal sino también del reconocimiento de su propia identidad, la ley sufre asimismo la pérdida de dos atributos esenciales, la vitalidad y la credibilidad: la primera, inexistente sin acción; la segunda, existente sólo para quienes se dejan engañar por el espejismo legal. En cierto modo, la presencia de una ley-ficción resulta ser peor que la ausencia de la ley: en este último caso, por lo menos, no hay sustitución de la realidad ni pérdida de credibilidad de la norma legal (pp. 43-44).

Aldo Cardinali Meza, profesor de las cátedras de Técnicas de Análisis y de Organización y Personal en la Academia de Guerra del Ejército de Chile (ECH) pone fin cortante a las elucubraciones religiosas de Lira y González al exponer la manera técnica con que los altos mandos toman decisiones estratégicas –entre ellas, habría que agregar, el uso de esos "grupos de reacción" en la guerra antisubversiva.[9] Estas decisiones se toman de acuerdo con una política profesional "firmemente arraigada en el campo matemático cuantitativo y en las ciencias conductuales y [que] persigue demostrar que más que un arte es una ciencia" (p. 18). A diferencia de las certidumbres morales y éticas afirmadas por Infante, Lira y González, esa ciencia de las decisiones "raras veces es una elección entre lo correcto y lo errado. En el mejor de los casos [...] es una elección entre 'casi correcto y casi errado' " (p. 31). En este campo la acción en el devenir histórico es definido como una preparación técnica basada en la información provista por multiples sectores de conocimiento científico según los cuales las concepciones de futuros posibles y deseables deben organizar las acciones y decisiones del presente. Cardinali afirma que en esto no tiene cabida el factor "mítico-religioso" porque se lo considera "el más elemental y primario en el proceso de conocimiento humano" (p 135).

Las disquisiciones de Cardinali se apoyan en el pensamiento de Maquiavelo –a quien cita–, filósofo envilecido por los seguidores del integrismo tradicionalista. Maquiavelo no diferenciaba entre los principios de conducción de las tareas de un ejército hacia la victoria, la administración de una sociedad y el éxito en el comercio. Para él, todos estos campos de acción responden a una misma cuestión de disciplina, entrenamiento y organización de asesores equivalentes a un Estado Mayor militar. De éste depende un buen procesamiento y uso de la información acumulada sobre el espacio de acción y maniobra y los medios para neutralizar los factores oponentes. Para Maquiavelo esta información debía sistematizarse y convertirse en tablas matemáticas y algebraicas para visualizar las interacciones posibles entre los componentes de la organización militar y social y el control de los seres humanos. La buena integración de los asuntos militares y cívicos es un requisito fundamental para la estabilización de las instituciones políticas, la consecución de los objetivos políticos y económicos señalados por el liderato de una sociedad y, por tanto, su prosperidad. Entre las multiples aristas de significado de la noción de *virtud* en Maquiavelo, la central es la capacidad de realismo intransigente del líder en cuanto a reconocer objetivos fácticamente posibles, usando principios comunes para la acción en lo militar, la administración social y la comercial. Su realismo permite que el líder reconozca engaños, maniobras dolosas, capte el sentido fundamental de sucesos en constante fluctuación, su jerarquización en términos de mayor a menor importancia, que visualice opciones y establezca un programa estratégico para el uso de recursos y reservas a su disposición, actuando siempre de manera oportuna, flexible, vigorosa y decisiva.

Unas pocas citas del texto de Cardinali resaltan el trasfondo maquiavélico de su concepción de decisiones tomadas a alto nivel ejecutivo, expresada en un lenguaje científico contemporáneo:

La Teoría General de Sistemas propone un lenguaje interdisciplinario que faculta el conocimiento perteneciente a distintas ciencias, ya que es una teoría general, vale decir, no es privativa de la ciencia administrativa, sino, por el contrario, es una genial búsqueda de los elementos comunes sin necesidad de contar con una preparación previa efectiva para su empleo. Ello es una realidad hoy día y este término de sistema se emplea en todos los campos del conocimiento, y es más, haciendo uso del isomorfismo (igual forma o inter-ciencias) se procura enriquecer el aporte de cada una de ellas y adopta elementos equivalentes o comunes tendientes a determinar el comportamiento del Sistema como un todo y sus partes (p. 44).

[E]l futuro es imprevisible, no es posible determinarlo en un sistema de predicciones, porque existen demasiados factores que intervienen en él. [...] [L]a única lógica al respecto consiste no en adivinar el futuro, sino en construirlo metódicamente por medio de acciones sucesivas concebidas en vista a promover aquellos futuros posibles que se desean (pp. 131-132).

Todo ente de gestión de una organización o de acción de gobierno requiere de elementos de apoyo para elaborar las diferentes opciones de decisión, para seleccionar las que considere más adecuadas y para verificar y evaluar su cumplimiento (p. 188).

Además [...] *es necesario considerar la necesidad de impedir que nazcan futuros posibles de los cuales se teme, con el fin de intentar que nos afecten lo menos posible. Por lo tanto, es de toda necesidad no perder de vista nuestro actuar en el presente, el cual debe ser permanentemente iluminado por el objetivo a alcanzar lo que buscamos. Por ello, es necesario establecer un puente permanente entre nuestro actuar en el presente y el futuro que buscamos, con el propósito de tomar las decisiones racionales que sean necesarias para ello* (p. 132).

El analista prospectivo debe actuar con máxima objetividad, sin involucrarse en el estudio del problema o sus efectos, de lo contrario pierde su libertad y puede caer en el subjetivismo (p. 138).

El método planteado de alguna forma busca erradicar en su fondo y forma aquellas prácticas de la Toma de Decisiones que adolecen [de la falta] *de un rigor científico y racional, por cuanto en la realidad puede asegurar un éxito relativo en el corto plazo, pero inevitablemente en un mediano y largo plazo los llevará a un fracaso* (p. 192).

En aras de la eficacia militar, entonces, la moral y la ética religiosas deben separarse del entendimiento de la acción política. En parte, esto explica la escasa relevancia de los capellanes en la cultura militar como agentes evangelizadores. ¿Cómo es que pueden convivir en la cultura militar este maquiavelismo y el fundamentalismo religioso integrista?; ¿que argamasa ideológica logra mantenerlos juntos y a la vez funcionales?

En realidad, los campos ideológicos no necesitan estrictas soldaduras racionales; lo emocional puede conectar esas fisuras discrepantes impidiendo que los componentes no homogenizables se fragmenten en una animadversión mutua de reconciliación imposible. La respuesta a las dos preguntas la podemos encontrar en *Conversando con los cadetes* (1976), del coronel Francisco A. Pérez Farías. Este texto es un clásico permanente en la enseñanza de la Etica Militar a los oficiales en los comienzos mismos de su carrera como cadetes en la Escuela Militar del Libertador Bernardo O'Higgins. El coronel Pérez resuelve esa antinomia ideológica sacralizando a los militares como casta profesional, construyendo un espíritu de cuerpo en que toda divergencia ideológica puede zanjarse por lealtad a la institución y a los camaradas de armas.

El texto del coronel Pérez es una abigarrada colección de discursos leídos en diferentes ceremonias –a los cadetes que ingresan y egresan todos los años; en celebraciones de efemérides militares y nacionales; alocuciones dirigidas a los cadetes con ocasión de hacer juramentos oficiales; brindis en banquetes ofrecidos a las máximas autoridades del ECH. El instructor de Etica Militar puede elegir entre estos discursos a voluntad, según el tema que desee enfatizar. En general, el material ha sido homogenizado dando al libro el formato de conversaciones íntimas de un viejo soldado con los jóvenes cadetes que recibe en la Escuela Militar. Se dirige a ellos con un tono de afecto paternal puesto que los cadetes vienen a renovar la continuidad de una casta profesional.

Aunque en *Conversando con los cadetes* no encontramos la pesada retórica sacerdotal de Florencio Infante, el coronel Pérez demuestra tener una visión tanto o más religiosa. Su discurso se fundamenta en el modelo metafórico religioso que diferencia lo sagrado de lo profano. Esa diferenciación remite a la existencia de zonas especiales en que lo sagrado se manifiesta como fuerza numinosa revitalizadora, eternamente activa, que procede de antiquísimas genealogías raciales, étnicas y linajes familiares. La zona sagrada está rodeada y asediada por lo profano, que tiende a lo nocivo, la degradación, la corrupción y la muerte. Quienes viven de acuerdo con los preceptos de esas genealogías sacralizadas son los llamados a irradiar desde su reducto las normas revitalizadoras sobre sociedades decadentes.

El coronel Pérez imagina el local de la Escuela Militar del Libertador General Bernardo O'Higgins como el espacio en que preside el espíritu de la Patria entendida como orden que favorece la continuidad de la vida, "su nombre surgió del de 'pater' y conlleva la misma resonancia de familia, de herencia, de paternidad, de matrimonio, de descendencia" (p. 47). El aspecto femenino de este orden, es decir, su vientre fecundo, está en que las "Escuelas Matrices [= formadoras de oficiales y suboficiales que] constituyen, por lo tanto, los centros vitales de nuestra Institución" (p. 59). De este modo ha quedado fundada una genealogía: "Valioso tesoro legado por nuestros antepasados: nuestra responsabilidad es transmitirlo inmancillado a nuestros descendientes" (p. 50). La entrada y estadía en ese espacio sagrado debe coincidir con una conciencia plena del gran mito de un mestizaje en que se aúnan fortalezas diversas: "Muchos de vosotros con esta investidura [de cadetes] mantenéis una hermosa tradición de familia y otros la iniciáis hoy día [...] Recordad que pertenecemos a una raza privilegiada y que el cuerpo de nuestro Ejército debe estar formado siempre por una cabeza hispana, un brazo araucano y un corazón chileno" (pp. 14-15).

En esta atmósfera sagrada el coronel Pérez imagina al ECH como un "organismo vivo" lleno de energía, siempre preparado para la guerra y para la supervivencia porque existe según una férrea disciplina –"mando, obediencia, subordinación" (p. 59); "este organismo está compuesto por seres humanos y estos hombres, agrupados en forma de organismos funcionales, regulados por medio de ciertas leyes o reglas como son: jerarquía, disciplina, etc., disposiciones formuladas por el hombre que no son artificiales, sino deducidas de principios éticos naturales emanados de la naturaleza misma del hombre" (pp. 58-59).

El coronel Pérez es claro en diferenciar la casta militar por los privilegios que disfruta. Al hacerlo deslinda radicalmente el mundo exterior, el de los civiles, que viven en el reino del comercio de la mercancía, agobiados por defectos morales y físicos. Al ensalzar esos privilegios de que goza el soldado introduce un pensamiento eugenésico que proclama la superioridad física y espiritual de los militares :

Mirad hacia los lados, contemplad cómo los civiles pagan afuera a los entrenadores de los diferentes deportes para que les enseñen el arte de competir, mirad cuánto cobran los colegios y academias particulares, los estadios de instituciones privadas o de colonias, etc. Afuera hay muchachos que entrenan sólo los días sábados, domingos y festivos, después de las horas de estudio o de trabajo, porque son las únicas horas de que disponen; adultos que asisten a a clases vespertinas... (p. 36)

El orgullo de llevar el uniforme de la Patria se debe exteriorizar en el porte arrogante del soldado, el que debe ser expresión de su estatura interior y de su presencia espiritual.

La exteriorización física de esta estatura interior sugiere el convencimiento de una perfectibilidad permanente que no puede aceptar en su derredor la mediocridad, que no puede eludir su propio perfeccionamiento, por cuanto la perfectibilidad es excluyente, ya que no admite individuos esclavos de sus propias pasiones o víctimas de sus defectos morales. En cambio, los que saben sacrificarse en pro de su propio perfeccionamiento, los capaces de ideales, son los que llevarán a Chile al sitial de honor que se merece (p. 37).

Al irradiarse hacia fuera, la potencia de estos seres perfeccionados y perfeccionistas se manifiesta como capacidad para fusionar voluntades tras un objetivo común. Las llevan a superar las fragmentaciones inducidas por los egoísmos de la vida profana, especialmente cuando ésta ha sido influida por ideologías que proclaman la lucha de clases. Aquí queda expuesta la soldadura entre ideologías militares divergentes de que hablaba anteriormente.

Ética Militar y escolasticismo

Mis informantes describen a los capellanes como hombres de edad madura o ancianos que, dada la aguda escasez de sacerdotes en Chile, son sacerdotes "pedidos en préstamo" a los obispos regionales. Son generalmente curas párrocos, miembros de congregaciones, sacerdotes involucrados en trabajo administrativo en las diócesis o sacerdotes seculares dedicados a la enseñanza primaria y secundaria en las escuelas católicas o dedicados al programa de religión en las escuelas secundarias laicas. Son personas ya firmemente asentadas en los hábitos, costumbres y en el estilo de ejercer su ministerio entre civiles. No es especializada la orientación que han tenido en cuanto al modo de vida militar. A veces viajan a Colombia para asistir a cursillos en seminarios castrenses de larga experiencia por la prolongada guerra interna. Entienden su labor en los cuarteles como proyección del trabajo de sus parroquias originales – hacer misa, bendecir ceremonias, presidir bautizos, matrimonios, funerales, escuchar confesiones y absolver pecadores. Los capellanes no se enraízan en los aspectos más fundamentales y cotidianos de la profesión militar.

Dentro de los cuarteles, el ascendiente de estos capellanes proviene de los favores que puedan hacer a oficiales y suboficiales al intervenir en asuntos de bienestar espiritual o material de familiares; por ejemplo, atención especial a los enfermos, los hospitalizados y los ancianos; recomendaciones para que los hijos de militares se aseguren la entrada a escuelas religiosas de prestigio. Así se ganan la fama de ser "buenas personas". Se trata de una relación marcada por el afecto personal.

Ese afecto personal puede ser aún más intenso entre los capellanes de la Escuela Militar del Libertador General Bernardo O'Higgins. Allí, desde los comienzos, son testigos de la carrera de los adolescentes que atienden. La simpatía por ellos con frecuencia los lleva a estrechas relaciones con las familias. Así es como estos capellanes –hombres sin hijos– llegan a hablar de cadetes como si también fueran sus padres. Estos

156

lazos afectivos a veces se mantienen a través de los años, hasta que esos "hijos" llegan a ser oficiales superiores.

Dado su particular modo de relación con la cultura militar, ¿qué podrían haber hecho estos capellanes en el momento en que las Fuerzas Armadas actuaron de manera conspirativa para las violación sistemática del Derecho Internacional de Derechos Humanos?

Los sacerdotes no conectados con el Obispado Castrense que entrevisté describen la capellanía castrense mayormente como una burocracia de ancianos que administra y otorga sacramentos de manera rutinaria, vaciada de carisma, sin voluntad para convertirse en conciencia crítica de las Fuerzas Armadas. Si de alguna manera debía haberse manifestado la voz profética del Vicariato Castrense en cuanto a la situación de los Derechos Humanos en Chile, el espacio ideal habría sido la enseñanza del curso Etica Militar.

Esto lleva a prestar atención al modo como enseñaron esta materia en los institutos de formación castrense. El capellán naval Juan Enrique Barros Matte fue quien escribió el manual usado, *Conferencias de moral.* El manual apareció en 1979, a más de cinco años del golpe militar del 11 de septiembre de 1973. Considerando que los capellanes castrenses ya de años atrás conocían la situación de los Derechos Humanos en Chile, llama la atención que en el manual no haya trazas de una conciencia preocupada por lo ocurrido. Su discurso corresponde a una teología anterior al Concilio Vaticano II (CVII) y, en su escolasticismo, tiene evidentes afinidades con el discurso de los capellanes Infante, Lira y, en general, con el fascismo integrista del franquismo español.

El texto está dividido en cuarenta conferencias agrupadas en cuatro partes. La primera expone nociones generales de moral; la segunda expone temas referentes a la relación entre el Hombre *(sic)* y Dios; la tercera se refiere a las relaciones del Hombre con sus semejantes; la cuarta habla de la moral individual. Las partes están articuladas por una estructura subyacente similar a la del auto sacramental del medioevo. En esta forma teatral se visualiza al ser humano como esencia eterna, marcada por el pecado original y que en todas las edades ha buscado una guía para sus actos "en orden al fin sobrenatural del hombre, que es la bienaventuranza eternal y para ello se guía por la razón natural iluminada por la revelación divina" (p. 13). Por ello la condición humana se caracteriza simultáneamente por la búsqueda de Dios y las tentaciones a pecar, especialmente hoy en día "dado el ambiente de inmoralidad, alentado por la relajación de las costumbres, los espectáculos inconvenientes, drogas, cine, prensa y literatura malsana... lamentable realidad que debe estimularnos a una verdadera campaña 'pro instrucción moral' " (p. 12). En la única concesión hecha a la historia contemporánea, Barros Matte identifica al comunismo como otra de las tentaciones que puede desviar al Hombre de su objetivo divino puesto que "se esfuerza por todos los medios de destruir desde los cimientos la civilización y la religión cristiana, borrando todos sus vestigios del corazón de los hombres, especialmente la juventud" (p. 290). En esto hay un reflejo que retrae a la *Declaración de Principios* de la Junta Militar, en la que los militares toman aspecto de semideidades heroicas que vigilan y castigan a quienes se desvían del camino.

Barros Matte conecta su exposición de lo que llama "ciencia moral" con la cultura militar sólo en la Conferencia 33a. Sin embargo, al hablar de "Etica Profesional" lo hace con esquemas de tal abstracción que nada tienen que ver con prácticas militares concretas. No obstante, intenta suplir esa deficiencia deslizando analogías con las que compara la esencia eterna del Hombre y sus tribulaciones con la vida del militar: "Así es como el soldado prudente y avisado evita el peligro de caer en la red y en el engaño del enemigo, así también en esta lucha espiritual el hombre prudente debe evitar las ocasiones de caer en las tentaciones de los enemigos del alma" (p. 111); "Pues bien, hagamos honor a nuestras tradiciones, a nuestro glorioso uniforme... y luchemos también con valor y constancia en este combate espiritual contra los enemigos del alma... en esta lucha moral hasta vencer...hasta alcanzar la victoria" (pp.107-108).

158

Predominan analogías marítimas en el llamado a la victoria; no olvidemos que Barros Matte fue capellán de la Marina de Guerra: "Así como el navegante antes de hacerse a la mar, considera el objetivo y Puerto final de su viaje; fija el rumbo y traza la derrota; revisa sus instrumentos de control; y después de todo el crucero se esfuerza en mantener permanentemente la proa en el rumbo, así también [lo hace] el Hombre..."(p. 229). En mantener su rumbo, el militar debe imitar la virilidad de Jesucristo, quien "nos presenta con rasgos marcadamente varoniles" (p. 137), mostrándose como "hombre muy controlado, en quien la razón mantiene el control, dominio y gobierno de sí mismo y de todas sus actuaciones"; "El Hombre de Armas debe ser un hombre que navegue siempre en línea y rumbo moral definido y constante, en lo referente al criterio y a la conducta" (p. 380). Casi como corolario, Barros Matte nos recuerda que el "escudo del Cuerpo de Infantería de Marina lleva por lema FORTES ATQUES FIDELIS significando que la primera virtud profesional del Infante de Marina y del Hombre de Armas es la FORTALEZA y el valor" (p. 353).

No puede extrañar que todo lo expuesto hasta aquí corresponde a una concepción expresamente tradicionalista de las tareas de la evangelización entre las Fuerzas Armadas por parte del actual Obispado Castrense. Coincidiendo con el ideario mesiánico de Osvaldo Lira, en los "Fundamentos de la Pastoral Castrense" del Obispado Castrense[10] –cuyo origen se atribuye a los elementos militares destacados por el imperio español a la pacificación de Chile– al Ejército de Chile se le imputa la misma misión civilizadora en el presente. Dada la concepción de una esencia inmutable del ser humano, la "barbarie" indígena enfrentada por los españoles durante la conquista es enfrentada también hoy en día por la "naturaleza caída" de los seres humanos. Las Fuerzas Armadas contribuyen a la redención y a la disciplina de esta "naturaleza caída" con la educación del contingente anual de reclutas. Conviene citar párrafos específicos de los "Fundamentos de la Pastoral Castrense" del Obispado Castrense:

La historia anota como un hecho comprobado el valor civilizador de muchos ejércitos en la vida y organización de las naciones. Sin recurrir a testimonios ajenos, basta mirar la propia historia de Chile para probar que aquellas huestes organizadas a la manera de los tercios de España, que empeñaron vida, hacienda y honor en los trabajos de la conquista, fueron los que luego nos legaron muchas de nuestras costumbres, formas y hábitos de vida y también fe, sin cuya presencia toda aquella empresa contiene explicación ninguna, por más que se empeñen algunos por intentar enlodar la hazaña civilizadora, poniendo como único motivo de la misma el codiciado oro de América (p. 2).

Estas consideraciones son más importantes cuando en ciertos ambientes un cierto pacifismo universal quiere hacer olvidar al hombre su naturaleza caída y por tanto la capacidad del odio, de la discordia y de la muerte y, digamos, de la guerra (p. 2).

El soldado de los tiempos nuevos no es un profesional, sirve durante cierto período de su vida en las filas o cuando los rigores de la guerra se aproximan a las fronteras de la patria. No hace de las armas su profesión ni adhiere a los ideales militares como quien toma una decisión que implica una particular forma de vida, donde las virtudes adquieren formas específicas de ejercitarse y donde el hombre puede realizar una vocación humana y cristiana específica. Es la figura clásica del recluta, del soldado de leva, que deja su lugar de origen, su familia y su círculo de amigos, para ingresar en el cuartel donde cumple su servicio militar (p. 3).

Se acentúa, de esta forma, la función pedagógica del ejército, en la cual los que han asumido la vida militar por propia determinación vocacional deben formar a quienes llegan a vestir el uniforme transitoriamente. De este modo el ejército entrega una preciosa contribución a la formación de los ciudadanos (p. 3).

160

La denuncia de ese "cierto pacifismo universal" también coincide con la condena de Osvaldo Lira –ya examinada– de la "importancia exagerada a lo que [muchos católicos] llaman paz" cuando, en realidad, para restaurar la sanidad social –la unidad cristiana y el teocentrismo– se necesita echar mano de la violencia. Tan igual como en Lira, el Obispado Castrense atribuye la insanía social a la Modernidad iniciada por la influencia secularista y disociadora de la "Revolución Francesa [que] cambió el sentido de la finalidad de los ejércitos y, en cierta forma, le dio a su acción un motivo ideológico". En una implícita referencia al movimiento comunista internacional, se afirma que "Ya no se combate por ideales nacionales [...] se combate por razón de ideas, se enfrentan hombres contra otros hombres nacidos en el mismo suelo; se olvidan los fundamentos cristianos de la guerra y los límites que se imponen a la misma" (p. 3).

La contradicción mayor entre todas las revistadas en este acápite se produce con la afirmación del Obispado Castrense en cuanto a que se "reafirma así el valor de la vida militar, que, como tantos otros caminos por los que el hombre realiza su tránsito terreno, puede conducir también a la santificación personal y comunitaria y a la vida eterna. Es ésta una verdad sencilla, pero quizá algunas veces olvidada o colocada como una excepción a la regla general de que todos los caminos honestos llevan a Dios"(p. 2).

Resulta francamente cuestionable que el servicio militar conduzca a la "santificación personal" si recordamos la suerte corrida por el recluta Andrés Valenzuela, a quien se lo obligó a especializarse en la comisión de actos que los Juicios de Nuremberg, al final de la Segunda Guerra Mundial, tipificaron como crímenes contra la humanidad, contra los cuales los capellanes castrenses nunca han dado evidencia pública de que hayan protestado.

El Vicariato Castrense y el Concilio Vaticano II (CVII): Una pastoral en rebeldía

El teólogo Julio A. Ramos define la pastoral como "la práctica y la acción en la vida de la Iglesia" para su misión salvífica de la humanidad. En la pastoral se trata de relacionar estrechamente la acción práctica con la doctrina eclesiástica.[11] Ramos muestra los términos contrapuestos que deben ser acercados entre sí: "lo doctrinal es inmutable y eterno, mientras que lo pastoral es flexible, contingente e histórico"; "lo doctrinal es abstracto y teórico, mientras que lo pastoral es concreto y operativo"; "lo doctrinal es científico, mientras que lo pastoral es divulgación" (p. 8).

Influido por el CVII, Ramos hace énfasis en las condiciones que debe cumplir una pastoral especial, condiciones que podemos extender a la castrense. Habla de diversos niveles de análisis al respecto: el "análisis fenomenológico y valorativo de las realidades eclesiales pastorales"(p. 11) puesto que se deben detectar en la experiencia vivida en un medio específico los criterios con que el evangelizador organizará su acción, guiándose así en cuanto a los aspectos de la teología dogmática de que echará mano para encontrar en ella la forma sacramental de la acción de Dios que impartirá. Esta criteriología debe abrirse a la "proyección de una situación nueva de la acción eclesial" en cuanto a que el análisis debe resultar en la transformación y el cambio de las estructuras internas de la Iglesia y de la realidad social para que se encarne mejor "la esencia misma de la Iglesia y su acción" (p. 13). Del examen analítico del desfase entre el ser real de una situación social específica y el deber ser doctrinal deben surgir prioridades para la acción, lo que Ramos llama "la descripción de unos imperativos de acción" (p. 13).

El agente de teología pastoral es, entonces, el responsable de hacer operativo lo que antes ha sido reflexivo y hacer casuística lo que ha sido universalmente tratado. Es una correa de trasmisión entre el

pensamiento y la acción, pero no irreflexiva e irres-
ponsable. Todo lo contrario: la teología pastoral le
sirve de apoyo y de concienciación para un ministe-
rio en la vida de la Iglesia en el que la responsabi-
lidad, la libertad, la originalidad y la creatividad
entran directamente en juego. La teología pastoral
hace posible que esta acción sea más reflexiva, tenga
una fundamentación mayor y pueda ser identificada
como auténtica acción eclesial y pastoral (p. 14).

Lo que se entiende por autenticidad en este concepto de
la acción pastoral son las orientaciones establecidas por la
Constitución *Gaudium et Spes* del CVII. Según Ramos, en ella
se planteaban dos posturas fundamentales: "el respeto por la
autonomía del mundo y por las estructuras humanas" en el
entendimiento de que la especie humana ha tenido la sabiduría
para darse las formas de organización que le han permitido
construir una historia de supervivencia y continua dignificación
moral y material de sí misma: "Este reconocimiento implica que
no es misión de la Iglesia marcar esos rumbos ni definir los
caminos que el mundo ha de seguir para construir su historia"
(p. 70). Esto implica que la Iglesia y los cristianos toman "el
compromiso con el mundo para construir su historia", propo-
niendo generosamente que"su misión es religiosa y no técnica,
no sirve para construir un mundo que se edifica desde sus
propias mediaciones, sino para servir al hombre desde la respuesta a sus preguntas fundamentales proponiéndole sus valores con la convicción de que lo cristiano es lo auténticamente
humano" (p. 70).

Gaudium et Spes identifica el cristianismo "auténticamente humano" en la encarnación de Dios en Cristo que vive
en la comunidad humana, comparte con ella y trabaja con ella
para llevarla a su perfección y plenitud de acuerdo con el man-
damiento del amor divino. Ramos cita a *Gaudium et Spes*:

El Verbo de Dios, por quien fueron hechas todas las
cosas, hecho El mismo carne y habitando en la tie-
rra, entró como hombre perfecto en la historia del

163

mundo, asumiéndola y recapitulándola en sí mismo
[...] Constituido Señor por su resurrección, Cristo, al
que le ha sido dada toda potestad en el cielo y en la
tierra, obra ya por la virtud de su Espíritu en el
corazón del hombre, no sólo despertando el anhelo
del mundo futuro, sino alentando, purificando y ro-
busteciendo también con ese deseo aquellos genero-
sos propósitos con los que la familia humana intenta
hacer más llevadera su propia vida y someter la tie-
rra a este fin (p. 72).

A partir del Cristo históricamente encarnado la Iglesia se
compromete a actuar en la historia concreta para transformar
las estructuras sociales e instaurar el Reino de Dios en la
tierra. Por tanto, la fe evangelizadora debe encarnarse en una
cultura concreta puesto que solamente así puede llegar en profundidad a los seres humanos. Con esto la Iglesia afirma la
capacidad del cristianismo para entrar en comunión con distintos universos culturales. No obstante, la fe no puede identificarse con ninguna cultura de manera exclusiva e indisoluble (p.
75). De aquí surgió el concepto de *inculturación* como núcleo
central de la evangelización promovida por el CVII. La
inculturación significa lograr que la vivencia de los valores
cristianos se convierta en parte constituyente de las culturas
evangelizadas, de manera que sean ingrediente sustancial de
sus comunidades: "La valoración de las distintas culturas humanas [es lo] que hace surgir el concepto de inculturación para la
eficacia y la realidad de la evangelización. Esta inculturación
entra en diálogo más directo con hombres diferentes y hace
que se diversifique de forma sustancial la acción de la Iglesia.
Esta acción ya no consiste en repetir en todos los lugares y de
la misma manera cada una de las acciones pastorales, sino en
acomodarlas y expresarlas en el lenguaje propio de cada hombre" (p. 78), respetándose la diversidad cultural.

La inculturación es factible porque la evangelización no
es misión privativa de los sacerdotes sino de todo cristiano, en
todo orden y nivel de acción social. Proyectando las implicacio-

164

nes de la encarnación de Cristo como ser que se transforma a sí mismo y a la especie humana con su trabajo, la evangelización significa un trabajo que involucra a todo cristiano como ser humano. Ramos comenta:

> Desde Cristo encarnado, la Iglesia cree y fomenta un hombre comprometido en la historia concreta, transformador del mundo y de sus estructuras, instaurador del Reino de Dios. Gracias a la doctrina de la encarnación, la gracia llega al mundo por medio del hombre. Y centrando esta idea, es la encarnación de Cristo la que descubre el papel auténtico del hombre en medio del mundo que la Iglesia anuncia y vive; pero Cristo como acontecimiento completo, como pasado histórico y como presente y futuro escatológico (p. 74).
>
> Ha sido la eclesiología del Pueblo de Dios quien ha descubierto nuevamente el puesto central del bautismo en la vida de la Iglesia y la misión compartida por todos los bautizados. Desde ella, la pastoral ya no es tarea de los pastores de la Iglesia, sino de todo el pueblo de Dios, que, desde su bautismo, comparte la misión de la Iglesia. Desde esta conciencia del propio bautismo, surgirá también la realidad pastoral del laico militante, tan necesaria para la pastoral de conjunto y para la evangelización de los ambientes (p. 52).

Los conceptos revistados muestran que el entendimiento de la evangelización en el Vicariato Castrense era radicalmente diferente. Las enseñanzas de su Etica Militar muestran a una casta sacerdotal segregada de la cotidianeidad profesional de los militares, que desde su segregación oficia sacramentos rutinarios, que no los adapta al estilo de vida militar, que, desde una posición superior, dicta hacia abajo, verticalmente, lecciones de ontología escolástica universales que nunca tocan lo contingente, lo histórico, lo práctico de la vida militar.

Si seguimos el desarrollo histórico del concepto de la pastoral trazado por José María Castillo[12] y Julio A. Ramos, queda expuesto que durante el régimen militar el Vicariato Castrense todavía operaba con nociones resultantes de los Concilios de Trento (1543-1563) y del Vaticano I (1869). Como respuesta a la teología de Martín Lutero, el Concilio de Trento afirmó la noción medieval de que el clero pertenece a una clase privilegiada de la sociedad, el *status clericalis,* definida jurídicamente, y que era la ordenación la que condiciona el acceso de los sacerdotes a los beneficios económicos que les permitían dedicarse al magisterio y a la evangelización como tareas exclusivistas, sin que tuvieran que involucrarse en el trabajo material comunitario; la magnitud de ese acceso quedaba regulada por la pertenencia del sacerdote bien al "clero alto" o al "clero bajo".

Por el contrario, los reformadores argumentaron que la salvación religiosa de la humanidad sólo estaba determinada por la palabra de Dios, a la cual los seres humanos pueden tener acceso directo, sin la mediación de la burocracia papal, de sus prácticas, leyes y órdenes: "Consecuente con estos principios, Lutero tuvo que negar las tesis más fundamentales que había establecido la teología tradicional: ante todo, la existencia de un 'sacerdocio' cualificado y distinto del sacerdocio común de todos los bautizados. En segundo lugar, y por consiguiente, la distinción entre sacerdotes y laicos: todos los cristianos son 'sacerdotes' y 'laicos' porque todos son miembros del *laos (pueblo)* sacerdotal" (Castillo, p. 69).

En cuanto al Concilio Vaticano I, Julio A. Ramos explica que de allí no surgieron ideas innovadoras para la pastoral católica. Puesto que durante el siglo XIX la Iglesia había estado sufriendo los embates del cientificismo secularizador, este Concilio hizo aún mayor énfasis que el de Trento en la apología del magisterio eclesiástico: "Tanto la eclesiología como la pastoral pecan de ahistoricismo. Desarrollan la doctrina del ser y del actuar eclesial sin tener en cuenta la sociedad con quien están en diálogo y sin que esa historia haga a la Iglesia sus propias preguntas"(p. 42). El magisterio de la Iglesia era concebido como el de la palabra sacerdotal recibida por laicos pasivos, asemejados a tiestos por llenar con exposiciones escolásticas de "una estructuración rígida y con una abundancia de divisiones y subdivisiones" (p. 41). Recordemos el ahistoricismo de las lecciones de moral del capellán Barros Matte.

El burocratismo eclesial del Concilio de Trento, perviviente en el Vicariato Castrense, queda acentuado aún más con la genealogía directa que establecen los capellanes entre el nacimiento del ECH y la conquista española de América. Casiano Floristán[13] muestra que la teología que predominó en la conquista no fue la de la "escuela salmantina", de la que surgió el movimiento lascasiano en defensa de los Derechos Humanos de los indígenas. Más bien predominó un entendimiento de la misión evangelizadora según el cual la Iglesia era concebida como instrumento de un Estado teocrático orientado no al respeto de lo estimable de las otras culturas sino a la dominación militar y a la sujeción de los conquistados al imperio y a la destrucción de toda forma de vida pagana. "Algunos predicadores ni siquiera hicieron diferencia entre cristianización e hispanización" (p. 27) dice Floristán, lo que sin duda trae ecos de los argumentos hispanicistas de Osvaldo Lira. Si al combate contra los reformistas protestantes en Europa se agrega el celo por la extirpación del salvajismo pagano en América, se comprenderá que este tipo de pastoral hacía de la Iglesia Católica un ejército siempre preparado para un exceso de violencia. Esto explica la vehemencia del capellán Infante y de Osvaldo Lira al azuzar a los cristianos "verdaderos" a la destrucción de los marxistas.

Directamente relacionadas con la materia Etica Militar en el ECH están las consideraciones que hace Julio A. Ramos sobre la importancia que tuvieron los manuales desde las décadas finales del siglo XIX hasta más allá de la mitad del siglo XX en ese trasvasijamiento mecánico de la enseñanza ética: "Los manuales se convierten en un auténtico recetario de consejos pastorales que, tomando su base en la dogmática, intentan iluminar las distintas situaciones en que el pastor puede encontrar en el ejercicio de su ministerio. Las divisiones y subdivisiones se multiplican en ellos y la catalogación de acciones y de consejos se realiza con el fin de favorecer el estudio" (p. 40). El estudio consiste en máximas que deben ser memorizadas y repetidas en exámenes escritos, como es fácil deducir del texto del capellán naval Juan Enrique Barros Matte, *Conferencias de moral,* examinado anteriormente.

Ramos comenta la invalidez de los manuales de la pastoral católica con su incapacidad de crear un lenguaje para enfrentar el mundo surgido a partir de la revolución industrial del siglo XIX, de la descristianización de las sociedades por el cientificismo secularizador ni de los cambios de mentalidad que la Iglesia misma había experimentado, concretándose estos cambios, más tarde, en el CVII.

En lo que respecta a la manera como esto afecta la enseñanza de la Etica Militar en el ECH hay un testimonio de esa invalidez en una tesis presentada a fines de la década de 1980 en la Academia de Guerra para la graduación de una persona como profesor de Etica Militar.[14]

El autor de la tesis armó sus argumentos usando precisamente una serie de manuales de filosofía y ética generales. Sus fundamentos doctrinarios están en las enseñanzas de la Iglesia Católica anteriores al CVII, aunque hace referencias muy someras, no discutidas, a escritos de Juan Pablo II. En cuanto a la historia de Chile y su relación con el ECH, repite conceptos de Osvaldo Lira Pérez sobre el mestizaje. De hecho, entonces, aunque no se lo hace evidente, en el trasfondo de la estructura argumental está el capellán Barros Matte. En particular se resalta el énfasis de Barros Matte en la doctrina del pecado original en la corrupción de la humanidad, enemigo fundamental de las Fuerzas Armadas. No obstante, se da la paradoja de que, reiterando esa conceptualización integrista, el autor mismo inválida su tesis a la luz de la concepción contemporánea de la pastoral, según lo demuestra Julio A. Ramos, puesto que intenta corregir con ese integrismo ya caducado la grave crisis moral que se percibe en el ECH y en "la sociedad moderna".

En cuanto al ECH, se evita una referencia directa al

pecado de las violaciones de Derechos Humanos como posible causa de la crisis moral del ECH hablando del "desgaste sufrido por las fuerzas armadas y el Ejército, después de un largo período de gobierno militar, lo que ha llevado a poderosos grupos de la oposición de ese gobierno a desprestigiar y menoscabar la función de la institución y la de sus integrantes". La esterilidad de esta reiteración de un escolasticismo ahistórico se comprueba con la vacuidad tautológica de las conclusiones a que se llega después de una argumentación de setenta páginas –no va más allá de repetir que hay una crisis moral en Chile y en el ECH; más allá de la medida práctica de eliminar a los individuos de moral indeseable que pidan ingreso a sus filas, no se ofrecen argumentos morales y pedagógicos para superar esa crisis:

La sociedad chilena, como parte de la sociedad mundial está actualmente en una profunda crisis moral, que afecta a todos sus estamentos y el Ejército no está exento de esta crisis.

Esta crisis se refleja en la baja base de selección de postulantes a la Escuela Militar y a la Escuela de Suboficiales, como también la gran cantidad de retiros que se están llevando a cabo en este período.

Cabe preguntarse entonces, qué debe hacer la institución para asegurar que en un alto porcentaje de sus integrantes, en este caso los clases de Ejército, reúnan los aspectos morales señalados en esta investigación.

Lo primero es establecer, en forma clara y precisa los requisitos éticos que deben reunir los postulantes y sus núcleos familiares, en el proceso de admisión de la Escuela de Suboficiales, que sean consecuentes con los estructurados en este estudio o con los establecidos para estos efectos. Y, por lo tanto, fiscalizar el cumplimiento de estos, por parte del instituto matriz y de las unidades sedes para los exámenes de admisión, de tal forma de prevenir o descartar, en parte, futuros problemas en esta área, que puedan dañar la imagen tradicional del Ejército, como reserva moral de la patria.

En descargo del autor, sin embargo, debe considerarse que el ECH, como institución de disciplina jerárquica verticalista, desde el alto mando impone criterios doctrinarios en cuanto a la concepción corporativa de la Etica Militar. Esto se hace evidente con el programa del Primer Seminario de Etica Profesional Militar convocado por el Comando de Institutos Militares en abril 27-30, 1987.[15] Es evidente que las concepciones de la Etica Militar de este seminario influyeron sobre la tesis de graduación revistada y que haya sido escrita como consecuencia del seminario.

El autor de la tesis simplemente repite la Finalidad propuesta por los organizadores del Seminario: "Estamos ante una juventud dominada, en ciertos círculos, por el sexo, el alcohol, la droga. Los jóvenes que ingresan a nuestros planteles lo quieran o no, vienen con un arrastre del medio en que viven; a esto se añade la deficiencia de formación de nuestros Colegios". El autor de la tesis había repetido, además, el sentido de los Objetivos del seminario: "Que al término del mini-Seminario, los Oficiales aprecien y valoren la importancia trascendental que tiene para el Cadete y para el futuro Oficial de Ejército, el infundirles valores éticos, actitudes éticas, a través de clases sistemáticas luminosas [...] Esto supone: Poseer una llama interna, de encendido entusiasmo, para que sean capaces de transmitir valores, con la enseñanza en clases, con su ejemplo arrastrando en toda circunstancia y con el consejo desinteresado y oportuno fuera del aula".

Los trabajos presentados en el Seminario exponen versiones de la ética tomados de manuales de filosofía, psicología, sociología, derecho y religión, acentuando temáticas tratadas desde la perspectiva escolástica de la "Iglesia Tradicional" tales como "La Realización Personal como Meta del Hombre", "La Persona Humana", el "Derecho a Honrar a Dios Según el Dictamen de la Conciencia", "El Estado y la Persona Humana". ⸗in del Estado: El Bien Común General". Las exposiciones ⸗ie fondo fueron hechas por sacerdotes de reconocida tendencia integrista. El capellán Florencio Infante –notorio por su comentario a la Declaración de Principios de la Junta Militar en su escrito *Iglesia, gobierno, principios* (1976)–repitió conceptos de Osvaldo Lira sobre el mestizaje en su presentación titulada "Antropología del Chileno y el Patriotismo, Base de la Profesión Militar"; Raúl Hasbún Zaror, ex-capellán de la DINA, expuso sobre el concepto tradicionalista de la familia como fundamento de una sociedad verdaderamente cristiana.

A pocos días de terminado el Seminario, el Comando de Institutos Militares envió una circular estableciendo que la Etica Militar integrista ejemplificada en la conferencia debía ser la que se enseñara en todas las Escuelas Matrices del ECH.

Esta afirmación de un integrismo hispánico debe entenderse como reacción nacionalista del general Augusto Pinochet ante los fuertes embates de la "Santa Alianza" de la administración Reagan y de Juan Pablo II para terminar con la dictadura. El Seminario ocurrió en abril de 1987. Recuérdese que la visita a Chile de Juan Pablo II estaba programada para octubre de ese año.

Este tipo de pastoral militar-tradicionalista asume visos de rebeldía si consideramos la repulsa del CVII expresada por Osvaldo Lira, el principal teólogo del integrismo católico que apoyó al régimen militar. En una entrevista hecha a comienzos de la década de 1990[16], Lira hace una especie de evaluación de las causas del término del régimen militar enjuiciando negativamente no sólo a la "Iglesia Modernizada" chilena sino también al papado de Juan Pablo II: "Además, como dije, la Iglesia está infiltrada por elementos anticristianos que pueden ser identificados por sus conductas" (p. 105). En particular descarta el valor del Concilio Vaticano II en la acción pastoral de su sacerdocio: "El Concilio Vaticano II hay que borrarlo todo de un plumazo. No hay nada que me interprete, salvo las cuestiones dogmáticas en que se cita a concilios anteriores. Hay cosas que las pudo haber redactado el más pintado de los liberales. Hubo muchos malos manejos, hubo censura, hubo manipulación, se alteraron las comunicaciones. Lo que no sea dogma puedo borrarlo de un plumazo y no caer en herejía. Los papas que lo convocaron dijeron que era un concilio puramente pastoral. Sólo los dogmas de fe uno está obligado a acatarlos" (pp. 106-107). Juan Pablo II aparece así como el principal enemigo de Lira. Recuérdese que fue en el CVII donde el Cardenal Carol Wojtila emergió como el intelectual de mayor rango entre los purpurados de la Iglesia Católica, el que mayor influencia tuvo en la orientación de los documentos pastorales del CVII.[17]

Términos comparativos 1:
Las capellanías del Ejército de Estados Unidos

El entendimiento del significado profesional de las capellanías castrenses no puede prescindir de una comparación con las de naciones reconocidas como culturalmente más avanzadas. De aquí en adelante hago un contraste entre las capellanías del ECH con las del Ejército de Estados Unidos (EEU). Razones de diferente tipo avalan esta comparación; la principal es el dato antropológico de que, en su relación con las naciones latinoamericanas, Estados Unidos ha buscado mostrarse como ente de desarrollo y ordenamiento económico, social, institucional e ideológico ideales que los otros países deben imitar para alcanzar la plenitud de sus potenciales. Una constante histórica ha sido que las élites de las regiones periféricas del sistema mundial han aceptado los términos de esta relación, lo que ciertamente ha ocurrido con las Fuerzas Armadas chilenas desde la Segunda Guerra Mundial. En la ansiosa búsqueda de su Modernidad, las élites latinoamericanas han hecho de Estados Unidos el espejo de su propio rostro.

A nivel discursivo más práctico está el dato de que una comparación resalta más claramente los rasgos de identidad reales o potenciales de los términos comparados.

En la discusión que sigue no perdamos de vista la bifurcación ideológica que detectáramos entre los argumentos de Guillermo Infante, Osvaldo Lira, Juan Ignacio González

172

Errázuriz y el maquiavelismo de Aldo Cardinali Meza. En la sección final de este trabajo veremos que, después del triunfo de la "Santa Alianza" y en el proceso de redemocratización, la reprofesionalización de las Fuerzas Armadas chilenas, particularmente la reprofesionalización del ECH, se apoyaría en esa línea maquiavélica mientras el integrismo tradicionalista continuaría manifestándose, pero muy soterradamente.

Para ingresar al servicio activo en el EEU, un/a aspirante a capellán/a debe tener, como mínimo, un bachillerato universitario en estudios de religión (cuatro o cinco años de estudio), estar ordenado en una denominación religiosa, sea católica, ortodoxa, protestante, islámica o judía, y tener el patrocinio formal de su denominación para la capellanía.[18] En su transición a la vida militar, el capellán recibe un Entrenamiento Básico de seis semanas en la Escuela de Capellanes del Ejército. El resto de su entrenamiento en esta etapa ocurre en medio de las tareas de la unidad a que ha sido asignado. Allí continúa el Entrenamiento Avanzado por veintiuna semanas, durante las cuales el capellán debe hacer una intensa autoevaluación de su vocación, de su capacidad de comunicación, de su destreza en las relaciones interpersonales y de grupo. Luego, basándose en esa autoevaluación, debe plantearse a sí mismo un plan de estudio formal de superación buscando ayuda en lo psicológico y en el aprendizaje de técnicas de interacción a nivel microsociológico. También debe tomar los cursos estrictamente militares obligatorios.

Para integrarse y compenetrarse con el modo de vida de los soldados a quienes sirve, el capellán debe someterse al entrenamiento específico de su unidad –infantería, vehículos blindados, paracaídas, tropas de choque, ingeniería de combate, por ejemplo.

El aspirante a capellán egresa con el grado de teniente pero, al integrarse oficialmente al servicio activo, se lo asciende a capitán. En su carrera el capellán ascenderá de acuerdo con el escalafón militar. El rango máximo es el de mayor general que ocupa el Jefe de Capellanes. El EEU le paga según su rango y, para los ascensos en la jerarquía, su eficiencia es evaluada anualmente por oficiales superiores regulares y capellanes supervisores.

Su función en el EEU es la de miembro del comando de unidades operativas según la estructura del EEU: batallón, regimiento, brigada, división, cuerpo, ejército, como también del comando de entrenamiento de oficiales o suboficiales. Además de oficiar en los sacramentos de la misa, bautizos, bodas, defunciones, funerales y la pastoral, se encarga de coordinar los programas sociales que pueda pedir el comandante –enseñanza religiosa, orientación de las actitudes profesionales del personal para un rendimiento óptimo, consejería espiritual y apoyo moral del personal militar y de su familia, resolución de conflictos, consejería en cuanto a alcoholismo, drogadicción y sexualidad, relaciones públicas en lo relacionado con la percepción de la comunidad civil circundante en cuanto a la conducta del personal militar y de la misión de la unidad militar en la comunidad. Además asesora a los comandantes en las decisiones éticas para la administración de la unidad tanto en la paz como en la guerra.

Para mejorar la eficiencia de sus intervenciones y lograr que sus evaluaciones anuales sean positivas, el capellán participa constantemente en talleres y seminarios de comunicación, dinámica de grupos, psicología social, retórica y metodologías de la enseñanza organizados por la Oficina del Jefe de Capellanes como parte del programa de Educación Continua. En los institutos de formación de oficiales y suboficiales del EEU los capellanes contribuyen a establecer el programa curricular y enseñan materias de sus especialidades secundarias puesto que, durante su carrera, muchos de los capellanes estudian para grados avanzados en ciencias sociales, historia, filosofía y en las especializaciones del Colegio de Guerra del EEU.

La gravitación cultural de la capellanía en el EEU se demostró con el rol que tuvo en la superación del colapso moral sufrido por el EEU con la derrota en la guerra de Vietnam. El primer capítulo de *USACh* abre con las palabras siguientes:

Mucho antes de que terminara la guerra de Vietnam,

se hizo evidente que el Ejército sufría de una pérdida de espíritu y propósito. Desde Vietnam a Alemania la motivación profesional de las Fuerzas Armadas cayó hasta un punto tal que hasta el cumplimiento de las misiones más básicas de combate y entrenamiento estaba en peligro. Las deserciones, la drogadicción, las insoburdinaciones, los conflictos raciales y la pérdida de confianza en el liderato político nacional contribuyeron a lo que algunos observadores llamaron "caos y desintegración de las Fuerzas Armadas estadounidenses" (p.1).

Las graves violaciones del Derecho Internacional del Conflicto Armado cometidas en Vietnam por los Estados Unidos fueron narradas a sus familias y amigos por los conscriptos enviados a la guerra –bombardeos de zonas habitadas por civiles no combatientes, las masacres cometidas en las "zonas de fuego libre" en que el avance hacia la victoria se medía con la mayor cuota posible de cadáveres que debían ser inventariados, sin importar que procedieran de civiles no combatientes. Estas atrocidades, la prolongación de un conflicto sin un fin u objetivo claro y el aumento de las bajas llevaron tanto a los conscriptos como a grandes sectores de la población estadounidense a rebelarse contra una guerra que parecía ser liderada por incompetentes y mentirosos que ocultaban la realidad de lo sucedido. El momento álgido de las protestas se dio en los años 1971-1972.

El descontento nacional penetró en el EEU con la posición cuestionadora y crítica de la guerra que tomaron muchas de las denominaciones religiosas que destacaban capellanes. En algunas denominaciones se pidió terminar con el compromiso de proveer capellanes a las Fuerzas Armadas; hasta llegaron a considerar a muchos capellanes como personas dominadas por los militares y desleales a su denominación. Para las iglesias más radicalizadas políticamente el Estado nacional se había desviado de la Palabra de Dios. El escándalo de Watergate, que terminó con la administración del Presidente

Richard Nixon, pareció ser una corroboración más de la descomposición moral de la nación. Dos citas pueden servir de instantáneas de ese profundo cuestionamiento y entredicho de la conducción política de Estados Unidos y de la demanda de un retorno a la moral cristiana. Ellas provienen del informe sobre la conducción de la guerra por una comisión investigadora presidida por Orris E. Kelly, capellán de la Iglesia Metodista Unida, destacado en Vietnam en la Cuarta División de Infantería:

> *Esta comisión apoya decididamente un ministerio para la comunidad militar, pero un ministerio en que se haga énfasis en los roles sacerdotales y proféticos. El capellán realiza su ministerio dondequiera se encuentren las personas, pero también debe considerarse que el capellán también es una voz de la conciencia pública que introduce una dimensión de autocrítica en toda institución. Por tanto su responsabilidad es la de hacer la pregunta ética más difícil, la de si es permisible este tipo de participación* [en la guerra de Vietnam] *desde la perspectiva de la moral cristiana. El dilema está en determinar si es válido que la Capellanía Militar haga estas preguntas, dada su dependencia de la estructura militar.*
> *No creo que la posición del capellán deba ser la de apoyar o negar la postura de la admnistración* [gubernamental] *en cuanto a la guerra y la política. Me considero un consejero espiritual del soldado que lo ayuda a resolver cuestiones de conciencia* [¿Cómo puedo yo matar en una guerra en la que no creo, destruir a una persona de cuya cultura no tengo ni el más mínimo entendimiento?]. *El soldado debe tomar su decisión como agente libre.* [En estas circunstancias] *el capellán se convierte en un facilitador al ayudar al soldado a clarificar el dilema y a tomar sus propias decisiones* (*USACh*, p. 2).

176

La desintegración de los fundamentos del EEU se manifestó con el enorme aumento de las deserciones, el bajo número de reenlistamientos, el alto consumo de heroína y opio, el aumento de la criminalidad común, violaciones sexuales, el asesinato de oficiales y las masivas confrontaciones raciales ocurridas en Vietnam, Alemania y Estados Unidos. Los activistas negros originaron las confrontaciones en protesta por el número desproporcionado de soldados de su raza reclutados para la guerra y muertos en ella y por la discriminación de que eran objeto por un cuerpo de oficiales casi exclusivamente blanco.

Uno de los incidentes más serios en Vietnam ocurrió en 1971, en el Campamento Baxter. Después de choques esporádicos entre blancos y negros, reuniones conspirativas y amenazas mutuas, se dio un gran choque en que murieron dos soldados negros. La policía militar aisló el campamento y debió combatir para entrar y controlar la situación. Al pacificar el lugar, la policía descubrió depósitos importantes de ametralladoras, municiones y granadas de mano acumuladas por grupos de soldados blancos y negros. Esto motivó el siguiente comentario: "En un sentido muy real el EEU estaba peleando en dos frentes, uno contra las guerrillas vietnamitas en la selva y otro contra militantes amargados dentro de sus propias filas. Las tensiones provocadas por la resistencia negra, influida sin duda por las noticias de levantamientos similares en su patria, fue un factor clave en dislocar la capacidad combativa de las Fuerzas Armadas estadounidenses en Vietnam" (*USACh,* p. 4).

Durante 1971, en la base alemana de Hanau se dio un período en que estallaba un choque racial cada hora, muchas veces seguidos de asesinatos por venganza. La policía militar describió la situación como el choque de dos ejércitos, "el de día y el de noche". De noche era la policía militar la que se enfrentaba con los soldados insubordinados en la base mientras que de día lo hacía la policía alemana local contra los soldados con pase para ir a la ciudad. Se informó que, entre 1971 y 1972, comparativamente hubo más ceremonias funerarias de soldados en Hanau que en un contingente similar destacado en Vietnam.

En Fort Hood, Texas, estalló una verdadera guerra racial. Desde 1968, activistas de los Panteras Negras comenzaron a infiltrar el contingente anual de reclutas del EEU para agitar la cuestión racial. Los primeros indicios fueron las consignas pintadas en las paredes de edificios, protestando por la discriminación y el maltrato sufrido por los soldados negros. Luego, entre 1971 y 1972, la agitación resultó en frecuentes incendios de instalaciones e intensos tiroteos nocturnos en las calles.

> *El ejército que volvió de Vietnam estaba en una situación caótica. La actitud profesional, la disciplina y el liderato habían bajado a un punto extremadamente bajo y se hundían cada vez más. Los líderes, especialmente los suboficiales y los oficiales subalternos, tenían temor de hacer que se respetara el reglamento y en mantener altos grados de eficiencia. Más de 800 atentados contra ellos con granadas de mano y otras amenazas contra su integridad física inmovilizaron a las jerarquías que debían corregir estos problemas. Los oficiales jóvenes y los sargentos con frecuencia temían entrar en las áreas de trabajo y alojamiento de las clases por temor de ser atacados verbal o físicamente. Con frecuencia las clases desafiaban abiertamente la autoridad de sus líderes. Se hizo difícil determinar si realmente había líderes* (p. 34).

Al asumir como Comandante en Jefe en 1972, el general Creighton W. Abrams debió iniciar la transformación radical del EEU en su doctrina y sus objetivos geopolíticos, su instrucción, su tecnología, estrategia y táctica y, muy fundamentalmente, en sus relaciones humanas. La preocupación por restaurar el liderato y la disciplina jerárquica en el EEU fue el eje central de sus reformas. Para ello hizo énfasis en renovar la concepción de la Etica Militar y de su enseñanza. Abrams fue quien inició la práctica de hacer de los capellanes parte activa

178

y práctica de los estados mayores y comandos de todas las estructuras del EEU. El Jefe de Capellanes de ese momento, el mayor general Gerhardt W. Hyatt, y los jefes siguientes se comprometieron totalmente en la reconstrucción moral del EEU. Esto implicó una redefinición radical del rol de las capellanías.

Esa redefinición radical se concretó en una transformación de la *esencia antropológica* de la noción de mando, abarcando un espectro de problemas desde la cotidianeidad de cuartel hasta las funciones jerárquicas más altas.

Asistida por especialistas de las ciencias sociales, la Oficina del Jefe de Capellanes creó programas para las escuelas de oficiales y suboficiales a partir de un punto cero –aunque en 1954 el Presidente Harry S. Truman había decretado la integración racial de las Fuerzas Armadas, la experiencia de Vietnam había demostrado que realmente no había ocurrido en los hechos. Por tanto, para la enseñanza de valores, actitudes y técnicas de relaciones verticales y horizontales entre jefes y subalternos se crearon cursos, talleres y seminarios cuyo foco era el conocimiento y reconocimiento de la diversidad racial y cultural de Estados Unidos –religión, música, cocina, costumbres, estilos de vida. Esos programas buscaban fundamentalmente la manera de revivir simbólicamente, en medio de las actividades profesionales inmediatas del soldado, los principios históricos de los Estados Unidos como nación étnicamente fusionadora de múltiples razas y culturas inmigrantes. Sobre la base de esta renovación de una conciencia de la nacionalidad, los capellanes experimentaron con maneras prácticas de integrar elementos de teología en las rutinas cotidianas. Quedó establecida la premisa de que la capacidad de los líderes para actuar con eficiencia en la cotidianeidad militar era reflejo de un desarrollo personal óptimo en lo emocional, espiritual e intelectual; se debía considerar la discriminación y el maltrato de las minorías y de las mujeres como una perversión del desarrollo personal, perversión inaceptable para una institución fundamental de la nación como el EEU.

En "Reflections on the Chaplaincy" (=reflexiones sobre

la capellanía), número especial de *Military Chaplains' Review* (Fall, 1983) –órgano profesional de los capellanes del EEU– el capellán coronel John P. Ettershank hace una reflexión, sin duda extraída de la lucha por el rescate del EEU, que ilumina la razón de ese colapso moral: el EEU llegó a concebir al soldado más que nada como una maquina eficiente de destrucción y muerte, más allá de la conciencia moral y ética. Conviene citar partes de esa reflexión porque revelan la meta ética de las capellanías –convertirse en una fuerza espiritual rehumanizadora:

> *Una vez que el sistema, mediante el centro de recepción de reclutas logra que tomen todos un aspecto similar, el batallón de entrenamiento comienza su trabajo de hacerlos actuar de manera similar. La conformidad es aquí la norma: ejercicios de movimiento sincronizado, marchas, movimientos en formación, instrucción en destrezas con una estrecha relación entre el pupilo y el instructor. En directa relación con el énfasis en actuar de manera similar se da sutilmente la insistencia en hacerlos pensar de manera similar: unanimidad, opiniones sin discrepancias [...] Se trata de un período estresante para los reclutas. Les disgustan los objetivos de este proceso de despersonalización. Su propósito es subordinar el interés personal a los del grupo, de la escuadra o del pelotón, y mantener una preocupación constante por ello. Se busca crear una interdependencia en vez de una independencia.*
>
> *Y cuál es el rol/propósito/imagen del capellán en este proceso de despersonalización que caracteriza al sistema. Que se cumpla con esta despersonalización es precisamente la preocupación del servicio de inteligencia militar. Es imperativo que los soldados actúen como partes de un grupo al cumplir con la misión de la unidad. El capellán también debe tener una preocupación que lo mantenga alerta, mediante*

relaciones personales con los soldados, programas de visitas intencionales, y programas de asistencia espiritual, la preocupación de asegurarse de que la despersonalización no se convierta en deshumanización. ¿Es que no hemos ya contribuido a definir lo que es un tratamiento abusivo de los reclutas? ¿Es que no hemos insistido en que el abuso de los reclutas no debe ser definido solamente en términos físicos? ¿Es que no hemos estado en la vanguardia para establecer normas éticas para lo que se entienda como liderato legítimo? ¿Es que no hemos insistido en que el tratamiento de los reclutas no debe ser degradante?

Permítaseme citar de una carta pastoral recientemente aprobada por los Obispos de los Estados Unidos [...] "La deshumanización del personal militar de la nación en un esfuerzo por aumentar su efectividad combativa los despoja de Derechos Humanos y libertades básicas, degradándolo como personas. Se debe prestar atención al efecto en los soldados que tenga el uso incluso de los medios legítimos de hacer la guerra. ¿Se los trata meramente como instrumentos de guerra, insensibles al efecto de las armas que usan?" (pp. 45-46).

Este fue el concepto de Etica Militar que se impuso. Además del imperativo de restaurar la moral del EEU, esta concepción del entrenamiento y del mando se hizo urgente para un ejército en que se había terminado con la conscripción obligatoria. Por esta razón, en las nuevas generaciones de soldados profesionales la presencia de minorías –especialmente negros e hispánicos– había crecido enormemente.

Como se observa, la capellanía estadounidense está íntimamente integrada en la cultura castrense por su preparación especializada en lo militar, por su acción apoyada en las ciencias sociales y por la traslación de la teología a la práctica cotidiana de cuartel. A través de su historia ha logrado redefinirse periódicamente de acuerdo con la redefinición de las tareas geopolíticas de las Fuerzas Armadas estadounidenses. En especial, esta compenetración le ha permitido conectar orgánicamente el desarrollo de la personalidad individual del soldado con las poderosas ideologías de fusión étnica que han caracterizado la historia de Estados Unidos. En momentos de aguda crisis moral del EEU, la capellanía sirvió de conciencia ética que somete los hechos concretos de la geopolítica de Estados Unidos al escrutinio crítico según valores religiosos superiores. En la descomposición moral que siguió a la derrota en Vietnam, la administración ideológica de las capellanías fue agencia central en la reconstrucción y unificación del EEU en torno a ejes fundamentales, mutuamente complementarios –la identidad nacional, lo religioso, lo militar, la concepción de la seguridad nacional y los objetivos geopolíticos con que Estados Unidos se proyecta en el escenario mundial.

En el EEU hay consenso en considerar que el objetivo fundamental de la enseñanza de la Etica Militar es llevar al personal castrense a una meditación sostenida y sistemática, a lo largo de todo el escalafón jerárquico, sobre lo que idealmente implica la característica esencial de su profesión –al servir los intereses superiores del Estado, el personal militar debe exhibir los valores fundamentales de la república. Estos son la democracia representativa, la sujeción del aparato militar a un liderato civil democráticamente generado y la conjunción de los valores religiosos con las ciencias en la transformación modernista de las sociedades.

Hay dos aspectos principales en esta concepción de la Etica Militar. Por una parte están las armas y los sistemas organizativos con que se las usa. Las Fuerzas Armadas tienen el monopolio exclusivo en el uso del armamento que una nación les entrega y del potencial de violencia implícita en su tecnología. El uso de ese potencial y el sistema de administración con que se las organiza y usa deben adecuarse a la concepción de lo que significa la defensa nacional y a la consecución de los objetivos de la nación según su situación geopolítica en las relaciones interestatales. Son los valores que se decantan de la experiencia histórica de una nación los que definen la manera en que se hará uso del potencial de violencia y de su administración. Por otra parte, el modo de aplicación de la violencia militar permitido por la imagen de la identidad nacional debe ser compulsado con los límites de la violencia que prescribe el Derecho Internacional Humanitario del Conflicto Armado –los Principios de Nürenberg y las Convenciones de Ginebra (1949) y sus Protocolos Adicionales (1977).

Es crucial entender que este cúmulo de obligaciones deben cumplirlas oficiales que también están preocupados de avanzar en su carrera y luego jubilar relativamente jóvenes, recibir pensiones y beneficios que pocos sectores civiles gozarían y, quizás, comenzar otra carrera bien rentada en el sector privado, especialmente el de la industria de armamentos. Es en el cumplimiento de las rutinas burocráticas en tiempo de paz cuando los oficiales más necesitan seminarios para mantener siempre alerta la conciencia ética puesto que, a medida que el avance profesional sea más exitoso, quizás sea más necesario falsificar informes, presionar a subalternos para que burlen los reglamentos, y formar camarillas cómplices. Así no es difícil que sectores del cuerpo militar se conviertan en mafias indisciplinadas. Hay aún un peligro mayor de que esto ocurra en tiempo de guerra si grupos de oficiales y subalternos se ven forzados a ocultar la comisión de atrocidades.

De acuerdo con lo anterior, el sentido de todo acto militar queda bifurcado entre el modo específico en que se lo lleva a cabo y su validez según los reglamentos castrenses, los objetivos nacionales, los valores de la nacionalidad y el Derecho Internacional. Esta bifurcación corresponde a una diferenciación entre la moral y la ética. La moral es el modo con que el individuo y el grupo a que pertenece se comportan de hecho, en lo práctico, en el uso de armas, su administración, estrategias y tácticas pero siempre actuando en referencia a principios ideales y legales más abstractos y universales que son los que conforman la ética entendida como Derecho Internacional del Conflicto Armado. Reconociéndose la tendencia humana a que los dos términos no coincidan, el entrenamiento militar busca condicionar psíquicamente y desafiar a las personas para que su comportamiento se acerque lo más posible al ideal de las normas éticas. Este condicionamiento busca implantar en el personal militar actitudes como el respeto de los protocolos de cortesía jerárquica, obedecer sin objeción las órdenes superiores, esforzarse por cumplirlas con la mayor prontitud, voluntad, eficiencia y prolijidad posibles, no mentir en cuanto a los resultados alcanzados, no corromperse cometiendo delitos, usando drogas ilegales o entregándose a prácticas sexuales ilegales o criminales. Se espera que con esto el militar tome conciencia de que en todo momento está en un escenario teatral simbólico, en que debe representar óptima y honorablemente a la institución militar, a la comunidad nacional y al Estado y que debe pasar honorablemente el escrutinio de cada uno de ellos.

Se supone que las actitudes introyectadas en la cotidianeidad rutinaria de los cuarteles servirán de soporte a la rectitud de la conducta moral en tiempo de guerra y en combate. En la guerra, el militar debe demostrar, además, su capacidad de discernir entre las órdenes legales e ilegales. La diferencia entre lo legal y lo ilegal queda marcada en cuanto las órdenes se ajusten o no a los reglamentos y al Derecho Internacional Humanitario del Conflicto Armado. Estas leyes intentan limitar las muertes, los sufrimientos físicos y psíquicos y los daños materiales innecesarios en los conflictos armados tanto de carácter internacional como internos.

Dada la existencia de leyes internacionales sobre el conflicto armado se suscita un profundo dilema moral, ¿qué puede hacer el subordinado ante la insistencia de un superior para que cumpla órdenes ilegales?

La experiencia del EEU indica que la metodología más eficaz para la enseñanza de la Etica Militar está en un juicioso balance entre la exposición sistemática de principios éticos y legales abstractos y la problematización empírica y práctica de ellos con juegos y ejercicios que proponen situaciones cotidianas concretas. Ellas deben ser resueltas en conciencia por los cadetes, oficiales y suboficiales poniendo en juego su imaginación moral y ética y sus intuiciones existenciales, humanistas y

184

humanitarias.[19] Recordemos el énfasis en que buena parte de la preparación de los capellanes del EEU ocurra en medio de las tareas diarias de las unidades a que serán destacados. Puesto que en el EEU predomina la concepción de la institución militar como una comunidad humana de tradiciones históricas y de principios democráticos universalmente compartidos, el capellán o el oficial a cargo de la materia Etica Militar no aparece ante los estudiantes como una figura de autoridad jerárquica superior e infalible sino simultáneamente como el proponente práctico de una problemática ética y como participante en las experimentaciones que llevan a una solución moral. Predomina el diálogo en que todos los participantes dan testimonio sobre el flujo de sus experiencias, entendimiento, emociones, sus seguridades e inseguridades en la búsqueda de soluciones que pueden tener múltiples y diferentes dimensiones, de acuerdo con la personalidad y rango de los participantes. Se trata de una comunicación horizontal.

En las Fuerzas Armadas de Estados Unidos la discusión de cuestiones éticas es constante puesto que, periódicamente, se modernizan los armamentos, sus sistemas organizativos y administrativos, a la vez que se revisa la doctrina de acción estratégica y táctica de acuerdo con el cambio de la situación geopolítica internacional. Como se observara en las reflexiones del capellán Ettershank, publicaciones de la capellanía del EEU como *Military Chaplain Review* reflejan estos cambios con una cantidad y riqueza de nuevas propuestas teológicas sobre el significado y servicio en las Fuerzas Armadas y la función del capellán en este entorno.

La masacre de My Lai

La profunda preocupación de los capellanes por la deshumanización de los soldados del EEU en la guerra de Vietnam tuvo su correlato más directo en la masacre de civiles no combatientes en el complejo de aldeas de My Lai[20], en la provincia de Quang Ngai, el 16 de marzo de 1968.

Ese día las compañías A, B y C de los batallones de infantería 3°, 4° y 20° de los regimientos 3° y 1° de la division 23°, Americal, fueron transportados por helicópteros a la zona para una operación "rastrillo" (=búsqueda y destrucción del enemigo en el terreno). Esa zona había sido declarada de "fuego libre" –se autorizaba matar indiscriminadamente a los civiles que habitaban las aldeas puesto que se los había identificado como base de soporte del batallón 48° del Viet Cong, una de las unidades más efectivas de esa organización. No obstante, según el informe de inteligencia, habrían pocos civiles en las aldeas porque era día de mercado. Posiblemente se encontraría a 250 combatientes del Viet Cong y se esperaba un gran número de bajas estadounidenses. El informe resultó ser inexacto. Las tropas no encontraron ni combatientes ni armas; sólo ancianos, mujeres, niños y bebés. Sin embargo, los mataron a todos. No se ha sabido el número exacto de víctimas; se calcula un mínimo de 500 personas asesinadas.

Los análisis de la época señalaron causas diversas como condicionamientos de la masacre. La división Americal había tenido un alto número de bajas y el personal de reemplazo que participó en la operación en My Lai tenía un bajo nivel de entrenamiento y experiencia de combate. Además, la compañía C (Charlie) tenía un ánimo vengativo porque pocos días antes había sufrido bajas por los explosivos cazabobos plantados por el Viet Cong. Por otra parte, estaba el problema general de diferenciar a civiles de combatientes en Vietnam puesto que era común que ancianos, mujeres y niños también participaran en la resistencia armada contra las tropas estadounidenses. También estaba el agravante de que la zona de My Lai había sido calificada como "zona de fuego libre" por el apoyo de los campesinos al Viet Cong.

Más tarde, la investigación reveló que el condicionamiento más gravitante había sido el índice usado por el comando de las fuerzas de tierra estadounidenses para evaluar su progreso en la derrota del enemigo –el recuento de cadáveres. Considerando, además, la dificultad de diferenciar entre civiles no combatientes y combatientes, este índice motivó a oficiales de carrera preocupados de su ascenso a conspirar en la matanza de no combatientes para aumentar la cuenta de cadáveres acumulada por sus unidades. Con esto la acción de las fuerzas de tierra estadounidenses adquirió tanto un carácter genocida como de mafia conspirativa. Prueba de ello es que el teniente coronel comandante de las tropas involucradas en My Lai preparó un informe que presentó la masacre como gran triunfo en una cruenta batalla. La reproducción de este informe por los medios de comunicación llevó a que el comandante en jefe de las fuerzas estadounidenses en Vietnam, el general William C. Westmoreland, hiciera mención especial de ese éxito y congratulara a las unidades participantes.

Sin embargo, soldados de la compañía Charlie del batallón 1º del 20º regimiento de la division American persistieron en hacer comentarios públicos sobre lo ocurrido en My Lai. Los comentarios llegaron a los oídos de Ronald Ridenhour, amigo de varios de esos soldados. Finalmente, en marzo de 1969 Ridenhour envió una extensa carta narrando lo que sabía al Departamento del Ejército, con copias al Departamento de Defensa, altos funcionarios de gobierno, diputados y senadores. En uno de los párrafos de esa carta al Secretario de Ejército, Ridenhour hizo una declaración que hace eco de las preocupaciones del capellán John P. Ettershank:

Estoy irrevocablemente convencido de que si usted y yo realmente creemos en los principios de justicia y de la igualdad de los hombres, por muy humildes que sean, ante la ley, principios que son la vertebración misma en que se funda este país, debemos presionar para que se haga una amplia investigación pública de este asunto combinando todos nuestros esfuerzos. Creo que fue Winston Churchill quien dijo "Un país sin conciencia es un país sin alma, y un país sin alma es un país incapaz de sobrevivir". Siento que debo hacer algo respecto a este asunto. Espero que usted inicie una investigación de inmediato y que me mantenga informado de su progreso. Si es que no puede, francamente no sé qué otra cosa puedo hacer (pp. 27-28).

El Departamento del Ejército inició una investigación secreta que verificó los hechos. Como resultado de la investigación se acusó a dos oficiales y once suboficiales y soldados por participación directa en la masacre. En septiembre de 1969 el caso fue asignado a un grupo de cuatro jóvenes capitanes, abogados del Cuerpo del Juez Procurador General con base en Fort Benning. La indignación de los abogados por la masacre aceleró sus diligencias para configurar los cargos de acuerdo con el Derecho Internacional Humanitario y con el Código Uniforme de Justicia Militar estadounidense contra el principal acusado, el teniente William L. Calley, líder de la compañía Charlie en My Lai. La premura estaba en que Calley pronto sería dado de baja del EEU y la justicia militar ya no podría enjuiciarlo.

Los medios de comunicación no prestaron mayor atención a los hechos de la masacre hasta que el periodista Seymour M. Hersh del periódico *The New York Times* acumuló y evaluó los datos y los publicó en una serie de artículos. Ya en noviembre de 1969 la masacre de My Lai se había convertido en un suceso de preocupación nacional y mundial.

La situación se convirtió en una pesadilla para las relaciones públicas del EEU. Los cargos implicaron al alto mando de la división Americal –un mayor general, un brigadier general, tres coroneles, dos teniente coroneles y dos mayores. Por otra parte, la masacre implícitamente apuntaba a que My Lai no había sido un suceso aberrante y, por tanto, único, sino una práctica extensa y rutinaria. Indudablemente, los juicios por las atrocidades de My Lai exacerbarían las duras críticas a la conducción de la guerra de Vietnam y animarían a la oposición masiva que ya se había consolidado. El EEU rehusó las presiones del Departamento de Justicia para que se enjuiciara a todos los implicados. Contraviniendo el Derecho Internacional, los oficiales superiores fueron absueltos de los cargos. El mayor general fue rebajado al grado de brigadier general. A todos se les retiró la Condecoración de Servicio Distinguido. Con esto terminó la carrera de oficiales identificados como militares que, sin duda, habrían llegado a los rangos más altos del EEU. También se retiraron los cargos a los suboficiales y tropa según el criterio de que solamente habían cumplido con órdenes superiores. El EEU resolvió enjuiciar solamente al teniente William L. Calley por su acción en la aldea My Lai 4. Así Calley asumió, obviamente, la calidad de chivo expiatorio. Aunque los tenientes de las compañías A y B habían actuado de manera similar en el resto de las aldeas del complejo de My Lai, se decidió no actuar en su contra.

En el juicio de Calley, iniciado en marzo de 1971, se establecieron hechos de gravedad: la presunción de que en la sesión informativa anterior a la operación en My Lai, en marzo 15, 1968, Calley y los otros tenientes de la compañía Charlie habían recibido una orden del capitán Ernest L. Medina de destruir totalmente las aldeas, "matar a la gente, envenenar las norias, destruir los alimentos y matar a los animales" (p. 42). Un soldado participante en la operación fue sorprendido violando a una campesina sin recibir castigo posterior. El teniente Calley ordenó que se concentrara alrededor de cien aldeanos en un lugar y luego que se los obligara a acostarse en una zanja para ser asesinados. En los extremos de la zanja se pusieron dos ametralladoras pesadas que luego dispararon contra los campesinos. El mismo Calley y otros soldados dispararon en esta ocasión. Por lo menos dos soldados rehusaron cumplir la orden mientras otro lo hizo con llantos y gritos histéricos de rechazo visceral a lo que, a pesar de todo, se sentía obligado a hacer.

Lo que ocurría en esos momentos en My Lai contravenía flagrantemente lo expuesto en el manual de campo FM 27-10 del Departamento del Ejército, titulado *Ley de la Guerra Terrestre*. En él se especifica la naturaleza de las órdenes legales de acuerdo con el Derecho Internacional Humanitario. Sin embargo, la tropa de las compañías involucradas en My Lai nunca había recibido instrucción al respecto. En relación a esto, el capitán Medina hizo ver que hombres de la compañía Charlie "que normalmente no habrían estado calificados como reclutas del Ejército considerando su inteligencia habían sido reclutados, a pesar de todo, según un plan del Secretario de Defensa de la época, Robert McNamara" (p. 301). La tropa bajo el mando de Calley siempre creyó que toda orden debía cumplirse, que no cumplirlas frente al enemigo podía traerles pena de muerte.

La tripulación de uno de los helicópteros participantes en la operación observó lo que Calley hacía personalmente; el piloto intentó rescatar a muchas de las víctimas y se acercó al teniente para protestar, produciéndose un serio altercado en que el resto de los tripulantes del helicóptero estaban preparados para disparar sobre las tropas de Calley si hubiera sido necesario. El comandante del escuadrón de helicópteros que apoyó la operación declaró que había comunicado lo sucedido en My Lai a todos los oficiales superiores de la division Americal. Terminada la masacre, en la noche el teniente Calley y el Capitán Medina negociaron sin ningún tapujo moral el número de cadáveres de "combatientes Viet Cong" que se reconocería a la compañía Charlie en la "batalla de My Lai" para inflar el prestigio de la unidad y de la division (pp. 260-281). Según la deposición de Calley ante la corte marcial:

> *Mi pelotón, creo, tomó cincuenta; el segundo pelotón tomó cincuenta; y dimos cincuenta a la artillería y cincuenta a los helicópteros de combate más o menos en términos generales [...] Se hace un cálculo estimativo sin mayor base. No hay manera de comprobar la cuenta de cadáveres. En esa época todo era incluido en la cuenta de cadáveres –los Viet Cong, los búfalos, los cerdos, las vacas. Todo lo que matábamos se ponía en la cuenta de cadáveres, señor* (p. 258).

La corte marcial encontró culpable al teniente William L. Calley de tres cargos de de "asesinato premeditado" y un cargo de "violencia con la intención de cometer asesinatos" (p. 364). Fue "confinado a trabajo forzado por su vida natural; a ser

190

expulsado del servicio [militar]; a desprenderse de toda paga y beneficio" (p. 368).

Los términos comparativos que propongo entre el EEU y el ECH se refieren, en primer lugar a una similitud –a que, de hecho, ambas instituciones del Estado conspiraron criminalmente para el uso de la violencia militar para eliminar al enemigo, externo e interno respectivamente. A partir de esta similitud se desprenden otros términos comparativos, similares y diferenciales –la voluntad y capacidad de las capellanías militares estadounidenses para servir de conciencia crítica de las fuerzas armadas, tanto privada como públicamente, en el momento en que se desviaron masivamente de los principios éticos que deben regir la conducción del conflicto armado; la capacidad de las capellanías estadounidenses para contribuir decisiva y efectivamente al saneamiento del EEU luego de su descomposición ética y el colapso de su disciplina en la guerra de Vietnam; la presencia de militares de gran conciencia ética en el EEU –como el soldado que inició la investigación oficial de My Lai con sus cartas; los abogados del Juez Procurador General que actuaron para que Calley no quedara fuera del alcance de la justicia militar; los testimonios de los tripulantes de ese helicóptero, quienes actuaron según su conciencia moral e hicieron de las atrocidades cuestión ética de toda la comunidad nacional, a sabiendas de que sus carreras serían arruinadas, con posible riesgo de sus vidas.

Párrafos aparte merece la conducta del Juez Procurador General y del Departamento de Justicia estadounidenses en decidir que los culpables de la masacre de My Lai debían ser enjuiciados o castigados.

Indudablemente hubo interferencias políticas indebidas sobre el funcionamiento del Poder Judicial en cuanto a los esfuerzos por limitar la investigación y el juicio solamente a los crímenes del teniente Calley. Esto para silenciar ante la comunidad nacional e internacional las violaciones masivas y generalizadas del Derecho Internacional del Conflicto Armado cometidas en Vietnam. Pero también debe reconocerse la intención de disciplinar a un cuerpo de oficiales que, al actuar como mafia que se protegía mutuamente en la comisión de violaciones del Derecho Internacional, socavaba la disciplina de su institución y la política expresa del gobierno estadounidense hacia los países del Tercer Mundo. En la competición contra el bloque comunista de naciones, Estados Unidos proponía "ganar los corazones y las mentes" de las poblaciones de los países subdesarrollados para iniciar "el despegue" hacia formas de modernización y desarrollo económico y social capitalistas. Obviamente, la acción genocida de las mismas fuerzas terrestres estadounidenses con la "cuenta de cadáveres" derrotaba ese objetivo.

Más allá de los circuitos militares están los periodistas que hicieron pública la información existente sobre las atrocidades de My Lai e informaron sobre las incidencias del juicio contra el teniente William L. Calley. Los periodistas hicieron cuestión ética comunitaria de los sucesos y provocaron un debate en que inevitablemente se cuestionó el sentido de la identidad nacional. A pesar de todo, predominó masivamente la opinion de un patriotismo ciego que vio traición en la condena de Calley: "Condenar a Calley era condenar a todo soldado que había tratado de cumplir con su deber y llevaría a que los oficiales en medio de un combate a dudar de su acción en momentos cruciales lo cual costaría la vida de sus hombres" (p. 374). El Presidente Richard M. Nixon hizo capital político de este patriotismo. Prometió revisar personalmente los legajos del juicio y corregir su resultado. Dio órdenes para impedir que Calley fuera trasladado a la prisión de Fort Leavenworth en espera de los resultados de su apelación a la condena y que se lo confinara a la comodidad del departamento de soltero que ocupaba en la base de Fort Benning.

A pesar de todo, es importante considerar la opinión que entregó un oficial de carrera del EEU a un periodista:

Un capitán, egresado de la academia de West Point, que había servido en Vietnam me detuvo una tarde fuera del centro de prensa de Fort Benning y con tono de furia demandó que hiciera correr la voz de que el *Ejército regular no sólo estaba por la convicción de Calley sino también de que se lo colgara. "Maldita sea", me dijo, "yo no andaba por Vietnam masacrando civiles como ese hijo de puta. Pero ahora, cuando llevo mi uniforme fuera de la base, es obvio que la gente piensa que yo también lo hice, que todos los que están allá carnean bebés como matarifes. No sé si alguna vez será posible persuadir a la gente de que yo no peleé la guerra de esa manera como tampoco lo hicieron otros, pero si no se condena a Calley y se lo cuelga o se lo encierra para siempre, nadie va a creer que no lo hicimos* (pp. 376-377).

De manera abstracta, puede concebirse lo narrado como un circuito institucional en que la existencia de valores comunes fuertemente encarnados en las personas lo definen como comunidad. Esto permite que las iniciativas de estas personas en busca de la sanidad del cuerpo social como respuesta a episodios históricos cruciales pongan en movimiento opiniones, perspectivas y evaluaciones que conflictivamente se homologan a través de todos los circuitos institucionales y, en última instancia, afectan la conciencia de todo el colectivo nacional. Como consecuencia, para restaurar su cohesion, se producen intensas reflexiones sobre el sentido y calidad de sus relaciones humanas. Para comprobar esto basta recordar palabras del soldado que, con sus cartas al Departamento del Ejército y al Departamento de Defensa, gatilló la investigación de la masacre de My Lai: "Estoy irrevocablemente convencido de que si usted y yo realmente creemos en los principios de justicia y de la igualdad de los hombres, por muy humildes que sean, ante la ley, principios que son la vertebración misma en que se funda este país, debemos presionar para que se haga una amplia investigación pública de este asunto combinando todos nuestros esfuerzos". Esa reflexión no trepidó en explorar aun la supuesta existencia de aspectos horrorosos de la guerra y atormentadores de la identidad nacional estadounidense. El dolor de este cuestionamiento puede medirse con una de las conclusiones éticas a que llegó el periodista que narró el juicio del teniente Calley:

> *Lo que llena la mente de pesadumbre y de malos presagios para el futuro es la insana reacción nacional a Vietnam y a Calley, la celebración de Calley como héroe y como símbolo, y la furia inexistente ante Calley el asesino. ¿Es que la nación ha llegado en una década al extremo de creer que My Lai se justificaba, que quizás el genocidio no es sólo una política nacional con respecto a los vietnamitas sino también una política moral digna de encomio? ¿Es que esta nación ha llegado al extremo de creer que el tratamiento de civiles –incluyendo niños pequeños– en My Lai es la forma correcta y moral de tratar a los civiles en la Indochina? ¿Es que esta nación ha llegado al extremo de creer que todos los jóvenes a que pone en uniformes son como Calley, son todos asesinos? Si eso es así, de qué manera somos diferentes de nuestros enemigos en esa guerra, el Viet Cong y los norvietnamitas, de qué manera nos diferenciamos de los bárbaros del pasado, los Nazis y otros flagelos de la humanidad? (p. 389).*

Este tipo de cuestionamiento en torno a My Lai, el teniente Calley y el encubrimiento criminal de la masacre por el mando superior ha dejado huellas profundas en las academias militares de Estados Unidos. Por ejemplo, Malham W. Wakin, uno de los filósofos de ética militar más importantes del país, vuelve con frecuencia al tema.[21]

Wakin lo reitera porque, dados los vastos intereses geopolíticos de Estados Unidos, el peligro del militarismo y del carrerismo de los oficiales estará siempre presente. Por tanto, los ciudadanos, en especial los militares, en todo contexto social e institucional, deben estar siempre preparados para evaluar y cuestionar la conducta militar. Por eso Wakin va directo al meollo de la cuestión preguntando sobre la razón de ser de la profesión militar en Estados Unidos. Wakin la define como "el apoyo y defensa de la Constitución" (p. 164), objetivo expresado por la oficialidad en su juramento al recibir su comisión e iniciar su carrera. Esto implica la defensa de un modo de vida porque los derechos, libertades y obligaciones definidos en la Constitución han conformado los valores fundamentales que cohesionan la nacionalidad y su concepción de la dignidad humana creando, sosteniendo y manteniendo una comunidad de diversos orígenes étnicos y raciales. Por consecuencia, la integridad profesional de los militares "demanda que sus miembros militares mismos ejemplifiquen en su vida personal los valores con los que se han comprometido de manera clara y explícita" (p. 164). En otras palabras, la conducta militar debe ser reflejo directo de una sociedad que se basa en la garantía de respeto de los Derechos Humanos. Esto es reforzado por el hecho de que la conducta militar está regida por el *Manual de Terreno (Field Manual) 27-10. Derecho de la Guerra Terrestre (The Law of Land Warfare)* que consigna todos los tratados internacionales ratificados por Estados Unidos, particularmente las Convenciones de Ginebra y sus Protocolos Adicionales.

De acuerdo con esto, Wakin define el militarismo y el carrerismo como una distorsión y un desvío de la conducta de los oficiales en relación a los valores fundamentales de la sociedad estadounidense y su concepción de la dignidad humana, sea en aras de la eficiencia profesional o para asegurarse ascensos y mayor poder personal.

Wakin detecta el origen del militarismo y del carrerismo en un concepto errado de obediencia a la superioridad y al liderato civil. La obediencia, junto con la lealtad son los pilares fundamentales de la profesión. No obstante, Wakin hace énfasis en que la obediencia es debida sólo a las órdenes legales, según las define la Constitución de Estados Unidos y el Derecho Internacional en el *Manual de Terreno 27-10*. Es deber del soldado rehusar órdenes ilegales. Sin embargo, puede que, en la confusión del combate, no quede clara la noción de lo legal. En este caso el soldado debe confiar en la conciencia ética inducida en él por los valores nacionales y entender que es un ser humano y no solamente un instrumento de las fuerzas armadas y del Estado. De allí que Wakin abogue con vehemencia por el ingreso a las fuerzas armadas sólo de personas de rectitud moral entendida fundamentalmente como predisposición al respeto y a la lealtad a la Constitución de los Estados Unidos.

Wakin echa mano de un recurso punitivo si es que esa conciencia falla. Por ello Wakin pone otra vez en el tapete la jurisprudencia surgida de los Juicios de Nüremberg, la gran contribución de Estados Unidos al Derecho Internacional después de las atrocidades nazis, reflejo, por tanto, de los valores de la nacionalidad. En particular cita dos de los Principios de Nüremberg. Según el Principio 2: "Los individuos que violan el derecho de la guerra son enjuiciables ante los tribunales internacionales y el descargo de haber seguido órdenes superiores no es una defensa adecuada cuando las órdenes son claramente ilegales" (p. 150). Según el Principio 3: "El genocidio contra los conciudadanos y contra los de otras naciones es un crimen personal y punible" (p. 151).

Por otra parte, Wakin argumenta que el respeto de la ley y de la conciencia moral influyen directamente la eficiencia militar. Cita un informe del Colegio de Guerra del EEU titulado *Estudio sobre el Profesionalismo Militar (Study on Military Professionalism)* de 1970, encargado por el general William Westmoreland para evaluar la conducta de los oficiales tanto del EEU como de la Fuerza Aérea hasta ese momento en la guerra de Vietnam.

El estudio hizo evidente el efecto devastador del carrerismo de los superiores en la conducta de los oficiales subordinados. Wakin cita:

El escenario descrito repetidamente en los seminarios y en las respuestas narrativas describe a comandantes ambiciosos, rotados frecuentemente –marginalmente eficientes en las complejidades de sus deberes– exclusivamente preocupados de producir resul-

tados estadísticos, temerosos del fracaso personal, demasiado ocupados como para hablar a sus subordinados y escucharlos, y determinados a entregar informes aceptablemente optimistas que reflejaran el cumplimiento intachable de una variedad de tareas a costas del sudor y la frustración de sus subordinados (p. 78).

A raíz de esto el estudio establecía una estrecha relación entre el deterioro moral de los equipos de trabajo y la competencia profesional de estos oficiales al ser forzados a elaborar estos informes irreales. Con respecto a esa relación, Wakin cita:

Resulta en el autoengaño porque fomenta la producción de información inexacta; impacta en la capacidad a largo plazo del ejército para pelear y ganar porque frustra a los oficiales jóvenes, idealistas, llenos de energía que abandonan el servicio y son reemplazados por otros que tolerarán o excusarán la imperfección ética; es corrosivo de la imagen del ejército porque desmerece el código idealista tradicional del soldado –código que es clave para que el soldado sea aceptado por una sociedad moderna y libre; degrada la credibilidad de nuestros máximos líderes militares porque con frecuencia los protege contra malas noticias que deben considerarse; ahoga la iniciativa, la innovación y humildad porque demanda la perfección o la pose de perfección en todo momento; degrada la competencia técnica al recompensar logros triviales, cuantificables, que sólo buscan llenar algún tipo de cuota; y por último elimina mucho de la satisfacción y el gozo personal de ser oficial (p. 79).

Términos comparativos 2:
Reacción del Ejército de Chile ante su colapso ético.
Entrampamiento narcisista

El EEU respondió al colapso profesional que llevó a la derrota en Vietnam abriéndose a la crítica pública, considerando la forma en que las claudicaciones morales de la oficialidad influyeron en el deterioro de su eficiencia profesional, retornando a los fundamentos valóricos de la nacionalidad en cuanto al respeto del imperio del Derecho, tanto nacional como internacional. El ECH, por el contrario, respondió encerrándose aún más en su identidad de casta aislada de la civilidad. Insistió aún más en forjarse un orgullo corporativo sacralizado precisamente con la exaltación de su identidad de casta aislada, asediada por estamentos políticos despreciados por considerárselos, en general, esencialmente corruptos, corruptores e indignos de la nacionalidad.

Esta evaluación queda validada con el examen de dos obras de interpretación de la participación del ECH en la historia política del país –*Las FF.AA. de Chile, 1891-1973. En Defensa del consenso nacional* (Santiago de Chile: Biblioteca Militar, Estado Mayor del Ejército,1988), del mayor Eduardo Aldunate Herman, y *Chile: los militares y la política* (Santiago de Chile: Editorial Andrés Bello,1989), del entonces teniente coronel Carlos Molina Johnson. La primera obra es de circulación institucional interna, mientras la segunda fue dirigida a un público general.

Ambas obras comparten una matriz ideológica fundamentada en la Doctrina de la Seguridad Nacional, reforzada por la función otorgada a las Fuerzas Armadas por la Constitución de 1980, que las hace garantizadoras de la institucionalidad política de Chile. Con estos fundamentos, la democracia, entendida como la libre y legítima competición y lucha de diversos intereses económicos, sociales e ideológicos, Aldunate y Molina la transfieren a un modelo restrictivo que discrimina entre actividades políticas lícitas e ilícitas, según las definen las Fuerzas Armadas. Según este modelo, hay una autoridad militar –patriótica, ubicada más allá de intereses políticos divisorios de la nacionalidad, preocupada solamente de su unidad–que discierne rectamente la validez de las demandas reivindicatorias de las diversas clases y sectores sociales. Estos deben confiar en que esta autoridad les dará voz ante el gobierno. Las motivaciones de estas clases y sectores sociales es vaciada de contenido histórico por cuanto el origen y condicionamientos socio-económicos de sus demandas de reivindicación no son explicadas. Por tanto, los activistas y organizadores que representan partidos políticos, sindicatos y gremios u otros intereses pueden tomar fácilmente la imagen de agentes ilícitos y subversivos cuyas acciones no obedecen a una racionalidad y que debilitan la unidad nacional.

No obstante el hecho de compartir esta matriz ideológica, las dos obras se bifurcan en su intención.

La obra de Molina busca demostrar que la participación política de las castas militares ha sido una constante en la sociedad chilena, dándole estabilidad y continuidad. Al mostrar tal función, Molina busca el reconocimiento de que los militares fueron elementos integrales y constitutivos del liderato burocrático, político y económico que garantizó la colonización española de Chile frente a la resistencia mapuche hasta el siglo XVIII, la independencia de Chile con el liderato del brigadier Bernardo O'Higgins y la estabilización del Estado nacional desde el siglo XIX en adelante. Por esto es que Molina repite con frecuencia que el ECH es una institución de naturaleza "permanente".

Molina organiza su argumentación para exponer esta tesis, no para comprobarla con un análisis histórico. Más bien cita frases cortas de los historiadores que privilegia sin reconstruir la lógica del discurso de estos historiadores. Por tanto, el dato histórico toma un aspecto de complemento de su tesis, como pinceladas impresionistas, sin un carácter probatorio. Por otra parte, aunque al final del texto expone sistemáticamente las coordenadas conceptuales que controlan la dinámica de su argumentación, no se las desarrolla con rigurosidad lógica. Esto –junto con el uso impresionista del dato histórico– provoca incertidumbre sobre el significado que Molina asigna a sucesos y figuras históricas de importancia. Carlos Ibáñez del Campo es, quizás, el caso más flagrante. Se podría pensar que, con las breves citas de historiadores, Molina se esconde en un laberinto de espejos que lo eximen de dar una franca evaluación o juicio de la historia chilena.

Sobre la tesis de que el ECH siempre ha tenido una participación activa y conservadora en la historia chilena, un ordenamiento conceptual más estricto muestra que el flujo –narrativo de Molina se mueve entre dos elementos polares –ser meros *espectadores* de la contingencia política y ser *protagonistas*. Esta polaridad expone períodos de desorientación política de las Fuerzas Armadas debido a que el orden constitucional nunca definió claramente su función social. Sólo la Constitución de 1980 llegó finalmente a definir el rol de las Fuerzas Armadas como garantizadoras del orden institucional chileno. No obstante, contra la intención de Molina, la tesis y la exposición del dato histórico contradicen la noción de que el ECH haya sido alguna vez mero espectador; tampoco se explica lo que significa ser protagonista. Sin embargo, al narrar la secuencia histórica, Molina parece plantear que, entre el período colonial y la guerra civil de 1891 el ECH es parte integral de las élites políticas y económicas que habilitaron el espacio chileno para la habitación de los europeos y luego contribuyeron a la independencia y la estabilización del nuevo Estado nacional. A partir de 1891 las Fuerzas Armadas "se comportan como espectadoras del acontecer político nacional" (p. 195). No obstante, lo que Molina parece realmente indicar con esto es que el ECH es instrumentalizado por diferentes intereses políticos civiles que responden a las profundas transformaciones de la sociedad chilena por la declinación gradual del salitre –principal fuente de ingresos para el erario nacional– en el mercado internacional y luego por el colapso de este mercado con la Gran Depresión iniciada en 1929. Para Molina esta instrumentalización es un peligro constante hasta el golpe militar de septiembre de 1973, en que las Fuerzas Armadas asumen definitivamente su identidad de protagonistas conscientes de la historia política chilena :

200

...ciertos políticos tratan de ejercer su influencia en los cuarteles y desde ellos intentan amplificarla al entorno que les conviene.

A la vez, el país es objeto de una serie de transformaciones, a raíz de la aceptación y aplicación –por ciertos sectores– del fenómeno conocido como la "cuestión social".

Sus efectos significan serias convulsiones en el desenvolvimiento del país, cuyo origen fundamental se encuentra en determinados movimientos huelguísticos y acciones en contra del orden establecido, que conducen a que en su momento los gobiernos dispongan el empleo de efectivos militares para aplacar la agitación social.

Seguramente, sin siquiera estimarlo, con ello se está dando lugar a una práctica que, más tarde y hasta 1973, se constituye en una constante: el uso de la fuerza militar como instrumento de solución de conflictos internos, por parte del poder político.

Junto con lo anterior, algunas organizaciones políticas de reciente creación y profundamente antimilitaristas –como aquellas que sostienen la doctrina socialista–van a atacar públicamente a las instituciones catrenses.

Esa conducta da lugar a síntomas de malestar en el interior de los cuerpos armados, molestias que llegan a su nivel crítico como producto del desinterés parlamentario por las Fuerzas Armadas en cuanto a sueldos, ascensos, promociones y recursos materiales para el ejercicio de la profesión (p. 195).

Examinemos ahora la periodización histórica expuesta por Molina. Esta periodización expone contradicciones con la misma tesis sustentada por Molina; con estas contradicciones se manifiesta su intención de proteger la imagen corporativa del ECH a través del tiempo más que llegar a una evaluación crítica de la conducta de la institución.

Molina reconoce un período particularmente constructivo de la nacionalidad por parte del ECH durante los primeros cincuenta años del siglo XIX con las presidencias conservadoras de los generales Joaquín Prieto y Manuel Bulnes y el apoyo militar a la presidencia del civil Manuel Montt. Esto fue posible por el autoritarismo de la Constitución de 1833, que daba grandes poderes al Poder Ejecutivo para controlar la sedición de los liberales, entre los que figuraban personas como José Victorino Lastarria, Pedro León Gallo, Francisco Bilbao, Eusebio Lillo durante la década de 1850. Sin embargo, Molina soslaya el dato de que Diego Portales, ministro de la administración de Joaquín Prieto –figura fundamental en la estabilización autoritaria del Estado nacional e ícono del autoritarismo chileno hasta el presente– tenía una profunda desconfianza del ECH, hasta el extremo de promover la formación de una Guardia Nacional de civiles que lo reemplazara como arma política del Estado chileno. El ministro Diego Portales fue asesinado por oficiales del ECH el 3 de junio de 1837.

Mostrando su conservadurismo tradicionalista, según Molina, durante la segunda mitad del siglo XIX –con las presidencias de José Joaquín Pérez, Federico Errázuriz, Domingo Santa María y Aníbal Pinto– comienza a declinar la cohesión nacional ya que el liderato social, político y económico establece el sufragio universal y busca limitar los poderes del Ejecutivo al adoptar los valores individualistas del liberalismo "y, en consecuencia, no hay lugar para gobiernos autoritarios" (p. 77):

> Por otra parte, atenta contra la sociedad chilena el hecho de que, dada la irreligiosidad que se origina en razón de los cambios sociales que provoca la influencia del sentido liberal de la vida, el catolicismo es abandonado "por el sector más prestigioso de una clase dirigente que manejaba el país como cosa propia".
>
> Con ello la integración nacional comienza a sufrir trastornos negativos, puesto que se trata de uno de los valores esenciales en los que se sustenta (p. 77).

202

En definitiva, se produce en el consenso nacional una seria fisura de orden doctrinario (p. 78).

Molina afirma que el espíritu nacionalista revivió momentáneamente con la victoria del ECH en la Guerra del Pacífico contra Perú y Bolivia (1879-1883). No obstante, pocos años después la cohesión nacional colapsó con los sucesos que llevaron a la guerra civil de 1891. Esta fue causada por las pugnas entre el Poder Ejecutivo y el Parlamento durante la presidencia de José Manuel Balmaceda. El Parlamento había adquirido poderes constitucionales que le permitían bloquear las iniciativas de leyes de la presidencia –en especial las leyes de presupuesto nacional que afectaban a las Fuerzas Armadas– y censurar la composición de sus gabinetes. En enero de 1891 se detectó un grupo secreto de políticos constituidos como futura junta de gobierno, lo que llevó al Presidente Balmaceda a plantear públicamente la posibilidad de una guerra civil y a pedir el apoyo del ECH mientras la Armada se sublevaba. Las tropas leales a Balmaceda fueron vencidas en las batallas de Concón y Placilla. El capitán de navío Jorge Montt fue instalado como Presidente de la República, se modificó la Constitución para dar mayores poderes al Parlamento, iniciándose la llamada República Parlamentaria. En ella el poder antes concentrado en el Poder Ejecutivo quedó disperso entre los intereses individuales de diputados y senadores y de las camarillas que éstos pudieran formar transitoriamente. También fue reformado el ECH bajo la asesoría de oficiales alemanes que habían sido contratados en 1886, durante la presidencia de Santa María pero que se habían plegado al bando parlamentarista.

Para preservar el valor de una imagen corporativa supuestamente superior al egoísmo de las luchas políticas, Molina evita la discusión de las implicaciones de ingerencia extranjera en la política chilena con el abanderamiento parlamentarista de los asesores alemanes, así como los profundos efectos desmoralizadores que tuvo en el ECH la separación del servicio de la oficialidad leal a Balmaceda. Más bien, Molina prefiere recalcar la sanidad de principios corporativos afirmando que "de la revolución de 1891 no surgieron caudillos militares ni aspiraciones de mando" (p. 85). Las venganzas contra la oficialidad balmacedista quedan disfrazadas con una críptica indicación de que, más bien, fueron "una serie de normas jurídicas que definen de manera más clara el sentido de la profesión militar, tanto en lo que se refiere a su dependencia como en términos de prescindencia política" (p. 86). Más aún, Molina insiste en que las medidas de represalia eran deseadas por el ECH, puesto que coincidían con su espíritu profesionalista: "Con ello el legislador no hace más que recoger lo que el propio Ejército propone, en relación a aquellas materias que se consideran necesarias para que las reformas programáticas conduzcan a una transformación integral de la institución [...] Todo ello con la intención de superar los efectos negativos de la guerra civil y modernizar al Ejército para el cumplimiento de sus funciones" (p. 86).

Es de particular interés observar la manera como Molina concibe el lapso 1900-1958 pues se trata de un período de intensa participación de las Fuerzas Armadas en la contingencia política. Hasta 1925 esta participación fue precipitada por la pugna entre el Parlamento y el Poder Ejecutivo. El Ejecutivo veía frecuentemente frustradas sus iniciativas legislativas y la confirmación de miembros del gabinete, los que, además, sufrían continuas acusaciones para deshabilitarlos como ministros. Estos obstáculos llegaron a su cúspide durante la administración del Presidente Arturo Alessandri. Por otra parte, la declinación gradual de la importancia del salitre en el mercado mundial redujo los ingresos fiscales y llevó al desplazamiento creciente de trabajadores hacia ciudades incapaces de acomodarlos. El deterioro general de la calidad de la vida en Chile y, más tarde, el colapso del mercado internacional con la Gran Depresión iniciada en 1929 promovieron la organización partidista, gremial y sindical de los sectores medios y proletarios como actores que tendrían fuerte gravitación política. Ellos gradualmente limitaron el poder de la oligarquía chilena, articulándose según ideologías transnacionales como el marxismo-leninismo, la socialdemocracia, el anarquismo, las encíclicas sociales de la Iglesia Católica y diversas formas de fascismo.

La intervención militar en los años 1924-1925 fue caótica porque la oficialidad joven del ECH –tenientes y capitanes– decidió actuar independiente y públicamente para mostrar su repudio al Parlamento por el larguísimo retraso de las leyes sobre sueldo y ascenso de los militares. El poder público quedó fragmentado. Simultáneamente funcionaron la presidencia de Arturo Alessandri, el Parlamento, la oficialidad menor presionando a través de una asamblea deliberativa permanente, los altos mandos divididos en una Junta Militar favorable al poder Ejecutivo y una Junta de Gobierno favorable al Parlamento. Finalmente la pugna se resolvió en favor del Poder Ejecutivo que sometió a plebiscito una nueva Constitución, aprobada en 1925. Esta dio término a la llamada República Parlamentaria. Sin embargo, la inestabilidad continuó como para que se dieran los cien días de la República Socialista proclamada por el movimiento del coronel de aviación Marmaduke Grove. De este vacío surgió el poder del mayor (luego coronel) Carlos Ibáñez del Campo, quien gravitaría en la política chilena de manera legal o conspirativa hasta 1958, fin de su segunda presidencia. Ibáñez controló directamente el movimiento militar de los años '20 hasta que se vio obligado a abandonar la presidencia en 1931 por una sublevación civil contra su dictadura.

Molina muestra otra vez su conservadurismo al achacar la indisciplina de la oficialidad joven del ECH al ingreso de la clase media a la profesión, a la pérdida de la capacidad de liderazgo de la oligarquía y a la pérdida de los valores católicos tradicionales. Para Molina las clases medias son ambiguas ideológicamente en cuanto al orden institucional ya que "en su mayoría están educados en la escuela del pacifismo, propia del laicismo en boga y más aún del radicalismo [= masonería], teorías profundamente antimilitaristas" (p. 88). Por su parte, "la clase dirigente –enfrentada a los terribles padecimientos que la 'cuestión social' significaba para los sectores modestos, especialmente urbanos y mineros– no tuvo más respuesta que la ceguera, la frivolidad, la desidiosa tramitación, el abuso y la violencia represiva" (p. 88), agravado esto por "algo parecido en lo doctrinario, en cuanto a no contar con una común visión de la vida, ya que se empieza a abandonar aquel sentido cristiano que la influencia hispánica incorporara en nuestra sociedad y, por supuesto, lo mismo ocurre en el consenso político" (p. 88). La influencia de Osvaldo Lira es patente.

En Molina estas carencias dan paso a tres intensas angustias existenciales que sus argumentos proyectan desde la década de 1920 en adelante –la desaparición del ECH como institución, la instrumentalización del ECH por intereses políticos, las atrocidades que los soldados deben cometer para mantener el orden establecido ("conservar el orden, a veces en forma horrorosa, en forma sangrienta" (p. 89); "las fuerzas armadas participarían sin vacilar en la represión de las huelgas del salitre, 1907, y en el control de 293 huelgas que, desde 1911 a 1920, atestiguan el nacimiento del movimiento sindical chileno" (p. 93). En cuanto a la posible desaparición del ECH, Molina protesta tanto contra la arrogancia de movimientos anticapitalistas que "fustigan a los miembros de las instituciones castrenses en forma directa e insolente, sin que las autoridades gubernamentales adopten medida alguna para impedirlo" (p. 90) como contra los gobiernos que no confían en el ECH y forman cuerpos militares paralelos, la Milicia Republicana y las Brigadas Socialistas.

En cuanto a la instrumentalización política del ECH, Molina manifiesta un franco sentimiento de humillación por la pobreza de los militares, la que los lleva a participar "en cuanto conato de cuartelazo que organizan los políticos para hacer variar el orden imperante" (p. 91). En este contexto, la descripción que hace de las intervenciones políticas y las constantes conspiraciones de Carlos Ibáñez –aun en el período de su presidencia,1952-1958–parecen tomar carácter positivo aunque ambiguo en extremo. Por una parte, las intervenciones de Ibáñez siempre muestran la voluntad de restituir la disciplina corporativa y la salvaguarda del ECH como institución. Pero, por otra, su estilo sin elegancia deja que desear, con sus reuniones conspirativas en restauranes baratos, comiendo "patitas de chancho", por ejemplo. Más adelante, Molina canjeará el ambiguo valor asignado a Carlos Ibáñez por la magnificencia del general Augusto Pinochet. Es evidente que, para Molina, la figura del general Pinochet tiene prestancia personal, un estilo de alto rango y mucho mayor estatura estratégica en lo militar y lo político.

Aunque presta atención a las presidencias de Gabriel González Videla (1947-1952) por el alineamiento anticomunista a que llevó a Chile a comienzos de la Guerra Fría y a la de Jorge Alessandri Rodríguez (1958-1964) por su intención de "restablecer el orden de los valores morales y humanos de la Nación" (p. 139) después de la corruptela de la administración Ibáñez, Molina más bien se concentra en la presidencia del democratacristiano Eduardo Frei Montalva (1964-1970) por "la ideologización de la vida nacional" en su período.

Molina tiene una visión contradictoria de la administración de Frei Montalva. Como respuesta a la Revolución Cubana, su gobierno –llamado de "Revolución en Libertad"– fue una de las piezas claves de la política internacional de Estados Unidos durante la Guerra Fría en la década de 1960. La CIA invirtió capitales y expertos en publicidad para las campañas electorales presidencial y parlamentarias que aseguraron al Partido Demócrata Cristiano la capacidad de gobernar sin la necesidad de negociar con otros partidos. Durante la presidencia democratacristiana, y partiendo de la premisa de que la baja productividad del capitalismo latinoamericano creaba las condiciones para el surgimiento de movimientos revolucionarios, a partir del programa Alianza para el Progreso el gobierno estadounidense dirigió a Chile un fuerte flujo financiero para modernizar la infraestructura y la economía. Estados Unidos incentivó a sus compañías multinacionales para instalar subsidiarias en Chile, aumentar el empleo industrial y mejorar el consumo cotidiano de la población. A la vez promovió y prestó apoyo técnico a la reforma agraria como elemento clave para la industrialización y la mejora general de la calidad de vida. La reforma agraria fue duramente resistida por la oligarquía terrateniente que acusó a Frei Montalva de abrir a Chile a la revolución comunista. Como se observara en la Primera Parte de

este trabajo, el esfuerzo de Estados Unidos por la modernización del capitalismo chileno fue complementado con la modernización de la pastoral católica por parte del Vaticano con la
asesoría de fundaciones católicas y gobiernos europeos en
apoyo del gobierno democratacristiano. Como elemento constante de su política internacional, en aras del desarrollo económico Estados Unidos quitó énfasis al gasto militar en Chile;
más bien propició su reducción.

Molina no presta atención ni menciona estos condicionamientos históricos.

A pesar de la obvia importancia geopolítica del gobierno
de Frei Montalva en la Guerra Fría, el tradicionalismo católico
y el corporativismo de Molina no concuerdan con el catolicismo
modernizado del Partido Demócrata Cristiano ni con su política
militar. En esto concuerda con el capellán Florencio Infante.
Molina fustiga a Frei Montalva por haber provocado la desintegración ideológica de Chile: "Al gobierno democratacristiano
le es imposible lograr cierta unidad de los chilenos, esperanza
que se manifestó cuando llegó al poder con la mayoría absoluta
de los votos para iniciar, en palabras del propio Frei, 'una
administración sobre la base de un programa definitivo y claro,
que impondrá las reformas que he venido explicando' " (p.
146); "… el Presidente Frei llegó a expresar a fines de 1967
que 'el problema mayor para mi tarea es el combate implacable
de la extrema derecha y la extrema izquierda, que en definitiva
son coincidentes' " (p. 158).

En cuanto a la administración de Frei Montalva, a Molina
más bien le interesa justificar tres violentas intervenciones del
ECH –la masacre de mineros huelguistas por tropas del ECH
en El Salvador, mina de cobre de propiedad de la Andes Mining
Company, el 4 de marzo de 1966; la sublevación el 21 de
octubre de 1969 del Regimiento Tacna; la sublevación del Regimiento Blindado N° 2 al mando del teniente coronel Roberto
Souper a fines de junio de 1970, poco antes de las elecciones
presidenciales que llevarían al triunfo de la Unidad Popular y de
su candidato Salvador Allende.

Las sublevaciones militares fueron en protesta por los

208

bajos sueldos, sus pésimas condiciones de vida y la escasa inversión estatal en la renovación del equipamiento. Molina no explica el sentido entre sí con que agrupa los tres sucesos antes mencionados. Sin embargo, dada la inercia argumentativa ya acumulada, puede colegirse que Molina demuestra que el ECH estaba preparado a todo tipo de acción para mantener la estabilidad institucional mientras los políticos denigraban a la institución. Como ha ocurrido a través de todo su texto, Molina evita hacer afirmaciones personales y prefiere reproducir la opinión de otros militares. Cita al ex-Comandante en Jefe del ECH, Carlos Prats: "la Democracia Cristiana comete un grave error histórico al menospreciar a las Fuerzas Armadas, en las que se venía acumulando durante treinta y cinco años un fermento de frustración personal cada vez mayor ante el descuido de su acervo técnico-profesional y la desatención de sus necesidades sociales por los sucesivos gobiernos" (p. 159). También cita de una entrevista al general Alejandro Medina Lois: "la Democracia Cristiana llevó a su límite máximo lo que era la falta de recursos dentro del Ejército y de lo que era la intranquilidad en lo profesional, que significaba ver con profunda preocupación en quienes vestíamos el uniforme la carencia de medios para cumplir la misión que nos competía" (p. 160).

Molina dedica sólo unas pocas páginas al gobierno de Salvador Allende. Menciona que su gobierno fue declarado ilegal por la Cámara de Diputados, la Corte Suprema de Justicia, la Contraloría General de la República y el Cuerpo de Generales y Almirantes en Retiro para terminar con la afirmación lapidaria de que esa "situación –junto con provocar la materialización de un pronunciamiento militar en septiembre de 1973– da lugar a un proceso, insoslayable, de recomposición de los elementos que sustentan su presencia en la realidad social chilena" (p. 175).

Molina también es parco al referirse al régimen militar después de 1973. Reproduce el Capítulo X de la Constitución de 1980 en lo referente a las Fuerzas Armadas, de Orden y Seguridad Pública como el mayor logro del régimen. Es indudable que, para Molina, esta es la culminación de toda una experiencia y aprendizaje históricos para el ECH. Por primera vez en la historia de Chile se define claramente la función de las Fuerzas Armadas con la "misión de garantizar el orden institucional de la República" (Artículo 90). Por otra parte, aunque Molina no lo menciona, allí quedan neutralizadas todas las angustias históricas del ECH, particularmente en lo que concierne a la experiencia de 1924-1925. Es larga la lista de estas angustias –el surgimiento de milicias que lo reemplacen ("[Artículo 90] Las Fuerzas Armadas están integradas sólo por el Ejército, la Armada y la Fuerza Aérea"; "Artículo 92. Ninguna persona, grupo u organización podrá poseer o tener armas u otros elementos similares [a los de las Fuerzas Armadas]"); el sometimiento del alto mando a la voluntad de los políticos ("[Artículo 93] En casos calificados, el Presidente de la República con acuerdo del Consejo de Seguridad Nacional, podrá llamar a retiro a los Comandantes en Jefe del Ejército, de la Armada, de la Fuerza Aérea o al General Director de Carabineros, en su caso"); la interferencia de los políticos en la carrera, los ascensos y la seguridad de los fondos de retiro de los oficiales y el equipamiento de las Fuerzas Armadas ("Artículo 94. Los nombramientos, ascensos y retiros de los oficiales de las Fuerzas Armadas y Carabineros, se efectuarán por decreto supremo, en conformidad con la ley orgánica constitucional correspondiente, la que determinará las normas básicas respectivas, así como las normas básicas referidas a la carrera profesional, incorporación a sus plantas, previsión, antigüedad, mando, sucesión de mando y presupuesto de las Fuerzas Armadas y Carabineros").

Para la afirmación de su corporativismo, el texto del mayor Aldunate Herman es menos ambicioso pero mejor focalizado y más riguroso conceptualmente. Se concentra en las consecuencias de la guerra civil de 1891 en el escalafón de la oficialidad y en la sublevación de la oficialidad joven en septiembre de 1924. Para Aldunate, ambos sucesos crearon una inercia en las relaciones de militares y políticos que se mantendría a través de las décadas y llevaría al golpe militar de 1973.

La derrota del ECH en 1891 por la fuerzas parlamentaristas trajo la expurgación de los generales, coroneles y mayores fogueados en la Guerra del Pacífico (1879-1883). Fueron reemplazados por civiles o militares sin preparación, cuya carrera dependía, por tanto, del favor de los parlamentarios. Su dependencia se acentuó con la frecuente postergación de las leyes del presupuesto nacional y del presupuesto militar para salarios, la ley de definición de la planta permanente de soldados y equipamiento. Por esta misma razón había quedado postergada la reprofesionalización iniciada por los oficiales alemanes contratados para "formar y organizar un Ejército científico, puro y profesional, dedicado exclusivamente a sus labores castrenses" (p. 52). Aldunate cita al general Juan Pablo Bennet, activo en las primeras décadas del siglo XX:

La reorganización había multiplicado las unidades, y para esto, se hizo necesario reducir los efectivos. Un pelotón se transformó en compañía, un batallón en regimiento [...] mientras nuestras divisiones eran unidades esqueléticas, cuya institución exigía imaginación, por sobre todo, para ver regimientos donde no había sino diminutos batallones y batallones donde escasamente existía el efectivo de una compañía. Impulsados por un deseo muy laudable, nos habíamos convencido de que para los trabajos en el terreno el efectivo de las unidades era lo de menos (p. 63). [Los sueldos de los oficiales] *eran escasos, se les debían gratificaciones de años anteriores; la planta de oficiales era reducida y las leyes de ascenso y de retiro defectuosas, lo que motivaba una estagnación de la carrera [...] la ley de ascensos no era por otra parte lo que convenía para estimular el estudio, pues daba cabida a la intervención de los políticos en la concesión de ascensos. Era un hecho que los oficiales de menor valía, o menos dedicados, trataban de buscar influencias políticas o sociales para surgir en la carrera, a despecho del mérito de sus compañeros* (p. 64).

Esta situación, que provocó diversas conspiraciones y actos públicos de deliberación política de la oficialidad desde comienzos del siglo XX, llegó a una de sus crisis agudas con la sublevación de los oficiales jóvenes, manifestada en las dos protestas en el edificio del Congreso los días 2 y 3 de septiembre de 1924. Decenas de tenientes acudieron allí esos días para repudiar el hecho de que los parlamentarios estaban prontos a votar un aumento de sus propios salarios –la dieta parlamentaria– mientras postergaban ya largo tiempo las leyes del presupuesto nacional, las leyes sobre salario militar, las leyes de reglamento de ascensos y de fondos de retiro. Se llamó "ruido de sables" a estas protestas porque los tenientes hicieron sonar ruidosamente las conteras de sus sables para indicar su repudio.

Aldunate tilda de "pronunciamiento militar de tipo mesocrático"(p. 59) el movimiento de los oficiales jóvenes y, tan igual como Molina, encuentra reparos en ellos porque son personas de la clase media las que reemplazan a las de la clase alta en el ingreso a la formación de oficiales. Se les atribuye ser individuos imbuidos en ideologías cuestionadoras del orden establecido y que, por tanto, no demuestran una certidumbre férrea en la misión de las Fuerzas Armadas. Esta parece ser la explicación que da Aldunate a la supuesta desorientación con que actúan estos oficiales durante la sublevación. En diferentes ocasiones apoyan contradictoriamente bien al Poder Ejecutivo, a la Junta Militar y a la Junta de Gobierno compuestas por oficiales superiores y a los políticos congresistas. Aldunate hace un comentario sarcástico ante el hecho de que los políticos parlamentaristas fueran los cortejantes más asiduos de la oficialidad joven para captarlos: "Es sintomático que estas visitas ajenas al ámbito castrense al Club Militar, pertenecían al sector socio-político que intermitente, pero persistente, de una u otra forma, aparecían en forma directa relacionada con la desvinculación y postración en que se encontraba el Ejército desde 1891 con la sociedad" (pp. 88-89).

Dados los antecedentes entregados por Aldunate en cuanto a la total dependencia castrense de los políticos, podría arguirse que estos hechos, más que desorientación ideológica, revelan oportunismo. No obstante, Aldunate prefiere rehabilitar esta inconsistencia ideológica atribuyéndole la generosidad de ideales con que caracteriza a los militares, la "cual es una absoluta prescindencia de interés político, económico o menos aún, personales de los oficiales al asistir al Congreso y protestar en la forma ya descrita" (p. 90).

Al describir los sucesos de 1924-1925 el mayor Aldunate busca delinear claramente una situación que no debe repetirse –el total colapso de la jerarquía y de la disciplina militar. Explica que, para que se diera el colapso disciplinario de esa época, confluyeron la interferencia política directa en la administración de las instituciones militares, la dependencia total por parte de los militares de la voluntad de los políticos para el sostenimiento y modernización de sus instituciones, el ingreso a la oficialidad de individuos de ideología desconfiable, el poco respeto que inspira el alto mando por el origen de su nombramiento después de la guerra civil de 1891. Todo esto se tradujo en una desembozada y desenfrenada deliberación política de los militares, azuzada directa y públicamente tanto por las autoridades del Poder Ejecutivo como del Legislativo. En este ambiente, los protocolos regulares y la cortesía protocolar fueron reemplazados por todo tipo de atropellos a la ley y los reglamentos, gestos y expresiones descomedidas e insultantes, amenazas y contramenazas: "Esto a nuestro modo, refleja con mediana claridad el grado de descomposición de todos los conceptos de jerarquía y disciplina y lo que es más grave, demuestra una cierta subordinación del Alto Mando Institucional y por cierto del nivel político del país a un conglomerado indefinido y que según hemos visto con un rumbo incierto en diferentes sentidos, cual era el grupo de los jóvenes oficiales" (p. 125).

Hacia el final de su texto, con frases intrincadas el mayor Aldunate da testimonio de que el ECH aprendió su lección:

Entre 1932 y 1973, el apego al marco jurídico y la mantención irrestricta de los principios de la disciplina y verticalidad del mando, le permiten al Ejército

213

no caer en el juego político, lo que se intenta por determinados sectores los cuales buscan de manera insistente arreglar sus problemas por la vía militar, más, en este período los distintos gobiernos civiles en forma sistemática, por necesidades de la situación interior del país emplearon legítimamente a las FF.AA., en diversas actividades ajenas a su función específica, con lo cual si bien se le dio estabilidad a la institucionalidad vigente, las FF.AA. se constituyeron en garantes del Orden Constitucional. Esto no excluye que también hayan sido utilizadas con fines menos elevados y en el presente constituye un valioso argumento a recordar a quienes hablan con tanta liviandad respecto al rol de las FF.AA. en el futuro (p. 205).

Sin embargo, en cuanto al desarrollo de su corporativismo, de mayor interés son cinco puntos de las reflexiones del mayor Aldunate sobre la experiencia de gobierno del régimen militar iniciado en 1973:

*10. Se ha establecido en la nueva institucionalidad **un mecanismo de participación de las FF.AA. y de Orden** en aquellos aspectos que se relacionan con la Seguridad Nacional, punto que resulta controversial para algunos sectores por estimar que éste es un **"super poder"**, pero que en todo caso, permite evitar los cuartelazos por una parte y evitar se llegue a situaciones extremas como la 1970-1973 y además contar en el nivel de gobierno con el aporte permanente que las FF.AA. y de Orden pueden entregar tanto en lo referido a la seguridad como al desarrollo del país, lo cual no obstante podría ser modificado en aspectos accesorios en cuanto a su función. 11. Se ha demostrado al país **el nivel de preparación y eficiencia del personal uniformado**, hecho que se ha evidenciado en los diferentes cargos que han*

214

ocupado estos lo que ha estimulado a los hombres de armas a estudiar en el ámbito civil, lo cual permite mostrar a la vez otra capacidad de estos e interrelacionarse a la vez con la civilidad en este ámbito.

*12. **La rotativa del personal militar** en sus puestos y el hecho de mantener las estructuras jerárquicas han cooperado a que la **unidad de doctrina** de su personal haya mostrado durante 15 años una **coherente línea de conducta doctrinaria** entre quienes han ocupado puestos de gobierno.*

*13. Ha sido fundamental el **liderazgo que ha ejercido el actual conductor político** dentro de las Instituciones Armadas, lo cual por cierto ha cooperado a que a su personal se le exija un mayor esfuerzo y sacrificio en pro del país y esto por cierto ha fortalecido una **férrea cohesión** entre las instituciones.*

*14. El ejercicio del gobierno desde sus inicios hasta el presente nos muestra **un actuar hacia lo más profundo de todos los campos de la vida nacional**, hecho que encuentra en la Constitución de 1980 su expresión máxima por cuanto en lo fundamental conforma un régimen político presidencialista, a diferencia de los períodos anteriores, con un profundo cambio en la estructura socio-política del país de gran trascendencia* (pp. 191-192; las negritas pertenecen al texto original).

Aunque parezca extraño, de mayor importancia que los argumentos mismos de Molina y Aldunate son los planteamientos de Luis Valentín Ferrada Valenzuela, político de Derecha a quien ambos autores solicitaron que prologara sus obras.

Superficialmente, la petición de los prólogos parece un acto simbólico de acercamiento entre dos culturas, la militar y la civil. Ferrada usa la ocasión para hacer una "filosofía de la historia" que impone un modo de lectura de los textos que, sin duda, los autores apreciaban. Por esto, a primera vista los prólogos parecen ser una apropiación de las tesis de Molina y

Aldunate. Ferrada reconoce esta intervención en el Prólogo a la obra de Aldunate, pero no revela sus implicaciones finales: "Desborda por completo a los propósitos de un prólogo el incluir de contrabando otras tesis distintas al ensayo principal, aún cuando no persigan sino subrayar o celebrar aquellos párrafos o reflexiones que más nos despertaron. Un prólogo no es un ensayo dentro del gran ensayo" (p. 17). Sin embargo, más adelante veremos que son los Prólogos y la noción de "filosofía de la historia" los que contienen las claves reveladoras de la significación ideológica real de los escritos de Molina y Aldunate. Aún más, el estilo con que Ferrada expone estas claves enseñan al lector ajeno a estos círculos intelectuales la manera en que debe aproximarse a textos de esta ideología – superficialmente los argumentos se presentan como la expresión de una retórica apologética de la dictadura militar más bien vacía, sin mayor trascendencia; sin embargo, el lector gradualmente comienza a reconocer que, sin llamar la atención sobre ellos, se deslizan términos que remiten a argumentaciones de rigor filosófico y que mucho de la retórica más bien hace una mímica intencionalmente diluida de los orígenes de ese rigor filosófico. Esto da un nuevo giro al significado de los textos de Molina y Aldunate. Descubrimos que los Prólogos de Ferrada están dirigidos a militares que ya poseen esas claves, lo cual hace que este tipo de texto adquiera carácter de esoterismo para iniciados.

Es de importancia despejar lo que, a primera vista, aparece como polaridad de los argumentos de Molina y Aldunate frente a los de Ferrada. Los dos militares conciben la historia chilena como el trabajo de construcción de la sociedad como orden institucional por élites que poseen, mantienen o pierden sus motivaciones y virtudes constructivas. Por el contrario –en términos similares a los de Osvaldo Lira– Ferrada plantea una visión en la cual el mestizaje y el interminable combate en los períodos de conquista y colonización entre dos pueblos guerreros –españoles y mapuches– fijó racialmente, y para siempre, una vivencia militarista de las relaciones socio-políticas que se vivirían en Chile. Este planteamiento está más claramente expresado en el Prólogo a la obra de Aldunate: "Chile ha sido desde sus orígenes un Estado con marcados caracteres militares y, su pueblo, un pueblo inclinado aun en sus reacciones más particulares a las formas y conductas militares. Por eso nuestra historia es en gran medida una historia militar: o, si se quiere, una historia político-militar. Desconocer este hecho, simplemente porque a alguien no pudiere gustar, importaría desconocer lisa y llanamente la historia de Chile tal es y ha sido en la realidad, e intentar falsificarla burdamente cambiándola por una novela de fantasía" (p. 18). Esta identificación de la nacionalidad como sentimiento militarista de la existencia origina "esa firme vocación por el orden que se ha experimentado desde antiguo en la sociabilidad chilena" (p. 19), rasgo esencial de un supuesto carácter nacional. Ferrada excluye de su narración el hecho de que la historia chilena narrada por Aldunate y Molina demuestra una tendencia constante a la inestabilidad por la ruptura del consenso nacional.

Para Ferrada la constitución racial chilena fue consolidada por una especie de narcisismo que llevó a la nacionalidad a "a-islarse", constituyéndose así una historia especial y privilegiada: "De los cuatrocientos y tantos años del Chile contemporáneo, se distingue ante todo una condición que nos acompaña hasta el presente y que debe ser de las pocas ideas en las cuales todavía estamos de acuerdo una mayoría que excede a los partidos, ideologías, religiones o diversas facciones: si existe una Nación en América que haya sido en su historia independiente de las demás –y hasta el límite relativo en que se puede serlo– esa es Chile. Nación inclinada desde siempre al 'a-islamiento', que ha procurado casi por intuición ancestral a vivir de sí misma y atenida a su propia sustancia, repitiendo durante mucho tiempo una suerte de complacencia por su 'espléndido aislamiento' " (p. 18).

Producto de ese ensimismamiento es una esencia política que Ferrada llama "Estado militar", cuya sustancia –radicalmente poética– es la nacionalidad en busca de la definición de su identidad y de su destino:

La Patria, y el Estado que es su expresión político-jurídica, es una permanente empresa colectiva en movimiento, es el pueblo en marcha hacia la "tierra prometida". Es la promesa común originada en vertientes muy profundas de la historia, trasmitida de generación en generación de un modo imperceptible como se trasmiten todos los sentimientos, que se autoformula en un instante mágico una nación que de pronto adquiere conciencia de sí misma, que ha definido su propia vocación, que posee un patrimonio de valores compartidos y que aspira a un sueño humano. Ese sueño, perdóneseme llamarlo así, es alcanzar el mayor grado de dignidad y desarrollo posible (con todo lo que significan estas palabras) dentro del marco de la identidad de un pueblo. Ese sueño, ese gran sueño colectivo, dice relación con el mundo que nos rodea, comunidad de naciones poseedoras de sus propios ideales, de las que formamos esencialmente parte. En esa empresa común, en ese gran sueño ideal de toda una comunidad nacional, tienen nuestros militares sin cuestión un puesto de participación activa y de primera línea (p. 22).

Con esto Ferrada confiere a los militares la calidad de casta noble en que se encarna la poesía esencial de la nacionalidad. Los militares **son** la historia de Chile, son el **ser** de Chile. Dos párrafos son claves en esta investidura:

Aunque semeje una redundancia, yo no temería decir que el rol de las Fuerzas Armadas en Chile es, naturalmente, el rol de Chile y su forma especial de Estado. Nuestra Nación es incapaz de explicarse a sí misma sin las Fuerzas Armadas, ni éstas en su particularísima forma de ser, tan distinta de otras aunque mejores, tampoco se explicarían sino a partir de lo que realmente es Chile y su verdadera identidad.

218

El rol de las Fuerzas Armadas es vivir a Chile. En sus momentos de grandeza o de crisis, de paz o de guerra, de felicidad o tristeza, de buenos y malos momentos, con sus virtudes y defectos, ambos últimos no demasiado escasos (p. 20).

Por una parte, esta destilación de la esencia de Chile y su condensación en la casta militar concede primacía a esta en la construcción del destino nacional. Se trata de una aristocracia llamada al liderato nacional por poseer un conocimiento especial que les permite una conciencia cabal de la historia chilena y la condición necesaria para encarnarla materialmente. Ferrada se refiere a una especie de mito ancestral semejante al expuesto por Osvaldo Lira, una "aristocracia militar formada al calor de la guerra, bajo el fuego de los fortines, en el humilde techo de los soldados, familiarizada con la muerte como amiga muy cercana; una aristocracia de lanceros y arcabuceros, siempre en constante acecho y tensión, sin fatiga y casi sin sueño, empeñada en civilizar a unos indios rebeldes, a la más indómita e irreductible tribu que recuerda la historia" (p. 19).

Tengamos presente que, en el primer párrafo citado más arriba, se dice que "el rol de las Fuerzas Armadas en Chile es, *naturalmente,* el rol de Chile…"; que las Fuerzas Armadas tienen una *"particularísima forma de ser,* tan distinta de otras…". Además, en pasajes claves Ferrada indica que la historia del "descubrimiento" de América "por los hombres de la civilización arquitectada por el Emperador Carlomagno, y que hoy llamamos occidental o cristiano-occidental" contiene un exceso de significados no visibles a primera vista, "que son una parte de nuestra historia; pero, no toda nuestra historia", contenido oculto profundamente que "lleva todavía el afluente común de nuestra idiosincracia como un río poderoso no seco ni tronchado" (p. 17).

Si fuera del caso hacer filosofía de nuestra historia, sólo sobre un campo inteligible de cinco siglos, donde las formas del ser mapuche y del ser español de aquellos siglos –tan distintos al de hoy– forman un único crisol de la nacionalidad y, si se pudiera determinar con verdadera ciencia los rasgos más sobresalientes de nuestro carácter y temperamento, cuántas hermosas e ilustrativas conclusiones podrían allegarse en abono de las tesis centrales del Mayor Aldunate, que iluminarían el el camino de los transeúntes de esta etapa por sobre esos pesados polvos que con molestia ahora nieblan nuestra vista (p. 18).

Este discernimiento entre apariencia y realidad profunda indica que nos encontramos ante un esoterismo para iniciados. Y, en realidad, en el Prólogo a la obra de Molina abundan términos crípticos que apuntan en esa dirección. Ferrada se refiere repetidamente a una "misión permanente" de las Fuerzas Armadas, a que éstas son "grandes tributarias de los impulsos del desarrollo común", a la necesidad de "un juicio histórico elaborado" de su acción política, de que "se ignora la sustancia del Estado", que hay "una especial relación histórica" entre las Fuerzas Armadas y el Estado, que las explicaciones que se han dado para esa relación son "superficiales hasta el punto de sólo tocar la cáscara de nuestra realidad", que se necesita un "verdadero discernimiento".

Para Ferrada, es un error pensar que la realidad de las Fuerzas Armadas es su competencia técnica, la que habla sólo de la Seguridad Nacional y simplemente como conjunto de funciones burocráticas en que se movilizan recursos de un lugar a otro, mecánica, rutinariamente, como lugares comunes sin mayor trasfondo valórico, que no responden a la plenitud de la identidad nacional: "Por ejemplo, todos usamos a diario esta terminología de la 'Seguridad Nacional'. La palabra 'seguridad' es inadecuada desde que reduce conceptualmente la importancia y dimensión de lo que con ella se quiere representar, la palabra seguridad es un término negativo; supone que, frente a un estado o situación de cosas inestables, que afectan o pueden llegar a afectar, externas o internas, hay que desarrollar ciertas actividades que concedan una seguridad" (p. 22); "Seguridad

es una suerte de paz, orden, estabilidad, conseguida artificial-
mente a través de medios especiales que es preciso estar
permanente o transitoriamente desarrollando. Jurídicamente
hablando, se contratan 'seguros' para cubrir riesgos de un si-
niestro eventual que llegará en algún momento inevitablemente.
Seguridad, en los sentimientos vulgares, equivale a 'estar a la
defensiva'. Por eso es negativo" (p. 23); "Sin embargo, todos
sabemos que el problema es más profundo y no se agota en lo
profesional" (p. 21). Bajo esta superficialidad se oculta una
identidad verdadera:

> *Dentro de ese presente real se haya el que las Fuer-
> zas Armadas chilenas tienen su propia circunstancia
> histórica, presente y futura. Dentro de ella yo obser-
> vo aquello que llamaríamos meramente militar o cien-
> tíficamente militar, como función neta, insustituible;
> la que otros no pueden ni deben realizar dentro de
> un Estado en forma* [...] *Pero por sobre estos queha-
> ceres que llamaremos cuotidianos, veo a todos los
> anteriores juntos haciendo la Patria común cada día.
> Porque la Patria no es la guerra, la paz, la salud, la
> justicia, la educación, como una unión artificial de
> estancos separados o, lo que es peor, como la con-
> junción forzada de pequeños mundos monopólicos
> exclusivos y excluyentes. La Patria es todo eso; y, al
> mismo tiempo, es más que el todo. Es un contexto
> superior a las partes y actividades que la forman. Es
> un concepto moral, espiritual y por lo mismo más alto
> que los estadios de la ciencia y de la técnica y de las
> profesiones que las sustenten* (pp. 21-22).

Ferrada culpa a los mismos militares de haber caído en
este tecnicismo burocrático sin grandeza de estilo, que concibe
al país sólo como un agregado de funciones: "Ciertas impropiedades del lenguaje han contribuido también a la confusión que
detestamos; y, en esas impropiedades, han caído los propios
Institutos armados haciendo más difícil observar con claridad la

esencia de sus funciones naturales" (p. 22).

La alternativa a este mecanicismo tecnicista es la unión de esfuerzos nacionales basada en una conciencia clara de la identidad nacional que marcha hacia el progreso material y moral de la nación con una voluntad inquebrantable, en concordancia con su propia esencia histórica y consciente de sus valores específicos: "En cambio, si con mayor o más feliz precisión idiomática todo el tema de la 'seguridad nacional' se expresara bajo las formas de 'Poder Nacional', de la 'Fuerza Nacional', del 'Poderío Nacional', creo que se entendería mucho mejor –a la luz de la psicología social– aquello que toda comunidad debe hacer y construir para ser más, para pesar más, para crecer más, para ser más y mejor en el concierto de las Naciones. Y, si en estos términos positivos nuestra comunidad discutiera libremente los antecedentes, programas, planes 'para ser más y mejor', para ser más dignos y respetados, creo que las funciones naturales de las Fuerzas Armadas aparecerían a la vista ciudadana con perfiles mucho más nítidos. Con evidencia espontánea" (p. 23).

Ferrada piensa que, después de su exposición, tanto los lectores como el mayor Aldunate podrán comprender mejor el sentido de su propia obra: "Definimos, pues, el Estado y todo aquello que tal definición supone y la respuesta que con particular acierto busca el mayor Aldunate, será más clara para nosotros" (p. 23).

En otras palabras, Ferrada se sitúa ante el mayor Aldunate y ante los lectores como poseedor del conocimiento de la esencia que secretamente anima la nacionalidad chilena. Esto lo eleva a la superioridad de maestro de un saber esotérico que le permite escrutar a los chilenos y discernir entre quiénes poseen o carecen de esa sabiduría, incluyendo a los militares y, lo más importante, quiénes puedan tener "el coraje moral para entrar en un estudio" (p. 16) como ese, el cual, como en todo saber esotérico, implica la aventura de un "peregrinaje" en que se ponen a prueba todos los recursos espirituales del ser humano y se forma el ethos del guerrero. Discernir esta potencialidad en los chilenos es crucial porque, después de los destrozos de la guerra interna ganada por las Fuerzas Armadas desde 1973 en adelante se anuncia una nueva era para la nacionalidad, en que los chilenos llegarán finalmente a tomar conciencia de una identidad verdadera antes oculta al entendimiento:

Aún el polvo de las muchas batallas, de todo orden, durante todos estos últimos años por nuestras Fuerzas Armadas no se sienta sobre los caminos de la Patria común, y es por esto que el peregrino mira y juzga por lo primero que ve –el polvo– sin advertir que por delante de sus pasos se ha abierto en rocas que parecían indestructibles una ancha y segura avenida hacia el futuro, y que esos polvos que nublan su vista son y provienen de las mismas rocas removidas (p. 16).

En términos similares a los de Osvaldo Lira, la imagen del polvo sirve a Ferrada como analogía de la duda, la ignorancia y la confusión de propósito histórico cuando los chilenos adoptan valores que no corresponden a su origen hispánico:

Duda que para desgracia de la chilenidad se anida hoy sin aparente solución en la conciencia de una gran parte de compatriotas –aun en aquellos que se presumen mejor preparados y parte de una clase dirigente– proviene de varios factores antiguos: ignorancia histórica, prejuicios, desconocimiento sobre la naturaleza esencial de lo que es una sociedad humana en general, y sobre la chilena, en particular. "Conócete a ti mismo" es una sentencia imperativa formulada por la filosofía no sólo respecto del hombre considerado individuo sino, también, considerado Ser Social. Si algo caracteriza a Chile como nación, desde hace decenios, es que no se conoce a sí mismo. Por eso andamos con nuestra identidad perdida o en permanente crisis de identidad –de donde

provienen en último término las llamadas crisis de
consensos, que yo llamaría con menos temor y más
derechura "crisis sociales morales", porque eso es lo
que son– poniendo o poniéndonos en dudas aun
aquellos valores ético-sociales más elementales en los
cuales fuimos formados por nuestros padres en larga
y noble tradición de civilización cristiana. Ignora-
mos, aun con cierta presunción insolente, el campo
histórico inteligible en el cual nos desenvolvemos:
nos conformamos con ciertas deformaciones formu-
ladas en términos brillosos y no brillantes: y defen-
demos o atacamos en virtud de ciertas imágenes fal-
sas, superficiales, dogmáticas, que una propaganda
invisible pero efectiva, siempre fácil y popularmente
con unas pocas "ideas fuerzas", conmovedoras para
hombres de cultura-televidente, es decir, desposeídos
de toda verdadera cultura (pp. 16-17).

Ferrada reitera que la manera de superar esta superficialidad, la duda, la confusión, es crear, inaugurar una "filosofía de
la historia": "...permítasenos discurrir brevemente sobre la urgente necesidad de hacer filosofía histórica en Chile como un
medio eficaz de ir solucionando nuestros muchos y agudos
conflictos, actuales y potenciales, en cuya agenda figura entre
los de primerísimo término esta definición reclamada sobre el
rol que debe reconocerse en el futuro chileno a nuestras Fuerzas Armadas" (p. 17). Ferrada afirma que una historia en que
se valora sólo las ideas ("la pluma") y no se reconoce el valor
de la violencia militar ("la espada") "no es historia en el pleno
sentido de la palabra; o, diremos mejor, no es historia que sirva
para hacer de ella filosofía y una historia sin filosofía, que no
permite hacer con ella filosofía podrá llamarse accidente, catástrofe, holocausto o humanicidio, pero no historia" (p. 23).
Conviene recordar esta afirmación.

La voluntad de hacer filosofía de la historia para dar
sentido a la historia vivida por una colectividad nacional
emparenta los planteamientos de Ferrada con los de Martin

Heidegger en el período 1933-1935, en el momento de asunción del poder por el nazismo alemán. En su estudio *Heidegger y el nazismo* (1987)[22], Víctor Farías muestra que a través de dos seminarios de importancia –*La pregunta fundamental de la filosofía* (verano de 1933) e *Introducción a la metafísica* (1935)– el filósofo alemán trató de dar un fundamento ideológico más sólido al racismo del movimiento nazi para luego reencausarlo en el camino correcto ante desviaciones percibidas. Analógicamente, Ferrada intenta dar un fundamento filosófico más sólido al racismo de Osvaldo Lira.

En el primer caso Heidegger propone que la tarea fundamental de la filosofía es la de aclarar y refinar para el pueblo alemán la pregunta sobre su identidad y su destino. Según Heidegger, el pueblo alemán se planteó a sí mismo esta pregunta al llegar al poder mediante un movimiento y un conductor *(Führer)* revolucionarios que fundarían un nuevo Estado basado precisamente en esas definiciones de la nacionalidad. Conviene citar pasajes claves de Heidegger porque muestran paralelos muy cercanos con el pensamiento de Luis Ferrada:

> *¿Qué es lo que está a punto de producirse? El pueblo alemán se reencuentra a sí mismo y descubre una gran conducción (Führung). Gracias a ésta, el pueblo, que se ha reencontrado, crea su Estado. El pueblo adquiere forma en su Estado y crece y se eleva para abarcar su propia nación. Y esta nación asume el destino de su pueblo. Como pueblo, conquista su misión espiritual entre otros pueblos y forja su historia. Pero este proceso es un vasto movimiento que lleva lejos, hacia el difícil acontecer de un porvenir todavía oscuro [...] Todo mandato grande y auténtico está impulsado por la fuerza de un destino fundamentalmente oculto. Esta voluntad, a fin de cuentas, no es más que la misión político-espiritual de un pueblo. Lo que se trata de despertar, de arraigar en el corazón y en la voluntad del pueblo y de cada uno de aquellos que lo constituyen es el saber*

relativo a esta misión (p. 256).
*Este cuestionamiento a través del cual un pueblo
basa su existencia histórica, lo afirma ante el peligro
y la amenaza, lo expone al riesgo que constituye la
grandeza de su misión que es precisamente el cuestionamiento, su filosofar, su filosofía. La filosofía es
la pregunta sobre la ley y la estructura de nuestro
ser. Queremos hacer de la filosofía una realidad en
tanto nos planteamos esa pregunta. Y esta cuestión
nos la planteamos en tanto y en cuanto nos atreve-
mos a la pregunta fundamental de la filosofía* (p.
257).

En el texto de 1935 Heidegger se refiere al hecho de
que, dos años después del ascenso al poder, la "eclosión" revolucionaria nazi todavía no había logrado conectar la esencia
espiritual del pueblo alemán, según intentaba definirlas su filosofía de la historia, con la conducción práctica de la política
nacional por parte del gobierno hitleriano. La conducción había
tomado un decidido carácter técnico-burocrático, convirtiendo
lo técnico-burocrático en valor en sí mismo. Para Heidegger,
con esto se corría el peligro de perder el sentido de la manifestación del ser *(Sein)* racial-cultural, lugar en que el poeta
halla el significado verdadero de la metafísica, es decir, el significado de la historia nacional. La poesía del ser se había
cerrado, por tanto, para los burócratas rutinarios, "para todos
aquellos que se ven atacados por el aburrimiento y no advierten
su propio aburrimiento" (p. 426). Para Heidegger la causa de
esta extinción de la esencia espiritual del ser nacional es lo
demoníaco, lo maligno. Así Alemania corría el peligro de no
diferenciarse de Estados Unidos y la Unión Soviética, y de los
sistemas comunista y capitalista construidos precisamente sobre formulismos técnico-burocráticos. Aquí está el origen de la
condena del burocratismo de la Doctrina de la Seguridad Nacional por parte de Ferrada, si el ECH la adopta mecánicamente:

El predominio de la mediocridad, de lo indiferente ya no es algo insignificante y meramente estéril, sino la amenaza que ataca toda jerarquía y destruye y hace pasar por mentira lo que es espiritual en el mundo. Es el embate de aquello que llamamos demoníaco (en el sentido de lo malvado y destructor). Hay diversos signos de surgimiento de este imperio de lo demoníaco, unido al creciente desconcierto e inseguridad de Europa con respecto a ella misma y en sí misma. Uno de ellos es el debilitamiento del espíritu, en el sentido de su errónea interpretación. Hoy nos hallamos en el centro de tal acontecimiento (p. 432).

Dos concepciones aparentemente distintas parecen combatirse [entre sí]: la ciencia como conocimiento profesional técnico y práctico por una parte y la ciencia como valor cultural per se por otra; en realidad ambas se mueven en el mismo sentido decadente de una falsa interpretación del espíritu y de la inhabilitación. Sólo se diferencian en que, mientras la concepción técnico-práctica de la ciencia –profesional–cobra importancia por sus consecuencias abiertas y claras, la interpretación reaccionaria de la ciencia como valor cultural, que ahora surge otra vez, intenta cubrir la impotencia del espíritu a través de una mendacidad inconsciente. La confusión de la carencia de espíritu puede alcanzar tal punto que la interpretación técnico-práctica de la ciencia se reconozca simultáneamente como ciencia en cuanto valor cultural, de modo que ambas, en su falta de espiritualidad, se lleven bien entre sí (p. 437).

Prestemos atención ahora al año en que fueron publicadas las obras de Aldunate y Molina –diciembre de 1988 y 1989. Ya en ese momento la continuidad del régimen del general Augusto Pinochet había terminado con la derrota en el plebiscito de octubre de 1988. Una vez más Estados Unidos había impuesto en Chile su poder hegemónico sobre fuerzas armadas que visualiza como complemento instrumental de sus designios geopolíticos imperiales. Aún más, el general Pinochet, católico que se preciaba de defender esa parte del mundo cristiano-occidental llamada Chile, había sido humillado por Juan Pablo II como uno más de los dictadorcillos latinoamericanos. Sin embargo, Aldunate y Molina afirman la identidad corporativa del ECH como una entidad victoriosa a través de la historia chilena en la medida en que –a pesar del oportunismo ventajista constantemente demostrado por la misma oficialidad ante el poder político de la civilidad– ha sido parte de las élites que construyeron y han mantenido un *statu quo* sacralizado. Indudablemente se trata de una duplicidad de la conciencia histórica en cuanto se proclama el triunfo contra los subversivos en el interior de Chile y se oculta la debilidad exterior ante la gran potencia que, en última instancia, desde la Guerra Fría en adelante, siempre ha impuesto las reglas del juego a las Fuerzas Armadas chilenas según los intereses de su geopolítica.

En este contexto, el heideggerismo de Ferrada es instrumento para una silenciosa protesta de militares débiles –que en Chile aparecen como poderosos porque poseen la fuerza militar– ante la voluntad apabullante del poder hegemónico, sin contrapeso, de Estados Unidos. Esta protesta se explica si consideramos la raíz racista heideggeriana con que Ferrada hace frente a la tendencia tecno-burocrática del ECH originada por Estados Unidos, según los textos examinados anteriormente.

En su visión geopolítica Heidegger contrastaba la acción político-militar de una nación como Alemania con el tecnocratismo que fundamentaba la existencia de un Estado capitalista como Estados Unidos tanto como la de un Estado comunista como la Unión Soviética. Mientras la cohesión ideológica de la población de Estados Unidos y de la Unión Soviética –de gran diversidad racial y étnica– respondía nada más que a la ingeniería social, al incentivo económico y/o a la represión policial de burocracias estatales, la cohesión de Alemania respondía a una comunidad de sangre, tradición y visión poética que, por último, había alcanzado una articulación unitaria y unificadora en el nazismo y en el *Führer*. La superioridad cultural de

Alemania sobre Estados Unidos y la Unión Soviética estaba en que lo técnico en la administración de lo político-militar estaba potencialmente sujeto a la voluntad espiritual de un pueblo y de un liderazgo conscientes de su identidad colectiva y de su destino histórico, a menos que éstos se traicionaran a sí mismos: "Debe saberse que este pueblo histórico, si se trata de 'vencer', ya ha vencido y es invencible si es el pueblo de los poetas y los pensadores, si permanece fiel a su esencia y mientras no caiga en la terrible y siempre amenazante desviación de su esencia y se transforme en víctima del desconocimiento de su esencia" (p. 534).

Al contrario, la población de Estados Unidos y la Unión Soviética era nada más que un agregado biológico heterogéneo sin raigambre en la sangre, en el espíritu, en la tradición como bases de una comunidad histórica. Estos países habían logrado la construcción de sociedades gigantescas fundamentadas en la afirmación desafiante de una repugnante impureza racial y del pluriculturalismo: "El bolchevismo es sólo un engendro del americanismo. Esta es la forma verdaderamente peligrosa de la carencia de medida, porque aparece bajo la forma de lo burgués democrático entremezclada con el cristianismo; y todo esto, en una atmósfera de la más decidida carencia de historia" (p. 537). En momentos en que Estados Unidos entró en la Segunda Guerra Mundial, cuando los ejércitos nazis todavía no habían sido derrotados en Stalingrado, anuncio de la derrota final, Heidegger afirmó:

> *Hoy sabemos que el mundo anglosajón del americanismo está decidido a destruir Europa, esto es, la patria, el inicio de Occidente. Pero lo inicial es indestructible. La incorporación de América a esta guerra planetaria no constituye su ingreso en la historia, sino que es el último acto de la carencia de historia y la autoaniquilación americanas. Lo es porque es un acto que rechaza lo inicial* [= la cultura europea como fundadora de la verdadera historia humana] *y es una decisión por lo que carece de inicio* [= fun-

damento en una historia dinamizada por una conciencia comunitaria gestada durante miles de años]. *El espíritu oculto de lo inicial en Occidente no tendrá para este proceso de autodestrucción ni siquiera una mirada de desprecio. Se limitará a esperar su propia hora estelar desde la serenidad que le da la paz de lo que tiene inicio* (p. 538).

Víctor Farías muestra que la ambigüedad de lenguaje con que explicó la relación de su filosofía con el nazismo una vez terminada la Segunda Guerra Mundial fueron parte de una estrategia de Heidegger para la continuación de la guerra y la victoria final mediante otro medio, la filosofía, entendida esta como la comunicación de secretos para espíritus selectos, líderes nacionales de hecho o potenciales. Se podría pensar que, en esto, Heidegger analogizaba la afirmación de Von Clausewitz en cuanto a que la guerra es la política conducida por otros medios. Farías indica que para "Heidegger la filosofía es la guerra con otras armas" (p. 539) y lo cita:

Sea lo que fuere y como fuere lo que va a caracterizar el destino externo de Occidente, aún no se ha producido la prueba mayor y propia de los alemanes, prueba a la que serán sometidos –contra su voluntad– por los que no saben [los ignorantes], *para decidir si ellos* [los alemanes], *en armonía incluso por encima del desafío de la muerte contra la pequeñez espiritual del mundo moderno, están dispuestos a salvar lo inicial en resplandor invisible. El peligro en que se encuentra "el sagrado corazón de los pueblos de Occidente" no es la decadencia, sino que nosotros, confundidos, nos entreguemos a la voluntad de la modernidad y la hagamos incluso progresar. Para que esta tragedia no ocurra será necesario en los próximos decenios el concurso de los hombres de treinta a cuarenta años que han aprendido a pensar lo esencial* (pp. 539-540).

Ferrada hace eco de la necesidad de la continuación de la guerra iniciada por el régimen militar al expresar sus dudas sobre la forma en que se introdujo una Modernidad extraña a la comunidad racial-cultural de Chile –como Heidegger lo dijera en una cita anterior, la "carencia de medida [...] en una atmósfera de la más decidida carencia de historia". Esa carencia toma aspecto de una infección que se ha estado sufriendo largamente. Dice Ferrada :

Desconozco en qué momento de nuestra sociabilidad y por qué nuestros dirigentes e intelectuales creyeron inteligente y de buen gusto comenzar a ocultar nuestra historia, deformarla y adecuarla forzosamente a "sus ideas" liberales, que nunca fueron "sus ideas" porque las importaban en burda copia todas, ni fueron ideas tampoco, porque rara vez pudieron explicarlas ni explicárselas. Este fenómeno, que en muchos aspectos significó una clara claudicación, no sucedió en un día. Fue más bien, una especie de suceso de una, dos, tres generaciones, que no se aclaró a su debido tiempo (Prólogo a Molina, pp. 21-22).

No obstante, Ferrada reitera la misión redentora de las Fuerzas Armadas, sustituto chileno del *Führung* heideggeriano:

Tengo la impresión formada (que yo espero fuese equivocada) de que los hombres y mujeres de hoy, por la misma confusión en que debatimos y nos debatimos, hemos llegado a ser mucho más mezquinos que nuestros militares. Esa mezquindad, que no habla bien de nosotros, en unos pocos llega a transformarse en miserable actitud. Puede ser un signo de los "tiempos atroces". Pero el pueblo chileno al fin saldrá indemne de la prueba que hoy enfrentan, prácticamente por igual, todos los demás pueblos del mundo.
Cuando llegue la época de la "salida", que está ya

muy próxima, vendrá inexorablemente el juicio "del sufragio universal de los tiempos", objetivo, ecuánime, y entonces nuestras Fuerzas Armadas y sus hombres recibirán los honores y la gratitud que hoy la pasión les niega (Prólogo a Molina, p. 22).

(Con estos antecedentes, reflexionemos sobre la desestabilización del régimen militar por la administración Reagan. Reagan y su equipo de gobierno eran incuestionablemente conservadores y visceralmente anticomunistas, como lo demuestra su política en Nicaragua y El Salvador y las medidas que tomó para derrotar al bloque soviético de naciones. Pero también fue una administración compuesta por personas que combatieron personalmente contra el fascismo y el nazismo en Europa y en Asia. Como actor de cine, el Presidente Reagan encarnó roles de combatiente antifascista con una profunda convicción ideológica. Como gobernante anticomunista y consciente del fascismo imperante en las Fuerzas Armadas chilenas, ¿puede extrañar su animadversión ante el régimen del general Pinochet?)

Nihilismo en la conciencia ética de la nacionalidad chilena

Ni Molina ni Aldunate se dirigen rectamente al problema de las violaciones de Derechos Humanos cometidas por el ECH. Aldunate sólo hace dos referencias indirectas en la recapitulación final de su obra : "8. El Gobierno Militar ha debido sufrir **un tenaz asedio externo...**" (p. 190); "9. La necesidad de contar con la información adecuada y contar con **un organismo especializado en la lucha antisubversiva** ha obligado a emplear una importante cantidad de personal militar en dicha función creando incluso un organismo especializado cual es la actual Central Nacional de Informaciones (CNI), la cual a partir de 1978 prácticamente se constituye sólo por personal del Ejército y empleados civiles" (p. 191; en ambas citas las negritas son parte del original). Nótese que Aldunate no menciona la Dirección de Inteligencia Nacional (DINA).

¿Cómo interpretar este silencio ante la evidencia innegable de las violaciones de Derechos Humanos, comprobada tanto por organizaciones nacionales como internacionales? Creo que los Prólogos de Ferrada apuntan a una respuesta. Sin embargo, como paso previo es preciso recordar principios de prudencia militar que dirigen la conducción militar de la guerra como actos de eficiencia profesional.

En la "Introducción" a este trabajo planteaba que los episodios de aplicación de violencia militar durante una campaña son de tiempo limitado y, por tanto, en la estrategia general, el comando militar debe considerar que es aún de mayor importancia controlar el proceso de pacificación y reconstrucción posteriores a la violencia y normalizar las transacciones políticas a largo plazo. Por tanto, el daño infligido al enemigo debe ser sólo el estrictamente necesario para vencerlo y neutralizarlo definitivamente. De allí que la desmesura de la represión ejercida por la DINA y la CNI – en circunstancias en que la inadecuada fuerza armada de la Izquierda ya con anterioridad había sido infiltrada por la seguridad militar– puedan ser justamente calificadas como incompetencia profesional. Pudor ante esta incompetencia del ECH explicaría que el mayor Aldunate borre a la DINA de su conciencia crítica.

No obstante, el daño a la imagen profesional de las Fuerzas Armadas cometida especialmente por la DINA es irrecuperable y los militares mismos, con la cooperación de civiles como Ferrada, buscan remendarla ideológicamente después de los hechos.

En el acápite anterior he examinado sólo un componente de esa remienda –la reconstrucción de la dignidad corporativa del ECH erigiéndolo como aristocracia que da concreción al sentido histórico del ser de la nacionalidad chilena y al Estado surgido de esa experiencia histórica. En el acápite presente muestro la parte más importante de la reconstrucción propuesta por Ferrada –ella está en la manera con que echa mano de segmentos de la metafísica heideggeriana posteriores a los revistados con anterioridad. Dada la forma con que los Prólogos de Ferrada se apropian del material de Molina y Aldunate, esta justificación explica el silencio de los dos autores sobre las violaciones de Derechos Humanos.

Preparándonos para la discusión propuesta recordemos pasajes importantes de Ferrada. Ahora haré énfasis sobre frases claves resaltándolas con negritas:

> *...y es por esto que el peregrino mira y juzga por lo primero que ve –el polvo– sin advertir que, por delante de sus pasos se ha abierto en rocas que parecían indestructibles una ancha y segura avenida hacia el futuro y **que esos polvos que nublan su vista son y provienen de las rocas removidas** (p. 16).*
>
> *Pero esta última* [la memoria que no recuerda el uso de "la espada", de la violencia militar] ***no es historia en el pleno sentido de la palabra;*** *o diremos mejor, no es historia que sirva para hacer de ella filosofía y una historia sin filosofía o que no permite hacer con ella filosofía, **podrá llamarse accidente, catástrofe, holocausto o humanicidio, pero no historia** (p. 23).*
>
> *Y, si en estos términos positivos nuestra comunidad discutiera libremente **los antecedentes, programas, planes 'para ser más y mejor', para ser más dignos y respetados, creo que las funciones naturales de las Fuerzas Armadas aparecerían a la vista ciudadana con perfiles mucho más nítidos.** Con evidencia espontánea"* (p. 23).

Parafraseando, con esto Ferrada plantea un momento de transición histórica por el uso de una extrema violencia militar en la destrucción de seres humanos transfigurados por la voluntad dominadora en objetos, seres humanos destruidos con explosivos dentro de los propósitos de una tarea de ingeniería planificada. Para Ferrada esta voluntad de destrucción tecnológica ha alterado radicalmente el entendimiento de la historia chilena al hacer visible un significado ahora cierto y seguro, que antes estaba oculto a la mirada.

Tales analogías revelan que Ferrada también echó mano de un ciclo crucial de cambio en el desarrollo filosófico de Heidegger. En él Heidegger se había abocado a explorar las consecuencias para la humanidad de la suspensión del Derecho Internacional del Conflicto Armado por las tropas hitlerianas en la ocupación de territorio de la Unión Soviética. Se trata de la reinterpretación hecha por Heidegger del sentido de la filosofía de Nietzsche[23]. Víctor Farías ha comentado que esta relectura fue un esfuerzo radical por justificar las atrocidades inauditas cometidas por las tropas alemanas, con lo que Heidegger proporcionó al liderato nazi una base filosófica que los ideólogos oficiales del régimen hitleriano habían fracasado en entregarle (pp. 503-507).

En esta etapa Heidegger desahucia su anterior metafísica del ser nacional alemán y su nexo con la conducción tecno-burocrática de la política. Ya no privilegia la metafísica del ser en esa conducción. Echando mano del concepto nietzscheano de "voluntad de poder", Heidegger ahora plantea que el ser y su sentido sólo pueden captarse en el uso práctico de la tecnología en la conquista sistemática del planeta. La voluntad de poder implica un deseo de dominio del entorno por el cual el ser otorga valor a lo circundante y jerarquiza su acción de control en términos prioritarios. La noción de ser es subsumida en la de otorgación de valor al entorno. Y, en este sentido, la historia de la práctica humana ha demostrado una suspensión gradual y final de criterios morales y éticos de origen religioso en la aplicación tecnológica para la conquista planetaria. De allí la noción metafórica de que "hemos asesinado a Dios, tú y yo".

Para Heidegger no se trata de cuestionar teológicamente la validez de que el hombre realmente pueda matar a Dios. Como tampoco de renegar de Dios y hacerse ateo. Más bien se apunta a la conciencia de que el ser se revela a sí mismo y encuentra su verdad y seguridad de ser no en certidumbres "suprasensoriales" tales como la moral y la ética originadas en la religión sino directa y únicamente en la práctica misma de desear, proyectar valor sobre el entorno y actuar sobre él según prioridades estratégicas para conquistarlo (es decir, *las rocas removidas* de Ferrada).

La transición a un estadio histórico en que se suspende todo sustento suprasensorial como fundamento del ser inevitablemente lleva a la conciencia humana a la Nada, es decir, a un estado de fuerte angustia transitoria llamado nihilismo. En el nihilismo todo valor moral y ético parece quedar denigrado e inválido. No obstante, este estadio es transitorio porque el ser es indefectiblemente voluntad de poder e inevitablemente creará nuevas normas de conducta para seguir ejerciéndolo. El ser entra, entonces, en un estadio desconocido en que no puede escapar de la certidumbre de que se debe a sí mismo y justifica su ser por sí mismo, sin referencia a entes suprarreales. Para el ser instalado en la aventura de este estadio Nietzsche prefiere usar un nuevo término –"sobrehombre"–, ser ubicado más allá de lo que era antes, cuando aún regían las normas de la moral y la ética suprasensorial.

Según Heidegger, aunque Nietzsche indica que el nihilismo es la tendencia generalizada de la historia europea –o europeizada, como la chilena, habría que agregar–, las iniciativas donde se originan sus efectos no son homogéneos en la sociedad. Se articulan y concentran en centros de poder institucional que congregan a intelectuales de especializaciones diversas y complementarias entre sí para imponer su señorío sobre la colectividad –tengamos en mente la DINA, la CNI, los centros de investigación, las universidades patrocinados por la Fuerzas Armadas. Como centros de señorío, imponen sus valores como perspectiva que define las normas que rigen la vida humana:

> *Aquí queda claro: los valores son las condiciones que impone la voluntad de poder. Solamente allí donde la voluntad de poder, como característica fundamental en que todo lo real se hace presente, es decir, se hace verdad, y por tanto se lo aprehende como la realidad de todo lo real, es el lugar donde se hace evidente el origen de los valores y a través del cual la estimación de lo valioso es apoyado y*

dirigido. Con esto el principio de valoración queda reconocido. De aquí en adelante la imposición de valores se hace factible "en principio", es decir, originada en el Ser como sustento subyacente de todo lo que existe (p. 75).

En el proceso mismo de establecer y representar la seguridad de la sociedad impuesta por la perspectiva de sus valores, esos centros de señorío descubren el posible sentido de su sobrehumanidad como garantía para la promoción de la vida colectiva en la "ausencia de Dios", es decir, en medio de la invalidez de las antiguas normas morales y éticas:

La representación es correcta ahora cuando corresponde a esta proclama del sentido de la seguridad [del orden establecido]. *Comprobar que esto es correcto de esta manera, hace que* [la representación] *sea "tratada como proceso debido" a nuestra disposición, correcto y justificado. La verdad de todo lo que existe, en cuanto certidumbre de la acción del sujeto impositor, es fundamentalmente la capacitación para establecer lo correcto, lo justificable, lo representable y lo que representa antes de clarificar el sentido de la representación misma. La justificación (justificatio) logra la iustitia (lo correcto) y se convierte en la justicia misma. Puesto que el sujeto* [impositor de la perspectiva valórica] *nunca deja de ser sujeto, tiene la certidumbre de su propia seguridad. Se justifica a sí mismo al proclamar la justicia que él mismo ha impuesto* (pp. 89-90).
La segunda nota (1855) [de Nietzsche] *dice: "La justicia, como función de un poder que tiene un amplio campo de visión, que ve más allá de las estrechas nociones del bien y del mal, tiene por tanto un horizonte más ancho de interés –el objetivo, preservar Algo que es más que esta o esa persona particular"* (XIV, Aforismo 158) (pp. 91-92).

Porque Nietzsche de ninguna manera entiende la justicia primariamente como se la define en los reinos de lo ético y lo jurídico. Más bien, la piensa a partir del Ser de lo que es como totalidad, es decir, a partir de la voluntad de poder. Lo justo es aquello que está en conformidad con lo recto. Pero lo recto está determinado a partir de lo que, como todo lo que es, está en el ser. Por esto Nietzsche dice: "Lo recto = la voluntad de eternizar una relación de poder momentánea. Su presuposición es la satisfacción con esa relación. Todo lo sagrado es atraído hacia [lo recto] para hacer que lo recto aparezca como eterno" (XIV, Aforismo 462, 1833) (p. 92).

El concepto metafísico de la justicia en Nietzsche bien puede parecer extraño cuando se lo compara con nuestra concepción común, y esto no debe sorprender; pero a pesar de todo, está totalmente de acuerdo con la esencia de la justicia que en los inicios de la consumación de la era moderna, en medio de la lucha por el señorío de la tierra, ya es históricamente verdadero, y que por tanto determina toda actividad humana en este período, explícitamente o no, secreta o abiertamente (p. 92).

Según estos parámetros, las relaciones de poder privilegiadas por considerárselas como aseguramiento, afianzamiento del entorno social para la promoción de la vida por el poder impuesto, son eternizadas hasta el extremo de confundirse con los azares, las variables y contingencias posibles de la vida misma:

Preservación y promoción marcan las tendencias fundamentales de la vida, tendencias intrínsecamente unidas. A la esencia de la vida corresponde la voluntad de crecer, la promoción de sí misma. Toda medida de preservación de la vida es puesta al servicio de la promoción de la vida. Toda vida restringida meramente a la preservación ya está en proceso de declinación (p. 73).

Las "formas complejas de vida" se orientan en referencia a condiciones de preservación y estabilización, y de tal manera que lo estable se mantiene firme sólo con el objetivo de convertirse, en lo que respecta a promoción de la vida, en lo inestable. La duración de estas formas complejas de vida depende de la relación recíproca de promoción y preservación. De acuerdo con esto la duración es algo comparativo. Es siempre la "duración relativa" de lo que vive, de la vida (p. 73).

Aquí se originan en Ferrada esos **"planes 'para ser más y mejor', para ser más dignos y respetados, creo que las funciones naturales de las Fuerzas Armadas aparecerían a la vista ciudadana con perfiles mucho más nítidos"**.

Con estos encuadramientos filosóficos, ahora la influencia de Ferrada en los escritos de Aldunate y Molina y la intención de ellos quedan claramente expuestas. Es altamente probable que estos escritos hayan sido resultado de un seminario en que Ferrada hizo la contribución conceptual más importante. A partir de esa participación, dos intelectuales de importancia en el complejo institucional –Molina llegó a ser brigadier general y Aldunate se recibió de Profesor de Historia Militar y de Estrategia en la Academia de Guerra del ECH con su texto– fueron invitados y/o se sintieron motivados a reflexionar sobre el significado filosófico del ECH en la historia del país. A través de su narración gradualmente se revelan a sí mismos la esencia del Ser que impone y asegura el señorío de la forma de justicia originada en su voluntad de poder. Por ser quienes enseñorean su voluntad de poder sobre la sociedad chilena e imponen su noción de lo recto y de la justicia, como manifestación de ese poder no necesitan mencionar en sus textos las atrocidades que se cometieron para lograr ese señorío.

Las atrocidades cometidas por personal militar en la DINA, en el Comando Conjunto y en la CNI durante la dictadura quedan justificadas con la noción nietzscheana del sobrehombre nihilista. Sin embargo, no se encuentran escritos provenientes del interior de las Fuerzas Armadas chilenas que lo demuestren. A pesar de todo, el *Informe Rettig* (1991)[24] de la Comisión Nacional de Verdad y Reconciliación da testimonio de que, ya antes del 11 de septiembre de 1973, existía un vacío ético y legal en Chile que permitió a los militares la imposición de un poder nihilista mediante la suspensión del estado de derecho y el terrorismo de Estado administrado según la lógica maquiavélica:

> *Las violaciones de los Derechos Humanos cometidas en los últimos años y el hecho de su alto grado de tolerancia social, parecen demostrarnos que no existió en Chile, en la época en que estas violaciones se cometieron, una conciencia nacional suficientemente firme respecto del deber imperioso de respetar los Derechos Humanos. Creemos que la educación de nuestra sociedad no logró incorporar debidamente estos principios a su cultura.*
>
> *Una sociedad sin una conciencia plenamente desarrollada en el respeto, promoción y defensa de los Derechos Humanos, produce una legislación inefectiva en la protección de estos derechos. Es el caso de Chile. En efecto, si consideramos el sistema jurídico tradicional chileno a la luz de las normas contenidas en los tratados internacionales y a la luz de los principios y valores que inspiran la doctrina de los Derechos Humanos, tenemos que concluir que, no obstante consagrar formalmente los principios básicos en la materia, adolece de significativas fallas e insuficiencias. Esto no es sorprendente si se tiene en consideración que, en su mayor parte, el sistema está compuesto por normas positivas que se dictaron con anterioridad a la época en que la doctrina de los Derechos Humanos empezó a desarrollarse. Nuestros principales códigos entraron en vigencia cuando no*

existía ni a nivel internacional ni nacional una concepción clara y acabada de los Derechos Humanos
(Tomo 2, p. 837).
De entre las muchas carencias, pueden mencionarse,
a modo de ejemplo, tres aspectos del sistema tradicional que hacían posible las violaciones de los
Derechos Humanos. El primero es la existencia del
Código de Justicia Militar que vulneraba aquellos
derechos en diversas disposiciones, entre otras, las
normas del Debido Proceso, derecho humano, este
último, consagrado en todos los instrumentos internacionales. El segundo es el hecho de que la Ley de
Seguridad del Estado no tipificaba de manera precisa las figuras delictivas, permitiendo el castigo de los
llamados delitos de peligro abstracto, es decir, delitos en que la sola ilegalidad de la conducta hace
presumir de derecho el atentado contra un bien jurídico que el orden legal protege. El tercero, por
último, dice relación con las carencias de la Constitución de 1925 en materias de estado de excepción
constitucional, pues otorgaba un exceso de atribuciones a las autoridades del Poder Ejecutivo y no
contemplaba un control adecuado por los otros órganos del Estado (Tomo 2, pp. 837-838).
La verdadera causa de la violación de los Derechos
Humanos fue [...] la insuficiencia de una cultura
nacional de respeto de estos derechos. Será necesario, por ello, incluir en nuestra cultura nacional el
concepto de respeto y de adhesión irrestrictos a los
Derechos Humanos y al régimen democrático como
el único sistema político que salvaguarda efectivamente estos derechos. Por lo tanto, la introducción
del tema de los Derechos Humanos y del respeto de
la dignidad de toda persona en la educación formal
y la adopción de medidas simbólicas tendientes a
promover estos valores, nos parecen pasos esenciales e impostergables para alcanzar el objetivo propuesto (Tomo 2, pp. 838-839).

Sin embargo, antes de llegar a estas conclusiones, la Comisión ya había hecho una evaluación general de la conducta de las agencias más importantes del Estado, de la Sociedad Política y de la Sociedad Civil como responsables de la desvaloración de la dignidad de la persona durante la dictadura. El cuadro que surge es el de diferentes castas, estamentos, sectores sociales preocupados exclusivamente de su seguridad, de sus intereses más cercanos e inmediatos y despreocupados del resto de la sociedad a pesar de echar mano con frecuencia de la noción de "bien común" como recurso retórico. Se muestra así un cuadro general de profesionales y miembros de las altas burocracias que, preocupados sólo de su poder dentro de su corporación y para su corporación, ignoran su misión social de garantizar los Derechos Humanos.

Si nos atenemos a la noción heideggeriana de la existencia de centros de poder social desde los que pueden irradiarse violentamente las normas de lo recto, lo justo, lo apropiado que enseñorea la voluntad de poder de "sobrehombres", indudablemente la forma en que el *Informe Rettig* describe la acción de las Fuerzas Armadas durante la dictadura corresponde nítidamente a ese perfil. En particular se refiere a un núcleo conspirativo que finalmente se hegemonizó dentro del ECH:

> *La Comisión ha verificado que no existía en la oficialidad –presuntamente "en estado de guerra" contra el extremismo– un conocimiento de las leyes y moral bélicas, por ejemplo en cuanto al tratamiento de los prisioneros, torturas, interrogatorios, ejecuciones, procesos en tiempo de guerra, etc. Ello, por una parte, denota en ese tiempo estudios insuficientes sobre tales temas, y por la otra pudo hacer que no se enfocase de manera adecuada la acción del grupo [DINA] y, en un orden más amplio, todo lo concerniente a Derechos Humanos (Tomo 1, p. 47). En este confuso panorama ideológico [que llevó al golpe militar], no obstante, existió un grupo uniformado, fundamentalmente del Ejército, que actuó en*

secreto y sin el menor ánimo de figuración –denotándose así mediante sus hechos (frecuentemente negados por los miembros del grupo, a mayor abundamiento) y no mediante sus palabras–. Grupo que tuvo una notable coherencia ideológica y de acción y que fue factor determinante en el problema de los Derechos Humanos (Tomo 1, p. 43).

(Tomemos nota: aquí la Comisión entrega una de las claves más importantes sobre el sentido de la acción de los sobrehombres –actuaron **"en secreto y sin el menor ánimo de figuración, denotándose así mediante sus hechos (frecuentemente negados por los miembros del grupo, a mayor abundamiento) y no mediante sus palabras"**. *Lo que confiere esa* **"notable coherencia ideológica"** *es el esoterismo que observamos en Luis Valentín Ferrada)*

Llamamos grupo DINA al de mayores y coroneles de Ejército que empezó a actuar en la Escuela Militar desde el mismo 11 de septiembre de 1973 (y quizás, embrionariamente, con anterioridad, en el Regimiento de Ingenieros Militares de Tejas Verdes). Y que luego se prolongó en la Comisión DINA y ésta en la DINA propiamente tal... (Tomo 1, p. 45).

Otro temor que también jugó su papel en la consolidación e impunidad del grupo, fue su alta eficacia para maniobrar dentro de los institutos militares, y en particular del Ejército, paralizando o cortando las carreras profesionales de quienes se le oponían (y a los cuales calificaba de "blandos"). Paralelamente, se veía que altos oficiales "blandos" eran convocados de manera perentoria, sumariados, destituidos en sus mandos, e incluso sufrían vejaciones y perdían su carrera. Por meses, sobre todo en provincias, los oficiales de inteligencia adquirieron un poder desproporcionado e independiente de su rango, que los llevó a supeditar aun a sus superiores jerárquicos dentro de la misma unidad (Tomo 1, p. 47).

La idea –anticipada ya como corriente y hasta explícita en las primeras semanas después del 11 de septiembre de 1973– de una presidencia rotativa entre los Comandantes en Jefes para la Junta de Gobierno, quedó descartada. Se estableció un orden de precedencia que significaba, de hecho, que presidiera la Junta el Comandante en Jefe del Ejército [general Augusto Pinochet Ugarte]. A éste se le otorgó el título de Jefe Supremo de la Nación (Decreto Ley Nº 527), sustituido luego por el tradicional de Presidente de la República (Decreto Ley Nº 806). Pero en la práctica había nacido una nueva institución, la Presidencia de la República/Comandancia en Jefe, dotada de una suma de poderes jamás vista en Chile. Su titular no sólo gobernaba y administraba el país, sino que además integraba y presidía la Junta de Gobierno –y, por ende, no se podía legislar ni reformar la Constitución sin él– y comandaba todo el Ejército. La profundidad y extensión de poder semejante se completaba, amplificándolo todavía más, por el uso de los estados de excepción durante prácticamente todo el régimen militar (Tomo 1, p. 47).

Ante este poder omnímodo, el *Informe Rettig* releva la ineficacia del Poder Judicial para exigir el imperio del estado de derecho en la colectividad nacional, misión esencial de su existencia:

Los institutos armados y de orden, a través de la Junta de Gobierno, asumieron primero el Poder Ejecutivo (Decreto Ley Nº 1) y luego el Constituyente y el Legislativo (Decreto Ley Nº 128). El Poder Judicial mantuvo en la apariencia legal sus atribuciones y autonomía. Pero esta apariencia escondía una realidad muy diferente y disminuida, por dos razones fundamentales: a) por el sentimiento de simpatía que la mayoría de los integrantes de la Corte Suprema manifestaban respecto del nuevo régimen, y b) porque resultaba casi ocioso controlar la legalidad de quien podía cambiarla a su arbitrio, incluso en el nivel constitucional (Tomo 1, p. 42).

Si las Cortes hubieran respetado el mandato constitucional de actuar de inmediato; o acatado el mandato legal de fallar dentro de 24 horas; o ejercido la facultad legal que constituye la esencia del recurso, consistente en ver físicamente al detenido (habeas corpus); o, en fin, hubieran cumplido la norma del Auto Acordado de dictar sentencia antes de que el mal causado por la prisión injusta adquiriera grandes proporciones, la muerte, la desaparición y la tortura se podrían haber evitado muchísimos casos y, además, los hechores habrían quedado notificados de que sus actuaciones eran rechazadas al menos por un Poder del Estado del que, eventualmente, podrían recibir sanciones (Tomo 1, p. 101).

...la Corte Suprema declaró oficialmente que los Tribunales Militares en Tiempos de Guerra no están sometidos a su superintendencia, desestimando sólidas argumentaciones en sentido contrario [...] Al no ejercer esta facultad sobre los Tribunales Militares en Tiempos de Guerra, como habría sido posible entender lo que ordenaba la Constitución de 1925, no pudo la Corte Suprema velar por el efectivo cumplimiento por parte de dichos tribunales de las normas que regulan el Procedimiento Legal en Tiempo de Guerra establecidas por el Código de Justicia Militar (Tomo 1, p. 104).

La actitud asumida por los Tribunales de Justicia resultó inesperada para el país, acostumbrado a ver en este Poder un tenaz defensor del Estado de Derecho. Cabe recordar al respecto el histórico pronunciamiento que la Corte Suprema emitió hacia fines

del régimen de la Unidad Popular, denunciando las
diversas transgresiones que se cometían por éste
contra el sistema jurídico en general y en lo relativo
al cumplimiento de las resoluciones en particular
(Tomo 1, p. 96).

Si el imperio de la ley depende de la voluntad y capacidad del Poder Judicial para determinar por gestión independiente la verdad de hechos dolosos que vulneran el estado de derecho, la claudicación de los jueces ante el enseñoramiento
nietzschiano del poder dictatorial desahuciaba el criterio de
veracidad como factor fundamental para que la colectividad
nacional tomara conciencia real de la vastedad de su crisis de
convivencia. Al respecto, la Comisión Nacional de Verdad y
Reconciliación ha dicho que la "Verdad, para que cumpla su
función preventiva [de la violación de Derechos Humanos],
debe reunir ciertos requisitos mínimos, a saber, ser imparcial,
completa y objetiva, de manera de formar convicción en la
conciencia nacional acerca de cómo ocurrieron los hechos y de
cómo se afectó indebidamente la honra y la dignidad de las
víctimas" (Tomo 2, p. 868). Si es que un poder como el Judicial
claudicaba en cuanto al criterio de Verdad como fundamento
del estado de derecho, poco podía esperarse del periodismo
chileno como factor correctivo. El *Informe Rettig* tiene duras
palabras para evaluar la acción de la mayoría de los periodistas
chilenos durante la dictadura:

A los medios de comunicación a los cuales se les
permitió continuar con su labor, quedaron sometidos
a la censura previa, la que fue aplicada en forma
sistemática y generalizada hasta el mes de diciembre
de 1973 aproximadamente [...] En general, los pocos
medios de prensa que sobrevivieron, adherían al
nuevo régimen, por lo que, sobre todo al comienzo,
publicaron y difundieron la información que el go-
bierno les solicitaba en materias íntimamente relacio-
nadas con la situación de personas pertenecientes al

régimen depuesto y que afectaba gravemente sus Derechos Humanos, sin preocuparse de averiguar la verdad de esta información que, en muchas ocasiones, según se ha demostrado posteriormente, no correspondía a la realidad [...] Cabe destacar al respecto la publicación de información no comprobada de supuestas fugas o enfrentamientos que permitió justificar ante la opinión pública la muerte de numerosas personas, afectando al mismo tiempo su buen nombre y dignidad [...] La desinformación de la opinión pública en estas materias contribuyó sin duda a mantener las violaciones de los Derechos Humanos (Tomo 1, pp. 444-445).

En este período, la existencia de un clima de inseguridad y de temor sobre los medios y comunicadores provocó una actitud de autocensura que pasó de hecho a ser el mecanismo de control más utilizado, sin perjuicio de que respecto de aquellos medios considerados por las autoridades como menos proclives al régimen se adoptaran en ocasiones otras medidas, tales como la censura previa o el retiro de ejemplares de la circulación pública.

Por regla general, la prensa continuó haciéndose portavoz de las versiones oficiales de sucesos relacionados con detenidos desaparecidos que pretendieron ocultar la responsabilidad de agentes del Estado chileno y que fueron presentadas como "la verdad" de lo ocurrido, en circunstancias de que, en muchas ocasiones, existían motivos plausibles para dudar de tales versiones.

En lo tocante a las radiodifusoras que se mantuvieron en funcionamiento luego del cambio de régimen, se observó en este período una actitud similar a la de la prensa en cuanto a que, con raras e importantes excepciones, optaron por adherir de un modo espontáneo a una cierta ignorancia o tolerancia de lo que ocurría en materia de violaciones de los Derechos

Humanos, absteniéndose de adoptar una posición de denuncia de las mismas (Tomo 2, p. 610).
Los medios televisivos, por su parte, continuaron sujetos al control total del Estado, directamente en el caso de la Televisión Nacional o como consecuencia de la intervención de las universidades a las cuales pertenecían (Tomo 2, p. 611).

La claudicación de los periodistas ante su propias normas de ética profesional es, no obstante, nada más que un síntoma de claudicaciones más vastas y extensas. Sobre la actitud de los profesionales y de sus organizaciones gremiales ante las atrocidades sistemáticas en su período más grave, la Comisión comenta:

> *Muchos profesionales no observaron en materia de Derechos Humanos un comportamiento acorde con la ética exigida por sus respectivas profesiones. Es el caso, por ejemplo, de médicos que participaron en sesiones de tortura, aceptaron no denunciar las mismas cuando llegaron a su conocimiento, suscribieron certificados de defunción o protocolos de autopsias que no señalaban la verdadera causa de las muertes o no proporcionaban información acerca del destino de cadáveres a pesar de serles conocido. Es también el caso de abogados, que aceptaron participar como fiscales o auditores de los Consejos de Guerra que no guardaron respeto a las reglas del debido proceso, permitiendo, así, la condena de personas cuya culpabilidad no fue legalmente establecida. Asimismo, cabe suponer que algunos abogados, por inadvertencia u otras causas, colaboraron en la redacción de ciertos Decretos Leyes sin representar que ellos podían facilitar la emisión de actos violatorios de los Derechos Humanos.*
> *Al comportamiento individual de los profesionales aludidos cabría agregar que los respectivos colegios*

248

*no ejercieron las atribuciones normales de control
ético entre los miembros de su orden que entonces
detentaban, ya porque las circunstancias lo impidieron, ya porque, en ocasiones, algunos de ellos no
tuvieron disposición para ello.*

*En todo caso, contrapesando la actitud comentada,
diversos profesionales empezaron a reaccionar posi-
tivamente y en forma individual ante los hechos, asumiendo una decidida actuación de defensa de los
Derechos Humanos, sea ejerciendo el derecho de
petición ante las nuevas autoridades, representando
a las víctimas ante los tribunales, empleando su influencia personal al interior del régimen, o integrán-
dose a las organizaciones de defensa de los Derechos Humanos* (Tomo 1, p. 446).

La Comisión también se refirió a la actitud ambigua ante
las violaciones de los Derechos Humanos por parte de intelectuales que apoyaron al régimen militar, la gran mayoría de ellos
graduados de la Pontificia Universidad Católica de Chile y de
prestigiosas universidades estadounidenses. Recordemos que
fue en la Universidad Católica de Chile donde se aposentó la
influencia de los dos intelectuales representativos del fascismo
franquista de mayor relevancia –Osvaldo Lira Pérez y Jaime
Eyzaguirre. Muchos de sus discípulos –particularmente Jaime
Guzmán– fueron asesores del régimen para la transformación
institucional y económica de Chile y, por tanto, con mayor
responsabilidad ante el "bien común" de la nación, concepto
que tanto enfatizaron retóricamente:

*Eran, los más importantes entre ellos, generaciones
jóvenes (menores de 40 años), de clase económica
alta o media acomodada, profesionales universita-
rios muy preparados en sus respectivas disciplinas y
–en su mayoría– relacionados con la lucha "gremialista" dada en las universidades contra la agitada
"reforma" de los años 1967 y siguientes.*

Una primera oleada, de formación católica muy neta, e inspirada en tradiciones autoritarias tanto chilenas (Portales) como españolas, recibió adicionalmente el aporte de algunos civiles nacionalistas de mayor edad, y originó la Declaración de Principios del Gobierno de Chile (octubre de 1974). Era un documento ambicioso, pues buscaba sentar las bases doctrinarias a las cuales se ajustaría la acción del régimen militar (Tomo 1, p. 49).

La "segunda oleada" era, en verdad, más antigua todavía que la primera en su contacto con los militares. Lo formaban jóvenes de las mismas características referidas al tratar la "primera oleada", pero con dos rasgos específicos suyos: ser economistas con postgrados en afamadas universidades norteamericanas, y ser liberales o neoliberales en su disciplina y, más allá de ella, en su concepción de la sociedad y del hombre (Tomo 1, pp. 49-50).

A estas alturas, la "primera" y la "segunda" ola de colaboradores civiles del régimen militar se habían unificado en torno a las nuevas ideas económicas, que incluso habían extendido su influjo a materias conexas −como salud, previsión, derecho laboral, etc.− o aun a relativamente inconexas, como educación, colegios profesionales, canales de TV, etc. No cabía duda de que el sector que llamamos "primera ola" había evolucionado hasta adoptar las ideas de los economistas y generalizarlas en una concepción de "sociedad libre", donde el Estado tuviese el menor papel posible , y la iniciativa particular, el mayor.

El grupo unificado había puesto además en juego todas sus fuerzas para elaborar una nueva Carta Fundamental completa, dejando de lado el sistema de "actas" [...] Este sistema de actas entroncaba con el espíritu de la Declaración de Principios, en el sentido de ir introduciendo las normas básicas paulatina-

mente, ensayándolas en su ejercicio y viendo su comportamiento, hasta que –así introducidas y probadas todas– quedara una Constitución de éxito garantido. El año 1980, en cambio, se presentó a plebiscito una nueva Constitución completa y sin ensayo previo. Sus rasgos poco o nada conservaban de la Declaración de Principios de 1974: eran tradicionales, liberales y democráticos, aunque de sesgo fuertemente autoritario. Pero ponía fecha de término fija al régimen militar, y conservaba y daba rango constitucional a la libertad económica, la primacía de la iniciativa particular y la desestatización (Tomo 1, p. 50).

No corresponde a la Comisión, reiteremos, hacer juicios de valor sobre los hechos relatados. Los ha descrito como marco para apreciar el papel de los civiles que tuvieron una relación política con el régimen militar, en el tema de los Derechos Humanos y del grupo DINA. En alguna medida, ellos sin duda supieron del problema y de la nocividad del grupo, pero en general carecieron de instrumentos para abordar eficazmente la situación y juzgaron más perjudicial que beneficioso abandonar, por ella, su apoyo global al régimen militar. Tampoco es posible descartar que, dada la desinformación ambiente, en algunos períodos pudiesen creer con sinceridad (aunque sin exactitud) que las violaciones de los Derechos Humanos habían concluido, o que estaban disminuyendo hasta el punto de que pronto, y en forma definitiva, dejarían de ser amenazantes. Otros civiles, en seguida, aducían que sus cargos eran técnicos, no políticos, asignando a los últimos el papel de preocuparse por los Derechos Humanos. Tampoco faltaron quienes alegasen que era mejor y más productiva una labor callada, de convencimiento, caso a caso, que una reclamación pública, que interrumpía la comunicación con el régimen. Finalmente, algunos negaron toda violación (aunque, repitamos,

unas veces ignorando la realidad de lo que aborda-
ban) con los argumentos pasionales pre-11 de sep-
tiembre... (Tomo 1, pp. 50-51).

La Comisión se limita a dejar constancia de que estas
distintas y tan disímiles facetas de la acción civil
respecto a Derechos Humanos, no surtieron ningún
efecto positivo y sustancial hoy apreciable, si se pres-
cinde de la salvación individual de algunas decenas
de perseguidos, acciones valiosas, sin duda, pero mí-
nimas en el total de los ejecutados, desaparecidos,
etc. (Tomo 1, p. 51).

Al reflexionar sobre el valor de la circulación de la Verdad como fundamento de cualquiera acción correctiva por parte
de una colectividad nacional podría argumentarse que la claudicación ética de los profesionales es sólo un elemento parcial
que no puede reflejar el estado moral de toda la nacionalidad.
Este reparo implica que, sin duda, el valor de la Verdad depende de una conciencia ética que impulse a la nacionalidad a una
movilización general y decisiva para recuperar, proteger y
mantener la cohesión comunitaria vulnerada por la violación
masiva y sistemática de sus Derechos Humanos por el Estado.
No obstante, cuando se refiere a la actitud de la Sociedad Civil
ante las atrocidades cometidas por el régimen militar, la Comisión simplemente muestra una Nada, un vacío ético. Esto es lo
que afianza la afirmación de que la conciencia ética de la
nacionalidad chilena se caracteriza por el nihilismo:

La intervención militar del 11 de septiembre de 1973
configuró en el país, de inmediato y durante todo el
período, un cuadro permanente de violaciones de
Derechos Humanos esenciales de muchas personas
(pricipalmente al derecho a la libertad personal, a
un juicio justo, a la integridad física y a la vida),
pertenecientes o simpatizantes, real o supuestamente,
al régimen depuesto. Esta situación no produjo en
Chile, en esta primera época, prácticamente ninguna

252

reacción crítica de carácter público, excepto de parte de las iglesias, especialmente de la Iglesia Católica. A medida que los hechos comenzaron a conocerse, vastos sectores de opinión permitieron, toleraron, simpatizaron e incluso cohonestaron las violaciones a los Derechos Humanos de personas sindicadas como pertenecientes o simpatizantes de la Unidad Popular, justificando su actitud en hechos o en actos supuestamente cometidos o por cometer por dichas personas. Se hizo común esgrimir como argumento la circunstancia de que esas personas tenían planeado matar a sus oponentes, de donde resultó que la represión se explicaba, no tanto por lo que habían hecho las víctimas, sino por lo que se decía se proponían hacer.

No prevaleció, pues, en nuestra patria, la convicción profunda de que toda persona debe ser respetada en sus Derechos Humanos, en especial aquellos más esenciales, cualquiera sea el cargo que se le impute o el daño que supuestamente haya causado (Tomo 1, pp. 441-442).

Nihilismo contra verdad.
El olvido forzado como imperativo histórico

Interesa ahora explorar las implicaciones del radical contraste de estos dos entendimientos de la convivencia social.

Se ha dicho que el régimen militar significó una tercera revolución en un corto período de casi tres décadas –la Revolución en Libertad democratacristiana, la Revolución Socialista intentada por la Unidad Popular y la Revolución Burguesa impuesta por las Fuerzas Armadas. Puede entenderse que el correlato ideológico militar de la Revolución Burguesa ha sido la justificación final de la dictadura militar y sus atrocidades erigiendo una imagen de las Fuerzas Armadas, en particular del

ECH, como casta aristocrática señorial que impone su voluntad de poder de manera abrumadora e incontestable, desconociendo y desautorizando toda norma legal, nacional e internacional, ocultando la comisión de crímenes contra la humanidad y obstaculizando su investigación de manera sistemática y conspirativa. El gran triunfo de estos sobrehombres fue la imposición de su nihilismo sobre el resto de la sociedad chilena y la impunidad de hecho que las Fuerzas Armadas han logrado *como instituciones corporativas,* aunque algunos de sus miembros hayan sido enjuiciados y condenados. De allí que, en el presente, las Fuerzas Armadas sean de facto el sitio donde reside el verdadero poder político en Chile y encuentren la legitimidad para montar campañas nacionales de relaciones públicas, secundadas y apoyadas por los gobiernos de la Concertación, presentándose a sí mismas como instituciones de "todos los chilenos".

El trabajo de la Comisión Nacional de Verdad y Reconciliación iniciado en 1990 y su informe final de marzo de 1991 son los primeros pasos en la construcción de una cultura de Derechos Humanos antes inexistente. La Comisión los dio mediante la reconstrucción de "la verdad genérica relativa a las referidas violaciones, informe destinado al conocimiento del país, que estará así en situación de formarse un concepto racional y fundamentado sobre lo ocurrido" (Tomo 1, III). Tengamos presente que, al iniciarse los trabajos de la Comisión, luego de la derrota del régimen en el plebiscito de octubre de 1988, las Fuerzas Armadas habían tenido más de un año de preparativos para enfrentar las investigaciones sobre Derechos Humanos que sin duda vendrían con la redemocratización. Para esa reconstrucción

> *...la Comisión entendió desde un comienzo que la verdad que debía establecer tenía un fin preciso y determinado: colaborar a la reconciliación de todos los chilenos. Atendida la magnitud de esta tarea, se quiso escuchar la opinión de los principales actores de la vida nacional y especialmente de los más interesados en este tema, para recoger de ellos sus plan-*

teamientos respecto del trabajo que se debía reali-
zar. Así, durante todo el primer periodo de su traba-
jo, y hasta que entró a la etapa de análisis de casos,
la Comisión sostuvo una reunión con cada una de
las agrupaciones de familiares de víctimas, de orga-
nismos de Derechos Humanos, de los colegios profe-
sionales que pidieron reunirse con ella y de todos los
partidos políticos (Tomo 1, p. 13).

Prácticamente en todos los casos en que los antece-
dentes recopilados indicaban la posible participación
en ellos de agentes de las Fuerzas Armadas y de
Orden, le fue consultado al Comandante en Jefe de
la rama respectiva y al General Director, en su caso,
por los antecedentes que pudieran existir en la Ins-
titución sobre tales hechos.

El Ejército de Chile respondió más de dos terceras
partes de estas solicitudes. En una mayoría de las
respuestas señaló que, conforme a la legislación vi-
gente y a la reglamentación institucional respectiva,
los antecedentes que pudieran haber existido sobre
estos hechos, en cumplimiento de disposiciones jurí-
dicas, habían sido incinerados o destruidos luego de
transcurrido el plazo legal para hacerlo. En otras se
hizo ver que la institución no registraba anteceden-
tes o que no estaba en posibilidad de responder a
menos que la Comisión completara las referencias de
su solicitud. En un número menor de casos, el Ejér-
cito entregó información solicitada que resultó valio-
sa para el conocimiento de lo ocurrido.

Carabineros de Chile respondió casi invariablemente
a este tipo de solicitudes haciendo ver que los docu-
mentos de la época habían sido legalmente incinera-
dos (Tomo 1, p. 7).

La Fuerza Aérea de Chile aportó los antecedentes
pedidos; señaló –en otros casos– que no registraba
la información sobre los mismos, o que ésta habría
sido legalmente incinerada.

La Armada de Chile respondió a todas las solicitudes de la Comisión, enviando material que resultó de gran utilidad para las indagaciones. En un número menor de respuestas esta rama señaló no tener antecedentes sobre las situaciones consultadas.

Cuando se pidieron datos sobre la participación de las ramas en los servicios de seguridad [DINA, CNI], el Ejército, la Armada y la Fuerza Aérea hicieron ver que se encontraban legalmente impedidos de aportar información que se refiriera a labores de inteligencia (Tomo 1, p. 8).

Las Fuerzas Armadas rechazaron tajantemente la validez del *Informe Rettig*. Sólo en la Mesa de Diálogo convenida por el Ministro de Defensa Edmundo Pérez Yoma el 21 de agosto de 1999 –a fines de la presidencia de Eduardo Frei Ruiz-Tagle, que terminaba en mayo del 2001– las Fuerzas Armadas reconocieron las violaciones de Derechos Humanos.[25] No obstante, contra toda la evidencia acumulada en cuanto a una planificación institucional sistemática para dotar de personal y de recursos materiales a los servicios de seguridad que cometieron atrocidades, los representantes de los Comandantes en Jefe descatados en la Mesa de Diálogo insistieron en atribuirlas a oficiales que cometieron excesos individuales.

La Mesa fracturó la unidad de las organizaciones de Derechos Humanos puesto que, en medio de una gran polémica, algunos de sus representantes de importancia participaron en ella –los abogados Roberto Garretón, Jaime Castillo Velasco, José Zalaquett, Héctor Salazar, Pamela Pereira. Dado que Pamela Pereira era también dirigente del Partido Socialista, la mayoría de los organismos de Derechos Humanos sospechó que la Mesa de Diálogo era otro intento de la Concertación para llegar a alguna forma de acomodo con las Fuerzas Armadas, terminar con el malestar castrense por los enjuiciamientos de personal militar y clausurar definitivamente la problemática de las violaciones de Derechos Humanos, manteniéndoles una alta cuota de impunidad.

La Mesa de Diálogo fue una oportunidad para que las Fuerzas Armadas contribuyeran a la restauración del estado de derecho entregando su versión de "la verdad genérica" de manera realista y honesta, entendiéndose que era razonable que su versión integrara el clima confrontacional como condicionamiento que llevó a la caída de la Unidad Popular. De acuerdo con el Derecho Internacional Humanitario, vencer, neutralizar a un enemigo, destruir su capacidad de resistencia no obliga necesariamente a cometer crímenes contra la humanidad. Ese realismo y esa honestidad eran una expectativa razonable si en ese momento las Fuerzas Armadas eran dirigidas por generaciones de oficiales que durante la dictadura habían tenido sólo un rango subalterno y que para ellos era imperativo encontrar alguna forma de distanciar a sus instituciones de las atrocidades cometidas por las generaciones anteriores.

Pero, ¿de qué manera intervendría la ideología nihilista ya institucionalizada en esta oportunidad de marcar un nuevo rumbo?

La Mesa de Diálogo terminó sus deliberaciones la madrugada del 13 de junio del 2000 con un documento de compromiso. Aunque inicialmente la Mesa había sido convocada para buscar una solución general a la problemática de las violaciones de Derechos Humanos, el documento final restringió el compromiso a determinar el destino de los detenidos desaparecidos. Las Fuerzas Armadas se comprometieron a presentar en un plazo de seis meses la información que pudiera existir todavía entre el personal activo o jubilado de cada institución, más allá de los documentos incinerados poco antes del retorno a la democracia. Las Fuerzas Armadas reconocieron que personal militar había participado en atrocidades pero no hicieron un acto de contrición y declararon que tal acto de contrición no sería necesario en el futuro. No obstante, ante la nacionalidad chilena quedaron pública y oficialmente comprometidas a la busca de la Verdad.

La recolección de datos comenzaría luego de que se

promulgara una ley especial del Parlamento que autorizaba a las Fuerzas Armadas a crear los conductos burocráticos que estimaran necesarios y convenientes. La ley también designaba a los representantes de las otras instituciones participantes en la Mesa de Diálogo para recibir información reservada y penalizaba las infidencias en esta comunicación. Además establecía que la información recogida de ninguna manera influiría sobre las causas pendientes ante los Tribunales. En el texto con que mandó el proyecto de ley al Parlamento, el Presidente Ricardo Lagos insistió en que el secreto del procedimiento de ninguna manera podía entenderse como "ley de punto final" que significara la impunidad o modificara la responsabilidad legal de personas involucradas en violaciones de Derechos Humanos. Tampoco debía entenderse la ley como interferencia en la acción presente o futura de los Tribunales. Entregados los informes, el Presidente Lagos los trasladaría al Poder Judicial para que actuara. La Corte Suprema nombraría ministros de dedicación exclusiva para resolver a la brevedad posible los casos relacionados con la información entregada. El Estado proporcionaría los fondos extraordinarios para esta función. La ley especial fue aprobada por el Parlamento el 22 de junio del 2000 y publicada en el *Diario Oficial* el 6 de julio, tomando así total vigencia. La recolección de información debía terminar el 6 de enero del 2001.

Según la experiencia de las organizaciones de Derechos Humanos acumulada a través de años de dictadura era absurdo pensar que las Fuerzas Armadas se investigaran a sí mismas. Por lo demás, ¿no es que las respuestas obtenidas por Comisión Nacional de Verdad y Reconciliación indicaban que la información existente había sido incinerada?

Durante el período de recolección de datos hicieron crisis dos situaciones arrastradas desde antes –el estatus del general Augusto Pinochet ante la justicia por 146 causas que se le seguían por violaciones de Derechos Humanos; el pacto de silencio del personal militar que impedía la revelación de datos secretos que involucraran a sus superiores.[26]

El 8 de agosto del 2000 la Corte Suprema dictó un fallo

de desafuero del general Pinochet como senador vitalicio para que fuera procesado como instigador y/o encubridor de 57 ejecuciones ilegales y 18 secuestros cometidos por la llamada "Caravana de la Muerte". El 2 de diciembre del 2000 el juez que presidía la causa encargó reo al general Pinochet.

El Boletín FASIC del 14 de julio, 2000 entregó la primera señal de la crisis del pacto de silencio entre el personal militar: "El senador Jorge Lavanderos (DC) informó haber recibido informaciones de ex agentes de un organismo de seguridad del gobierno militar que daban cuenta que en 1988 una comisión habría recorrido el país desenterrando 149 cuerpos de detenidos desaparecidos, en localidades cercanas a Puerto Montt y a la capital. Lavanderos señaló que los ex agentes le aseguraron que el 60% de los detenidos desaparecidos habían sido arrojados al mar y que los desaparecidos no eran 1.250 como dice el *Informe Rettig,* sino más de 2.000".

Poco después de su arresto y confesión de haber asesinado al dirigente gremial Tucapel Jiménez en 1982, el mayor (r) del ECH Carlos Herrera Jiménez –luego procesado y condenado a presidio perpetuo– declaró que la orden de proceder al asesinato se la habían dado el mayor (r) del ECH Alvaro Corvalán, jefe del cuartel Borgoño de la CNI y ex-jefe de operaciones de la CNI, y el ex-director de la CNI y ex-miembro de la Junta de Gobierno, general del ECH Humberto Gordon En una entrevista de prensa del 11 de septiembre del 2000, el mayor Herrera hizo la siguiente protesta:

Siento que estoy asumiendo más responsabilidad de la que me corresponde. Se me hacen cargos que van más allá de las posibilidades que tenía conforme al grado que tenía en el momento de los hechos. Era un capitán recién ascendido cuando murió Tucapel Jiménez. Creo que llegó el momento de que aquellos que llevaron al país a la situación que hoy nos ocupa, asuman su responsabilidad penal que les asiste. Me estoy refiriendo al alto mando de las Fuerzas Armadas y, muy en particular, al del Ejército. Son

ellos, y no el actual mando quienes deben responsa-
bilizarse por las órdenes que dieron o dejaron de
dar. [Me refiero al] *generalato que hubo entre el 11*
de septiembre de 1973 y el 11 de marzo de 1990. En
todo ese período pasaron cosas buenas y malas. Y
hay que responder, también, por las cosas malas que
ocurrieron [...] *Todo lo que pasó o dejó de pasar en*
el gobierno militar, por las características propias de
los militares, es consecuencia de órdenes. Cuando
llegue el día que asuman sus responsabilidades los
inductores intelectuales de uno u otro bando se esta-
rán dando recién los primeros pasos para una re-
conciliación de verdad (FASIC).

Por su parte, el mayor Alvaro Corvalán –también inculpado en la ejecución ilegal de doce guerrilleros del Frente Patriótico Manuel Rodríguez el 15-16 de junio de 1987 en la llamada "Operación Albania"– decidió "colaborar" con el juez investigador "con el objeto de delimitar sus reales responsabilidades", lo cual resultó en nuevos procesamientos (FASIC, 6 de noviembre, 2000), entre ellos el del ex-auditor general del ECH, general Fernando Torres Silva (FASIC, 10 de noviembre, 2000). Más adelante, el 24 de abril del 2002, el mayor Corvalán llegaría a admitir que "en todas las acciones ilegales cometidas como agente de la CNI en los años '80 'actué como funcionario del Ejército, con medios del Estado y por orden del Estado'" (FASIC).

En una maniobra para controlar el daño causado por estas denuncias, "se reveló" una carta "supuestamente con la rúbrica del general" Humberto Gordon, notariada el 20 de junio, "es decir, cinco días después de su fallecimiento", la cual "aparece cinco meses después de su muerte y la fecha de entrega coincide con las confesiones que han efectuado ante los tribunales ex agentes de la CNI sobre sus responsabilidades en los casos [...] Tucapel Jiménez y Operación Albania" (FASIC, 8 de noviembre, 2000). En los párrafos más importantes, en la carta atribuida a Gordon se declara:

En mi calidad, primero, de Director Nacional de Inteligencia y, después, Miembro de la Junta Militar de Gobierno, como representante del Ejército de Chile, reitero que todas las operaciones realizadas por los miembros de la Central Nacional de Informaciones y de la Dirección de Inteligencia del Ejército, tuvieron su origen en órdenes por mí impartidas, siendo, por tanto, yo el responsable de ellas y no aquellos que sólo cumplieron con celo sus deberes como miembros de una institución militar.

... en forma libre y espontánea, vengo en asumir las responsabilidades de las acciones realizadas por mis subalternos [...] debiendo, por tanto, hacérseme a mí los cargos que hoy injustamente se imputa a aquellos.

Un requisito esencial que debe tener todo oficial de Ejército y, especialmente, un general, es el respeto y obediencia de sus subalternos. Si así no fuere, estaríamos ante la presencia de grupos facciosos o de montoneros. Un hecho de esta naturaleza sería constitutivo de insubordinación (FASIC).

En el contexto del momento, la publicitación de la carta puede entenderse como una operación psicológica del DINE con dos objetivos –apaciguar el malestar de los oficiales de nivel medio demostrando que la superioridad asumía sus responsabilidades, a la vez que la confesión general de un muerto intentaba bloquear investigaciones futuras. Se buscaba preservar el prestigio del alto mando a sabiendas de que realmente no podía detenerse la inercia investigativa generada por los oficiales que habían decidido "colaborar" con el juez. Prueba de ello es que, tres días después de publicitada la carta, fue arrestado Hernán Ramírez Hald, general del ECH, jefe del Comando de Industria Militar e Ingeniería (CIMI), quien en 1982 había sido el mayor a cargo del Departamento Primero del Cuerpo de Inteligencia del Ejército, del cual procedían los militares encargados de asesinar a Tucapel Jiménez. Ramírez Hald fue el primer general en servicio activo enjuiciado por violaciones de Derechos Humanos. El 23 de noviembre Ramírez Hald fue arrestado; dos días antes había sido arrestado el ex-auditor del ECH, general (r) Fernando Torres Silva, como encubridor del homicidio del líder gremial Tucapel Jiménez. El 13 de diciembre se inició proceso en contra del ex-fiscal militar Luis Acevedo González y del general (r) Hugo Salas Wenzel por su involucramiento en la "Operación Albania", masacre de guerrilleros del Frente Patriótico Manuel Rodríguez.

Ante la vulnerabilidad legal del general Augusto Pinochet y del alto mando del ECH, los Comandantes en Jefe de las Fuerzas Armadas montaron una campaña con la que, de hecho, se buscaba negociar la información sobre los desaparecidos comprometida ante la Mesa de Diálogo a cambio de que el gobierno de Ricardo Lagos influyera para limitar la acción de los Tribunales. En esta campaña los Comandantes en Jefe no trepidaron en hacer amenazas.

El 3 de agosto el general Izurieta "indicó que el proceso judicial que enfrenta el general Pinochet afecta la recopilación de información para encontrar los detenidos desaparecidos [...] 'Lógicamente que todas las situaciones que vayan en desmedro de generar confianzas y un ambiente adecuado para que la gente colabore en este sentido son cosas que tenemos que tomar en consideración y esta situación lógicamente incide en ello'" (FASIC). En un acto de solidaridad con el senador vitalicio Augusto Pinochet por su desafuero, los Comandantes en Jefe "advirtieron que el desafuero podría afectar la generación de confianzas necesarias para la entrega de información sobre el destino de los detenidos desaparecidos" (FASIC, 9 de agosto, 2000). El 9 de septiembre el almirante Jorge Arancibia, Comandante en Jefe de la Armada, "sostuvo que pese a los esfuerzos de la institución para recabar información sobre los detenidos desaparecidos durante el régimen militar, los resultados podrían estar muy lejos de las expectativas cifradas hace tres meses, tras el acuerdo de la Mesa de Diálogo sobre Derechos Humanos" (FASIC). Al conocerse el arresto del general Pinochet el 2 de diciembre del 2000 por su responsabilidad en la masacre de la "Caravana de la Muerte", "los máximos jefes de las Fuerzas Armadas y Carabineros se reunieron en forma extraordinaria en el edificio de las Fuerzas Armadas. A la salida de la primera reunión con Izurieta, el Comandante en Jefe de la Armada, almirante Jorge Arancibia Reyes, fue claro en manifestar la frustración de los uniformados. Dijo que las instituciones no se pronuncian sobre los fallos judiciales 'máxime cuando ellos pueden llevar a generar situaciones que se perciben como graves, como muy graves'" ; "El Comandante en Jefe del Ejército, general Ricardo Izurieta, afirmó [...] que se ha comprometido el clima de tranquilidad y paz en el país por la resolución del juez Juan Guzmán de someter a proceso al senador vitalicio Augusto Pinochet..." (FASIC).

El punto máximo de tensión se esperaba con la confrontación de Ricardo Lagos con los Comandantes en Jefe de las Fuerzas Armadas en una reunión del Consejo de Seguridad Nacional solicitado por ellos. En la reunión el Presidente estaría en minoría y los militares podrían dictar sus términos. En su vulnerabilidad política, el único recurso de Lagos era postergar la reunión: "El Presidente Ricardo Lagos acogió la petición [...] hizo la salvedad que para no afectar la independencia judicial la reunión se hará una vez que concluya la tramitación del recurso de la defensa que busca revertir el procesamiento del desaforado senador vitalicio Augusto Pinochet. El requerimiento de los uniformados estaba precisamente relacionado con la encargatoria de reo que se había dictado en contra del ex dictador" (FASIC, 7 de diciembre, 2000).

Ante el asedio al gobierno de Ricardo Lagos, así como ocurrió a fines de los años '80, el gobierno de Estados Unidos y las organizaciones internacionales de Derechos Humanos se movilizaron en defensa de la democracia en Chile.

A comienzos de agosto del 2000, cuando la protesta de las Fuerzas Armadas por el desafuero del senador vitalicio Augusto Pinochet –paso previo a su enjuiciamiento por violaciones de Derechos Humanos– comenzó a hacerse intransigente, la Secretaria de Estado de la administración del Presidente Bill Clinton, Madelaine Albright, hizo una visita especial a Chile. El 18 de agosto, en conferencia de prensa "destacó la resolución de la Corte Suprema de Justicia de ratificar el desafuero del senador vitalicio Augusto Pinochet, señalando que fue una 'decisión histórica e importante para el estado de derecho y la promoción y protección de los Derechos Humanos en Chile'" (FASIC).

El 7 de octubre del 2000, Pierre Sané, secretario general de Amnistía Internacional, terminó una visita de cinco días a Chile con una entrevista con el Presidente Lagos y su gabinete de ministros y una conferencia de prensa. En ella Sané hizo especial hincapié en el respeto del gobierno por el estado de derecho al destacar "el compromiso del gobierno de no ejercer ningún tipo de influencia en el proceso contra el general (r) Augusto Pinochet. Al respecto subrayó la disposición del gobierno a respetar la independencia de los tribunales. En este contexto, Sané dijo que el poder público, incluidas las Fuerzas Armadas, debía colaborar con la justicia y explicó luego que se refería a que los institutos armados deben entregar información que poseen para el esclarecimiento de los crímenes cometidos durante el régimen militar" (FASIC). Sané y las autoridades de gobierno "acordaron desarrollar un plan de acción nacional de los Derechos Humanos 'que asegure que la impunidad nunca más se verá en Chile'" (*ibid.*)

Luego intervino la sección estadounidense de Amnistía Internacional el 7 de diciembre del 2000: "En reacción a la noticia de que el Comandante del Ejército chileno ha solicitado sesión del Consejo de Seguridad Nacional para analizar el arresto domiciliario [del general (r) Pinochet], el director ejecutivo de Amnistía Internacional de Estados Unidos, William F. Schulz, dijo que 'los intentos de las Fuerzas Armadas de hacer de este asunto judicial un asunto de seguridad nacional son simplemente inaceptables [y] representan una presión intolerable sobre el poder judicial chileno'" (FASIC).

El 8 de diciembre, después de firmar un acuerdo con el gobierno chileno para la protección de los derechos de las mujeres, los niños, las poblaciones indígenas y otros grupos discriminados, la Alta Comisionada de las Naciones Unidas Mary Robinson declaró en conferencia de prensa "su conformidad con el avance de los juicios por violaciones de Derechos Humanos, entre éstos el sometimiento a proceso del general (r) Pinochet. Robinson dijo que el enjuiciamiento de Pinochet es una buena noticia para Chile y 'para todos los que luchan por el respeto a los Derechos Humanos en el mundo'" (FASIC).

El 6 de enero del 2001, el Presidente Lagos recibió oficialmente la información recolectada por las instituciones participantes en la Mesa de Diálogo. Dijo que la información aclararía el destino de 180 detenidos desaparecidos, de los cuales 130 cadáveres habrían sido lanzados al mar, a lagos y ríos; otros 20, de nombres desconocidos, estarían en fosas en la Región Metropolitana. El Presidente valoró " ' la fortaleza y el coraje' mostrado en este proceso por las Fuerzas Armadas, particularmente el Ejército, señalando que su reconocimiento de los hechos muestra una sincera reprobación de los crímenes y la disposición a que no vuelvan a repetirse [...] señalando que los altos mandos 'han reconocido que el país no puede mirar al futuro sin despejar las deudas del pasado'. 'Los altos mandos señalan que los hechos que condujeron a la violencia política no deben repetirse en nuestro país. Y, más importante, que comparten el dolor que dichos actos causaron y que estiman indispensable que la sociedad en su conjunto sea capaz de asumir sus responsabilidades y superar sus diferencias'" (FASIC, 8 de enero, 2001).

La resolución del significado real de la Mesa de Diálogo y de la disponibilidad de las Fuerzas Armadas para contribuir a un esfuerzo nacional hacia la reconciliación se dio el 8 de septiembre del 2002. Ese día el periodico *La Nación* hizo pública la denuncia de que el antiguo personal del Comando Conjunto había sido reactivado en enero por el alto mando de la Fuerza Aérea "para entorpecer la labor de los tribunales de justicia" (FASIC). Esto reveló una conspiración concertada entre las Fuerzas Armadas para falsificar la información que se entregaría al Presidente de la República según el acuerdo de la Mesa de Diálogo.

En la resolución de ese significado real es preciso considerar los conflictos que se dieron entre el 6 de enero del 2001 –fecha de entrega de la información recolectada por las Fuerzas Armadas– y el 8 de septiembre del 2002. A través de toda esta etapa las Fuerzas Armadas obstaculizaron sistemáticamente los procedimientos judiciales.

En cuanto al Poder Judicial, por una parte debe considerarse que el juez Juan Guzmán, a cargo del enjuiciamiento del general Pinochet, reveló que había recibido amenazas de las Fuerzas Armadas y presiones del gobierno para ceder en su investigación (FASIC, 10 de enero, 2001). Por otra está la negativa del ECH a entregar información a los jueces de dedicación exclusiva encargados de resolver la situación de los detenidos desaparecidos (FASIC, 5 de septiembre, 2001; 20 de diciembre, 2001; 27 de febrero, 2002; 6 de marzo, 2002). El ECH alegó la incapacidad de entregar parte de esa información por la pérdida de la documentación a consecuencia de un incendio provocado por un ataque subversivo. No obstante, ante un requerimiento de los jueces, rehusó precisar qué documentos se habían perdido (FASIC, 28 de febrero, 2002; 6 de marzo, 2002). El magistrado a cargo de la investigación declaró que "me ha correspondido oficiar al Estado Mayor del Ejército y a los tribunales militares para solicitar algunos de estos expedientes de los consejos de guerra. Las respuestas las he considerado dilatorias y evasivas, pero ahora he sabido que pareciera que algunos estuvieron destruidos, o no estén al alcance de nosotros, pero no he tenido una respuesta directa" (FASIC, 6 de marzo, 2002).

A pesar de esta obstaculización, en todo este período, tanto el Comandante en Jefe del ECH, general Ricardo Izurieta, como su sucesor, el general Juan Emilio Cheyre, insistieron públicamente en la cooperación que daba la institución a las investigaciones en marcha. Aumentando la ambigüedad de la situación, el 6 de abril el general Cheyre insistía nuevamente en manifestar lo preocupado que estaba "por la situación del personal de su institución afectado por investigaciones judiciales relacionadas con temas pendientes de Derechos Humanos.

'Quienes están siendo demandados frecuentemente se sienten víctimas de un proceso traumático'" (FASIC).

Gradualmente traslució la inquietud de los abogados participantes en la Mesa de Diálogo por la imprecisión de los datos entregados por las Fuerzas Armadas. El primero en manifestarla públicamente fue Jaime Castillo Velasco. Su declaración es cautelosa, pero algunos pasajes revelan una profunda desconfianza: "Se ha levantado, con razón a mi juicio, un clamor por el hecho de que el informe de las Fuerzas Armadas reduce el caso de los detenidos desaparecidos prácticamente al hecho de haberlos lanzado al mar [...] Resulta fácil decir: 'los lanzaron al mar' [...] Obsérvese bien: la persona está muerta o viva. No se quiere que su cuerpo sea encontrado jamás. Se desea, con voluntad oficial del Estado, que el supuesto enemigo mortal quede completamente borrado" (FASIC, 12 de enero, 2001). La desconfianza aumentó cuando se supo que la osamenta de Juan Luis Rivera Matus –lanzado al mar según el informe de las Fuerzas Armadas– fue encontrada en un campo de entrenamiento del ECH (FASIC, 25 de abril, 2001).

Hacia comienzos de mayo el gobierno debió prestar atención a esa desconfianza; en consenso con los Comandantes en Jefe se formó una comisión independiente, sin participación de los militares, "para cotejar y precisar los datos contenidos en el informe de las Fuerzas Armadas sobre detenidos desaparecidos" (FASIC, 4 de mayo, 2001). No obstante, a fines de mayo se "agudizó la controversia que existe entre los abogados de Derechos Humanos que participaron en la Mesa de Diálogo por el incumplimiento de compromisos derivados de esa instancia, la que fue expuesta al Presidente Ricardo Lagos en una carta que se le envió al efecto". La carta fue escrita por Jaime Castillo Velasco, Pamela Pereira, Roberto Garretón y Héctor Salazar y se debió en buena medida a la "decisión del gobierno a no revisar el informe de las Fuerzas Armadas y Carabineros" (FASIC, 31 de mayo, 2001). Como trasfondo de esta protesta está el hecho de que, en medio de la polémica sobre la exactitud de la información entregada por los militares, el 25 de febrero el gobierno había respaldado a las Fuerzas Armadas.

Para el Ministro de Defensa Mario Fernández resultaba 'incomprensible' y 'paradójico' el que a los Comandantes en Jefe de las Fuerzas Armadas se les esté acusando de no entregar información, si fue justamente eso lo que hicieron a través del informe que entregaron como resultado de la Mesa de Diálogo el 6 de enero pasado" (FASIC). Esta declaración la hizo el ministro en su petición al juez del "Octavo Juzgado del Crimen de Santiago para que no tramite las querellas por obstrucción a la justicia interpuesta por un grupo de familiares de detenidos desaparecidos" (*ibid.*)

Las polémicas sobre la verosimiltud de las Fuerzas Armadas quedaron resueltas a partir del 8 de septiembre del 2001.

Por una denuncia de Otto Trujillo ("Colmillo Blanco"), ex-agente del Comando Conjunto, se supo que el alto mando de la Fuerza Aérea había reactivado al Comando Conjunto para obstruir el proceso investigativo generado por la Mesa de Diálogo. Se había reunido a la antigua plana mayor del Comando Conjunto con conocimiento de los abogados de la Fuerza Aérea. El Comandante en Jefe, general Patricio Ríos, había encargado la recolección de los datos requeridos por la Mesa de Diálogo al general Patricio Campos Montecinos, sabiendo que era esposo de Viviana Ugarte, miembro del Comando Conjunto. Ante estos antecedentes, el Presidente Ricardo Lagos exigió al general Ríos una investigación a fondo: "El Jefe de Estado dijo que le parece 'grave e inaceptable' que la institución aérea sea acusada de no haber entregado la información que posee, por lo que la investigación de este hecho debe ir más lejos de lo que resuelvan los tribunales" (FASIC, 20 de septiembre, 2002). Como consecuencia, el 24 de septiembre fue arrestado el ex-coronel Juan Francisco Saavedra, antiguo miembro del Comando Conjunto por actos de obstrucción de la justicia. "Otto Trujillo, ex agente civil del Comando Conjunto, señaló en un reportaje de prensa que el cerebro de las operaciones del Comando Conjunto [durante la dictadura] era el ex coronel Juan Francisco Saavedra, pero que había prohibición de nombrarlo en cualquier investigación a cargo de la justicia"

(FASIC). El 27 de septiembre el Presidente Ricardo Lagos rechazó por insuficiente el informe presentado por el general Patricio Ríos porque no incluía los hechos relacionados con la reactivación del Comando Conjunto. El 1° de octubre el Presidente rechazó definitivamente el informe del general Patricio Ríos. "En una dura declaración, el gobernante dijo que el documento no estaba a la altura de lo que el país requiere 'frente a un problema tan grave que hiere el alma nacional y las bases de nuestra convivencia', refiriéndose a la situación de los detenidos desaparecidos [...] Agrega en su declaración el Primer Mandatario que resulta 'inexplicable' que Ríos haya designado al general de la FACH Patricio Campos, casado con Viviana Ugarte, ex agente del Comando Conjunto, para recabar los antecedentes sobre violaciones de Derechos Humanos" (FASIC).

El 12 de octubre se inició el proceso del general Patricio Campos por destruir y ocultar información sobre detenidos desaparecidos. "Ese hecho comenzó a develar una serie de antecedentes que tienen al Comandante en Jefe de la FACH, general Patricio Ríos, en una situación crítica por haber confiado al general Patricio Campos la recolección de los antecedentes sobre las víctimas del Comando Conjunto para la Mesa de Diálogo" (FASIC). El cuerpo de generales de la Fuerza Aérea retiró su confianza al Comandante en Jefe, general Patricio Ríos, obligándolo así a renunciar a su cargo.

Meses después, argumentos presentados por la defensa del general Patricio Campos ante los Tribunales implicarían a todas las Fuerzas Armadas en la conspiración para destruir y falsificar datos. Cito de FASIC:

12 de marzo, 2003: La defensa del procesado general (r) Patricio Campos acusó al Ejército de ser responsable por las inexactitudes en la información entregada a la Mesa de Diálogo sobre Derechos Humanos. Los abogados de Campos sostuvieron que si bien el retirado general ocultó antecedentes sobre el destino final de los detenidos desaparecidos, también existió manipulación en los informes que cada rama castrense debió llenar. La imputación cae indirectamente sobre el general Jorge Molina, quien fue el encargado de recopilar y transcribir dicha información y quien habría cambiado el paradero de los restos, haciendo prevalecer la tesis de que la mayoría de los cuerpos habrían sido lanzados al mar. Ante los reparos por las irregularidades, Molina habría dicho que esto correspondió al cruce de datos que provenían desde la Marina, la FACH y Carabineros.

Fueron imposibles los esfuerzos de la Ministra de Defensa Michelle Bachelet por salvaguardar algo del prestigio de la Mesa de Diálogo. El 8 de noviembre del 2002 los abogados de Derechos Humanos participantes en la Mesa de Diálogo dirigieron una carta al general director de Carabineros, la policía uniformada, Alberto Cienfuegos, pidiendo que se entregara información retenida, según datos del anterior general director, Manuel Ugarte.

Soslayando todo pronunciamiento sobre las maniobras de desinformación y la obstrucción de la justicia por altos oficiales, meses más tarde el ECH inició una campaña de relaciones públicas que el Comandante en Jefe, general Juan Emilio Cheyre, llamó de "gestos" para la reconciliación –es decir, actos simbólicos bien publicitados que ilustrarían cierto grado de compunción por parte del ECH para luego clausurar definitivamente la responsabilidad institucional por el pasado. 14 de junio, 2003: "El general Juan Emilio Cheyre hizo ayer un llamado al gobierno y a todas las autoridades del país para que asuman una 'solución global' y definitiva respecto al tema de los Derechos Humanos. Cheyre dijo que el Ejército ha dado pruebas fehacientes de que nunca más surgirán de sus filas 'excesos, crímenes', violaciones a los Derechos Humanos. Y dejó en claro que su institución en solitario no tiene el poder para solucionar los casos pendientes y alcanzar una sociedad reconciliada" (FASIC). El segundo paso en esta campaña fue una declaración pública de los generales de mayor confianza del general Pinochet durante su gobierno: 2 de julio, 2003: "Declaración de ocho oficiales (r) que participaron en el gobierno entre 1973 y 1990 señala que las remociones de cuerpos 'no coinciden con el recto proceder de la conducta militar'. El texto de los generales (r) Carrasco, Sinclair, Zinke, Brady, Benavides, Forestier, Lucar y Covarrubias es un respaldo a la posición de Cheyre, quien el 12 de junio declaró 'nunca más' a las violaciones de los Derechos Humanos" (FASIC).

El general Cheyre cerró la campaña el 10 de julio, 2003, con una declaración publica indicando que el ECH ya había hecho todos "los gestos necesarios": "El Comandante en Jefe del Ejército, general Juan Emilio Cheyre, señaló respecto a la reconciliación nacional que 'es un problema que trasciende al Ejército y lo que ha hecho es crear un clima para que se pueda dar la reconciliación. Esperemos con tranquilidad que las autoridades serán capaces de encontrar una solución que sea de las características globales y alcance a todas las aspiraciones'" (FASIC). Esta declaración fue complementada el 15 de julio, 2003, con un documento sobre Derechos Humanos enviado por el ECH al Presidente de la República que también desconoce la expuesta falta de verosimilitud de las Fuerzas Armadas y pide el término de los enjuiciamientos de personal militar: "En el texto titulado El Futuro Compromiso de Todos, se hace un reconocimiento de los acuerdos suscritos el 2000 en la Mesa de Diálogo y se plantea la necesidad de aplicar la ley de amnistía en su forma original, terminar con la figura del secuestro calificado que permite mantener abiertos los juicios y utilizar la prescripción cuando corresponda" (FASIC).

El 13 de agosto del 2003, el Presidente Ricardo Lagos hizo pública la *Propuesta de Derechos Humanos del Gobierno* (Santiago de Chile: Ministerio Secretaría General de Gobierno, 2003), documento presentado "para seguir avanzando en el delicado proceso de sanar las heridas producidas por las graves violaciones a los Derechos Humanos ocurridas entre el 11 de septiembre de 1973 y el 10 de marzo de 1990". En la *Propuesta* Lagos intenta recuperar algo de la Mesa de Diálogo después del escándalo de las presiones indebidas a los Poderes Ejecutivo y Judicial por las Fuerzas Armadas y la retención y falsificación de información. Se refiere a esto con levedad diciendo que "Si bien los resultados no han sido lo fructíferos que muchos hubiéramos deseado, en lo fundamental se generó un salto inmenso en la recomposición del alma nacional, se instaló un nuevo clima de cooperación, una nueva esperanza en la búsqueda de la verdad y de la justicia, y se abrió paso a una nueva relación entre el país en su conjunto y sus Fuerzas Armadas [...] Las instituciones armadas han cooperado con la Justicia. En cuanto instituciones han entregado su información; pero hay personas que poseen información y que permanecen cruelmente silenciosas" (p. 6).

Lagos contrapesa esta distorsión de los sucesos señalando que los "temas de verdad y justicia cobraron una nueva dimensión en la acción de la Justicia; hoy están abiertos en los tribunales más de 300 juicios relativos a los detenidos desaparecidos, que incluyen los casos de más de mil víctimas" (p. 6).

Decepcionado, sin duda, por los resultados de la Mesa de Diálogo Lagos se preocupó de "agilizar las investigaciones judiciales y acelerar la entrega de información". Bajo el acápite II "Medidas Tendientes a Perfeccionar la Búsqueda de la Verdad y la Justicia", Lagos propone legislación orientada "a distinguir las responsabilidades de quienes organizaron y planificaron la represión, dieron las órdenes, dirigieron la ejecución de los crímenes o los ejecutaron directamente con consentimiento de aquellos que participaron en ellos porque no tenían alternativa de negarse sin riesgo de sus propias vidas, o que fueron cómplices o encubridores" (p. 12). Por tanto, propone iniciativas legales para modificar los códigos aplicables a violaciones de Derechos Humanos para los efectos siguientes:

–Otorgar inmunidad penal a quienes, sin estar imputados ni procesados, se presenten voluntariamente a los Tribunales de Justicia y proporcionen antecedentes fidedignos, efectivos y comprobables acerca del paradero de la víctima o de las circunstancias de su

desaparición o muerte.

–Rebajar o conmutar penas que resulten aplicables a los cómplices o encubridores que, después de habérseles imputado responsabilidad y antes de la dictación de la sentencia de término, entreguen al tribunal respectivo antecedentes o pruebas que sirvan eficazmente para determinar los hechos o individualizar a quienes participaron en ellos o a la suerte corrida por los detenidos desaparecidos o de los ejecutados cuyos restos no han sido entregados. Al efecto se aplicarán reglas similares a la colaboración eficaz que hoy rigen en varias leyes vigentes para combatir el crimen organizado (p. 13).

–Conmutar penas por más de un delito para quien hallándose ya procesado o condenado, entregue antecedentes de los señalados sobre otros delitos que lo incriminen (p. 14).

–Otorgamiento de beneficios procesales a todas aquellas personas que, estando imputados y/o procesados, proporcionen antecedentes fidedignos, efectivos y comprobados por la justicia, acerca del paradero de la víctima, de las circunstancias de la desaparición o muerte y de la identidad de los autores, cómplices o encubridores. Los beneficios procesales se referirán a lo siguiente:

–Facultar a los tribunales para disponer la reserva de identidad y otras medidas de protección para quienes realicen los actos de colaboración indicados.

–Establecer el secreto de las medidas judiciales de protección que se otorguen a quienes colaboren.

–Penalizar a los que violen el secreto de las medidas judiciales de protección que se otorguen a quienes colaboren (pp. 14-15).

Las organizaciones de Derechos Humanos consideraron la *Propuesta* como una claudicación del gobierno ante las

273

Fuerzas Armadas, a pesar de la declaración en el documento de que "mi gobierno no se hace cargo de ninguna propuesta que signifique establecer punto final a los procesos, ya sea porque son propuestas moralmente inaceptables, o bien, jurídicamente ineficaces" (p. 10). El equipo jurídico de FASIC –uno de cuyos miembros, el abogado Héctor Salazar, había participado en la Mesa de Diálogo– consideró que se trataba de un documento que apuntaba "a la impunidad total". "No estamos de acuerdo que se ofrezca inmunidad total a los que no están procesados y entreguen información relevante para el esclarecimiento de los hechos [...] puesto que el establecimiento de la verdad deberá traer consigo precisamente el descubrimiento de esos partícipes que hasta ahora no son procesados ni imputados" (FASIC, 15 de agosto, 2003). Amnistía Internacional condenó al gobierno por obstaculizar el término de la impunidad y lamentó que no preparara legislación para eliminar la Ley de Amnistía (FASIC, 17 de agosto, 2003). El Presidente Lagos respondió "No tengo fuerza política para revocarla" [...] No obstante también agregó: "Y si la tuviera y revocase la Ley de Amnistía, ¿cuáles serían los efectos jurídicos? Ninguno" (FASIC, 18 de agosto, 2003).

¿La *Propuesta* fue muestra del señorío de los sobrehombres nihilistas?

A pesar de todo, leída con el trasfondo de lo ocurrido desde el 6 de enero del 2000, la *Propuesta* del Presidente parece explotar tanto el descontento de los oficiales enjuiciados ante la impunidad de los altos mandos que ordenaron las atrocidades como las fracturas abiertas en la complicidad militar por el fin del pacto de silencio. Un párrafo clave de la *Propuesta* fundamenta esta interpretación puesto que está dirigido, en realidad, a personal militar subalterno:

> *Consideramos que ética y jurídicamente no todas las responsabilidades son iguales [...] Hay situaciones en las que la capacidad de decisión de las personas se encuentra notablemente disminuida y prácticamente anulada [...] Hay circunstancias en las cuales las*

274

personas subordinadas han operado bajo temor a la represalia que podía significar poner en riesgo sus propias vidas, o en estado de ignorancia insuperable, y no han sido capaces de atender cabalmente a las consecuencias de sus actos. Si estas personas están dispuestas a cooperar con la verdad y la justicia, parecería lógico considerar una penalidad menor o incluso nula para ellos, una vez establecida la verdad. Por supuesto, nada de esto es aplicable a quienes hayan dirigido, planificado, ordenado llevar a cabo o ejecutado una práctica sistemática de violaciones de Derechos Humanos (pp. 12-13).*

Con su presión a los Poderes Ejecutivo y Judicial para detener los procesos contra su personal, las Fuerzas Armadas violaron flagrantemente el estado de derecho que garantiza la independencia de esas dos ramas del Estado. En la retención y falsificación de información se percibe la inercia de las operaciones de desinformación con que el régimen militar había manipulado la circulación de la verdad, según lo descrito por el *Informe Rettig*. Sería inútil atribuir estas conductas simplemente a la arrogancia de poder de una casta militar consciente de estar alienada de la civilidad puesto que tal atribución no tiene capacidad explicativa. Esa arrogancia tenía que ser forzosamente avalada por argumentaciones justificativas.

Esto llama la atención sobre un artículo publicado en el Internet hacia mediados de 1999 por el Centro de Estudios e Investigaciones Militares (CESIM) en la sección "Fuerzas Armadas y Sociedad" (bajo el rubro "Investigación"). El artículo parece haber sido escrito como consecuencia del consejo de generales del ECH, presidido por el Comandante en Jefe, general Ricardo Izurieta, y su asesor, general Juan Emilio Cheyre. En ese consejo se establecieron las líneas estratégicas de argumentación del ECH en la Mesa de Diálogo que se iniciaría en agosto de 1999.[27] El artículo se titula "Importancia del Conocimiento de la Real Historia de Chile en las Ultimas Décadas" y su autor es anónimo. Por esto podemos colegir que equivale a un editorial que expresa la opinión oficial del ECH. En un momento culminante de la argumentación, en el escrito se afirma que "el Ejército no cometió atropellos a los Derechos Humanos. Sí hubo bajas propias, y adversarias, y algunos cometieron excesos. Esa es una realidad y no debemos desconocerla y sí lamentarla, pero no hubo una masacre, ni genocidio, ni exterminio, como hasta el día de hoy vemos en el corazón de Europa" (p. 3).

Recordemos esta frase *"no hubo una masacre, ni genocidio, ni exterminio"* y la referencia a Europa.

Los argumentos de este artículo anónimo del CESIM son dirigidos retóricamente al personal del ECH; se trata de un documento interno de la institución: "El Ejército ha sido, es y debe continuar siendo una verdadera reserva moral para Chile. De ahí la importancia que reviste el hecho de que todos sus integrantes conozcan la verdad que encierra nuestra historia. Con objetividad y sin apasionamientos, somos herederos de ella y, como miembros de un Ejército tan ligado al devenir de la patria, debemos comprender los fundamentos del por qué sentirnos orgullosos del aporte hecho al engrandecimiento del país" (p. 1).

Cabe preguntar sobre los fundamentos de este desahucio radical de la verdad reconstruida por la Comisión Nacional de Verdad y Reconciliación. Ciertamente, en las poco más de cuatro carillas del escrito no hay espacio para refutar en detalle la acumulación de evidencia presentada por la Comisión en cerca de 900 páginas. La intención de esta negación taxativa es otra. Las claves de esta intención están en frases como "...Conocimiento Real de la Historia de Chile..." y "Gracias a esos valores y principios...". Detrás de estas frases está el esoterismo de Luis Valentín Ferrada y su aplicación del concepto heideggeriano de "filosofía de la historia" extraído de la experiencia histórica europea, particularmente la de la Alemania nazi en Rusia. En uno de los Prólogos de Ferrada habíamos encontrado una frase similar a la del escrito anónimo del CESIM: "una historia sin filosofía o que no permite hacer con ella filosofía, *podrá llamarse accidente, catástrofe, holo-*

causto o humanicidio, pero no historia".

Pero también hay otras coincidencias. Como en Molina, se habla de "ser actor y no espectador" (p. 2). Como en Ferrada se habla del peligro de que, en la confusa situación internacional contemporánea "pueblos enteros duden de su propio ser, pierdan su identidad e, incluso, su base cultural" (p. 1). También como en Ferrada se hace referencia a un saber esotérico al que es imperativo acceder "si todos nosotros apelamos a nuestra conciencia y recordamos esos momentos de lucidez en que, en más de una oportunidad a lo largo de la vida, vislumbramos cuál es el sentido de nuestra existencia y, por ende, por qué hacemos lo que hacemos y, aún más, para qué nos sacrificamos, la historia es, en esos casos, no un simple conocimiento, sino una fuerza que nos anima, que nos ayuda a comprendernos, a conocernos y reconocernos en lo que somos y en lo que podemos; que nos habla de situaciones límites que debemos superar. La historia pasa a ser un caudal de enseñazas y de experiencias que aceptamos como parte de nuestro propio ser" (p. 2). También como en Ferrada, las claves de ese conocimiento esotérico quedan enmascaradas con frases que parecen ser retórica vacía, pero que, para los iniciados, están llenas de significado filosófico.

El escrito anónimo del CESIM no se contenta con reiterar el nietzschianismo heideggeriano de Ferrada; lo complementa, amplifica y lo lleva a su madurez al mencionar directamente a Georges Sorel en cuanto al significado esencial de la violencia política dentro del sistema capitalista. Por otra parte, presente en el trasfondo está el concepto de "sobrehistoria" del Nietzsche de "Sobre los Usos y Desventajas de la Historia para la Vida"[27]. Aquí no sólo encontraremos la clave de esa enigmática afirmación del título –la *Real Historia de Chile*– sino también la explicación del desahucio radical de la verdad reconstruida por la Comisión Nacional de Verdad y Reconciliación y buscada infructuosamente por la Mesa de Diálogo.

Establezcamos los puntos de referencia comparativa necesarios para explicar ese desahucio radical de la Verdad volviendo a lo que dice el *Informe Rettig* sobre la sensibilidad

moral y ética que motivó el trabajo de los miembros de la
Comisión Nacional de Verdad y Reconciliación:

> *Somos un grupo cuyos componentes sustentan diver-*
> *sos pensamientos explicativos de la vida. Nos sabe-*
> *mos cultores de diversas tradiciones, adherimos a*
> *diversas posturas políticas y juzgamos de forma di-*
> *versa los contenidos de nuestra historia. Creemos, sí,*
> *en la identidad esencial de nuestra Patria y pensa-*
> *mos que ella debe ser protegida por un Estado que*
> *permanezca fiel a las normas de la Democracia bajo*
> *todos los gobiernos que se sucedan en legítima alter-*
> *nancia. Aceptamos porque a todos nos une el mismo*
> *principio fundamental: el respeto a la persona huma-*
> *na por el hecho de serlo y el de considerarla ampa-*
> *rada por derechos inalienables que ninguna circuns-*
> *tancia adjetiva, nacionalidad, credo, raza o ideolo-*
> *gía, puede válidamente autorizar que se conculquen.*
> *Derechos son éstos que ningún poder, sean cuales*
> *sean sus alcances, puede atropellar. Nos une la total*
> *convicción que ve en el ser humano y en su dignidad*
> *los límites infranqueables al actuar de otros hom-*
> *bres. Esa es la norma primacial de la convivencia*
> *humana. Nos une, finalmente, el anhelo de hacer de*
> *nuestra Patria una tierra digna de albergar a hijos*
> *de nuestra especie, señalada siempre como la expre-*
> *sión más alta de lo creado (Tomo 1, III-IV).*
> *Confiamos en que quien lea este Informe acogerá el*
> *valor de esa frase que dice: ¡Nunca más! Ha de ser*
> *nunca más, porque no puede volver a ser que los*
> *chilenos se vean de nuevo enfrentados ante la nefas-*
> *ta insensatez de resolver problemas políticos por el*
> *camino del homicidio, la tortura y el odio. Ese "nun-*
> *ca más" significa también, por lo tanto, que no se*
> *hará con otro lo que se hizo a uno. En términos*
> *jurídicos y políticos, ello equivale a decir que ha de*
> *ponerse en acción, como fundamento de la conviven-*

cia, el respeto a los derechos de todo ser humano (Tomo 2, p. 876).

Más, si se quiere seguir siendo humano y respetar valores fundamentales, lo que no se puede hacer jamás, sea en los métodos para producir el cambio, en la forma de la autodefensa social, en el ejercicio del poder sobreviniente a una revolución triunfante, es justificar una nueva violación de Derechos Humanos por los errores, excesos o delitos que que se hubieren cometido con anterioridad (Tomo 2, p. 877).

Frases como "el anhelo de hacer de nuestra Patria una tierra digna de albergar a hijos de nuestra especie, señalada siempre como la expresión más alta de lo creado"; "que no se hará con otro lo que se hizo a uno" conectan la sensibilidad de la Comisión con los mitos más fundamentales del cristianismo en su búsqueda de la domesticación, pacificación y reconciliación de la especie humana. Indudablemente se apela a la noción de que el universo fue creado por el amor divino, que de él emana un orden cósmico que surge del amor divino, en marcha a la consumación del espíritu de justicia impulsado por esa creación, según la teología impuesta a la historia por la Parusía, la Promesa de Dios para la redención de la humanidad.

Radicalmente opuesto a ese cristianismo está todo juicio crítico insuflado con el pensamiento de Sorel. Esta perspectiva no puede sino despreciar y vituperar una sensibilidad como la de la Comisión porque es ciega a la verdad de la historia del capitalismo moderno. Este se caracteriza por generar violencia, indefectible e inevitablemente, entre las dos clases principales, la burguesía y el proletariado. Para Sorel los seres humanos no tienen otra opción que comprender el sentido de esta violencia para usarla y canalizarla porque es una energía que puede renovar la sociedad al destruir instituciones, clases sociales y prácticas caducas, que han perdido vitalidad. Las sociedades entran en un estancamiento decadente cuando esa confrontación destructiva es frustrada. Esto ocurre porque las oligarquías desvitalizadas, que han perdido la voluntad de cumplir con la voluntad de dominación que les corresponde por su función social, echan mano, compran, contratan a las clases medias y las instrumentalizan para buscar la conciliación, el arbitraje y la mediación en la lucha de clases. Estas negociaciones postergan indefinidamente el momento de la violencia que restablece la salud del cuerpo social, que aclara y define el curso de la historia. Por tanto, la política conciliadora de las clases medias en el capitalismo moderno es despreciable por ser corrupta y corruptora al dar continuidad a situaciones que sólo pueden conservar, aumentar y generalizar la podredumbre ética de los períodos de crisis social que exigen profundas transformaciones.

> *Si* [...] *las clases medias, desviadas por la cháchara de los predicadores de la ética y de la sociología, retornan a un ideal de mediocridad conservadora buscando corregir los abusos de la economía, y desean romper con la barbarie de sus predecesores, entonces una parte de las fuerzas que debieran avanzar el desarrollo del capitalismo son empleadas para retrasarlo, introduciendo un elemento arbitrario e irracional, y el futuro del mundo queda completamente indeterminado* [...] *Esta indeterminación aumenta aún más si el proletariado es convertido a la idea de la paz social al mismo tiempo que sus amos, o si simplemente consideran todo desde el punto de vista corporativo* [medieval, integrista, tradicionalista]... (pp. 89-90).
> *Antes de que la clase trabajadora también pueda aceptar esta dictadura de los incapaces, ella misma debe hacerse tan estúpida como la clase media y perder toda energía revolucionaria, a la vez que sus amos pierden toda energía capitalista* (p. 87).

Huelga indicar que aquí nuevamente encontramos ecos del desprecio de Molina y Aldunate por las antiguas oligarquías decadentes y por las clases medias pacifistas; hay también ecos del elogio de la violencia de las Fuerzas Armadas a partir del 11 de septiembre de 1973 expresado por Luis Valentín Ferrada –los militares terminaron la confusión del chileno al despejar *"esos polvos que nublan su vista"*, que *"son y provienen de las rocas removidas"*.

En la democracia parlamentaria, según Sorel, los políticos de clase media son, en realidad, abogados de sus representados y, para llevar adelante sus intereses mediante el arbitraje y la mediación, junto con echar mano de las ciencias sociales para manipular las relaciones humanas, usan el instrumento intermediario más efectivo –el dinero pagado para torcer voluntades, sobornar y cohechar a funcionarios de gobierno o privados, a ciudadanos para conseguir su voto electoral. La asociación de lo político con el crimen organizado se hace patente. En otras palabras, según Sorel, en vez del honesto y sano reconocimiento de la violencia social del capitalismo moderno, se la desplaza a la criminalidad, se la transforma en maña para el dolo, en astucia para lo fraudulento. No obstante, ese desplazamiento se encubre, se disfraza de subilimidad moral que hipócritamente habla de arbitraje y conciliación para mantener la paz social:

Cuando las clases gobernantes ya no tienen el coraje para gobernar, se avergüenzan de su situación privilegiada, se apresuran a comunicarse con su enemigo, y proclaman su horror ante toda división de la sociedad, en estas condiciones se hace mucho más difícil mantener en la mente del proletariado la idea del antagonismo de clases que sin el Socialismo no puede cumplir su rol histórico. Tanto mejor, declaran los piadosos progresistas, así podemos esperar que el futuro del mundo no quede en manos de brutos que no se merecen el respeto del Estado, que se ríen de las ideas altruistas de la clase media, y que no tienen mayor admiración por los exponentes profesionales del pensamiento altruista del que tienen por los curas. Por lo tanto todos los días haga-

mos algo más por los desposeídos, dicen estos seño-
res; mostrémonos más cristianos, más filantrópicos, o
más democráticos (de acuerdo con el temperamento
de cada uno); unámonos para cumplir el deber so-
cial. Así tendremos ventajas ante los temidos Socia-
listas, que piensan que es posible destruir el presti-
gio de los Intelectuales ahora que los intelectuales
han destruido el de la Iglesia. En realidad, estas
astutas maniobras morales han fracasado; no es di-
fícil ver por qué.
La falsía del razonamiento de estos señores –los pon-
tífices del "deber social"– supone que la violencia
no puede aumentar, y puede que disminuya en pro-
porción a que los Intelectuales se dejen caer sobre
las masas y digan lugares comunes y hagan sonrisi-
tas en honor a la unión de las clases sociales. Des-
afortunadamente para estos grandes pensadores las
cosas no suceden así; la violencia no disminuye en la
proporción que debiera disminuir de acuerdo con la
sociología propuesta (pp. 186-187).

La perspectiva de Sorel explica en Molina y Aldunate la
condena del protagonismo político de las clases medias a partir
del momento de exhibición más clara de la decadencia irrecuperable de las antiguas oligarquías chilenas –desde la República
Parlamentaria y su colapso, pasando por el fallido intento de
modernización del capitalismo chileno por la Revolución en Libertad de la Democracia Cristiana. Sin duda esto puede
proyectarse hacia el Socialismo Renovado y a la Concertación
de Partidos por la Democracia en general. Con la imposición
del neoliberalismo por la violencia militar revolucionaria, las
Fuerzas Armadas renovaron el capitalismo chileno al promover
y congregar en Chile a nuevos empresarios y empresas nacionales y transnacionales con la pujanza y el sentido de aventura
indispensables para competir en la economía global.

En contraste radical con la desvitalización de las oligarquías y la hipocresía y la corrupción generalizada de los polí-

ticos de clase media, para Sorel están las organizaciones cohesionadas por la mística del uso de la violencia revolucionaria indispensable para cumplir con objetivos políticos prácticos, objetivos representados en la imaginación por metáforas apocalípticas que demandan el sacrificio aun de la vida para que se cumplan. Esta es la noción de mito en Sorel y tiene un sentido positivo puesto que la mística de esa movilización puede llevar a confrontaciones purificadoras de la sociedad. Se trata de organizaciones violentistas que tienen dos aspectos de sumo valor –plena conciencia del valor instrumental de la violencia; la racionalidad de que su uso estratégico y táctico complementa y refina la mística mítica y la voluntad de sacrificio. En el sector proletario este tipo de organización es el sindicalismo revolucionario. Obviamente, dentro de la estructura del Estado burgués esa organización es el ejército. Por su entendimiento realista de la función social de la violencia, el ejército surge como organización plena de energía vital, lo cual el escrito anónimo del CESIM expresa diciendo que el "Ejército es un organismo vivo, ya que lleva en sí mismo elementos vitales que no son otros que el espíritu militar, la cohesión y sobre todo la disciplina y el honor. Estos son los valores que debemos cultivar en el servicio diario, y son ellos los que nos indican que no podemos darle la espalda a la historia" (p. 5).

Se colige que, aunque la oficialidad pueda provenir de las clases medias, la separación de los individuos de su medio social, su aislamiento en las instalaciones militares y el adoctrinamiento en los mitos castrenses forman mentalidades que pueden enjuiciar críticamente las claudicaciones de las oligarquías decadentes, la corrupción pacifista y conciliadora de las clases medias, y castigar a ambas tanto como usar la violencia (su "horror" según Molina) para disciplinar al proletariado revolucionario que es impulsado por sus propios mitos. El escrito anónimo del CESIM expresa el mito [heideggeriano] del ECH diciendo: "Tenemos la responsabilidad moral de ser custodios del alma nacional. Ella alimenta las apetencias más profundas y trascendentes. Es gracias a ella que el hombre, aun en las circunstancias más difíciles, logra mantener su entereza moral, porque sabe que hay algo más importante que lo que está sucediendo a su alrededor, y que, ante todas las alternativas, frente al desastre y a lo que pueden ser momentos trágicos de la existencia, hay una fuerza espiritual que lo anima. Así lo han demostrado los grandes soldados de la historia de Chile, partiendo por los Libertadores José Miguel Carrera y Bernardo O'Higgins..." (pp. 2-3).

Para Sorel, una vez reconocido plenamente el dato irreductible de la violencia social propia del capitalismo, sus consecuencias no pueden enjuiciarse según las normas legales que propician la paz social, a nivel nacional y mundial. Según Sorel, la justicia debe entenderse fundamentalmente como la fuerza necesaria para la defensa y sobrevivencia del Estado y la habilitación de condiciones para que el Estado pueda cumplir sus funciones: "La justicia que hoy en día parece haber sido creada para asegurar la prosperidad de la producción, y para permitir su desarrollo cada vez más libre y más amplio, en el pasado parece haber sido creada para asegurar la grandeza de la monarquía: *su objetivo esencial no fue la justicia sino el bienestar del Estado*" (p. 107). Por tanto, el uso de la violencia militar o militarizada debe considerarse como un juego entre los contrincantes que en sí misma tiene ecuanimidad ética por el mero hecho de usarse la violencia: "la fuerza, por tanto, se despliega según su propia naturaleza, nunca aspirando a que se adopte algún aspecto de los procedimientos judiciales que la sociedad establece contra los criminales" (p. 115).

Si la violencia es consustancial al capitalismo y en su ejercicio hay una sanidad social renovadora y una ecuanimidad justiciera implícita, ¿no es distorsionar el sentido de la justicia llevar ante los tribunales a personal del ECH por haber actuado para proteger al Estado nacional con el golpe militar del 11 de septiembre de 1973?

Así expresa el escrito anónimo del CESIM esta noción de justicia soreliana: "Debemos sentirnos orgullosos de ["la participación que ha tenido nuestro Ejército" "en las últimas décadas en Chile"]. Como Ejército no tenemos nada que esconder, nada de qué arrepentirnos, nada que cuestionar y nada por lo cual debamos pedir perdón. Esto no obedece a un sentido de orgullo o de soberbia, como muchos pueden pensar. El 11 de septiembre de 1973 el Ejército actuó en cumplimiento de sus deberes para con la patria, a pedido de los principales representantes de los poderes legislativo y judicial de aquella época y de la más amplia mayoría ciudadana" (p. 3).

En el trasfondo, ese concepto de la justicia entendida como imperativo de servicio protector del Estado está reforzado por la noción de "Estado militar" señalada por Luis Valentín Ferrada, constructo surgido del desarrollo del Ser nacional chileno. Este fundamento lleva al autor del escrito anónimo del CESIM a afirmar que, en medio de la Guerra Fría, el espíritu del Estado militar permitió la creación de una variante: que "el Gobierno Militar de Chile mostrara al mundo, con éxito, una nueva alternativa que se llamó la democracia protegida y que, a la vez, se pusiera en práctica una economía social de mercado que llevó al país al nivel de vida que hoy conoce" (p. 2).

Por otra parte, las argumentaciones de Sorel son afines al nihilismo nietzschiano de Heidegger evocado por Luis Valentín Ferrada, se refuerzan entre sí y ambos son utilizados en esta apología del ECH. El entendimiento de la violencia social, su uso por los militares y la ubicación de sus resultados más allá del castigo de la ley, según Sorel, son análogos a la Nada nihilista de Nietzsche, a la que finalmente llega la voluntad de poder de los sobrehombres al asumir el sentido de su acción sin el soporte moral y ético originado en la religión, en particular en el cristianismo. El escrito anónimo del CESIM ubica sus argumentos dentro de ese nihilismo al referirse a las experiencias iluminadoras del Ser a que han llegado los soldados chilenos en momentos decisivos de la historia del ECH, según lo señala el esoterismo heideggeriano de Ferrada: "...si todos nosotros apelamos a nuestra conciencia y recordamos esos momentos de lucidez en que, en más de una oportunidad a lo largo de la vida, vislumbramos cuál es el sentido de nuestra existencia y, por ende, por qué hacemos lo que hacemos y, aún más, para qué nos sacrificamos, la historia es, en esos casos, no un simple conocimiento, sino una fuerza que nos anima, que nos ayuda a comprendernos, a conocernos y reconocernos en lo que somos y en lo que podemos; que nos habla de situaciones límites que debemos superar. La historia pasa a ser un caudal de enseñanzas y de experiencias que aceptamos como parte de nuestro ser" (p. 2).

La historia a la que se apela en este pasaje no es la historia entendida como teleologías que en algún momento llegarán a su consumación. El escrito anónimo del CESIM se distancia radicalmente de las tres teleologías que marchan a la consumación de la historia –la originada en la Parusía cristiana, la promesa de la Segunda Venida de Cristo para establecer definitivamente la justicia del Reino de Dios en la Tierra, teleología a la que alude un pasaje de la Comisión Nacional de Verdad y Reconciliación citado más arriba; o la consumación de la astucia del espíritu de la razón en la historia, según Hegel; o la utopía marxista, en que la capacidad de trabajo de la especie humana llegará a tal plenitud material y espiritual que el fin del reino de la necesidad borrará las diferencias de clases sociales y hará innecesaria la existencia del Estado represivo.

Ese pasaje recién citado concuerda con la noción de historia que corresponde a los sobrehombres nihilistas, según la explica Nietzsche en "Sobre los Usos y Desventajas de la Historia para la Vida". Nietzsche la llama *sobrehistoria*.

La sobrehistoria nietzschiana surge en un contexto similar al decadentismo que genera la acción política conciliadora de las clases medias, según Sorel. Para Nietzsche, las concepciones teleológicas originadas en el cristianismo generan ejercicios contemplativos en que la intelectualidad queda hipnotizada intentando descubrir "leyes objetivas" del movimiento de la historia. Con ello se crea una productividad cultural en que las dimensiones subjetivas y objetivas de lo real quedan escindidas entre lo que realmente es, lo que debiera ser y lo que idealmente no debiera ser. Apabullada por el peso de las normas del deber ser y lo real, el potencial humano de acción transformadora de la realidad queda sumida en un estupor de intelectuales que parecen ancianos sabios, pero paralíticos. Su voluntad se pierde en un infinito laberinto de historiografía analítica de todas las culturas conocidas para descubrir las fórmulas que idealmente debieran conducir al deber ser. Esto es lo que Nietzsche llama *historia de los anticuarios,* historia de museo, historia de muerte.

Para iluminar el sentido de la historia real –"la Real Historia de Chile" de que habla el título del escrito anónimo del CESIM– y revitalizarla, Nietzsche propone la *sobrehistoria,* es decir, negar la historia de los anticuarios. En reemplazo de esta habla de la sobrehistoria, concepto directamente relacionado con la "voluntad de poder". Actuar sobre la realidad para dominarla y transformarla para el perfeccionamiento y la plenitud de la humanidad obliga a establecer jerarquías de valor para la acción. Esto obliga al *olvido,* a no prestar atención a otras opciones de acción, a desconocerlas, a no tomar conciencia de ellas, a olvidarlas. En su acción el ser se mueve en la realidad proyectando un *ars poetica* similar al concepto de mito en Sorel, por la que percibe sólo aquellos aspectos que responden a su deseo, aspectos que, como espejos, reflejan y coinciden con su intención de dominio y señorío. Al asumir las consecuencias de su poética sin el subterfugio de echar mano de leyes teleológicas y de una ética sustentada en lo suprasensorial religioso, el sobrehombre alcanza la monumentalidad de su grandeza.

> *Cuando el sentido histórico reina sin restricción, y cuando se concretan todas sus consecuencias, destruye las raíces del futuro porque destruye las ilusiones y roba las cosas que existen en la única atmósfera en que pueden vivir. La justicia histórica, aun cuando es genuina y se la practica con las intenciones más puras, es por tanto una tremebunda virtud porque siempre socava lo viviente y lo derriba: su juicio es siempre aniquilador. Si el impulso histórico no contiene también un impulso constructor, si el propósito de destrucción y clarificación no permite un futuro ya avivado por la ardiente expectativa de erigir su hogar en el terreno que se ha liberado, si*

sólo predomina la justicia, entonces el instinto de creación se debilitará y frustrará.

La razón está en que la verificación histórica siempre trae a luz mucho de lo falso, crudo, inhumano, absurdo, violento en que necesariamente se derrumba la sensibilidad de ilusión pía, la única en que lo que quiere vivir puede vivir: porque el hombre es creativo sólo en el amor, sólo protegido por la ilusión producto del amor, es decir en la fe incondicional en lo justo y en la perfección (p. 95).

Todo lo viviente requiere una atmósfera que lo cobije, una niebla de misterio; si se lo priva de esta envoltura, si una religión, un arte, un genio son condenados a desplazarse en el cosmos como una estrella sin atmósfera, no debemos sorprendernos si se marchitan, se endurecen y se hacen estériles […] toda nación, además, en realidad todo ser humano que desea madurar requiere el resguardo de una ilusión, una nube protectora vaporosa; hoy en día, sin embargo, la madurez en sí es odiada porque la historia goza de mayor honra que la vida (p. 97).

De aquí surgen los conceptos nietzschianos de *historia crítica* y de *historia monumental*. La primera ejerce el juicio para despejar la palabrería teleológica y revelar las consecuencias purificadoras y perfeccionadoras de la acción ejercida con resolución violentísima e inquebrantable; la segunda trae al presente la memoria de los héroes que actuaron con esa resolución inquebrantable, recordándonos que "los grandes momentos de las luchas de los individuos constituyen una cadena que une a la humanidad a través de los miles de años como las cumbres de las cordilleras, que la cima de tales momentos del pasado todavía viven para mí, brillantes y altos" (p. 68). Comparemos este pasaje con el escrito anónimo del CESIM que dice: "Así entendida, la historia implica una obligación. Nos hacemos responsables de conservar un patrimonio que llega hasta nuestras manos, no como materia muerta que aumente los textos y

288

archivos, sino como fundamento para la tarea magnífica de dar adecuada dimensión a nuestra propia existencia" (p. 2).

Para Nietzsche la historiografía que rumia constante y obsesivamente sobre los detalles cotidianos con que la voluntad inquebrantable ejerce la violencia no tiene otra intención que la de degradar a los héroes puesto que la violencia, en sus hechos más diminutos, siempre está abierta a juicios negativos, condenatorios. Una concepción de la historia fundamentada en la voluntad de poder es, por el contrario, una historia para la vida porque muestra la heroicidad como la capacidad de romper con el pasado, derrotando los determinismos de las concepciones teleológicas, liberando la creatividad humana para dar un nuevo sentido a la existencia. En este sentido, el escrito anónimo del CESIM exalta al "hombre capaz de librarse de la sensación del momento y la que la debe conducir. No es posible dejarse llevar; se debe ser actor y no espectador; para ello es necesario el conocimiento de la verdad" (p. 2); "El entendimiento de [la cultura] desempeña un papel decisivo, puesto que nos ofrece un campo en el cual nuestro espíritu puede ejercitarse, medirse y engrandecerse. Ya no es sólo el reducido horizonte de nuestra existencia cotidiana el que se ofrece ante nuestra vista. Gracias a la historia, ese horizonte se amplifica, y allí descubrimos nuestra verdadera condición de ciudadanos de una nación libre y soberana" (p. 2).

La ruptura nietzschiana con los determinismos teleológicos apunta a una historia siempre nueva, siempre renovándose, juvenil por tanto, puesto que constantemente el ser humano puede instalarse en la alborada de nuevos ciclos de renovación. Se trata de una historia de juventud cultural cuyo espíritu juvenil debe ser trasmitido así a las generaciones futuras, dándoles la oportunidad de iniciar sus propios protocolos de civilización sin la carga del pasado. El escrito anónimo del CESIM afirma que los soldados de la generación que renovó a Chile con el golpe militar están "conscientes de que los jóvenes son receptores de una campaña de desacreditación de la historia reciente del Ejército y de Chile. Por eso es necesario que ellos conozcan esta historia; y es nuestra responsabilidad enseñarla, especialmente la de aquellos que la vivimos, que también durante esa época estuvimos bajo una propaganda feroz contra los principios y valores militares, pero que no caímos en la trampa de la duda, el desencanto, ni la apatía. Confiamos precisamente en esos valores y principios por los cuales abrazamos la carrera de las armas, y confiamos en el mando de la época tal como lo hacemos hoy" (p. 3). Pálidamente estas palabras reflejan un pasaje de Nietzsche: "Afortunadamente, sin embargo, también se preserva la memoria de los grandes luchadores *contra la historia,* es decir contra el poder ciego de lo actual, y se arriesga a poner la cabeza en la guillotina al exaltar precisamente a estos hombres como las naturalezas históricas verdaderas que menospreciaron el 'así son las cosas' para asumir el 'así serán' con un orgullo más gozoso. No para llevar su raza a la sepultura, sino para fundar una nueva generación de esta raza –eso es lo que los impulsa adelante sin descanso: aun si ellos mismos nacieron en las generaciones antiguas– hay un modo de vida que los hará olvidarlas– las generaciones futuras los conocerán como renovadores de primera generación" (p. 106).

El lenguaje nietzschiano es del todo transparente –la historiografía que rumina constante y obsesivamente sobre los detalles cotidianos de la violencia aplicada por la voluntad inquebrantable no tiene otra intención que la de degradar a los héroes que salvaron al Estado chileno. Esta argumentación demanda que se exima a los sobrehombres de las Fuerzas Armadas chilenas de la responsabilidad por lo perpetrado en la mugre viscosa y la fetidez sobrecogedora de los centros de tortura –las violaciones de mujeres indefensas por todo el equipo de torturadores; la penetración pederasta para humillar a los hombres interrogados; la desaparición de los hijos de prisioneras arrestadas en las últimas etapas de su embarazo; las mujeres embarazadas que perdieron sus fetos durante la tortura; la descarga de los cadáveres de actvistas políticos asesinados en lugares secretos como si sus cuerpos fueran basura. Esta verdad "genérica" la describió el *Informe Rettig.*

Notas

1.- Juan Ignacio González Errázuriz, *Iglesia y Fuerzas Armadas* (Santiago de Chile: Universidad de los Andes, Colección Jurídica, 1994) pp. 298-299.

2.- José Aldunate Lyon s.j., "El Signo del Martirio", en José Aldunate Lyon, et al, eds. *Crónicas de una Iglesia Liberadora* (Santiago de Chile: Colección Sin Norte, LOM Ediciones, 2000) pp. 227-235.

3.- Osvaldo Lira, Jaime Eyzaguirre y Jaime Errázuriz tuvieron una estrecha relación personal. Lira y Eyzaguirre fueron colegas en la Pontificia Universidad Católica de Chile, amigos personales unidos ideológicamente en el fascismo franquista y en el milenarismo lacunziano. Lira fue uno de los fundadores del partido fascista Movimiento Nacional Sindicalista Revolucionario en la década de 1940. Fue también guía espiritual de Errázuriz en el Colegio Sagrados Corazones. Más tarde Lira y Eyzaguirre fueron maestros de Errázuriz en la Universidad Católica.

En 1993 un grupo de intelectuales ideológicamente afines rindieron un homenaje a Jaime Eyzaguirre con un simposio conmemorativo de los veinticinco años de su muerte. Los trabajos leídos allí fueron editados en *Jaime Eyzaguirre. Historia y pensamiento* (Santiago de Chile: Universidad Alonso de Ovalle; Editorial Universitaria, S. A., 1995). En un artículo de esa edición titulado "La Tradición", Lira explica las coincidencias de su integrismo fascista con el de Eyzaguirre:

Apoyados en esta tradición, cargada como ninguna otra de realizaciones y glorias, y que, aunque no queramos admitirlo, es absolutamente nuestra, podremos, sin lugar a dudas, enfrentarnos ventajosamente con nuestros enemigos históricos. Con esos mismos enemigos que han intentado repetidamente someternos al concepto materialista y repugnante que ellos tienen acerca de la vida humana. No es ésta, por cierto, la primera vez que lo sostengo, ni tampoco, muy probablemente, ha de ser la última: la debilidad espiritual con que reaccionamos, casi siempre, frente a sus intentos reiterados de conducirse con nosotros como si perteneciéramos a una raza inferior —ellos, ¡farsantes!, que se proclaman enemigos irreconciliables de toda especie de racismo—, proviene de que hemos renunciado, por nuestra parte, al predominio del espíritu, para correr, aturdidos, tras los valores materiales. Nuestro aldeanismo liberal nos ha hecho perder com-

pletamente de vista que no luchamos solos; que no somos los únicos en mantener esta posición profundamente hispana, y que nos hallamos, al fin de cuentas, vinculados a las ramas restantes del árbol de la tradición española. Lo que ocurre ahora es que estamos asistiendo al doloroso y trágico espectáculo de la recolección de los frutos siniestros del reinado de siglo y medio de agnosticismo liberal; agnosticismo que, a su vez, constituye la etapa naturalmente previa para el reinado de la ideología marxista. No nos hagamos sobre esto ninguna ilusión. El marxismo es la etapa final y el coronamiento demoníaco del individualismo revolucionario, que tuvo por primer paladín declarado y manifiesto al fraile agustino de Wittenberg. Y tal como España –en lucha contra el resto de Europa– logró mantener alejados del individualismo los dominios de su Imperio, así nos corresponde ahora a nosotros el turno de mantener alejadas nuestras naciones hispanoamericanas de los influjos letales de un agnosticismo religioso que ya ha arrojado los disfraces con que engañaba y sigue engañando, por mortífero que sea, el reinado de la verdad (pp. 167-168).

A primera vista podría parecer extraño que todavía en 1993 Osvaldo Lira hable de un triunfo marxista en Chile, después de diecisiete años de dictadura. Sin duda Lira tiene en mente las acciones de la administración Reagan para terminar con el régimen militar. Por ser ambos manifestaciones de la Modernidad, el integrismo fascista no diferencia entre el capitalismo liberal y el comunismo de tipo soviético. De aquí en adelante el lector debe estar alerta a las modulaciones nazis de tipo heideggeriano que el discurso del Ejército de Chile toma posteriormente para fortalecer el racismo de Lira.

4.- El lenguaje de la violencia en Infante no es puramente retórico. Este capellán estuvo involucrado en las ejecuciones ilegales de la "Caravana de la Muerte". Patricio Aylwin lo menciona en una anécdota ocurrida poco después del golpe de Estado:

Con motivo de nuestro aniversario de matrimonio, nos fuimos con mi mujer unos días a Panimávida. Comíamos una noche en el comedor de las termas cuando tomaron asiento en una mesa vecina dos oficiales de Ejército, vestidos en uniforme de campaña, con revolver al cinto. Con gran sorpresa nuestra, uno se levantó a saludarnos muy afectuosamente; era el sacerdote Florencio Infante, capellán militar, quien nos contó que venía llegando de Talca, donde había administrado los últimos sacra-

292

*mentos al ex Intendente de esa provinvia, a quien habían fusilado esa tarde. Nos lo contó como algo natural. **El reencuentro de los demócratas. Del golpe al triunfo del NO*** (Santiago de Chile: Ediciones Grupo Zeta, 1998) p. 41.

5.- Osvaldo Lira Pérez, *Hispanidad y mestizaje* 2da ed. (Santiago de Chile: Editorial Covadonga, 1985). La primera edición de 1949 fue publicada en Madrid por la Editorial Cultura Hispánica, órgano del régimen franquista.

6.- En cuanto a los preparativos burocráticos para la tortura de activistas políticos en Chile véase: Hernán Vidal, *Chile: poética de la tortura política* (Santiago de Chile: Mosquito Ediciones, 2000).

7.- Mónica González y Héctor Contreras, *Los secretos del Comando Conjunto* (Santiago de Chile: Ediciones del Ornitorrinco, 1991).

8.- Escuela de Derecho, Universidad de Valparaíso, *Desajustes entre norma y realidad* (Valparaíso: EDEVAL, 1986).

9.- Aldo Cardinali Meza, *Prospectiva en el proceso de toma de decisiones: manejo de la información* (Santiago de Chile: Universidad Bernardo O'Higgins, sin fecha).

10.- Ver http//www.iglesia.cl/castrense/archivo/spirituali.htm

11.- Julio A. Ramos, *Teología pastoral* (Madrid: Biblioteca de Autores Cristianos, 1995)

12.- José María Castillo, *Los ministerios de la Iglesia* (Barañain, Navarra: Editorial Verbo Divino, 1993).

13.- Casiano Floristán, *La evangelización* (Barañain, Navarra: Editorial Verbo Divino, 1993).

14.- Fotocopia obtenida en la Biblioteca Augusto Pinchet Ugarte de la Academia de Guerra, ECH, en posesión de Hernán Vidal. He decidido dejar anónimos tanto el nombre del autor como de la tesis.

15.- Fotocopias del programa del seminario como de los trabajos presentados, en posesión de Hernán Vidal, fueron obtenidos en la Biblioteca Augusto Pinochet Ugarte de la Academia de Guerra, ECH,.

16.- Vicente Parrini Roces, *Matar al Minotauro. Chile: ¿crisis moral o moral en crisis?* (Santiago de Chile: Editorial Planeta Chilena, S.A., 1993).

17.- Weigel, *WH, op. cit.*

18.- John W. Brinsfield, "The Johnson Years". *The United States Army Chaplaincy 1975-1995. Encouraging Faith, Supporting Soldiers* (Washington, D.C.: Office of the Chief of Chaplains. Department of the Army, 1997). La información sobre esta capellanía ha sido tomada de este texto. En adelante, las citas de él se indicarán como *USACh* y el número de página.

19.- Como ejemplos de este tipo de cuestionamiento véanse: Malham W. Wakin, ed., *War, Morality, and the Military Profession* (Boulder, Colorado: Westview Press, 1979) colección de trabajos por diferentes autores; *Military Ethics* (Washington D.C.: National Defense University Press, 1987) colección de trabajos por diferentes autores; Sidney Axinn, *A Moral Military* (Philadelphia: Temple University Press, 1989); Malham W. Wakin, *Reflections of a Military* Philosopher (Lanham, Maryland: Lexington Books, 2000).

20.- La información al respecto ha sido tomada de Richard Hammer, *The Court-Martial of Lieutenant Calley* (New York: Coward, McCann & Geoghegan, Inc., 1971). Toda cita es tomada de este texto y se indica su número de página.

21.- Malham W. Wakin, *Reflections of a Military Philosopher* (Lanham, Maryland: Lexington Books, 2000).

22.- Víctor Farías, *Heidegger y el nazismo,* 2a. edición aumentada (Santiago de Chile: Akal Ediciones; Fondo de Cultura Económica (Chile), 1998). Las citas de Heidegger en esta sección son tomadas de este texto.

23.- En esta sección me refiero al texto "La Palabra de Nietzsche: Dios Ha Muerto", incluido en Martin Heidegger, *The Question Concerning Technology and Other Essays*, William Lovitt, Ed. (New York: Harper Torchbooks, 1977). Las traducciones son mías.

24.- (Santiago de Chile: *La Nación*; Ediciones del Ornitorrinco, 1991)

25.- Para un extenso análisis de las implicaciones políticas de la Mesa de Diálogo ver Hernán Vidal, "Teatralidad de los 'Sujetos Alienados'. La Mesa de Diálogo sobre Derechos Humanos". *Chile: poética de la tortura política* (Santiago de Chile: Mosquito Editores, 2000).

26- En cuanto a este tipo información me atengo a los Boletines de Derechos Humanos mensuales y anuales publicados en el Internet por la Fundación de Ayuda Social de las Iglesias Cristianas (FASIC).

27.- En un discurso del general Juan Emilio Cheyre titulado "Crear

Confianza. Una Tarea Pendiente" (28 de octubre del 2003) –sitio del ECH en el internet bajo el rubro "Discursos"– se lee: "Ahora, en la actividad pública, puedo presentar como experiencia la participación que me correspondió, asesorando al Comandante en Jefe, general Izurieta Caffarena, cuando aún no se decidía la participación del Ejército en la Mesa de Diálogo y recién se decidía un lineamiento institucional para enfrentar el pasado, en la perspectiva del momento que nos tocaba vivir. Recuerdo que el Comandante en Jefe nos convocó a todos los generales en Pichidangui para analizar este sensibilísimo tema. Los consejos militares son una instancia de consulta y de trabajo de temas relevantes para la institución y participan en ellos sólo los miembros del alto mando. En esa oportunidad –y no deseo establecer ningún protagonismo, así que hablaré en términos generales– se trataba de enfrentar esta materia con la verdad; pero la verdad, entendida como el hombre suele entenderla, muchas veces no contiene toda la verdad. Esta era una cuestión vital, que debatimos para asumir la verdad como la base que nos llevara a que Chile confiara en su Ejército. Muchos acontecimientos, que investigaba ya la justicia, o bien con condenas a firme, eran muy bochornosos para la institución, para su personal, especialmente los más jóvenes, que no habían vivido los azarosos años de la Unidad Popular y posteriormente del gobierno militar que se instauró en septiembre de 1973. Reconocer conductas individuales, pero, al fin de cuentas, aceptar la ocurrencia de actos muy censurables cometidos por profesionales militares era un brebaje muy amargo"

La creación de una instancia de discusión de simbolismo nacional como la Mesa de Diálogo había sido agitada por el Consejo de Obispos de la Iglesia Católica ya desde comienzos de 1998 y se hizo urgente con el arresto del general Pinochet en Londres en abril de 1999. Sin duda ante esta urgencia, el 8 de junio de 1999 el general Izurieta accedió oficialmente a la participación del ECH a la Mesa de Diálogo, declarando que su institución estaba dispuesta a "abordar, con altura de miras, el tema de los Derechos Humanos en Chile a fin de llegar a un 'gran acuerdo' sin olvidar el contexto histórico en que éstos ocurrieron" (ver: Hernán Vidal, "Teatralidad de los 'Sujetos Alienados'. La Mesa de Diálogo de Derechos Humanos", *op. cit.)* El acuerdo de participación del ECH indica que el consejo de generales indicado por el general Cheyre debe haber ocurrido entre abril y fines de mayo de 1999. Entendido como una elaboración doctrinaria del concepto de verdad que usaría el ECH en la Mesa de Diálogo y en las investigaci(nes posteriores, el artículo anónimo del CESIM debe haber sido pu)licado a mediados de 1999.

27.- En cuanto a Georges Sorel sigo el texto *Reflections on Violence* (London: Collier Books, Collier-Macmillan, Ltd., 1961), translated by T.E. Hulme, with an introduction by Edward A. Shils. En cuanto al concepto de sobrehistoria en Friedrich Nietzsche sigo su texto "On the Uses and Disadvantages of History for Life" en la edición *Untimely Meditations* (Cambridge: Cambridge University Press, 1983), translated by R.J. Hollingdale with an introduction by J.P. Stern. Las traducciones de Sorel y Nietzsche son mías.

Tercera parte
La ética nietzschiana
en el contexto de los designios imperiales

Interesa aquí entender la función que la ética militar examinada pueda tener dentro de los designios imperiales afirmados por Estados Unidos a partir de la década de 1990.

Al iniciarse la transición a la democracia en 1990, la Concertación tendría que enfrentarse a la voluntad del régimen militar en cuanto a asegurar la existencia de enclaves autoritarios en la estructura estatal, autonomizar la administración de las Fuerzas Armadas y excluir a las autoridades civiles de la política de la defensa nacional. En ese seminario de diciembre de 1989 en el Woodrow Wilson International Center, Carlos Portales y Augusto Varas solicitaron que Estados Unidos garantizara la transición a la democracia en Chile y en el resto de Latinoamérica.

En lo civil, Portales llamó la atención sobre el hecho de que, después de la derrota en el plebiscito de 1988, el régimen militar se había apresurado a dictar leyes orgánicas constitucionales para entorpecer las gestiones reformadoras de un nuevo gobierno y, especialmente, neutralizar la investigación de las violaciones de Derechos Humanos –en lo específico, leyes para aumentar el número de jueces de la Corte Suprema y de la justicia militar favorables al régimen militar; leyes para prohibir o impedir que el parlamento investigara la actividad de los servicios de seguridad anterior a 1990 y para legalizar la incineración de sus archivos.

Frente a estas obstaculizaciones, Portales explicó la intención programática de la Concertación en cuanto a asegurar mayores garantías en la protección de los Derechos Humanos; reforzar las funciones del Parlamento y la elección democrática de sus miembros; la reforma y modernización del sistema judicial, civil y militar; el control de las Fuerzas Armadas por la autoridad política civil; establecer la representación proporcional en el sistema eleccionario.

Para asegurar la estabilidad política del nuevo régimen democrático, Portales pidió que Estados Unidos creara condiciones para la estabilidad económica de Chile asegurando y habilitando flujos de capitales a Chile, financiamiento para gastos infraestructurales por parte del Banco Mundial y del Banco Interamericano de Desarrollo y la restructuración del pago de la deuda externa. Ante una previsible recalcitrancia autoritaria, Portales pidió que Estados Unidos se preparara para intervenir readecuando los instrumentos antes usados para acosar al régimen militar –por ejemplo, condicionar la reanudación de relaciones económicas, políticas y militares normales a la certificación presidencial de que Chile avanzara decididamente a la redemocratización, de que se respetaran los Derechos Humanos y que se enjuiciara a los responsables del asesinato de Orlando Letelier y Ronnie Moffit en Washington, D.C.

En lo militar, Varas abogó por el refuerzo de la política estadounidense de la década anterior –llevar a las instituciones castrenses a someterse a la autoridad de gobiernos civiles democráticamente elegidos; multiplicar ejercicios y operaciones conjuntas para encauzar el retorno de las instituciones catrenses a su rol profesional de defensa nacional exterior; cuidar que en las relaciones militares bilaterales entre Estados Unidos y cada país latinoamericano participen representantes de la autoridad política civil; abandonar el uso de operaciones encubiertas para convertir a los militares de cada país en una fuerza política para el control interno; promover definiciones de las defensas nacionales que alivien la carga sobre los presupuestos fiscales; apoyar la modernización de las fuerzas armadas de manera tal que se eviten los conflictos regionales haciendo énfasis en la "disuasión defensiva" y la resolución pacífica de los conflictos.

De hecho, Estados Unidos podía afirmar que las peticiones y sugerencias de Varas ya se habían estado implementando mucho antes. No obstante, en los años siguientes Estados

Unidos reforzaría y ampliaría esta línea.

En 1978 el Congreso estadounidense había creado el programa IMET –International Military Education and Training (Educación y Entrenamiento Militar Internacional)– como la principal fuente de financiación para el entrenamiento y adoctrinamiento de personal militar latinoamericano en la controversial Escuela de las Américas (EA). Junto con el entrenamiento técnico, el programa de la EA decía tener la intención de crear en ese personal una conciencia sobre los "asuntos básicos concernientes a los Derechos Humanos internacionalmente reconocidos" junto con promover una recepción favorable a los valores del modo de vida y de la política internacional de Estados Unidos.[1]

A pesar de esta intención, la experiencia mostró el escaso interés de la clientela latinoamericana por los cursos sobre legalidad militar y Derechos Humanos ofrecidos por la EA en cumplimiento del programa IMET. Para los militares latinoamericanos la cuestión de los Derechos Humanos era nada más que agitación política propia de los subversivos. Peor aún, los mismos oficiales latinoamericanos del profesorado de la EA se encargaban de desacreditar tales temáticas (Brophy y Zirnite, p. 2). Estados Unidos decidió tomar medidas correctivas.

Luego de las atrocidades cometidas por las dictaduras de la Doctrina de la Seguridad Nacional y el cambio de la gran estrategia nacional de Estados Unidos con el colapso de la Unión Soviética, en 1990 el Congreso expandió el IMET –llamado E-IMET de allí en adelante– para responder a inquietudes y peticiones como las de Carlos Portales y Augusto Varas. El E-IMET dispuso que ocuparan un lugar central en el currículo de la EA cuestiones como el sometimiento de los militares a las autoridades civiles democráticamente constituidas, la participación de civiles en el diseño y desarrollo de las políticas de defensa nacional, el acercamiento y el entendimiento entre los sectores civiles y militares, la reforma de la justicia militar puesto que ésta fue institución concomitante en la comisión de atrocidades durante las dictaduras de la Doctrina de la Seguridad Nacional.

La resistencia de la oficialidad latinoamericana a la nueva doctrina del E-IMET obliga a prestar atención a la larga controversia que ha existido en torno a la EA. Organizaciones internacionales de defensa de los Derechos Humanos la han llamado "Escuela de Dictadores" y "Escuela de Asesinos" por la larga lista de oficiales graduados allí que alcanzaron notoriedad bien por presidir dictaduras a partir de la década de 1960 o por administrar sus aparatos represivos (Brophy y Zirnite). En agosto de 1996 la United States General Accounting Office (GAO) entregó un informe sobre la historia y significación de la EA y su función dentro de la nueva gran estrategia nacional. Conviene revistarlo.[2]

Antes de tomar en 1963 el nombre de U.S. Army School of the Americas, su función era cumplida desde 1946 por el Latin American Center-Ground Division acuartelado en la Zona del Canal de Panamá. Allí se daba instrucción a personal estadounidense sobre administración de cuarteles y asuntos logísticos básicos como mantenimiento de equipo y preparación de alimentos. El número de estudiantes latinoamericanos era muy limitado. En respuesta a la expansión de los intereses geopolíticos de Estados Unidos en Latinoamérica con la Guerra Fría, en 1949 se cambió el nombre de esa unidad al de U.S. Army Caribbean School-Spanish Instruction; su objetivo secundario fue el de instruir a personal militar latinoamericano. En 1956 el número de personal latinoamericano había aumentado y se adoptó el español como idioma único para el entrenamiento. Se puede decir que en ese período la unidad ya se había convertido en el instrumento con que Estados Unidos reorientaba a las fuerzas armadas latinoamericanas hacia la guerra interna anticomunista. Dadas las controversias políticas asociadas con la función de la EA y la presión del gobierno panameño, en 1984 la EA fue trasladada a Fort Benning, en el estado de Georgia. A la vez, la EA fue sacada de la tuición del Comando Sur del Ejército de Estados Unidos (EEU) y se la transfirió a la del Comando de Entrenamiento y Doctrina (Training and Doctrine Command, TRADOC). Es significativo esta transferencia porque implica ya un reconocimiento directo que el entrenamiento de los militares latinoamericanos se da estrictamente de acuerdo con la doctrina del EEU, aunque algunos segmentos de la instrucción son adaptados a la situación latinoamericana específica. Este dato es de importancia para la discusión posterior del proceso de modernización del ECH a partir de 1990 con el Plan Alcázar.

Como instrumento de la política militar de Estados Unidos, el informe de la GAO sobre la EA definía de la siguiente manera la preocupación del gobierno después del colapso del bloque soviético:

> *El cambio a gobiernos democráticamente elegidos ha hecho que el rol de las instituciones militares en América Latina deba tener cambios significativos. Los militares eran actores políticos, mayormente autónomos en los asuntos regionales y a menudo jugaban un rol dominante en sus sociedades. En años recientes, sin embargo, los militares parecen tener menor tendencia a la intervención política. Existe preocupación, sin embargo, de que esta inclinación no es permanente, y que la democratización no es irreversible. El intento reciente de golpe de Estado en Paraguay, aunque fracasado, demuestra la naturaleza frágil de la democracia en América Latina.*
>
> *Por otra parte, todavía preocupan las violaciones de Derechos Humanos en la región. El informe sobre Derechos Humanos del Departamento de Estado de 1995 afirma que aunque ha habido progreso, en algunos países latinoamericanos todavía continúan serias violaciones de Derechos Humanos. Por ejemplo, aunque hubo progreso en las negociaciones entre el gobierno guatemalteco y las guerrillas y que activistas de Derechos Humanos fueran elegidos al congreso del país, todavía ocurrían serias violaciones de Derechos Humanos en 1995. En México todavía quedan serios problemas tales como ejecuciones extrajudiciales por la policía y arrestos ilegales* (p. 4).

En cuanto a la política oficial de Estados Unidos hacia Latinoamérica, el informe afirma:

En la Cumbre de las Américas de la que Estados Unidos fue anfitrión en diciembre de 1994, 34 líderes democráticamente elegidos se reunieron para comprometer a sus gobiernos a abrir nuevos mercados, crear una zona de libre comercio en todo el hemisferio, fortalecer el movimiento hacia la democracia, y mejorar la calidad de vida de todos los pueblos de la región. Estados Unidos está trabajando mediante instituciones multilaterales para el avance de los objetivos de la Cumbre de las Américas. En un testimonio reciente, por ejemplo, el Departamento de Estado describió cómo el Banco Interamericano de Desarrollo trabaja por el desarrollo sostenible y la promoción de mandatos específicos de la Cumbre en las áreas de salud y educación.

De acuerdo con los cambios de ambiente político y económico, Estados Unidos se aproxima a los asuntos de seguridad en la región en términos de cooperación mutua. Hoy en día, la política de Estados Unidos refleja la ausencia de la amenaza comunista y la transformación de la región latinoamericana. Hace énfasis en el apoyo a los gobiernos democráticamente elegidos, la cooperación para la defensa, en medidas para construir un sentimiento de confianza mutua entre los países, y en mitigar amenazas transnacionales tales como el narcotráfico y el terrorismo internacional (p. 5).

Estados Unidos considera que la educación y entrenamiento de militares y civiles extranjeros es una parte crucial de su estrategia nacional para lograr el objetivo específico de promover la democracia en América Latina y el Caribe. Oficiales superiores de la Escuela nos dijeron que los programas internacionales de entrenamiento militar entregan a los estu-

diantes la experiencia, la doctrina y la práctica militar de Estados Unidos e incluye instrucción para militares y civiles extranjeros en el desarrollo de sistemas de administración de recursos para la defensa, respeto por los valores democráticos y el control civil de los militares, respeto por los Derechos Humanos y el estado de derecho, y operaciones antidrogas (p. 6).

En cuanto a la orientación del currículo de la EA, la GAO informa:

Reflejando la historia de la región, los directores de la Escuela hicieron énfasis en que la institución entrega instrucción en principios de Derechos Humanos a todo el estudiantado. Esta instrucción en Derechos Humanos no se presenta en ninguna otra escuela del Ejército [estadounidense porque es redundante]. *Todos los cursos de la Escuela, excepto el curso introductorio de computación, incluye un bloque obligatorio de 4 horas en asuntos de Derechos Humanos en las operaciones militares, incluyendo derecho de la guerra terrestre, derecho militar y ética, control civil de los militares, y democratización. Esta instrucción es expandida en algunos cursos. Por ejemplo, el curso para oficiales comandantes y de estado mayor dedica tres días al tema, y usa la masacre de My Lai en Vietnam como caso de estudio. Los directores de la Escuela nos dijeron que consideran este caso de estudio como una ilustración excelente de las problemáticas relacionadas con el comportamiento militar profesional, el comando y control, y los cambios en las actitudes militares estadounidenses y la aceptación de los principios de los Derechos Humanos. Dijeron que también se discuten incidentes en que han estado involucrados militares latinoamericanos tales como la masacre de cientos de campesinos salvadoreños en El Mozote en 1981* (p. 13).

Más allá de estas proclamas oficiales de adhesión a los principios de la democracia y de los Derechos Humanos, diversas organizaciones mundiales de defensa de los Derechos Humanos han descubierto y divulgado información de que ya desde la época del derrocamiento del gobierno guatemalteco de Jacobo Arbenz en 1954, la estructura que se convirtió en la EA daba entrenamiento a soldados y policías latinoamericanos en tácticas para la desestabilización de gobiernos que Estados Unidos consideraba enemigos –tácticas ilegales según el Derecho Internacional del Conflicto Armado y de los propios manuales estadounidenses para la guerra terrestre (Brophy y Zirnite). Es sobre esta información que se montó la gran campaña de organizaciones de defensa de Derechos Humanos en Estados Unidos contra la EA, campaña iniciada desde la década de 1960, cuando comenzaron a conocerse públicamente las atrocidades de las dictaduras latinoamericanas de la Doctrina de la Seguridad Nacional.

En este contexto toma importancia un texto titulado "Forty Years of Human Rights Training" ("Treinta Años de Entrenamiento en Derechos Humanos") publicado por el Dr. Russell W. Ramsey, profesor de Estudios Latinoamericanos en la EA, en el *Journal of Low Intensity Conflict & Law Enforcement*, Vol. 4, N° 2, Autumn 1995. Allí el Dr. Ramsey interviene en la polémica apoyando a la EA en el momento en que se programaba su reorganización. Su intervención ilumina aspectos importantes de la lógica militar estadounidense en las relaciones con otras fuerzas armadas nacionales.

Ramsey reconoce que tanto los diplomáticos del Departamento de Estado estadounidense bajo John Foster Dulles como el personal militar destacado a asuntos latinoamericanos en la década de 1950 cometieron el error de identificar todo movimiento de reforma social, por muy necesarios y legítimos que fueran sus objetivos, como comunismo revolucionario patrocinado por la Unión Soviética y luego Cuba. A pesar de esto, Ramsey considera que la guerra de contrainsurgencia iniciado por el Presidente John F. Kennedy como elemento paralelo a la Alianza para el Progreso fue un recurso legítimo de defensa.

No obstante, Ramsey afirma que los militares argentinos y chilenos, en la comisión de las más grandes atrocidades en la "guerra sucia", distorsionaron el entrenamiento provisto por Estados Unidos para la contrainsurgencia, el cual fue eminentemente técnico –asociado, por lo demás, con el respeto a los Derechos Humanos. Lo convirtieron en una guerra santa de exterminio, usando, más bien, las estrategias y tácticas extremistas de los militares franceses en la guerra de Argelia.

Al señalar esta desviación Ramsey introduce una diferenciación de conceptos pedagógicos que le permite eximir a la EA de responsabilidad por las atrocidades cometidas por los militares latinoamericanos por todo el continente –habla de la diferencia entre *educación cognitiva* y *educación afectiva*. "En términos militares, [la educación cognitiva] trata de enseñar al soldado a desarmar su rifle, limpiarlo, rearmarlo, dispararlo, y dar en el blanco"; "La educación afectiva tiene que ver con valores y comportamiento [...] enseña al soldado sobre las consecuencias de disparar su rifle. Trata de los valores que identifican al enemigo, de quien no es enemigo, y de la confianza ciudadana que se ha puesto en el soldado para usar su arma bajo circunstancias legalmente aceptables"; "¿Cómo medir lo afectivo en soldados que claramente no son criminales, pero en cuyas filas han ocurrido terribles violaciones de Derechos Humanos?" (p. 6).

A lo que apunta Ramsey es que la EA sólo podía asegurar la eficiencia de la parte técnica de la enseñanza cognitiva y hacer esfuerzos por demostrar la importancia y conveniencia de ajustar esa enseñanza al respeto de la democracia y de los Derechos Humanos. Nada más. La parte valorativa, es decir, el uso político de las armas, es responsabilidad exclusiva de las instituciones castrenses latinoamericanas que envían personal a la EA.

Ramsey termina sus argumentos con dos párrafos que conviene conocer:

> *El análisis empírico sugiere que los valores democráticos son un conjunto indivisible, que se los aprende longitudinalmente, que los Derechos Humanos es un*

concepto resbaloso, difícil de definir, y que el respeto por la democracia y sus instituciones se aprende en la patria. La Escuela de las Américas del Ejército de Estados Unidos puede y debe compartir una estructura institucional y conceptos funcionales sobre las relaciones cívico-militares con militares profesionales latinoamericanos. Todas las escuelas militares y policiales en todo el mundo deberían enseñar Derechos Humanos, no como paliativo contra publicidad negativa sino como componente vital para el sostenimiento de la democracia. La política estadounidense de presión contra los violadores de Derechos Humanos debiera aplicarse mediante el espectro de instrumentos económicos y políticos disponibles, no usando las salas de clases [de la EA] como campos de batalla ideológica. Ninguna otra escuela en el mundo ha dedicado tanto esfuerzo a la instrucción en Derechos Humanos como la Escuela de las Américas...

Con el nuevo diseño de dispositivos de defensa interamericana para el siglo XXI dentro de la Organización de Estados Americanos, la educación y el entrenamiento militar deben hacerse verdaderamente interamericanos en estructura. Sería contraproducente apresurarse a cerrar las puertas de la Escuela de las Américas simplemente porque su nombre se identifica con comunicados de prensa sensacionalistas que la conectan con violadores de Derechos Humanos. Un colegio o academia militar interamericana reconfigurada para servir al ejército, la marina, la fuerza aérea, y al personal policíaco debería iniciar operaciones con el legado y la modalidad de enseñanza de la Escuela de las Américas. Así se facilitaría una transición gradual hacia una red sistémica de relaciones verdaderamente interamericana, prestando total atención a la dimensión vital de un currículo y cursos de Derechos Humanos, en

306

*todas las deliberaciones sobre política militar. Los
militares y policías latinoamericanos ya han hecho
gran progreso en el campo de los Derechos Humanos, lo que Estados Unidos no ha percibido; de todas maneras tales mecanismos institucionales sólo
funcionarán cuando los militares y los políticos civiles elegidos democráticamente de Latinanomérica y
Norteamérica se avengan a tener relaciones cívico-
militares con civiles en el gobierno, responsables e
informados* (p. 8).

Con la diferenciación entre las dos formas de educación
–la cognitiva y la afectiva– Ramsey revela la conjunción de
maquiavelismo y relativismo cultural que fundamenta la
realpolitik estadounidense. Recordemos que, como postura
antropológica para la evaluación de la diversidad cultural, el
relativismo afirma que los valores predominantes en una sociedad deben ser respetados sin cuestionarlos puesto que constituyen las normas morales y éticas en que se basa el orden y
la disciplina social. Junto con ese respeto, una postura
maquiavélica permite que Estados Unidos instrumentalice a las
instituciones militares latinoamericanas entregándoles todo tipo
de entrenamiento técnico para derrotar al enemigo común,
aunque este entrenamiento lleve a las atrocidades más despreciables, a las peores violaciones de los Derechos Humanos de
sus conciudadanos. Con ese maquiavelismo, en su política internacional Estados Unidos ha hecho alianzas momentáneas
con los líderes de los regímenes más corruptos, sanguinarios o
terroristas, usarlos por un tiempo para sus propósitos, y luego
desecharlos y destruirlos. El caso del general Pinochet y su
régimen en Chile es un ejemplo de menor cuantía. De mucha
mayor cuantía son los casos de Manuel Noriega en Panamá,
narcotraficante de gran monta, a quien se le permitió seguir con
sus negocios mientras fuera útil en el conflicto de Estados
Unidos con los revolucionarios nicaragüenses; el de Saddam
Hussein, usado mientras hiciera la guerra contra Irán, país que
amenaza la geopolítica estadounidense en el medioriente;

Osama Bin Laden, cuya organización fundamentalista fue financiada, entrenada y armada para la guerra contra la Unión Soviética en Afganistán.

Con su relativismo cultural, Estados Unidos rehusa asumir responsabilidad oficial por las atrocidades cometidas por sus aliados latinoamericanos. Las instituciones militares latinoamericanas son las responsables exclusivas; los valores con que actúan es cuestión de ellos. De todas maneras, con el fomento de la democracia y de los Derechos Humanos en el entrenamiento militar entregado en sus instituciones, Estados Unidos de todas maneras se exhibe y ofrece como modelo de comportamiento civilizado ante la barbarie. Así incita a los militares latinoamericanos para que lo imiten. No obstante, Estados Unidos declara que, para mantener su ascendiente geopolítico y proteger la influencia que ejerce sobre los militares latinoamericanos, normalmente prefiere la persuasión a la presión directa.

Esto se trasunta en los actuales planes de modernización del ECH, el Plan Alcázar. Los parámetros de esta modernización responden directamente a la redefinición de la doctrina del EEU a partir de 1993. Tanto en Estados Unidos como en Chile, las consecuencias de esa redefinición hicieron del Ejército el núcleo estratégico fundamental, mientras las otras ramas, la Marina y la Fuerza Aérea ocupan un rol complementario.[3]

En lo político, la redefinición de la doctrina militar de Estados Unidos obedeció a la fuerte reducción del financiamiento y del personal de las Fuerzas Armadas y la reducción de sus bases e instalaciones a través del mundo luego del colapso del bloque soviético de naciones. A pesar de esto, dada su hegemonía mundial, Estados Unidos debía encontrar nuevos modos de proyectar su intervención global. Estas intervenciones debían ser episodios militares de corta duración, al menor costo posible, con la opción de una rápida reconstitución de fuerzas para luego ir a otras intervenciones, compensando el desgaste humano con una alta inversión en las tecnologías más avanzadas. En especial, las Fuerzas Armadas debían considerar el efecto que había tenido la guerra en Vietnam en la ciudadanía: "Las fuerzas del Ejército tenían que prestar atención a la realidad de la demanda del pueblo estadounidense en cuanto a obtener victorias decisivas sin bajas innecesarias, y hacer algo con respecto al impacto de los medios de comunicación en los sucesos" (p. 115).

Durante la Guerra Fría las Fuerzas Armadas estadounidenses y europeas aliadas en la Organización del Tratado del Atlántico Norte (OTAN) definieron el posible choque contra las fuerzas militares del bloque soviético dentro de un espacio geométrico claramente delimitado y conocido de la topografía europea –el paso Fulda. Allí se movilizarían y emplearían, en secuencia lineal, los recursos de los ejercitos y de las fuerzas aéreas en una serie de medidas estratégicas englobantes, previamente delineadas, de acuerdo con los análisis y expectativas derivadas de la información de la inteligencia ya acumulada, todo lo cual llevaría más tarde a la ocupación y control de una masa territorial. El EEU designó esta concepción del conflicto como "operaciones lineales".

El colapso del bloque soviético y su hegemonía mundial incontestada obligó a Estados Unidos a reformular la doctrina del uso de sus fuerzas armadas según la nueva situación geopolítica. Las claves para formular una doctrina post-Guerra Fría surgieron entre 1989-1991 de las experiencias de la invasión de Panamá para destruir el gobierno de Manuel Noriega –la Operación Causa Justa (Operation Just Cause)–, y de las Operaciones Escudo del Desierto (Operation Desert Shield) y Tormenta del Desierto (Operation Desert Storm) para expulsar de Kuwait y destruir las tropas iraquíes luego de que Saddam Hussein invadiera a Kuwait y lo anexara al Estado iraquí.

La nueva situación geopolítica llevó a Estados Unidos a suponer que tendría que intervenir en diversas regiones del mundo, quizás simultáneamente, en operaciones de grado menor o medio, de término corto o previsible de antemano, para proteger sus intereses sin que la intervención significara una guerra, aunque, quizás, de todas maneras, la intervención obligara a combatir con algún grado de intensidad. En el inventario de intervenciones posibles se consideran operaciones en regiones controladas por narcotraficantes; ayuda humanitaria a zonas asoladas por desastres naturales; apoyo a alguna de las partes involucradas en conflictos regionales o guerras civiles; intervención para detener estos conflictos; operaciones encubiertas o públicas para estabilizar o desestabilizar a gobiernos nacionales o regionales; destrucción de grupos y reductos terroristas.

Estas intervenciones posiblemente se darían en regiones de las que habría escasa inteligencia o ninguna base logística para iniciar la operaciones. Por tanto, ello obligaría al transporte de fuerzas que deberían iniciar acciones infiltando el teatro de operaciones con pequeños grupos de tropas especiales apoyadas por líneas de comunicación y apoyo logístico muy cercanas, con la capacidad de renovar sus pertrechos en rápida respuesta a la dinámica de la intervención. Premunidos de una alta tecnología de teléfonos, radios y compases conectados con satélites globales; computadoras conectadas con bancos globales de información para elaborar y comunicar información, además de sistemas de laser para guiar misiles y bombas, estas tropas especiales pueden habilitar y facilitar la convergencia del alto poder destructivo de baterías de artillería y de diversos tipos de aviones y helicópteros del ejército, de la fuerza aérea o de la marina con bases terrestres o navales ubicadas a distancias largas o cercanas. Esta estrategia permite la destrucción de gran cantidad de fuerzas enemigas sin que esto fuerce a la ocupación de un territorio. Sin embargo, puede que luego se envíen tropas regulares para controlar un territorio por un período limitado. Las primeras etapas de la guerra en Afganistán aparecen como modo óptimo de ejecución de este tipo de intervención.[4]

Intervenciones como ésta no tienen un desarrollo lineal ni una geometría espacial bien delimitada. Se dan allí sinergias resultantes en efectos complicadísimos y sorprendentes, para los cuales no hay recetas predeterminadas. Diversos requerimientos de acción ofensiva y defensiva pueden darse simultáneamente, en situaciones dispersas y terrenos no conectados entre sí, exigiendo una respuesta muy versátil, con diferentes sistemas de armas de corta y larga distancia, diversos sistemas de inteligencia y elementos robóticos terrestres y aéreos, sincronizando recursos de todas las ramas de las fuerzas armadas.

Estas simultaneidades demandan un comando capaz de reaccionar a un sobrecargado flujo de información que proviene directamente del campo de operaciones, información constante, inmediata y de primera mano *(real-time information)*. El comando debe tener una alta capacidad intuitiva para la improvisación, para decidir sobre el curso de sucesos de dinámica difícil de predecir y sincronizar, dando, a pesar de todo, respuestas articuladas que permitan el control de la situación englobante. Para ello el comando debe contar con gran movilidad y excelentes equipos de comunicación y visualización puesto que debe estar estrechamente conectado con los hechos a medida que se desarrollan. En la rapidez de la progresión de este tipo de combate las diferenciaciones conceptuales entre estrategia, táctica y operaciones prácticas se disuelve. Se disuelve también la diferencia entre operaciones de guerra y humanitarias puesto que, en el curso mismo de la intervención, o luego de que se la ha terminado, pueden producirse catástrofes de diversa naturaleza –hambrunas, epidemias, enormes migraciones masivas– que exigen una intervención inmediata.

Por otra parte, este tipo de intervención regional obliga a contar con personal capaz de conectarse y comunicarse con la cultura local. A la vez, la gran reducción de su personal y recursos debido al recorte de presupuestos por el término de la Guerra Fría obliga a Estados Unidos a emprender esas intervenciones con una política de coaliciones multinacionales. Esto, además, obliga a Estados Unidos a contar con dispositivos administrativos y de entrenamiento capaces de integrar, coordinar y homogenizar muy de antemano la acción de fuerzas militares de naciones aliadas, sujetándolas a la doctrina militar estadounidense.

Desde la perspectiva de las Fuerzas Armadas chilenas, el diseño de la doctrina militar estadounidense es de gran afinidad con sus aspiraciones y necesidades profesionales. Basada en grupos relativamente pequeños de fuerzas especiales de gran movilidad, apoyadas por una tecnología de inteligencia avanzada, habilitadoras de la convergencia de la capacidad destructora de elementos aéreos y navales sobre espacios estratégicamente delimitados para la defensa nacional, cumple tanto con criterios de alta eficiencia profesional como con las directivas continentales de reducir el gasto militar.

Pero, aun más allá de que la modernización de las fuerzas armadas latinoamericanas corresponda directamente a su agenda geopolítica, Estados Unidos intenta utilizar la modernización como principal herramienta de apoyo a los gobiernos de transición a la democracia después del fin de las dictaduras militares de la Doctrina de la Seguridad Nacional. Con la modernización militar Estados Unidos busca cuatro objetivos – crear condiciones objetivas para persuadir a las fuerzas armadas a abandonar su protagonismo en la política nacional, a restringirse a las tareas de defensa de sus naciones ante amenazas externas y a someterse al control de la autoridad civil democráticamente elegida, y a cooperar en intervenciones en otros países con patrocinio de las Naciones Unidas o de alguna coalición comandada por Estados Unidos . Sin duda aquí encontramos ecos de las peticiones de Carlos Portales y Augusto Varas en cuanto a la reprofesionalización de las Fuerzas Armadas chilenas en ese seminario en el Woodrow Wilson Center.

Un informe publicado por el United States Institute of Peace de Wahington, D.C.,institución federal, explica la lógica de esos cuatro objetivos. Se trata de *State and Soldier in Latin America: Redefining the Military's Role in Argentina, Brazil, and Chile* (octubre de 1996), de la politóloga Wendy Hunter. Según este análisis, el propósito de esos tres objetivos está en proteger el orden de la economía global logrando la estabilidad social y política latinoamericana en diferentes niveles –ya que la Guerra Fría ha terminado, la modernización en los términos descritos anteriormente puede llevar a la reducción del gasto militar para redirigirlo a la mejora de la calidad de vida de la población, evitando en lo posible las insurrecciones y las grandes migraciones; limitar la relativa autonomía estra-

312

tégica que los militares lograron con las dictaduras. Esta autonomía llevó a gastos irracionales, como en programas de desarrollo atómico para fines militares y la fabricación de armas y misiles, lo cual incentivó un tráfico internacional de armas *(recordemos "el asunto de los pinocheques")*. Los gobiernos de transición a la democracia se han comprometido a limitarlos.

Los gobiernos de redemocratización pueden usar la modernización incentivada por Estados Unidos para la negociación con las fuerzas armadas. Se trata de llegar a un acuerdo en que la reducción global de los gastos militares sea compensada con garantías de que, a la vez, se mantendrán salarios, condiciones de vida y equipamientos satisfactorios para el personal castrense. Estados Unidos y sus naciones aliadas darían garantías para lo último, a la vez que ejercerían un veto ante gastos en equipamiento militar que se consideren desestabilizadores de la economía nacional. Estados Unidos mantiene su tuición sobre diversas actividades –el entrenamiento del personal militar, incentivando además, y en especial, acciones conjuntas de mantenimiento de la paz en zonas del mundo políticamente inestables; la acción contra el narcotráfico; la participación de las fuerzas armadas en el desarrollo económico y social del territorio nacional. En países como Perú, Colombia y México, en que aún existen movimientos insurreccionales armados, la función de mantenimiento de la seguridad interna por las fuerzas armadas sería considerada legítima, en la medida en que esté sujeta a la autoridad civil.

En este análisis Hunter identifica la acción antinarcotráfico, las tareas de seguridad interna y la participación militar en el desarrollo socio-económico nacional como áreas controversiales en el apoyo a la transición a la democracia. La participación en las dos primeras por parte de los servicios de inteligencia y de tropas especiales en la neutralización de un enemigo interno tiende a mantener una mentalidad de control y represión de la sociedad civil en general, prolongando la tendencia de los militares a no diferenciar entre políticos y criminales. El potencial positivo de la participación en el desarrollo nacional puede hacerse negativo en la medida en que los militares la administren exclusivamente y la usen para agitar públicamente sobre la supuesta incompetencia de las autoridades civiles.

Al revisar la situación específica de Chile, el inform de Hunter dirige la atención sobre el triunfalismo de los milit res por su certidumbre de que el régimen militar derrotó al comunismo internacional en la mayor victoria de la Guerra Fría, por la eficiencia administrativa que mantuvo el régimen en todo su período y por el éxito de la política económica neoliberal que impusieron: "Supremamente confiados en su institución, los oficiales superiores ven a las Fuerzas Armadas como particularmente calificadas para guiar al país hacia el futuro. Según un analista, 'los chilenos que usan el uniforme del Ejército todavía se ven como simbolización de los mejores atributos de la Patria, como poseedores de una vocación histórica, jugando un rol social en el desarrollo –con gran éxito'" (Capítulo 4, "Los Militares Chilenos: Fortaleza Política y Profesionalización")

Como potencial de debilitamiento de la democracia, Hunter señala la "desusada" autonomía de las Fuerzas Armadas chilenas para financiar su reequipamiento mediante la ley que entrega un 10% del ingreso anual por ventas de cobre. La ley 18.445 de 1986 lo elevó a un mínimo de US$ 180 millones: "La fortaleza política y económica de las Fuerzas Armadas chilenas es lo que les permite un alto grado de libertad en la elección de los roles que quieren asumir. La oficialidad considera deseables y prestigiosas las misiones relacionadas con la defensa nacional en sentido estricto, y éstas han prevalecido sobre funciones no combatientes. Como lo dijo muy dramáticamente un oficial del EEU que participó en ejercicios con el ECH en 1992, 'los oficiales chilenos están obsesionados con pelear una guerra'" *(Ibid.)*.

Además, el análisis de Hunter indica que la tradición del ECH "incluye acción cívica, pero nunca en la magnitud de los militares en naciones menos desarrolladas e integradas de América Latina, incluyendo Brasil" *(Ibid.)*. Por ello dirige la atención sobre la influencia especial que puede ganar el ECH con el énfasis que hace sobre su programa "Fronteras Interiores". Este proyecto busca contribuir al desarrollo nacional con la creación de zonas de dinamismo económico en los extremos norte y sur de Chile que debieran incitar una mejor distribución de la población, protegiendo así la soberanía chilena por todo el territorio nacional.

Según el informe, el potencial de conflicto con los países vecinos por cuestiones de fronteras ha hecho que las Fuerzas Armadas chilenas hayan tenido escasa participación en misiones de mantenimiento de la paz en el mundo, a pesar de compromisos contraídos con las Naciones Unidas y Estados Unidos: "Chile rechazó la idea de mantener un contingente siempre disponible cuando fuera necesario para las misiones de mantenimiento de la paz de las Naciones Unidas. En varias ocasiones también rechazó peticiones de las Naciones Unidas para prestar ayuda con tropas. Las razones para estos rechazos han variado según los casos específicos; pero, en general, la firme voluntad de los militares para no involucrarse mayormente es afirmar que su misión fundamental es disuadir, combatir y derrotar a los enemigos de Chile en lo que refleja una posición relativamente privilegiada para rehusar tales tareas sin menoscabarse como organización viable" *(Ibid.)*.

No obstante, aun reconociendo estas tensiones limítrofes, de todas maneras el informe identifica a Chile como problema potencial para la paz de la región:

> *Las fuerzas militares de Chile suman 91.800 personas para una población de sólo 13.5 millones. Brasil tiene una fuerza de 296.700 para una población de 156 millones y Argentina tiene 65.000 tropas activas para una población de más o menos 33.5 millones. Por tanto, con menos de la mitad de la población de Argentina, Chile tiene 27.000 militares más. De hecho, en proporción a su población, Chile tiene la más grande fuerza militar en servicio activo de Sudamérica, excediendo aun las de Bolivia, Perú y Colombia, países activamente involucrados en combatir carteles de drogas y grupos guerrilleros. Con-*

sistentes con su posición privilegiada, las Fuerzas Armadas chilenas también dan un entrenamiento más extenso a sus conscriptos que sus pares en Argentina y Brasil. No hay dudas de que el servicio militar obligatorio continuará.

Otro problema potencial para la región que presenta el caso chileno surge del hecho de que está simplemente desfasado de la tendencia de los países vecinos. Mientras los militares argentinos están ocupados participando en el mantenimiento de la paz global, Chile compra armas y entrena soldados para una guerra convencional. Tanto Argentina como Brasil han reducido el entrenamiento de tropas mientras Chile lo hace con toda energía, creando la impresión general de que estaría mejor preparado que sus vecinos para pelear una guerra si surgiera la posibilidad. Aunque las Fuerzas Armadas argentinas han aceptado a regañadientes los límites impuestos por los civiles, por lo menos provisionalmente, la oficialidad está consciente de haber perdido terreno ante Chile, quien no sólo tiene una reserva fuerte y preparada sino también tiene superioridad aérea sobre Argentina.

De manera similar, mientras otros países han mostrado interés en hacer arreglos para la seguridad colectiva en la región, Chile ha dado señales de que rehusa participar. Todavía no hay señales de que el creciente desbalance militar (más en términos del ritmo de avance de Chile que de su capacidad absoluta) sea una amenaza concreta y directa a la paz de la región. Sin embargo, la preocupación entre los militares vecinos impide que bajen la guardia y acepten con alguna confianza la tendencia a fuerzas armadas más pequeñas y con armamento menos pesado (Ibid.).

Por otra parte, el análisis de Hunter se refiere negativamente al proyecto geopolítico "Mar Presencial" de la Armada chilena, formulado en 1989. Con él se intenta demarcar una zona de dominio geopolítico más allá de las docientas millas náuticas reconocidas internacionalmente. Esta zona incluiría un área enorme hacia el este, hasta la Isla de Pascua, y hacia el sur, hasta la Antártica. El informe hace una advertencia en contra del proyecto:

> *La Convención de 1982 de las Naciones Unidas sobre Derecho Marítimo reconoce esta área como "alta mar" y, como tal, abierta a todas las naciones. El fin último de la Marina en el programa Mar Presencial es demarcar una futura soberanía en esta área, clausurando así los recursos de esta porción del alta mar a la explotación comercial por otras naciones. La Marina chilena considera que estos recursos oceánicos son patrimonio de Chile.*
>
> *Los tres proyectos principales del programa Mar Presencial son el desarrollo de la pesca oceánica; realizar investigaciones marinas y de otra naturaleza; y la construcción de un puerto en la Isla de Pascua que le permitiría a la Marina ejercer una mayor presencia soberana para proteger y avanzar los intereses chilenos sin violar el Derecho Internacional.*
>
> *Aunque sin duda parte del propósito de Mar Presencial es proclamar el derecho a la exploración científica y a la explotación de los recursos del mar profundo, este proyecto también está motivado por el objetivo de proyectar el poder y la soberanía de Chile al alta mar. En consideración de una premisa del nacionalismo chileno —el destino de Chile depende de su predominio en el Pacífico— los objetivos del proyecto son tanto económicos como geopolíticos. Mar Presencial expandiría la jurisdicción marítima de Chile de 1.3 millones de millas cuadradas a 9.1. Basada en una interpretación peculiar que hace*

Chile de la Convención de Derecho Marítimo de 1982, Mar Potencial contradice la política de Estados Unidos con relación al tratado de las Naciones Unidas. Mar Presencial es sólo una idea en este momento, pero su implementación sin duda requiere un poder naval chileno para establecer y defender la presencia de la nación en alta mar (Ibid.).

En este contexto de una hegemonía de Estados Unidos impuesta con grados mayores o menores de fuerza coercitiva o de finura diplomática, el nietzschianismo heideggeriano de las Fuerzas Armadas chilenas ahora adquiere una segunda modulación significativa. Con anterioridad decía que, con ese nietzschianismo, dentro de Chile los sobrehombres se exhiben como entes de poder supremo. Hacia afuera, no tienen otra opción que la de someterse a las enmarcaciones de la voluntad imperial. Si no lo hicieran quedarían aislados de financiamiento internacional para la renovación y mantenimiento de equipo, excluidos de entrenamiento especial avanzado, excluidos de inteligencia compartida continentalmente; en cuanto a relaciones interiores, quizás se produciría una fragmentación de la voluntad institucional por parte de la oficialidad controlada por los servicios de inteligencia estadounidense; estos servicios demandan un comportamiento adecuado a la paga o a los privilegios y apoyos que den a sus carreras. Por tanto, ahora ese nietzschianismo heideggeriano también puede entenderse como una compensación ideológica de entes débiles ante quienes son realmente poderosos.

El esoterismo militar en las relaciones públicas

Después que Estados Unidos desestabilizó el régimen militar del general Pinochet, los límites políticos impuestos a las Fuerzas Armadas continúan. Desde fines de la década de 1980 la United States Agency for International Development (USAID) se plegó a los esfuerzos del Departamento de Defensa para promover la sujeción de las Fuerzas Armadas a la autoridad civil en los países latinoamericanos en transición a la democracia. También intenta promover la mayor participación de civiles en la formulación de la política de defensa nacional y mejores relaciones cívico-militares. Con total franqueza, en este aspecto USAID se declara campeón de los civiles.

Puesto que USAID es una agencia federal orientada a asuntos civiles, la estrategia recomendada para esos propósitos fue diferente a la seguida por IMET, E-IMET o la EA. Ha buscado reforzar la sociedad civil promoviendo programas y financiamiento para la educación de intelectuales, profesionales, funcionarios y políticos en asuntos militares y la formación o refuerzo de organizaciones no-gubernamentales independientes, de manera que los asuntos de la seguridad nacional no continúen siendo monopolio de las Fuerzas Armadas. La expectativa de USAID es que la diseminación de este conocimiento y la participación activa de civiles en la política militar de los Estados latinoamericanos genere una capacidad de evaluación y crítica constructiva de las Fuerzas Armadas por parte de la civilidad, cumpliéndose así dos objetivos para el rencuentro y acercamiento cívico-militar −convertir la política militar de la nación en cuestión discutible democráticamente por la ciudadanía en general; que el conocimiento adquirido cree una actitud de confianza entre intelectuales, profesionales, funcionarios y políticos, de manera que el diálogo cívico-militar no quede para siempre marcado por las suspicacias generadas por años de dictadura. En los esfuerzos por ampliar y profundizar estas tareas −con la cooperación de otras agencias gubernamentales estadounidenses y de otras potencias mundiales− éste fue el diagnóstico de la situación hecho por consejeros de USAID.[5]

Los países con historias recientes de régimen autoritario encaran serios desafíos en la tarea de hacer que las instituciones militares sean políticamente neutrales y sujetas a los tipos de control necesarios para una democracia creíble. El entrenamiento de funcio-

narios de gobierno (y, en menor grado, de personal de organizaciones no-gubernamentales) es esencial para que esto sea efectivo. "Funcionarios civiles competentes, efectivos y valientes son indispensables para el control civil", concluye un experto. Las relaciones cívico-militares apropiadas para un escenario democrático no pueden basarse solamente, o primordialmente, en la voluntad de autorestricción de los militares, basada en sus mecanismos internos. A pesar de las afirmaciones de que "un control civil objetivo" puede establecerse incrementando al máximo el profesionalismo y la autonomía de las fuerzas armadas, la realidad es más compleja. **Sólo entrenando e involucrando a los funcionarios gubernamentales en un diálogo continuo, activo e informado con la oficialidad se podrá establecer y perpetuar modalidades democráticas de relaciones cívico-militares. La democratización tendrá éxito sólo si se promueve un conocimiento más amplio a través de toda la sociedad de los roles convenientes para las fuerzas armadas, especialmente en países en que hay una larga historia de involucramiento militar en la política. De acuerdo con esto, es importante que USAID perfeccione su rol en las relaciones cívico-militares en su esfuerzo por promover la democracia y el gobierno *legal*** (p. 9; las negritas están en el original).

Los consejeros de USAID son más bien indirectos al sugerir que esta intervención debería intensificarse durante la *crisis de identidad* de las fuerzas armadas después de las dictaduras de la Doctrina de la Seguridad Nacional, según las circunstancias específicas de cada una de ellas en su retiro del gobierno (p. 17). En el caso chileno, es preciso acotar que el arma más afectada por esta crisis de identidad fue el ECH, acérrimo al general Pinochet y a su régimen. El hecho es que hacia 1988 el ECH ya no sólo no contaba con la confianza ni de Estados Unidos ni de sus aliados; también había sido abandonado por la Armada y la Fuerza Aérea. El apoyo internacional ha estado decididamente con los gobiernos de la Concertación. Esa crisis tuvo una secuencia en que cada etapa se hizo más difícil para el ECH, aunque dentro de Chile la dimensión de la crisis ha quedado oscurecida por la circulación de información interesada –en la imagen pública el ECH parece tener un poder superior al real. La secuencia es la siguiente –la humillación del general Pinochet y del ECH por la acción concertada por Estados Unidos y el Vaticano para arrancarlo del poder; la división de los miembros de la Junta de Gobierno en la derrota del general Pinochet en el plebiscito de 1988; a partir de 1990, por los juicios cada vez más numerosos contra militares involucrados en la violación de Derechos Humanos; por el daño causado al pundonor militar por la publicación del *Informe Rettig;* por el arresto del general Pinochet en Londres en octubre de 1998; por los juicios y los desafueros a que ha sido sometido el general luego de su retorno a Chile; por el gran aumento de los juicios a militares del alto mando relacionados con el general Pinochet.

Según los consejeros del USAID, con una política más afinada, los ámbitos de la intervención y de presión diplomática por parte de esta agencia durante los procesos de transición a la democracia debían quedar claramente definidos y articulados entre sí:

USAID debe desarrollar planes concretos para asegurarse de que: 1) la doctrina militar refleje los cambios en lo necesario para la gobernación civil; 2) la seguridad interna no sea un tema aislado y vacío de contenido democrático; 3) los programas para la promoción del estado de derecho no excluyan el escrutinio de la justicia militar; y 4) la impunidad, que a menudo implica que nada cambie, sea puesta en discusión. El diálogo también debe dirigirse a cuánto es el gasto suficiente para la defensa nacional. La asignación de recursos en un Estado débil o en desarrollo requiere decisiones difíciles en

cuanto a gastos apropiados tanto en seguridad inter-
na como externa, en cuanto a participación civil en
las decisiones y supervisión civil de los gastos, y co-
nocimiento público de la manera como se asignan los
recursos. No es suficiente que las instituciones finan-
cieras internacionales dicten la naturaleza y los ni-
veles de los gastos militares si no ha habido una
genuina discusión interna (p. 33).

El mayor desembozo de los consejeros del USAID –y
medida del poder imperial estadounidense– se da con la reco-
mendación de otras dos medidas de presión diplomática para la
redemocratización:

Quizás convenga el análisis de las políticas de pro-
moción y jubilación militar para asegurarse de que
los oficiales de mejor entrenamiento profesional y
más receptivos al control civil asciendan en la jerar-
quía (p. 28).
En muchos Estados hay escasa diferencia entre los
líderes militares que controlan la situación desde
bambalinas y los débiles líderes civiles apoyados por
las organizaciones internacionales de desarrollo. Es
importante que haya una investigación básica para
entender el contexto político de quién realmente go-
bierna. Esto es válido en situaciones de transición.
Esto no descalifica el diálogo cívico-militar. Mera-
mente provee un criterio de juicio en cuanto a lo que
puede resultar de tal programa (p. 36).

De acuerdo con las orientaciones estadounidenses en
cuanto a promover mejores relaciones cívico-militares, los Comandantes en Jefe del ECH que siguieron al general Augusto
Pinochet –los generales Ricardo Izurieta Caffarena (1998-
2001) y Juan Emilio Cheyre Espinosa (2002-)– adoptaron la
modalidad de tener reuniones de "encuentro con el mundo académico y cultural". En el encuentro del 22 de agosto del 2001

–en medio de la polémica sobre la Mesa de Diálogo–, en los párrafos más pertinentes de su discurso, el general Izurieta explicó del siguiente modo el sentido de la modernización del ECH a sus invitados civiles:[6]

En esta línea, estamos revisando el modo y estilo que ha prevalecido en el último tiempo en las actividades del quehacer nacional. Al respecto, buscamos que tanto en el cumplimiento de nuestra función manifiesta, como es la defensa, cuanto en las funciones latentes, como institución estemos contribuyendo con el máximo de nuestras capacidades a lo que requiere el país (p. 2).

Con orgullo puedo señalarles que en los últimos años el Ejército de Chile ha evidenciado un gran avance en su modernización, lo que nos sitúa en la mejor perspectiva para enfrentar los requerimientos de la defensa frente a las nuevas amenazas que, sin dejar de considerar las que son tradicionales, impone renovados enfoques y formas de relacionamiento entre nuestros Estados.

Así es como se han redefinido unidades y revisado la distribución de las fuerzas a lo largo del territorio nacional, buscando una mejor proyección de la fuerza y la optimación de los procedimientos en los diferentes niveles de gestión.

Desde otro punto de vista, la renovación tecnológica ha constituido una de las preocupaciones continuas de nuestra institución. Al respecto destaco, muy especialmente, las actividades que desarrolla el Centro de Entrenamiento Operativo Táctico, que forma parte de la Academia de Guerra del Ejército. En él, los futuros comandantes se entrenan en el mando en escenarios simulados de alto nivel de precisión, contando además con la participación de destacados oficiales de distintos países americanos (p. 3).

Por su parte, en el encuentro del 24 de octubre del 2002, el general Cheyre explicó así la modernización del ECH en sus párrafos más pertinentes[7]:

> *Como ustedes saben, desde el año 1992 iniciamos una secuencia de cambios, cuyo primer paso consistió en una reforma del sistema educacional, que comprendió las áreas de docencia, capacitación, instrucción y de entrenamiento militar. Paralelamente emprendimos los estudios para hacer realidad un nuevo diseño de la fuerza, acorde con los desarrollos tecnológicos, a la nueva realidad político-estratégica de la región y en consonancia con los recientes compromisos del Estado chileno en tareas de cooperación internacional, en especial, bajo el amparo de Naciones Unidas.*
>
> *Todo esto implica una renovación de la organización, despliegue, equipamiento y capacidades institucionales, orientadas a desarrollar una fuerza eficiente, sustentable y multifuncional, para cumplir misiones en el ámbito de la disuasión y la cooperación, pero también para colaborar al desarrollo y a la unidad y cohesión nacionales.*
>
> *En este ámbito se inserta el nuevo diseño de la fuerza, el cual es un proyecto estratégico que cambiará la concepción de presencia y despliegue territorial, por uno más adecuado a la situación actual y futura, el que asume una estructura más flexible de nuestras unidades, a través de lo que hemos denominado Sistemas Operativos Integrales, dotados de lo necesario para hacerlas plenamente operacionales; es decir sistemas de información, de mando y control, de maniobras y de apoyo logístico (p. 2).*
>
> *En esta área de cooperación internacional se inserta un importante ejercicio que se está desarrollando actualmente en la localidad de Peldehue y que los medios de comunicación han dado a conocer. En*

este ejercicio denominado "Tamarugal", el Ejército de Chile, el Comando Sur del Ejército de los EE.UU. y otros siete ejércitos de la región, conformando una fuerza de 1.200 hombres, cumplen operaciones combinadas destinadas a mejorar la interoperacionalidad en lo propio de las misiones de paz. Como tal es el ejercicio de mayor magnitud que se ha desarrollado en Chile con una fuerza multinacional (p. 3).

¿Qué significado habrán tenido estas exposiciones para personas "del mundo académico y cultural"? Pensemos en las circunstancias de las exposiciones.

Durante aproximadamente veinte minutos, académicos no especializados en problemáticas militares reciben un flujo de información para el cual no tienen un mapa mental en que situarlo. En sí mismas las exposiciones no cumplen con el requisito protocolar entre intelectuales de entregar un conjunto mínimo de claves interrelacionadas entre sí como para que los auditores ajenos al tema comprendan el sentido general de los conceptos movilizados por los expositores. Según lo expuse en el acápite anterior, en realidad las claves están en la nueva doctrina del EEU oficializada en 1993. Esta era conocida sólo por los oficiales superiores del ECH presentes en la reunión. Ese discurso, oculto en el trasfondo, conocido sólo por iniciados en el tema, es lo que confiere la calidad de lenguaje esotérico a las exposiciones de los dos Comandantes en Jefe del ECH.

Ahora preguntémonos, ¿qué propósito podría tener el llamado a un encuentro en que se hace la mímica de dar acceso a extraños a un conocimiento sin realmente hacerlo?

En realidad, un examen minucioso de los textos –cosa imposible para invitados que lo escucharían sólo una vez– muestra un conjunto de frases enigmáticas y lugares comunes vacíos de significación. Por ejemplo, el general Izurieta usa sin aclarar términos como funciones "latentes" del ECH, "nuevas amenazas", "renovados enfoques", unidades "redefinidas", de haber "revisado la distribución de las fuerzas", de "la optimación de los procedimientos en los diferentes niveles de gestión".

El general Cheyre habla de "desarrollar una fuerza eficiente, sustentable y multifuncional", de unidades dotadas "de lo necesario para hacerlas plenamente operacionales; es decir sistemas de información, de mando y control, de maniobras y de apoyo logístico". ¿No es que aquí nos encontramos con lugares comunes vacíos de significación?, ¿no es patente aun para el conocimiento más elemental y primitivo que toda unidad militar, para ser tal, debe ser "plenamente operacional" y tener "información", "mando y control", capacidad de "maniobra" y "apoyo logístico"?

La exposición del general Cheyre es aún más interesante no sólo por el vacío de contenido conceptual sino por la amenaza velada que contiene, fraguada en términos de ese nihilismo nietzschiano. Lo velado está en que los componentes de la amenaza están separados entre sí y dispersos en el discurso, lo que atempera su violencia y la hace poco perceptible. Transcribir los párrafos en una secuencia compacta de sus términos hace evidente su violentismo de manera nítida, el cual subrayo con negritas:

> *Nuestro tema no es construir un nuevo Ejército ya que éste es uno y allí radica la esencia de institución básica de la República. Nuestra tarea es desarrollar el Ejército que el Chile de hoy, en el mundo que hoy nos exige* (pp. 1-2).
>
> *En esta dirección, y bajo **el concepto ético a que nos obliga el patrimonio** del uso legítimo de la fuerza, **el Ejército no acepta relativismos en todo aquello que para otros pudiera ser anormal o condenable, eso para nosotros es inaceptable, inexcusable*** (p. 3).
>
> *En este clima de confianza, deseo reiterar que por sobre cualquier circunstancia dolorosa, aspiramos a lograr que nuestra institución alcance a mediano plazo un nivel acorde a los desafíos que debe enfrentar el país.*
>
> *Hay que decirlo claramente: no existe dicotomía entre asumir un pasado complejo y vivir en el presente*

*construyendo el mañana. **El problema sería eternizar las situaciones que se derivan del pasado o detener el actuar para concentrarse sólo en éstas*** (p. 4).

Porque, en un escenario mundial repleto de incertidumbres, se requiere dialogar y unir voluntades para colaborar en todo aquello que permita dar solidez a los esfuerzos, que desde las universidades, desde las empresas y el sector público, se hace en beneficio de la comunidad en su conjunto, fortaleciendo su seguridad y desarrollo (pp. 4-5).

*Lo expresado es nuestra convicción y nuestra experiencia personal que nos ha permitido unir la profesión militar y el perfeccionamiento académico. De allí que estoy cierto que la existencia de situaciones contingentes que afectan al país y al Ejército hay que enfrentarlas con decisión. **Este Comandante en Jefe, lejos de eludirlas, las asume como parte de una realidad que lamentablemente se prolonga por muchos años, pero que tiene su propia dinámica. En todo caso, nuestro actuar se mantendrá en la línea de la doctrina militar enfrentando cada situación pensando siempre en las nuevas generaciones, en el Ejército y en el país*** (p. 5).

La frase *"el Ejército no acepta relativismos en todo aquello que para otros pudiera ser anormal o condenable, eso para nosotros es inaceptable, inexcusable"* obviamente se refiere al enjuiciamiento de personal del ECH por violaciones de Derechos Humanos. Por otra parte, veremos que esta secuencia de párrafos repite el esquema ideológico del que surge la sobrehistoria de los sobrehombres en ese texto anónimo titulado "Importancia del Conocimiento de la Real Historia de Chile en las Ultimas Décadas" publicado por el Centro de Estudios e Investigaciones Militares (CESIM) en 1999.

En primer lugar examinemos el segundo párrafo de las declaraciones del general Cheyre. Allí se dice que el uso legítimo de la fuerza por el ECH es un "patrimonio". Según el

Diccionario de la lengua española de la Real Academia, los dos usos más comunes del término "patrimonio" son "Hacienda que una persona ha heredado de sus ascendientes" y "Bienes propios adquiridos por cualquier título". Es decir, el uso de la fuerza es propiedad exclusiva del ECH. Con esto solapadamente se desconoce la soberanía popular puesto que, dentro de los marcos de una democracia, se argumenta que es el pueblo el que mantiene con su trabajo las fuerzas armadas del Estado y les concede el uso y la administración exclusiva y legítima de la violencia militar de acuerdo con su voluntad soberana. Por tanto, la afirmación del general Cheyre muestra que esa noción de un "patrimonio" histórico del ECH es un usurpamiento de la soberanía popular democrática por una casta que se ha independizado.

El origen de esta independencia se expresa en el primer párrafo: el Ejército "es uno" y en él "radica la esencia" de la República, lenguaje que hace eco de la concepción heideggeriana del "Estado militar" como esencia del Ser nacional planteada por Luis Valentín Ferrada. En esta concepción del Ser nacional se encuentra la continuidad histórica del ECH y, por tanto de Chile, según la afirmación del tercer párrafo del general Cheyre en cuanto a que "no existe dicotomía entre asumir un pasado complejo y vivir en el presente construyendo el mañana". Así manifestada la esencia de la nacionalidad, quedan suspendidas las normas rutinarias de la justicia en el estado de derecho, como se lo expresa en el segundo párrafo: *"el Ejército no acepta relativismos en todo aquello que para otros pudiera ser anormal o condenable".* La amenaza hecha por el general Cheyre está en decir que es *"inaceptable, inexcusable"* enjuiciar a los militares con otras normas éticas que no sea *"el concepto ético"* del patrimonio de la violencia armada usurpado por los sobrehombres del ECH.

Con esto nos topamos otra vez con la noción nietzschiana de la "sobrehistoria" que instala a los "sobrehombres" más allá de la ley entendida según el Derecho Internacional de Derechos Humanos. La entrada a este nuevo ciclo histórico es marcada por la referencia a "este clima de confianza" con que

328

se inicia el párrafo tercero, la que ubica los objetivos del ECH "por sobre cualquier circunstancia dolorosa" surgida en el pasado. Esa frase inicial es ambigua. Puede que se refiera a un párrafo anterior (no transcrito anteriormente), en que el general Cheyre habla de que "Nos asiste el convencimiento de que nuestro trabajo se encuentra en sintonía y contribuye a los sueños de Chile y de todos los chilenos..." (p. 4). Si es así, concuerda con la concepción nietzschiana de que es un peligro recordar la historia anterior todavía atada a la moral y la ética cristiana si una nación quiere proyectarse a la alborada de un nuevo futuro. Puede, también, que esa frase inicial se refiera a los invitados al encuentro, "personalidades del ámbito académico y cultural", cuya lista quizás haya incluido sólo a simpatizantes o incondicionales del ECH.

En el quinto párrafo, ¿qué valor real puede tener la intención de "dialogar y unir voluntades para colaborar" si el diálogo sólo se da con incondicionales o con intelectuales de ideologías diversas a quienes no se entrega ni siquiera un mínimo de claves sobre el significado de la modernización del ECH como para que la intercomunicación tenga sentido? No cuesta concluir, entonces, que los encuentros del ECH con "personalidades del ámbito académico y cultural" son, en realidad, operativos de relaciones públicas en que se montan ceremonias para que la casta militar exhiba la voluntad de acercarse a los civiles y a la vez les demuestre que no se condeciende a transigir en materias de justicia.

Examinemos el párrafo final. En este, al hablar de "situaciones contingentes" el general Cheyre alude al malestar dentro del ECH por el número creciente de oficiales procesados por violaciones de Derechos Humanos. Aquí el lenguaje transfigura al general Cheyre en representante de una casta consciente de su poder al interpelar a los invitados según "nuestra convicción y nuestra experiencia personal" e indicarles que "las situaciones contingentes que afectan al país y al Ejército", y que "lamentablemente se prolongan", "hay que enfrentarlas con decisión", afirmando que la casta se "mantendrá en la línea de la doctrina militar". Esta última frase es también ambigua.

Puede que "doctrina" tenga el significado usual en toda institución castrense, es decir, la definición estatal del uso posible y legítimo de la violencia militar. Si es éste el significado, el general Cheyre se está arrogando un poder ilegal al indicar que se usará la doctrina militar para enfrentar los procedimientos del Poder Judicial que, supuestamente, "tiene su propia dinámica". Puede, también que "la línea de la doctrina militar" se refiera a la postura tomada por el CESIM ante la Mesa de Diálogo en ese texto anónimo titulado "Importancia del Conocimiento de la Real Historia de Chile en las últimas Décadas".

Al parecer, este tipo de desencuentro con la civilidad realmente constituye un modelo para las comunicaciones cívico-militares, como lo demuestra un seminario del 6 de septiembre del 2000 –también en medio del escándalo de la Mesa de Diálogo–, organizado por el Instituto de Ciencias Políticas (ICP) de la Pontificia Universidad Católica de Chile con el tema "Formación Valórica y Cívica en las Fuerzas Armadas: Experiencias, Didáctica y Desafíos Futuros".

El seminario es de interés particular puesto que fue financiado por el Estado chileno a través del Fondo Nacional de Investigaciones Científicas y Tecnológicas (Fondecyt) y cabe dentro de los esfuerzos del USAID estadounidense por promover un acercamiento intelectual entre militares y civiles. Los militares invitados hicieron exposiciones sobre la educación de los conscriptos reclutados anualmente para el servicio militar, de los suboficiales y de los oficiales. Su organizador, el profesor Patricio Valdivieso (ICP), describió el contexto en que se dio el seminario y sus objetivos:

> *El sentido de esta invitación y del proyecto de investigación dentro del cual se enmarca tiene relación con diversos hechos. Primero, nuestro país experimenta un proceso relevante de aproximación entre Fuerzas Armadas y organizaciones de la sociedad civil, y esto demanda iniciativas constructivas para el futuro y abre grandes oportunidades de cooperación. Segundo, en los diversos foros cívico-militares*

que se vienen celebrando desde mediados de la década de 1990, uno de los temas centrales es el de la formación cívica y en valores que ofrecen las Fuerzas Armadas. Tercero, en la sociedad civil no existe una cultura de la defensa, y este tipo de iniciativas contribuye a una mejor comprensión de estas materias. En cuarto lugar, y sobre la base de lo anterior, quienes trabajamos en entidades de Educación Superior podemos hacer un aporte a través de los conocimientos de didáctica y métodos para la formación que se desarrollan en nuestros centros (p. 2).

Sin duda los objetivos mencionados en cuarto lugar eran a largo plazo, puesto que en la discusión que siguió a las presentaciones de los militares, en realidad no hubo ni diálogo ni intercambio de información metodológica. Dado el carácter taxativo de las presentaciones de los militares –no discuten, simplemente afirman los valores impartidos en la educación castrense como elementos de cohesión corporativa– y el sentido de las intervenciones de los civiles durante la discusión, es evidente que se trató de una reunión exploratoria, orientada a un público no versado en problemáticas militares. Los participantes reconocían que la cultura militar es desconocida para los civiles. De allí, quizás, que el seminario haya sido designado como "taller", tipo de reunión académica que permite preguntas y comentarios de los más dispares grados de sabiduría.

Para los propósitos de este trabajo, tres son las exposiciones más relevantes: la del capitán de navío Omar Gutiérrez V. ("Armada de Chile – Visión Institucional: La Formación Física y Valórica"); la de Máximo Venegas, general de la Fuerza Aérea ("Formación en la Fuerza Aérea"); la del teniente coronel del ECH Daniel Arancibia ("Formación Valórica y Cívica en las F.F.A.A.").

La exposición del capitán Gutiérrez estuvo orientada a explicar la función protectora de la institucionalidad política de Chile asignadas a las Fuerzas Armadas por la Constitución de 1980. Para ello echa mano de concepciones teológicas escolásticas, afines al integrismo expuesto por el capellán naval Barros Matte en su manual *Conferencias de moral*. Esto se hace claro con la cita que hace del Artículo 156 del Capítulo V de la *Ordenanza de la Armada,* titulado "Moral Naval": "Necesidad de poseer valores morales. Todo hombre lleva una ley escrita por Dios en su interior y que ha sido comunmente llamada 'Ley Natural' de donde surge y tiene fundamento el valor moral. De los dictados de la Ley Natural nace para cada uno de los miembros de la Armada el deber de dar a los 'valores morales' la importancia capital que merecen; los que siempre y con creciente influencia han jugado un decisivo papel en la vida de los pueblos tanto en la paz como en la guerra" (pp. 14-15). La confluencia de estos dos argumentos deriva en una apología del golpe militar de 1973 y del gobierno del general Augusto Pinochet.

Para el capitán Gutiérrez todas las acepciones de la palabra "moral" se concretan con el cumplimiento de la *Ordenanza de la Armada* por el personal naval, lo que le acarrea "la confianza en él" por la colectividad nacional y "la merece". Esto le permite afirmar "con [el capellán castrense español] Vega Mestre, que 'el militar es un hombre a quien se han de confiar valores tan sagrados, que necesita ser digno de esa confianza'. Y continúa: 'pero importa sobre todo lo que vale como persona, la cantidad y cualidad de espíritu que conforman su textura moral'" (p. 20). Debido a esta entereza moral reconocida públicamente es que "la instituciones de la defensa son encarnadoras de la memoria histórica de un pueblo, conservadoras de su tradición y portadoras de aquellos valores de identidad nacional" (p. 22); "la milicia no es más que una religión de hombres honrados" (p. 15). Por esta encarnación es que los militares tienen la capacidad para contener la "continua pugna" que existe en toda sociedad entre fuerzas "unificadoras y disgregadoras" (p.17). El Estado debe "mantener las fuerzas de dispersión dentro de un límite reducido o eliminarlas. Si el orden político o la ley no cumplen esta función, las Fuerzas Armadas deben complementar su esfuerzo, y aun, en caso de crisis, asumir por sí mismas la delicada función de restablecer la eficacia legal de la autoridad" (p. 17). "En estas circunstancias el Estado debe recurrir no sólo a las Fuerzas Armadas sino al apoyo del sector nacional que hemos llamado unificador, el que a su vez pasa a convertirse, aun sin militarizarse, en un elemento esencial de la Defensa Nacional" (p. 18). Al identificar a las Fuerzas Armadas como "encarnadoras de la memoria histórica de un pueblo, conservadoras de su tradición y portadoras de aquellos valores de identidad nacional" (p. 22), el capitán Gutiérrez terminó su exposición con dos párrafos que reflejan directamente el ideario de Osvaldo Lira, con una violencia similar contra el "enemigo interno":

Cuando estos valores son relativizados por el sistema cultural, lo que está en peligro de disolución es la propia cultura que sustenta la sociedad. Los procesos de transformación y cambio cultural pueden establecer una radical transformación del ethos cultural de un pueblo, a riesgo de permitir la destrucción de esa propia sociedad.

La historia de las civilizaciones nos enseña que éstas desaparecen no cuando son vencidas por invasiones enemigas, sino cuando su propia identidad cultural, que le asigna un sentido como tal al existir de dicho pueblo, termina socavándose y en su lugar se levantan otros sustentos culturales distintos y ajenos a los que permitieron nacer y crecer a dicha civilización (p. 22).

En espacio mucho más reducido, el general de la Fuerza Aérea Máximo Venegas hace declaraciones similares. También usando el concepto escolástico de Ley Natural, para Venegas "el perfeccionamiento del oficial implica reconocer su condición humana como una unidad compuesta de cuerpo y alma, con vida vegetativa, sensitiva y espiritual, además el hombre debe buscar la verdad y el bien. Por ello, el actuar de todo oficial debe estar consolidado en una ética fuerte e inamovible. Esta vida ética, dentro de nuestro marco cultural debe estar basada en primer lugar en el ser supremo: DIOS. Puede haber variaciones en la fe, pero en todo caso el punto de partida es Dios con su mensaje de amor, sacrificio, misericordia y paz" (p. 23). Esto se proyecta a la colectividad nacional como "una vocación a Dios, Patria y Familia" y con los "principios Dios, Patria, Institución [Fuerza Aérea], Prudencia, Justicia y Templanza" (p. 23), a pesar de los valores de "un mundo en que el materialismo nos golpea permanentemente con sus múltiples ofertas..." (p. 23).

Frente al ideologismo de los dos expositores anteriores, el teniente coronel del ECH Daniel Arancibia prefirió un tecnicismo pedagógico. Se refirió a la necesaria transformación del sistema educativo del ECH para producir oficiales y suboficiales con una personalidad e intelecto óptimos para hacer frente a los requerimientos de las nuevas formas de conflicto armado, según directivas estadounidenses revisadas en el acápite anterior. Como se recordará, estas directivas hacían fuerte énfasis en la adquisición de grandes volúmenes de inteligencia y su rápido procesamiento y comunicación con alta tecnología para traducirlos en maniobras precisas en medio de operaciones de grandes fluctuaciones. No obstante, el coronel Arancibia no ignoró aspectos ideológicos como los expuestos por los otros expositores, indicando que "dicha readecuación debería obedecer a las siguientes orientaciones –Pleno apego a la doctrina institucional; Respeto a las tradiciones, valores, costumbres, usos y procedimientos; Fortalecimiento de las virtudes en los procesos de desarrollo; Evaluación del cambio en su necesidad y pertinencia" (p. 25).

El coronel Arancibia situó las funciones de defensa del ECH en el escenario general del desarrollo económico y de valores ciudadanos en Chile: "En el amplio espectro de países y sociedades que conforman el mundo tecnificado e informático del presente, existe un denominador común, que estuvo presente también en el mundo agrario e industrial del pasado y probablemente también existirá en el mundo del próximo milenio. Se trata de la indudable necesidad del hombre de crear condiciones para lograr y mantener el Bien Común en dichas estruc-

334

turas sociales" (p. 25). Los valores ciudadanos son definidos como "vínculos humanos y jurídicos que implican derechos y obligaciones recíprocos, lo que conlleva la capacidad para ejercitar los derechos políticos que consideran las consultas plebiscitarias y su calidad de elector" (p. 25). Si la ciudadanía es esto, los militares tienen una mayor responsabilidad de exhibirse a la sociedad como ejemplos óptimos puesto que, según la Constitución chilena, "las Fuerzas Armadas y Carabineros son esencialmente obedientes y no deliberantes" y que "existen para la defensa de la patria, son esenciales para la seguridad nacional y garantizan el orden institucional de la República" (p. 25). Si se considera que "el ser humano, no nace ciudadano sino que debe formarse a través del tiempo" (p. 25), las Fuerzas Armadas son la mejor escuela para la formación ciudadana y el desarrollo del Bien Común en todos sus aspectos.

Con estos argumentos, la discusión del coronel Arancibia se dirige a demostrar que la personalidad formada militarmente ocupa naturalmente el liderato social porque en tanto "las virtudes militares, según Toynbee, no forman una clase separada 'son virtudes integrantes de todas las empresas de la vida..., más sin embargo, virtudes por haber sido valores ganados con la sangre y el acero'. Mientras todos esperamos poseer estas virtudes en todas las empresas de la vida, en la profesión militar estas vienen a ser indispensables" (p. 26).

Puede colegirse que, ante los civiles participantes en el seminario del ICP, las presentaciones de los militares fueron analogías de las dos caras de Jano –para los adherentes al antiguo régimen militar, los expositores sin duda reafirmaron su identidad de garantes del orden establecido y de la gran eficiencia técnica que llevó a la modernización neoliberal de la economía; para los oponentes, sin duda los expositores reiteraron la arrogancia dictatorial.

Cuando el seminario llegó al momento del intercambio de opiniones quedó demostrada la incapacidad de diálogo entre civiles y militares.

No se dio el esperado intercambio de experiencias profesionales. Los encargados del seminario no habían designado comentaristas especiales para las presentaciones de los militares, arbitrio usual para generar discusiones. Los militares no tuvieron preguntas para los civiles; las de éstos para los militares revelaron bien ignorancia del trasfondo intelectual del que provenían los uniformados, cautela excesiva o sorpresa ante mundos tan jerarquizados. La transcripción contiene pocas intervenciones de párrafos sustanciales; predominan intervenciones de pocas frases. En su mayoría las intervenciones no buscan respuestas, más bien son impresiones personales dirigidas a nadie en particular.

Dos son las intervenciones más sugerentes en el intercambio.

María Angélica Celedón, de la Fundación Nacional para la Superación de la Pobreza, expresó su sorpresa y resistencia ante el grado de jerarquización del mundo militar que se le había revelado. Dijo: "Mi trabajo de redes consiste en buscar formas de articular la sociedad civil, y se usa métodos distintos a los de las Fuerzas Armadas. La experiencia muestra que la gente se rebela ante estructuras tan formales, no quiere estructuras donde unos pocos tienen el poder sólo en la cúpula, prefiere vincularse en función de objetivos concretos. En este contexto, la gente responde más por la confianza que por los aspectos disciplinarios" (p. 30).

Francisco Navarrete, estudiante del ICP –con notoria incapacidad para plantear un foco de inquisición claro– hizo una de las pocas preguntas contestadas: "En las exposiciones se ha enfatizado sobre valores y misión de las Fuerzas Armadas, y la necesidad de poder mantener ciertos valores en la sociedad chilena. Mi pregunta se orienta a una situación que se vivió en alguna época de nuestra historia, ¿cuál es el futuro de la Doctrina de Seguridad Interior del Estado para las Fuerzas Armadas?" (pp. 30-31). Obviamente, el estudiante se refería incorrectamente a la Doctrina de la Seguridad Nacional, soporte ideológico de la Fuerzas Armadas para la guerra interna. En su respuesta, Arturo Gotschlich, coronel del ECH, ironizó los términos usados por el estudiante, mostrando una intención de confundir al auditorio tergiversando hechos ya vastamente difundidos y, por tanto, mostrando displicencia ante el auditorio y ante ese estudiante en particular: "La Doctrina de la Seguridad Interior del Estado nunca ha sido parte de las Fuerzas Armadas. De lo que se habla es de la Doctrina de la Seguridad Nacional creada en Estados Unidos en la Escuela de las Américas, se trata de un asunto extraño a la realidad chilena y a la doctrina institucional de las Fuerzas Armadas" (p. 32).

La toma de conciencia del abismo que separa los universos simbólicos de los militares y de la civilidad fue la certidumbre principal a la que llegaron los participantes en el seminario. Entre las cuestiones abiertas por ese intento de intercambio, el organizador del encuentro, el profesor Patricio Valdivieso (ICP), destacó dos en las conclusiones finales: "¿Cómo lograr una mayor comprensión, diálogo y trabajo conjunto entre el mundo civil y el mundo de la defensa, asumiendo que ambos cumplen roles distintos e imprescindibles dentro de la sociedad?; ¿Cómo podemos hacer que didácticas que han sido concebidas desde un mundo no jerárquico y lleno de incertidumbres y que propone una valoración positiva del conflicto puedan entrar en una acción positiva con aquellas formas propias de educación que tienen las Fuerzas Armadas?" (p. 33).

En realidad estas preguntas ya habían sido contestadas poco antes en una intervención del general Máximo Venegas de la Fuerza Aérea. Ella demuestra las bajas expectativas con que militares de alta jerarquía habían concurrido al seminario por cuanto, dada la especialidad de profesores y estudiantes del Instituto de Ciencias Políticas, allí no encontrarían pares intelectuales: "Hace algunos años los parlamentarios dieron al Ejecutivo la responsabilidad de trabajar en el tema de la Defensa, reservándose ellos el tema del presupuesto. Por lo tanto, en la actualidad falta conocimiento dentro del Congreso respecto a lo que se hace en materias de Defensa. Las Fuerzas Armadas están buscando dialogar, se han acercado primero a la sociedad civil. El diálogo es un asunto fundamental. Las Fuerzas Armadas se nutren de los conceptos de la empresa privada como la importancia del liderazgo y la eficiencia. Es por ello que se busca conseguir estas metas a través de diferentes técnicas" (p. 31).

Pero aun si los participantes civiles en el seminario hubieran tenido más información sobre el trasfondo intelectual de los expositores y si a cada exposición se le hubiera asignado un comentarista especializado, es dudoso que el intercambio pudiera haber sido fructífero o que hubiera continuado. Los comentarios de cualquier politólogo especializado en la Fuerzas Armadas habría tenido que debatir en su conciencia ética profesional si convenía aludir aun de manera mínima a un hecho de claridad meridiana –los expositores principales planteaban una concepción de los valores fundamentales de la ética militar basándose en un teocentrismo integrista de corte fascista, contraviniendo la Constitución de Chile que declara la separación de la Iglesia Católica y del Estado. La más leve mención de este dato ineludible habría terminado abruptamente con el seminario.

Recapitulando:
Derechos Humanos e identidad nacional chilena

Todo lo expuesto y argumentado hasta aquí en este trabajo derivó de la pregunta en cuanto a la situación y significado político de las capellanías castrenses durante el régimen militar. Este hilo conductor de la pesquisa llevó a la conclusión de que el Vicariato Castrense había sido un enclave de integrismo fascista dentro de la Iglesia Católica de Chile que no sólo apoyó la dictadura sino que, además, justificó, toleró y, en algunos casos, participó en sus violaciones de Derechos Humanos. Este integrismo constituyó el núcleo valórico fundamental en la enseñanza de la materia de estudios Etica Militar en las Fuerzas Armadas. Por otra parte, mediante el sacerdote Osvaldo Lira, ss. cc., ese integrismo tuvo fuerte influencia sobre por lo menos dos de los principales miembros de la Junta Militar de gobierno –el general Augusto Pinochet y el almirante José Toribio Merino. Lira fue, además, mentor espiritual de Jaime Guzmán.

El hispanismo de los integristas fue más tarde complementado con las posturas nazi-nihilistas de un nietzschianismo heideggeriano y una apología soreliana de la violencia aplicada por las Fuerzas Armadas en la resolución de la aguda lucha de clases generada por el sistema capitalista y la regeneración de una sociedad supuestamente decadente. El recurso a Nietzche, Heidegger y Sorel ha conformado un discurso interpretativo de la historia y de la cultura chilena que exalta a las Fuerzas Armadas como concreción de un *ethos* nacional que se manifiesta en el llamado "Estado militar", esencia de la identidad histórica de Chile. Sobre esta base las castas militares han construido una imagen de sí mismas como cofundadores de la República y garantizadores de su supervivencia. Según esta perspectiva, la función de garantizar esa supervivencia se hizo crucial con la decadencia de las antiguas oligarquías cofundadoras de la República desde fines del siglo XIX y durante el siglo XX, y con el ascenso político de clases medias pacifistas y administradoras de la corrupción en su rol de mediación política.

Según ese nihilismo, en lo que respecta a las violaciones de Derechos Humanos durante el régimen militar, las Fuerzas Armadas –encarnación de la esencia histórica de Chile– demandan ser eximidas de cualquier enjuiciamiento moral, ético y legal por haber ejercido toda forma de violencia para asegurar la supervivencia del Estado nacional. Con la oficialización de este tipo de discurso, las Fuerzas Armadas –y particularmente el ECH– han establecido la postura ideológica con que hicieron frente a dos hechos cruciales de la historia chilena más reciente –la desestabilización del régimen militar por la administración Reagan y el Vaticano, y el proceso de redemocratización a partir de 1990.

Frente a la agitación civil en demanda de la Verdad y la Justicia por la violación de Derechos Humanos, ese esoterismo nihilista ha permitido que, durante la transición a la democracia, los voceros de las Fuerzas Armadas y, en especial, los Comandantes en Jefe del ECH Ricardo Izurieta y Juan Emilio Cheyre usen los términos Verdad y Justicia, con un significado especial que queda enmascarado. En estas circunstancias, los esfuerzos por acercar a civiles y militares para la reconciliación nacional dentro de los marcos de la democracia y del estado de derecho resultan ser sólo una apariencia. El fracaso de la Mesa de Diálogo demostró la continuidad dictatorial de las maniobras secretas y las presiones a las otras ramas del Estado por las Fuerzas Armadas para ocultar la Verdad y ubicarse más allá de la Justicia. En estas circunstancias, los actos de acercamiento de civiles y militares toman cariz de meras operaciones psicológicas o ceremonias de relaciones públicas insustanciales ya que el diálogo se hace imposible –los civiles carecen de la mínima competencia para concebir el sentido de la cultura castrense o para comprender las tareas reales que compete a los militares en la defensa nacional como burócratas del Estado; los militares menosprecian a la Sociedad Civil y a la Sociedad Política por ver en ellas la debilidad o degradación de los valores de patriotismo y liderato eficiente que ellos dicen haber perfeccionado. Son culturas incapaces de comunicarse.

Es ya un lugar común decir que el golpe militar de 1973 destruyó los mitos de cohesión de la nacionalidad chilena. Sin embargo, ¿cuán cohesionadora fue realmente esa cohesión?.

Seamos cínicos. Revisemos.

La mejor calidad de la vida promovida por el Estado Benefactor (o de Compromiso) asociado con la Industrialización Sustitutiva de la Importación –Estado comprometido con el desarrollo del consumo interno, del seguro social y médico, el fácil acceso a la educación y el apoyo a la producción artística– quedó identificada con un laicismo/secularismo propiciado por el Partido Radical, dominante en lo electoral por dos décadas, y la francmasonería entre bambalinas como institución aglutinadora de políticos radicales, de Izquierda en general, o independientes, como el general Carlos Ibáñez del Campo. En la emotividad de los "sentidos comunes" de la cotidianeidad, lo nacional quedó metaforizado con un secularismo democrático, igualitario, que ofrecía grandes oportunidades de ascenso social, encarnado en una clase media empleada en la burocracia estatal surgida de la enorme expansión del Estado para mantener y expandir el consumo, la industria y los servicios sociales.

Esta mesocracia secularista creó una noción de "cultura

nacional" que entregaba certidumbres e imágenes incuestionadas del desarrollo histórico democrático y estable desde la independencia, evolución ejemplar para Latinoamérica. Prolongando en el siglo XX los conflictos ideológicos del siglo anterior entre conservadores y liberales, católicos y librepensadores, este secularismo nunca tuvo mayor conciencia del potencial fascista del catolicismo ultraconservador de las antiguas oligarquías terratenientes. Ese potencial quedó perfilado cuando lo cultivó el integrismo franquista desde la década de 1940 en adelante; su callada influencia en las élites estatales, privadas y militares nunca fue conocida, sopesada o aquilatada.

Ese secularismo tampoco entendió el catolicismo reformista que ya se perfilaba desde la década de 1920, preocupado de paliar la miseria con que el librecambismo agraviaba a campesinos y mineros del salitre. Surgido de los jóvenes de clase media que militaron en el partido conservador por razones religiosas, ese reformismo católico se apoyaba en la doctrina social de la Iglesia, según se la enseñaba en las escuelas privadas de la Compañía de Jesus y en sectores de la Pontificia Universidad Católica de Chile. Alfredo Jocelyn-Holt[8] ha comentado que esos jóvenes reformistas eran *"la apuesta* que tenía el catolicismo para revertir el permanente fracaso en sus luchas contra el campante laicismo que se había apoderado de la educación pública, las profesiones, los aparatos del Estado, las fuerzas armadas, y el grueso de la élite ilustrada del país. Es decir, estamos ante un catolicismo que se siente marginal, desplazado, y en condiciones óptimas para pretender ahora, por decirlo de alguna manera, también *su revancha"* (p. 84).

Con las rigideces ideológicas inducidas en Chile desde Estados Unidos y Europa en el contexto de la Guerra Fría, a fines de la década de 1950 ese socialcristianismo se decantó en la Democracia Cristiana (DC), partido también mesocrático que llegó a dominar la política electoralista en los años '60. Ante el estancamiento ya irrecuperable del proyecto industrial, la bajísima productividad de alimentos por un latifundismo ineficiente y las espirales de inflación y huelgas causadas por políticas de gasto estatal deficitario para dinamizar la economía, la mesocracia democratacristiana se exhibió como una alternativa de administración técnica y eficiente de la cosa pública. Apoyada sociológicamente por la Iglesia Católica europea y avalada financieramente por la Alianza para el Progreso dirigida por Estados Unidos, la DC hizo frente en Chile a la influencia latinoamericana de la Revolución Cubana. Asesorada especialmente por Estados Unidos, Alemania e Italia, la DC adelantó un programa de reforma del latifundismo improductivo. Preocupada también de derrotar la hegemonía de socialistas y comunistas en el movimiento sindical y gremial chileno, la DC buscó fracturarlo con la promoción de un movimiento paralelo, purgado de afanes revolucionarios.

Jocelyn-Holt ha observado que la DC introdujo convicciones mesiánicas en la política chilena: "Frei Montalva es el gran articulador de esta estrategia apostólica. En él se encarna la idea de que la política es otra manera de hacer religión. La oratoria toma prestado la retórica del púlpito; se nota que ha escuchado muchas prédicas. Los tonos de voz se alzan y bajan cadenciosamente. El político asume el papel de profeta. El Moisés que ha de liberar al pueblo, el que abre los mares, en fin, el que nos conduciría a *la tierra prometida*" (p. 94).

La sensibilidad mesiánica creada por la DC introdujo una gran violencia retórica en la transacción política chilena. Con esquemas de una teología escolástica renovada por Jacques Maritain, fustigaron tanto la corrupción usada para fraguar y consolidar el populismo asociado con la industrialización como la improductividad de las antiguas oligarquías latifundistas y monopólicas. Crearon un imaginario colectivo en que el realismo transaccional de la política quedó reemplazado por una colisión apocalíptica entre el bien y el mal, Dios y Satán.

Fueron los principales dramaturgos democratacristianos agrupados en torno al Teatro de Ensayo de la Pontificia Universidad Católica los que mejor expresaron esa sensibilidad mesiánica. Mediante esquemas dramáticos basados en el concepto de Ley Natural, dramaturgos como Egon Wolff y Sergio Vodanovic mostraban que la tendencia espontánea de la sociedad chilena a alcanzar su redención y la plenitud material y espiritual prometida por Dios era obstaculizada por los pecados de la corrupción y el egocentrismo satánicos. Esto se plasmaba en los esfuerzos de padres de clase media profesional-burocrática por mantener la honestidad cristiana de sus familias ante las ofertas a sus hijos de carreras fáciles y riqueza por políticos diabólicos que los reclutaban para sus redes de extorsión instaladas en los canales administrativos del Estado (Sergio Vodanovic, *El senador no es honorable,* 1958; *Deja que los perros ladren,* 1959). Hijos arribistas de familias modestas de la clase media vendían sus almas a la corruptela política y eran elogiados y adorados por madres desnaturalizadas mientras los hijos que aceptaban su condición social y eran felices en ella eran vituperados (Egon Wolff, *Discípulos del miedo,* 1958; *Parejas de trapo,*1959). Se mostraba a las oligarquías decadentes encerradas en caserones oscuros, clausurados por el fiero orgullo de su abolengo, incapaces por su narcisismo de comunicarse con los seres del exterior, pervirtiéndose, por tanto, la tendencia humana al amor que se comparte para crear, diseminar y mantener la vida (Egon Wolff, *Mansión de lechuzas,* 1957; *Flores de papel,*1968-1969).

La izquierda marxista-leninista tampoco comprendió ni respetó el modo de ser de la cultura cristiana radicalizada que surgía en las comunidades de base de las poblaciones marginales. Activadas por agentes pastorales según las directivas de la "opción por los pobres" del Consejo Episcopal de Medellín (1968), las comunidades de base forjaron una conciencia de la realidad social chilena y un protagonismo político que espontáneamente se orientaba hacia un socialismo visualizado según el imaginario "blando" de los orígenes del cristianismo. Con las matrices "duras" de la teoría socialista y sus estrategias y tácticas de activismo político, los partidos leninistas "instumentalizaron" esas tendencias libertarias reclutando a la juventud cristiana más comprometida, alejándola de sus raíces al someterla a la disciplina partidaria. Así los partidos leninistas cooptaron los movimientos Iglesia Joven y Cristianos por el Socialismo, surgidos a comienzos de la década de 1960. La instrumentalización arreció con los años, especialmente durante la dictadura. Los actos y manifestaciones públicas de esos cristianos fueron infiltrados por los leninistas con sus consignas, pancartas y estandartes. Fernando Castillo Lagarrigue, s. j., *(op. cit.)* da cuenta de la carta de protesta que dirigió la Coordinadora de Comunidades Cristianas Populares a los partidos leninistas después del multitudinario Vía Crucis de 1984. En parte, la carta de protesta dice:

> *No podemos aceptar que se mire a las Comunidades Cristianas sólo como "espacio" para tácticas políticas predeterminadas, ni como una "caja de resonancia" para consignas prefabricadas en otras partes. Creemos que la dimensión política de las Comunidades Cristianas Populares está bastante clara y que se sitúa en otro nivel que es necesario respetar, precisamente para no desvirtuar esa dimensión política. Pensamos que es infantil e inmadura la actitud de tratar de "instrumentalizar" actos que, en sí mismos, ya tienen un significado político propio y claro (¿quién podría afirmar que el Vía Crucis, por ejemplo, no tenía un carácter político definido, sin dejar de ser una expresión auténtica de fe?). Es inmadura la actitud de tratar de "aprovechar" una manifestación de fe comprometida para pasar "avisos" y consignas, o tratar de "apropiarse" de un acto gritando consignas [...] Tampoco aceptamos que se nos trate de imponer desde fuera de las comunidades cuál debe ser el sentido político de la fe cristiana. Eso es algo que ya tenemos bastante claro y que vamos ahondando en la vida y el caminar de nuestras comunidades (p. 84).*

Sólo resta recordar el modo en que los políticos, en general, habían ninguneado por cuarenta años a las castas militares. Jocelyn-Holt comenta: "No acostumbrábamos entonces a preocuparnos demasiado de quiénes eran los oficiales que presidían nuestras instituciones castrenses, de dónde venían, qué temían, qué odiaban, cómo se les adiestraba, qué pensaban. La sola idea de que pensaran, de que pudieran tener posiciones, de que se abanderizaran por algo más concreto que la vaguedad que suele rodear a cierto nacionalismo grandilocuente de corte ceremonial, es un asunto que hemos ido reparando desde el día mismo del 11 de septiembre. Nuestra estabilidad dependía precisamente de esta despreocupación. Si nos hubiésemos obsesionado con el mundo militar, habría significado que tenían relevancia política. Por el contrario, porque nos eran indiferentes es que teníamos el sistema institucional civil de que nos preciábamos" (p. 158).

Desde la dictadura de Carlos Ibáñez del Campo el ECH había sido anatemizado, vilipendiado y menospreciado por los civiles. En sus *Memorias*[9], el general Carlos Prats González recuerda la repercusión que tuvo la caída de Ibáñez: "La agresividad irresponsable de las masas incontroladas se manifiesta primero contra Carabineros, los defensores del orden público que sólo cumplieron con su deber. Más tarde, y con más saña, empieza a sentirse la reacción civilista contra el Ejército, especialmente contra la oficialidad e, incluso, contra los jóvenes cadetes, a quienes las damas de la sociedad escupen en las calles y los 'jóvenes bien', en grupos matonescos golpean, por la sola circunstancia de vestir uniformes. La superioridad militar se ve forzada a disponer el uso obligatorio del traje civil para el personal franco del Ejército" (pp. 60-61); "El Ejército sufre ya el impacto de la reacción civilista con presupuestos reducidos y conscripción mínima, que nos obliga a una vida de cuartel de grandes restricciones. Gano 433 pesos mensuales, con lo que satisfazgo precariamente mi vida de soltero, a los 19 años de edad" (p. 71).

Las condiciones empeoraron. El presupuesto fiscal para salarios, habitación, instalaciones, armamento para las Fuerzas Armadas decreció hasta llegar a un mínimo del 9% en la presidencia de la DC (*Ibid.*, p. 567): "cabía ubicar a la oficialidad de 1968 consustanciada con la democracia burguesa imperante, adversa al marxismo y proclive al estilo de vida norteamericano, pero animada de un modo de pensar tradicionalista y nacionalista sobre la seguridad nacional. Esto la hacía cultivar un sentimiento sordo de rencor y desconfianza hacia los políticos, por su desatención y desprecio a los problemas de la capacitación operativa institucional, mientras que una vez al año, en las Fiestas Patrias, prodigaban sus elogios a las Instituciones por la 'gallardía y marcialidad' de sus desfiles en el Parque Cousiño" (pp. 570-571).

Este resentimiento llevó a las dos insubordinaciones de oficialidad del ECH contra el gobierno de Eduardo Frei Montalva. En mayo de 1968 presentaron su renuncia colectiva los alumnos de la Academia de Guerra por razones de "frustración profesional". En octubre de 1969 el coronel Roberto Viaux sublevó al regimiento Tacna en protesta por la "frustración profesional" y la "desmedrada situación económica del personal".

Volvamos a la pregunta: ¿cuán cohesionadora era la cohesión nacional antes de septiembre de 1973? Y en el presente, ¿por qué lamentar o sorprenderse de la incapacidad de diálogo entre cíviles y militares?

"Lo nacional" había sido realmente conformado por negociaciones y maniobras cooptadoras entre los grandes capitalistas y las cúpulas partidistas para resolver contingencias catastróficas –los efectos de la Gran Depresión Mundial y, más tarde, a fines de la década de 1950, el agotamiento de la Industrialización Sustitutiva de la Importación. Desde fines de los años '40, los efectos graduales de ese agotamiento confluyen con la solidificación de las estructuras y dispositivos burocrático-militares con que las dos grandes potencias mundiales se enfrentaron durante la Guerra Fría. A partir de entonces, la inercia de las luchas de las oligarquías latifundistas y monopólicas por el control de la economía y la contralucha de las clases subordinadas por mejores ingresos, mejor calidad de vida y mayor representación en el sistema político debió también encuadrarse dentro de las disyuntivas ideológicas de la Guerra Fría. En su paranoia anticomunista de comienzos de la Guerra Fría, Estados Unidos, sospechoso de todo movimiento democratizador, como árbitro supremo, sin duda favorecía a las oligarquías.

Durante todo el siglo XX la intensidad de esas luchas estuvo marcada por las descalificaciones ideológicas y la ignorancia mutua con que se enfrentaron los sectores laicos, católicos y las castas militares. Estos cismas llegaron a un paroxismo en Latinoamérica por el surgimiento de la Revolución Cubana, el holocausto nuclear que estuvo a punto de causar con la "crisis de los misiles", su influencia continental y, luego, por las consecuencias de la derrota de Estados Unidos en Vietnam. No obstante, precisamente por las prebendas que estaban en juego para ellas, las clases medias surgidas de la expansión de las burocracias estatales con los movimientos modernizadores laicos y católicos coincidieron en diseminar y mantener a través de varias generaciones la imagen de un Chile de larga tradición democrática. Cada una de estas clases medias se arrogó, desde sus respectivas trincheras discriminatorias, la identidad de ser el sostén más preclaro, exclusivo y legítimo de la democracia. Contrastándolo con el brutal realismo político que genera el 11 de septiembre de 1973, Jocelyn-Holt ha dado un buen esbozo de este mito elevado a la categoría de identidad nacional:

El catastro largo de estos prejuicios que ha dado por tierra al imponerse el imperio de lo fáctico es impresionante: la arraigada creencia entre nosotros de que la fuerza está subordinada a la razón; que en nuestra evolución política no se dan quiebres, sino más bien se goza de una continuidad institucional prolongada; que podemos confiar en que la resolución de los problemas se obtiene por la vía institucional; que los militares constituyen una instancia no deliberante, obediente, y no han tenido nunca nada que ver con el orden político de este país; que somos tolerantes de las diferencias; que éste es un país tradicionalmente respetuoso de los derechos de las personas; que la democracia se aviene a nuestro carácter, no así en el resto de América Latina; que el carisma y el caudillismo no cuajan por estos lados; que el sistema siempre ha dispuesto de mecanismos

*de autocorrección; que éste ha sido un país modelo
en términos de leyes y de política; una especie de isla
abierta a cobijar víctimas de la opresión; en el fondo
un país culto y civilizado. Un país que reprime su
propensión instintiva, impulsiva, bárbara, y la cana-
liza institucionalmente* (p. 243).

La cuestión de los Derechos Humanos es el ácido de
prueba que, aplicado al supuesto valor de la identidad nacional,
reveló un metal falso. Recordemos el Artículo 3° de la Declaración Universal de Derechos Humanos proclamada por las
Naciones Unidas en 1948: "Todo individuo tiene derecho a la
vida, a la libertad y a la seguridad de su persona". Lo implícito
en esta afirmación es que la sociedad debe ser entendida como
un escenario habilitado por el trabajo de múltiples generaciones
para permitir que el ser humano se dignifique materializando y
jugando libremente todas las opciones y potenciales de conducta latentes en la especie para contribuir al bien colectivo. Uno
de los abogados que tanto se jugaron en Chile por la defensa
de los Derechos Humanos –José Galiano[10] – es elocuente al
explicar este principio elemental:

> *... la vida conocida (y aun la vida conocible para la
> capacidad de nuestra mente) se nos presenta en for-
> mas muy diversas; más o menos complejas, más o
> menos idóneas para el proceso natural de adapta-
> ción al medio, más o menos perdurables, más o me-
> nos plenas en su aptitud de realización vital.*
> *Este ordenamiento graduado de las especies vivas
> [...] nos permite asignar a la vida una ponderación
> axiológica que llamamos dignidad. Es decir, concebi-
> mos las infinitas formas de vida animal clasificadas
> en estados graduales de dignidad; y aunque esta
> clasificación sea susceptible de críticas e impugna-
> ciones por su parcialidad y homocentrismo, resulta
> imposible no atribuir a la especie humana el grado
> máximo de dignidad vital* (p. 55).

Complementariamente a los instintos primarios de conservación y reproducción, el hombre aparece dotado del instinto gregario, que lo conduce a la formación de comunidades y como consecuencia, a la vida colectiva, a la organización de sociedades cada vez más complejas e interconectadas. Esta convivencia le obliga a crear condiciones convencionales, reguladas por la razón y la conciencia de todos, que hagan de la vida colectiva un estado más propicio, no sólo para la satisfacción de los instintos naturales, sino también para el perfeccionamiento y la plena realización de la vida de todos y cada uno de los miembros de la comunidad [...] Hacer posible esta aspiración colectiva e individual exige proteger a todos, la vida, la salud, la libertad y la dignidad, el pensamiento y la opinión, el trabajo y la creatividad, la educación y la información; es decir, exige reconocer y respetar unos derechos humanos esenciales, de los que son titulares todos los individuos, por el sólo hecho de ser personas (p. 57).

Con estas palabras José Galiano introduce la cátedra de Derechos Humanos en una universidad. Por tanto, se refiere a principios elementales en un triple sentido –lo gregario como instinto sobre el que se construye la dignidad del ser humano en un estadio previo a la razón; la dignidad como el punto cero desde el que se construye toda concepción de la especie humana; la razón como elaboradora posterior de la conciencia de la dignidad humana. En otras palabras, Galiano se refiere a la historia de la especie humana como evolución de la conciencia moral y ética en que la especie misma constituye el conocimiento y juicio de sí misma como forma de vida especial. De allí que Galiano use frases que resaltan una conciencia teleológica en desarrollo: "la vida *conocida ... se nos presenta*"; "*este ordenamiento graduado* de las especies vivas [...] *nos permite asignar* a la vida *una ponderación axiológica*"; "el hombre *aparece dotado* del instinto gregario"; "esta convivencia *le obliga a crear* condiciones convencionales"; "*para* el perfeccionamiento y la plena realización de la vida de todos y cada uno"; "*exige reconocer y respetar* unos derechos humanos esenciales".

Si existe una teleología histórica en que la especie humana se concibe y se narra a sí misma para la dignificación propia, debemos concluir que, en la medida en que la identidad nacional chilena no haya alcanzado conciencia de su historia como ámbito para el respeto de la vida y de la dignidad humanas, ya no se trata sólo de un fracaso político. Se trata de una incapacidad de constituirse como comunidad de seres a quienes se pueda atribuir la calidad de humanos. Recordemos que, en el *Informe Rettig,* la Comisión Nacional de Verdad y Reconciliación da cuenta de la pasividad, la despreocupación y aun la complicidad de las Sociedades Civil y Política en el momento de la verdad, en que debieron haber repudiado masiva y públicamente las atrocidades ya del todo conocidas. En la Cuarta Parte, Capítulo II "Prevención de Violaciones a los Derechos Humanos" del *Informe Rettig,* la Comisión lo repite obsesionadamente:

> ...*no existió en Chile* [...] *una conciencia nacional suficientemente firme respecto del deber imperioso de respetar los Derechos Humanos.*
>
> *Creemos que la educación de nuestra sociedad no logró incorporar debidamente estos principios a su cultura.*
>
> *Un país sin una conciencia plenamente desarrollada en el respeto, promoción y defensa de los Derechos Humanos, produce una legislación inefectiva en la protección de estos derechos.*
>
> ...*si examinamos el sistema jurídico tradicional chileno a la luz de los valores y principios que inspiran la doctrina de los Derechos Humanos, tenemos que concluir que, no obstante consagrar formalmente los principios básicos en la materia, adolece de significativas fallas e insuficiencias* (p. 837).

*Las deficiencias que presentaba nuestro sistema jurí-
dico en lo tocante a una adecuada protección de los
Derechos Humanos, fueron hasta 1973 paliadas y,
en cierto modo, inadvertidas por la existencia y funcionamiento de una serie de instituciones de la democracia, entre ellas, y de manera muy principal, la
libertad de prensa y el peso de la opinión pública,
que impidieron que las violaciones a los Derechos
Humanos que entonces se cometían llegaran a una
magnitud tal como para poder apreciar de manera
nítida las carencias del sistema e impulsar su reforma.*

*El quiebre de la democracia en Chile nos hizo apre-
ciar, en toda su crudeza, lo que significaba un sistema jurídico-institucional con fallas e insuficiencias
en el terreno de los Derechos Humanos aplicado sin
los controles que normalmente operan en una democracia (p. 838).*

*La verdadera causa de la violación de los Derechos
Humanos fue [...] la insuficiencia de una cultura nacional de respeto de estos derechos. Será necesario,
por ello, incluir en nuestra cultura nacional el concepto de respeto y adhesión irrestrictos a los Derechos Humanos y al régimen democrático como el
único sistema político que salvaguarda efectivamente
estos derechos (pp. 838-839).*

*Las graves violaciones de los Derechos Humanos en
los últimos años produjeron una herida en la conciencia nacional que aún permanece abierta. Las
divisiones y conflictos se mantienen vigentes en nuestra sociedad (p. 839).*

El *Informe Rettig* fue publicado en 1991. Once años más
tarde, en su *Informe sobre desarrollo humano en Chile* para
2002, el Programa de las Naciones Unidas para el Desarrollo
(PNUD-Chile) informaba que la fragmentación de la cultura
chilena persistía.

El PNUD-Chile argumenta con premisas similares a las del movimiento de defensa de los Derechos Humanos –la sociedad debe entenderse como espacio para la promoción de la vida y del desarrollo de los potenciales humanos. Propone que, para ese propósito, las poblaciones nacionales deben constituirse en actores decididos de ese proyecto mediante la construcción de un imaginario nacional que defina y movilice hacia una mejor calidad de la vida y de la buena sociedad. Ese imaginario debiera concretarse en un complejo narrativo-simbólico que permita una visión compartida de la experiencia histórica nacional como para encontrar puntos de convergencia que proyecten la comunidad nacional hacia el futuro, aceptando el hecho de la diversidad cultural. Esto es lo que PNUD-Chile llama "proyecto país", en que los complejos narrativo-simbólicos entendidos como "cultura" son la piedra angular del edificio social: "Cultura son las artes, las letras y distintas formas de patrimonio, pero también el conjunto de otras expresiones mediante las cuales una sociedad moldea y reflexiona su convivencia. UNESCO define la cultura, en términos generales, como las maneras de vivir juntos. Visto así, contempla tanto los modos concretos en que se organiza la convivencia entre las personas como las imágenes e ideas mediante las cuales la sociedad se representa las formas en que convive y quiere convivir. La cultura es pues la práctica y el imaginario de la vida en común" (p. 16).

Ya desde la sinopsis introductoria al *Informe* el PNUD-Chile señala una aguda crisis de la conciencia nacional: "Cuando más de la mitad de los tres mil seicientos encuestados por el PNUD a mediados de 2001 manifiesta dudas de que algo así como 'lo chileno' exista, es que ha llegado la hora de ponerse ante el espejo y preguntarse: ¿nos sentimos parte de un Nosotros común?" (p. 15).

> *En doce años de democracia, los chilenos han podido disfrutar un desarrollo notable en el nivel y la calidad de su vida cotidiana. No cabe duda de que se ha logrado transformar el rostro del país buscan-*

do compatibilizar democracia, crecimiento económi-
co e igualdad social. Pero, a la par con las oportu-
nidades reconocidas, los cambios en los modos de
convivencia se perciben a veces como procesos aje-
nos, sustraídos de las decisiones humanas. El des-
concierto acerca de quiénes somos los chilenos deja
entrever cuán frágil se ha vuelto la idea de un sujeto
capaz de conducir el proceso social. Parecería que
muchos chilenos no poseen una imagen fuerte de sí
mismos como un nosotros. Este es el desafío cultural
de Chile (p. 16).

No debería extrañar esta renuencia a considerarse nación cohesionada si consideramos que la desacreditada definición secularista de "lo chileno" diseminada desde los años '40
había sido, en realidad, un constructo de las burocracias partidistas y estatales. En verdad, al respecto hay un falso problema
creado por el PNUD-Chile Las narrativas de la identidad nacional estructuradas como secuencias de argumentos continuos
son elaboradas por intelectuales a sueldo, agrupados en organizaciones burocráticas, estatales o de partidos, y, por tanto,
buscan un impacto retórico-político en la cotidianeidad de las
personas. Observemos que, a pesar de ser una dependencia de
las Naciones Unidas, en la plana directiva del PNUD-Chile se
reconocen nombres claramente asociados con la Concertación.
Por lo demás, a través del texto el *Informe* apoya repetidamente el llamado del Presidente Ricardo Lagos a que los chilenos celebren el segundo centenario de la República en el
2010 con una imagen definida de "proyecto país".

No obstante, antes de llegar a la Presidencia de la República en el 2000, como uno de los líderes de importancia en
la transición a la democracia iniciada en 1990, el mismo Lagos
contribuyó a desarticular el protagonismo de la Sociedad Civil,
de manera que las cúpulas de los partidos políticos de la Concertación pudieran negociar con tranquilidad los "acuerdos
marco" para lograr una "democracia de los consensos" con
que aquietaron los temores de la Derecha pinochetista ante la

democracia que se inauguraba. Equivocadamente, las cúpulas de la Concertación esperaban que la Derecha se allanaría a reformar una Constitución autoritaria que precisamente le daba garantías de influencia política que de otra manera no habría tenido. Sin ambages al respecto, Ricardo Lagos declaró[11]:

> *Hay que recordar que veníamos saliendo de un proceso con un alto grado de efervescencia y movilización social y que, tal vez, era conveniente apaciguar un poco los ánimos para ver cuánto se podía avanzar. Esto se debatió internamente en la Concertación, o se mantenía un alto nivel de movilización social o apaciguábamos los ánimos para alcanzar ciertos consensos. Estaba implícito que lograríamos algunos acuerdos con los sectores más liberales de la derecha para modificar la Constitución. Todos creíamos que las reformas iban a ser despachadas rápidamente. Hasta que se descubrió, en la primera modificación seria que fue la municipal, que teníamos una derecha que planteaba cosas absolutamente increíbles, y que –dado el sistema electoral [binominal]– tenía las mayorías necesarias para hacerlas aprobar* (p. 157).

En una reflexión posterior, Camilo Escalona, dirigente del Partido Socialista, comentó lo antidemocrático y contraproducente que había sido reemplazar la movilización popular por esa negociación cupular[12]:

> *Tal método elitista, sin los actores [populares] organizados, para avanzar en los dilemas de la transición, afecta directamente en un sentido negativo el ejercicio político de la nación en su conjunto. Es decir, a toda la médula de la condición de ciudadanos, de millones de chilenos y chilenas que aunque no reaccionen con virulencia frente a tales prácticas, incluso, aunque se resignen benévolamente a esta cruda*

limitación de su capacidad de decidir, entienden perfectamente que tal situación es, a la postre, una manera de decirles que no cuentan, o que importan menos, que hay otros que sí entienden, "iluminados", sea por lo que sea, por sus sufrimientos pasados, mayores conocimientos, errores o experiencias, que van a definir por ellos el rumbo del país en encrucijadas decisivas (p. 91).

Puede que una postura como la de Ricardo Lagos haya sido la correcta y la más realista en el contexto del inicio de la redemocratización de Chile. Sin embargo, ¿por qué los lamentos de la Concertación, años más tarde, en cuanto a la apatía de los chilenos ante cualquier "proyecto país" fraguado por una burocracia?

Debe diferenciarse entre las *intelectualizaciones* de estos constructos burocráticos de "lo nacional" y el *sentimiento* de "lo nacional" en la cotidianeidad por el individuo anónimo. Puede que ese sentimiento –caracterizado siempre por una emotividad irreflexiva– se apropie y haga suyas esas intelectualizaciones o las rechace o *cuestione públicamente*. Por tanto, hay un error en afirmar que los chilenos carecen de una concepción de lo nacional. Lo que el PNUD-Chile realmente debiera decir es que las castas políticas han sido incapaces de "vender" alguna versión específica de la "cultura nacional" que prevalezca incuestionadamente. En un pasaje de la narración, los investigadores del PNUD-Chile están a punto de reconocerlo:

De que el funcionamiento de la democracia chilena ha logrado grandes éxitos en la consolidación institucional, qué duda cabe. Pero ha sido menos sensible a la dimensión subjetiva y cultural del proceso de transición. Incluso cabe preguntarse si acaso son los ciudadanos quienes se han distanciado de la política. ¿No será que el sistema político se retractó frente a la ciudadanía? ¿No estarán sus dinámicas autorre-

feridas generando los sentimientos de impotencia y
exclusión que manifiestan tantos chilenos? (p. 112).

El *sentimiento* de "lo chileno" parece estar más bien
dinamizado por *inercias de derelicción* –por no tener otra
alternativa que vivir en Chile, en *esta* ciudad, en *este* barrio, en
esta casa, con *estos* vecinos, con tener *este* trabajo. No queda
sino arreglárselas con lo que hay a la mano, formando redes de
apoyo y amistad que con base real o sin ella generen imágenes
positivas o negativas del entorno y de la valoración de las
personas y acciones en su medio.

A priori se puede colegir que el aspecto negativo de este
afecto de derelicción no puede sino proceder de las mayorías,
es decir, de los desposeídos. El *Informe* lo confirma al perfilar
la tipología de lo que llama "relato de exclusión popular", de
extraordinaria cercanía con teología de la Iglesia Liberadora:

> *Este se refiere a lo chileno como pertenencia a todos*
> *de una riqueza común, material y espiritual. Se trata*
> *de una memoria difusa, verbalizada por los sectores*
> *pobres que se definen a sí mismos por su exclusión*
> *de esa riqueza. Se trata de una suerte de historia*
> *propia, la de un pueblo desterrado. Por lo mismo, se*
> *trasmite en los códigos extraoficiales del relato oral,*
> *donde se develan los secretos de una historia negada*
> *[...] El relato no es portador de una identidad histó-*
> *rica, sino de una demanda. El nacionalismo del rela-*
> *to popular aparece como exigencia de pertenencia a*
> *lo que se les niega. Pertenencia que no se formula en*
> *términos abstractos. "Y mientras caminaba de vuelta*
> *decía, habiendo tanta riqueza a mi lado derecho, un*
> *mineral inmenso, y al otro lado, un inmenso mar in-*
> *finito, y no alcanza ... Yo me digo, ¿por qué el chi-*
> *leno, yo como chileno, tengo que pasar hambre?"* (p.
> 69).

También a priori puede colegirse y comprobarse que la
aceptación emocional de los constructos de la nacionalidad cla-

ramente estructurados en la conciencia pertenecen a las minorías pudientes puesto que usufructúan de las escaseces
burocráticamente creadas y administradas para unos y de las
plenitudes creadas y administradas para otros. El *Informe* lo
confirma con lo que llama "relato cívico-nacional", aunque en
éste se desconfíe de la institucionalidad actual:

> *Se refiere a la chilenidad como la historia de un*
> *pueblo que construye un modo civilizado de convi-*
> *vencia y lo plasma en las instituciones de la Repúbli-*
> *ca. Como relato entronca, incluso, con una interpre-*
> *tación política de la Independencia. "Siento que*
> *Chile está conformado en esa parte de la historia por*
> *gente ¡huaaa! [gesto de admiración] ... con capaci-*
> *dad de hacer, de empuje. Gente con ñeque. Llega la*
> *República y poco a poco empezaron a ponerse tontos*
> *... tontitos, como hijos de ... esas figuras como pa-*
> *dres que son los presidentes". El relato cívico nacio-*
> *nal está presente casi exclusivamente en las conver-*
> *saciones de los estratos medios y altos. Se trata de*
> *una suerte de leyenda culta sobre el país, que tiene*
> *al Estado democrático de bienestar como uno de sus*
> *puntos centrales. Este relato resume las imágenes de*
> *la civilización mesocrática del siglo XX: ciudad, in-*
> *dustria, democracia. "También hay cosas positivas*
> *en la historia de Chile ... podría analizarse, por ejem-*
> *plo, lo que fue el ciclo de gobierno Radical".*
> *Sin embargo, este relato se ha vuelto inverosímil*
> *porque remite a una historia trunca. Impide hilvanar*
> *una continuidad desde los orígenes hasta el presen-*
> *te. Ya no están ni esa ciudad, ni esos ciudadanos ni*
> *ese trabajo industrial. Este relato es sólo un recuer-*
> *do. Los estudios muestran que la pérdida de credibi-*
> *lidad de los relatos con sentido histórico está asocia-*
> *da, en algunos casos, a la percepción del período*
> *del gobierno militar (1973- 1989) como el fin del*
> *Chile cívico. "Cuando yo era una niña, y antes de*

Pinochet, sí había un sentido de identidad. Dentro de la gente joven había también mucho más idealismo e identidad con respecto al país y la bandera chilena. Chile es Chile y había mucho orgullo" (pp. 68 - 69).

Anteriormente llamé la atención sobre un posible *cuestionamiento público* de los constructos burocráticos de "lo nacional" frente al *escepticismo* que realmente puedan albergar las personas en su fuero íntimo y privado. La incredulidad no lleva necesariamente al cuestionamiento. Esto ocurrió con el constructo "cultura nacional democrática" creado por el secularismo del Partido Radical, prolongado luego por la Democracia Cristiana. En ambos períodos había conciencia pública de la gran corrupción política, conciencia que, en un período intermedio, llevó al general Carlos Ibáñez del Campo a la Presidencia de la República –el "general de la esperanza", "el general de la "escoba" que barrería con los "gestores" de favores políticos, general que también declaraba que era "muy amigo de mis amigos". No obstante, la noción de que Chile era una "cultura nacional democrática" no generó un cuestionamiento público. Pero, está el dato de que en la elección del "general de la esperanza" –quien fuera dictador a fines de los años '20– había esperanzas de que impusiera alguna forma de autoritarismo; en la coalisión de partidos de su gobierno se contaban organizaciones fascistas y nazis como el Movimiento Revolucionario Nacional Sindicalista, el Partido Agrario Laborista y el grupo Estanqueros.

La explicación más plausible para esa desconexión con el constructo burocrático de la nacionalidad está en que, a pesar del escepticismo, de todas maneras continuaba la expectativa de las clases medias de obtener un cargo en la burocracia estatal y ascender en ella con el favor de radicales y democratacristianos, mientras que los sectores marginales captaban la ayuda entregada por la "promoción popular" de la DC. Por el contrario, en una economía librecambista en que el Estado debe limitar el gasto social a lo más estrictamente necesario, esas prebendas y favores se reducen drásticamente.

Momento de ruptura: La verdad como melodrama

Antes de proseguir, reconozcamos que al hablar de las narrativas de identidad nacional ineludiblemente nos situamos en el campo de la poética porque hay que hablar de los mitos y leyendas con que los deseos de una colectividad nacional devoran y dirigieren la objetividad de los condicionamientos históricos en que existe. Desde aquí en adelante explotaré todos los recursos que la poética pueda ofrecer para el conocimiento del dato social.

Retrocedamos al momento del derrumbe del mito secularista. Dada su experiencia en el gobierno de Allende, a mi juicio ha sido el general Prats quien ha podido dar testimonio de ese derrumbe con mayor dramatismo. En sus *Memorias,* con tono lapidario afirma: "Y el martes 11 de septiembre de 1973, por fin la alta burguesía chilena logró satisfacer su ambición de derrocar al Gobierno Constitucional de Chile, usando a las Fuerzas Armadas como instrumento de destrucción fratricida, las que –desde estas trágicas horas– pasaron a convertirse en guardia pretoriana de la oligarquía" (p. 578).

Meditando sobre una obra del sociólogo francés Alain Joxe, Prats muestra el momento más intenso de esa conciencia en una reflexión sobre el complejo de fuerzas geopolíticas que llevaron al fin del sistema democrático chileno. A mediados de julio de 1970 –meses antes de que se inaugurara el gobierno de la Unidad Popular– Joxe había publicado *Las Fuerzas Armadas en el sistema político chileno* (Santiago de Chile: Editorial Universitaria, 1970) con la intención de alertar al nuevo gobierno de lo erróneo que sería confiar en la supuesta tradición democrática y no deliberante de las Fuerzas Armadas. El general Prats cita largamente las conclusiones finales de Joxe:

> *...la idea tan largo tiempo difundida de que los golpes de Estado, el militarismo o el fascismo no eran en Chile peligros reales, a nuestro juicio debe borrarse ante la toma de conciencia en el sentido que Chile, pese a su tradición, no escapa ya al destino común*

*de los países latinoamericanos, destino que hoy día
ya no procede de alguna particular fatalidad histórica local, sino de su integración, más o menos em-
pujada, hacia el sistema de relaciones capitalistas
mundiales.*

*Las Fuerzas Armadas nacionales son el principal ins-
trumento de consolidación de las relaciones entre los
centros hegemónicos mundiales y los grupos hegemónicos locales.*

*El problema político de las Fuerzas Armadas nacio-
nales es que pueden muy bien, y sin darse cuenta,
estar entrenadas hacia la integración orgánica de un
sistema represivo internacional, teniendo la ilusión
de desempeñar un papel desarrollista nacional.*

*Del mismo modo, las fuerzas populares en el mundo
no pueden cambiar exitosamente la sociedad si no se
enfrentan con dos relaciones de dominación: la dominación del poder hegemónico interno y la dominación del poder hegemónico externo, cuyos intereses
comunes se hacen más coherentes a medida que se
acrecienta la integración de la economía mundial* (p.
596).

Es evidente que Joxe fue la base con la que el general
Prats articuló la versión del desarrollo político chileno con que
desbarata la mitología democrática preexistente. La llamó "democracia condicionada" y la expone en el "Epílogo. Niebla
Sobre el Campamento" (I."La Fenecida 'Democracia Condicionada' Chilena"), en notas escritas apresuradamente. Es
posible mostrar una corta sinopsis de sus argumentos, en los
cuales resalta que el desarrollo socio-económico chileno, en
última instancia, había dependido y seguiría dependiendo de los
acuerdos y transacciones entre las altas burguesías nativas y la
voluntad imperial.

*Desde que Portales, en 1833, impuso el sistema au-
toritario del presidencialismo impersonal, hasta que
un partido único –la Democracia Cristiana– tomó el*

360

control del poder, en 1964, la vida de la comunidad chilena se puede dividir en tres grandes etapas históricas: la incial, en que el poder es detentado por la oligarquía tradicional, plutocrática y aristocrática, apoyada en un firme control del Poder Ejecutivo; la intermedia, desde la Revolución de 1891 [la guerra civil contra el Presidente Balmaceda] *hasta la Revolución de 1924* [la insurrección de las Fuerzas Armadas contra la República Parlamentaria], *en que el poder es compartido por la burguesía tradicional y por la burguesía comercial ligada al imperialismo inglés, apoyadas en un régimen parlamentario semi anárquico y la contemporánea, en que el poder lo comparten la burguesía tradicional con las nuevas burguesías industrial y burocrática, apoyadas en un nuevo régimen presidencial y ligadas al imperialismo occidental (p. 519).*

La "democracia condicionada" surgió más definidamente al término del primer decenio de esta tercera etapa, la contemporánea, cuando se restableció la legalidad democrática, después de la anarquía del 31 y 32 con el acceso al gobierno de Arturo Alessandri Palma, en 1933 [y la implementación del proyecto de Industrialización Sustitutiva de la Importación] (pp. 519-520).

Se trataba de un sistema democrático peculiar, en el que —sobre la base de las reglas del juego de la Constitución de 1925— la vida nacional se desenvolvía en un régimen de elasticidad política, caracterizado por el armónico equilibrio entre los Poderes del Estado cuyas sendas jurisdicciones, compensadas eclécticamente, posibilitaban el predominio de la burguesía, seccionada ésta en estamentos complementarios.

El principal papel jugado por los partidos políticos ha sido tradicionalmente el de servir de "aspiradoras" de la gran masa de electores independientes en

361

las elecciones presidenciales, parlamentarias y edilicias (p. 520).

Los dirigentes políticos burgueses chilenos habían sostenido sistemáticamente –en los 37 años prece-dentes a septiembre de 1970 [la asunción del gobierno por Salvador Allende]– *que eran "absolutamente res-petuosos de la legalidad democrática". Les faltaba, sí, añadir la frase... "mientras no tengan acceso al poder los marxistas..." (p. 521).*

Pero el derrocamiento violento de Allende –con el falaz pretexto de que había violado la Constitución e instaurado un régimen marxista– pone en evidencia que en la "democracia condicionada", la legalidad carece de verdadera legitimidad cuando la burgue-sía pierde control del Ejecutivo y confirma que en tal estilo democrático un régimen de gobierno sólo es legal mientras lo detenta el sistema liberal (pp. 521-522).

En la exposición de Prats se detecta vergüenza personal por la función histórica que ha tenido la casta militar a la que había entregado su vida. A pesar de todo, enfrenta esa realidad reconociendo un brutal melodramatismo.

El melodrama, como género retórico, muestra la manera en que fuerzas desconocidas cuya lógica de acción es difícil de captar en la práctica cotidiana, alienan el sentido del accionar de los actores como seres racionales, libres y soberanos, inte-grándolas a esquemas ajenos cuya lógica se desarrolla inexo-rablemente y fuera de su control. Así la acción humana es vaciada de historicidad conscientemente desarrollada. Reco-nozcamos este melodramatismo en una frase de Joxe sobre la función de los militares que actúan *"teniendo la ilusión de desempeñar un papel desarrollista nacional".* Implícitamen-te Prats implica que ese melodramatismo es aún peor en lo que respecta a *"las fuerzas populares"* (Joxe) puesto que son absorbidas como comparsa en la farsa imperial al indicar que el papel de *"los partidos políticos ha sido tradicionalmente el de servir de "aspiradoras" de la gran masa de electores independientes en las elecciones".*

(Reflexionemos: el sentimiento de lo melodramático también fue captado por el Informe del PNUD-Chile de 2002: "los cambios en los modos de convivencia se perciben a veces como procesos ajenos, sustraídos de las decisiones humanas. El desconcierto acerca de quiénes somos los chilenos deja entrever cuán frágil se ha vuelto la idea de un sujeto capaz de conducir el proceso social").

Como prueba de esa alienación melodramática el general Prats acepta que la oficialidad media del ECH haya creído honestamente que su repudio del sistema político chileno a fines de la administración Frei Montalva haya respondido sólo a preocupaciones estrictamente castrenses, demostrando al gobierno que se estaba "llegando al límite de tolerancia en el no resguardo de los intereses castrenses del sector que detentaba el poder" (p. 573). Toma nota, además, de las declaraciones iniciales del general Pinochet en cuanto a que la "gesta del 11 de septiembre incorporó a Chile en la heroica lucha contra la dictadura marxista de los pueblos amantes de su libertad" (p. 578), toma nota también de las referencias al Plan Zeta ("Los siniestros planes para realizar una masacre en masa de un pueblo que no aceptaba sus ideas ..." (p. 578), toma nota del folleto *Algunos fundamentos de la intervención militar en Chile,* publicado por la Junta Militar a pocos días de haber tomado el poder para justificar su acción con documentos legales.

Sin embargo, Prats repudia esa mala conciencia afirmando que no tendría sentido histórico analizar "lo ocurrido como un fenómeno militar inmerso en la realidad social de Chile", "desenraizándolo", "como un fruto sin orujo político" (p. 574) sin considerar el factor externo, imperial. Afirma que "... la causa profunda era –aún con mayor propiedad– la gravedad de la crisis entre los grandes sectores de la burguesía dominante. Es incuestionable que los anónimos instigadores de [estos actos] de rebelión militar fueron personeros de la alta burguesía, en abierta reacción con la fracción burguesa" de orientación democratacristiana (p. 574). Ya a fines de la década de 1960 las oligarquías latifundistas y monopólicas habían decidido involucrar a las Fuerzas Armadas en la preservación de su hegemonía destruyendo el sistema político democrático.

Prats comprueba su aserto sobre las intenciones oligárquicas aportando el dato de que el colapso del sistema político no fue inevitable: "el Presidente Allende tuvo la clarividencia de entender la realidad que vivía" (p. 577), comprendía que la continuidad del sistema político "dependía de la flexibilidad estratégica y táctica indispensable para aceptar una 'tregua política' que implicaba concesiones y aun retrocesos programáticos" (p. 577). "Lo que me consta es que cuando se apreció que Allende estaba por ceder, en la oposición se confabularon las fuerzas reaccionarias para neutralizar a aquellos que, honestamente, quisieron transar con el Presidente" (p. 577). Ante esto, para Prats, justificaciones de la Junta como las del Plan Zeta y el legalismo del folleto *Algunos fundamentos de la intervención militar en Chile* eran superfluas, redundantes y obscurecedoras de la verdad:

> ...*se pretende justificar la irrupción violenta y autónoma de las Fuerzas Armadas en la política nacional interna exhibiendo un argumento* [legalista] *esotérico que no se ajusta a la realidad vivida durante el Gobierno de Allende* (p. 582).
>
> *La "juricidad democrática condicionada chilena"* –*el oasis de la paz social en el convulsionado mundo latinoamericano*– *fue demolida en sus cimientos mismos tras la grímpola del rechazo categórico de "la concepción marxista del hombre y de la sociedad, porque ella niega los valores más entrañables del alma nacional y pretende dividir a los chilenos en una lucha deliberada entre clases aparentemente antagónicas para terminar implantando un sistema totalitario opresor, donde se niegue los más caros atributos del hombre como ser racional y libre..."* (p. 597).

De modo que la gran responsabilidad primaria del derrumbamiento de la democracia –por "condicionada" que esta fuese– radica fundamentalmente en el nivel de la élite política chilena, no sólo de los que protagonizaron los episodios previos al 11 de septiembre, sino de los muchos que condicionaron el proceso evolutivo que ha vivido el país en los últimos decenios: algunos ubicando su interés personal como norte de sus actos políticos; otros, por intentar subordinar la realidad nacional a importadas ideologías; los más, por salvar simbólicamente las apariencias, en vez de aventurarse a transitar por la ruta del bien común (pp. 588-589).

El "Epílogo" de las *Memorias* de Prats cobra aún mayor importancia porque allí el general también esboza con clarividencia las problemáticas básicas que enfrentaría la Concertación en el tránsito a la democracia y en la sujeción de las Fuerzas Armadas a la autoridad civil. Esto no puede extrañar si se considera su profundo entendimiento de la realidad geopolítica de Chile logrado durante la administración Allende. A esto se agrega su capacidad de prognosis a largo plazo como especialista en gran estrategia, unido esto al repudio de la opción de que Chile fuera redemocratizado con un alzamiento masivo de la población –"sin saber a ciencia cierta cómo encontrar un verdadero camino de la justicia y de la paz social", con una violenta "transición anárquica, con una inútil pérdida de vidas y destrucción del patrimonio nacional", además del desencadenamiento de "la sed irrefrenable de venganza y el odio contumazmente exacerbado" porque "en los grandes conflictos sociales, se movilizan primero –al margen de las ideologías–los desequilibrios emocionales" (p. 548). Prats prefiere la opción de que la "cúpula militar que implantó por la 'razón de las armas' la dictadura dominante, sea abrumada por la impopularidad y la impotencia y abra voluntariamente las compuertas del Estado de Derecho para que el país decida libremente su destino [lo que] posibilite estructurar el nuevo Estado chileno" (p. 547).

Aunque los argumentos de Prats están marcados por el lenguaje y conceptos del período de la UP –"área social de la economía", "economía mixta", por ejemplo–, en el capítulo "La 'Democracia Avanzada Chilena' del Futuro" usa términos y frases cercanos al lenguaje y a los condicionamientos geopolíticos de la Concertación en la "transición pactada" a la democracia a partir de los años '80 –"pragmatismo", "realismo", "la interpretación más realista", "metas económicas viables", "eclecticismo económico". Este lenguaje obedece al hecho de que Prats da por sentado que las reglas de juego impuestas por el imperialismo para el desarrollo económico, social y político de las naciones dependientes son un dato inamovible y que toda acción en pro de un Chile de mayor justicia social sólo prosperará dentro de las limitaciones de este reticulado imperial. Tomemos en cuenta, por ejemplo, tres observaciones cruciales: "Pero es incuestionable que el Estado representa los intereses del sector que domina la sociedad. Por ello es que los sociólogos señalan que el Estado no puede ser neutro, sino el centro del poder de la clase hegemónica" (p. 549). Luego indica que "no cabe esbozar una doctrina política que deje de señalar metas económicas viables, en función de la realidad interna de Chile y de su ubicación inexorable en el mapa geopolítico" (p. 550); "El éxito económico chileno está condicionado no sólo por el esfuerzo interno de transformación del sistema funcional y estructural, sino también por la orientación de sus relaciones internacionales. Ello, debido al alto grado de complejidad de nuestro comercio exterior, con largas líneas de comunicaciones y diversificados mercados con los países industrializados, no alineados y limítrofes, que determinan servidumbres inexorables en las balanzas comercial y de pagos" (p. 555).

Para Prats, reconocer las limitaciones impuestas por estas *"servidumbres inexorables"* no significa que los gobiernos democráticos no tengan espacios de maniobra para capacitar la economía chilena y ponerla en condiciones para una mayor justicia social. La decisión principal es la de terminar con la influencia omnímoda de las "oligarquías tradicionales" y reemplazarlas como dínamo de la economía por un empresariado más moderno, de mayor empuje y por un sistema de explotación social más eficiente: "La transformación global de la economía pasa por la eliminación de los mecanismos de explotación oligárquicos, mediante la dirección centralizada de la programación de las metas de inversión, producción y distribución y de la supervisión tecnocrática del proceso de ejecución [...] Esta transformación debe conducir a liberar el potencial de productividad nacional para intensificar la producción interna, a fin de lograr una distribución más extensiva de ella, en beneficio popular" (p. 555).

Dado el mesocratismo chileno, la recapacitación democrática de la economía sólo podría llevarla a cabo una coalición política de centro que, aprendidas las lecciones de la represión dictatorial, le permitiera constituirse como bloque de poder superando los marcos doctrinarios agudamente conflictivos de los partidos políticos anteriores a septiembre de 1973: "Si los marxistas insisten en que la próxima etapa les exige luchar por imponer el socialismo y los democratacristianos creen que pueden volver a gobernar con el aval de la burguesía oligárquica, no hay perspectiva alguna de salida democrática para un país de predominante clase media. Tampoco ni la más remota esperanza de restaurar la paz social, eliminando el odio de clases" (p. 559).

Los partidos que deberían conducir la redemocratización –a los que se podría aplicar los términos de "pragmáticos", "realistas" y "eclécticos"– se organizarían en "un gran movimiento nacional que agrupe todas las corrientes políticas de avanzada social capaces de emerger del letargo político actual" (p. 559). Prats llama "mayoría nacional" a este movimiento y lo describe como "una banda que cubre dos tercios del centro del espectro, dejando un sexto a la derecha y un sexto a la izquierda" (p. 559). Esto es lo que, años más tarde, se llamaría Concertación de Partidos por la Democracia.

La "mayoría nacional" propuesta por Prats constituiría la base para la creación de una nueva Constitución y de un nuevo Estado en términos similares a los que intentó la Alianza Democrática en sus negociaciones con Onofre Jarpa: "De esta coalición debería surgir una asamblea constituyente que redactara una Carta Fundamental" que "no debe ser el fruto del trabajo de gabinete de un grupo reducido de eminentes juristas de concepciones filosóficas tradicionales comprometidas con los intereses de la alta burguesía, sino que interprete realmente nuestra peculiar problemática y abra perspectivas al destino nacional, en la competencia en un mundo cada vez más interdependiente" (p. 557). El nuevo Estado crearía condiciones de negociación entre el empresariado y los trabajadores en un pacto social que barrunta el arreglo propuesto años después por Alejandro Foxley en la administración Aylwin: "Es evidente que [el] eclecticismo económico ofrece flancos muy vulnerables, tanto frente a la avidez de la rentabilidad empresarial, como ante la mentalidad economicista de los distintos sectores asalariados. Por esto, resulta fundamental una vigorosa capacidad de decisión del Estado y su virtual hegemonía en la dirección global de la economía, asegurando la eficiencia empresarial pública y privada, en beneficio de la comunidad en general" (p. 553).

Prats demuestra un convencimiento similar al de la administración Frei Ruiz-Tagle en cuanto a que "la grandeza de la nación involucra prioridad económica" y un "eclecticismo en la transformación global de la economía" (p. 552), ofreciendo "nuestra hospitalidad al capital extranjero y a la tecnología de las llamadas empresas multinacionales, pero manteniendo una prioridad para la empresa nacional en el usufructo de patentes, en las tasas de ganancias y en las facilidades de operación" (p. 553); "Una economía estatista y de control drástico del mercado, en un país dependiente, desalienta la iniciativa privada y estimula un nocivo capitalismo de Estado. Paraliza la inversión, frena la velocidad de crecimiento, destruye la moneda y empobrece a todos, acrecentando la dependencia financiera internacional" (p. 552).

Dado el imperativo de aumentar la productividad nacional, Prats pone en segundo orden "la felicidad del pueblo [que] implica prioridad social" (p. 550). Prats entiende la "prioridad social" como una política de Estado que "posibilite márgenes de comercialización ponderados con una tasa de rentabilidad prudencial, pero que a la vez genere la disminución de la desocupación y eleve los salarios bajos y los beneficios sociales para acentuar la prioridad en la reducción de la marginación social" (p. 552). Posponer la "prioridad social" e incentivar un pacto social entre empresarios y trabajadores demandaría que la coalición mayoritaria creara una "doctrina nacional" que convenciera a las partes conflictivas del imperativo de sacrificar parte de sus intereses en aras del bien común: "El régimen de los partidos políticos, gremios, sindicatos y comunidades vecinales, debe conducir a que éstos constituyan verdaderos vehículos de la voluntad mayoritaria [...] una definida doctrina nacional debe interpretar la voluntad de la mayoría, de un modo más elocuente que las tendencias ideológicas. Las ideologías políticas no siempre traducen los verdaderos intereses de la mayoría, aunque a veces pueden ser necesarias como motor de solidaridad y cohesión" (p. 558); "La 'democracia avanzada chilena' debe construirla una sociedad humanista, cuya potencialidad resida en la colaboración solidaria entre la mayoría de los miembros de la comunidad a través de mecanismos legales que posibiliten una gran movilización nacional, afianzadora de las libertades democráticas y neutralizadora de la violencia" (pp. 556-557). Ciertamente aquí encontramos el origen de la preocupación del PNUD-Chile en cuanto a que la Concertación no ha podido cumplir este requisito ideológico de un "proyecto país" en la transición a la democracia.

Especial atención merece la cercanía de las propuestas del general Prats y de la Concertación en cuanto al tipo de justicia a que se debe someter al personal militar por atrocidades cometidas bajo órdenes superiores. Las dos propuestas de Prats coinciden en la necesidad de aprobar leyes de "obediencia debida", e implícita en última instancia, de "punto final": "No se conciliaría con el sentido de justicia (que deberá ser esencia de la nueva 'democracia avanzada') hacer recaer el peso de la responsabilidad de una minoría de la jerarquía militar que destruyó la irrestaurable 'democracia condicionada', en los niveles jerárquicos que debieron cumplir órdenes superiores" (pp. 604-605). Sólo los oficiales superiores responsables debieran ser enjuiciados, eximiéndose a la suboficialidad y a las clases en virtud de la disciplina vertical de las Fuerzas Armadas.

Reparemos en que, en aras de una simpatía hacia el personal de los escalones militares inferiores, el general Prats realmente degrada la humanidad que debiera constituir al soldado como tal soldado –Prats acepta que estos seres, entes de razón y moral, son crasamente instrumentalizados en las Fuerzas Armadas para obedecer órdenes que violentan la conciencia y los instintos solidarios más fundamentales de la especie humana: "Y también es cierto que casi la totalidad de la suboficialidad se mantenía en su sabia y criolla línea de marginación política, hasta que se les ordenó emplear sus armas contra sus propios amigos, familiares o vecinos. Lo hicieron con estoica decisión, cumpliendo órdenes de sus superiores, sin cuestionar el 'por qué' de una lucha fraticida, y han debido permanecer en la primera línea de combate, soportando sacrificios físicos, tormentos psíquicos y angustias morales" (p. 603). Todas las propuestas de "solución global" de la problemática de la violación de los Derechos Humanos para paliar la presión sobre el personal militar planteadas por los gobiernos de la Concertación se han basado en apreciaciones similares a las del general Prats.

En términos generales, la transición a la democracia conducida por la Concertación correspondió a la primera "opción pragmática" contemplada por el general Prats –que la "cúpula militar" [dicho con buena dosis de ironía] "abra voluntariamente las compuertas del Estado de Derecho..." (p. 547). También se cumplió la predicción de que toda modificación estructural profunda de la organización social y del poder político en Chile debía resultar de negociaciones con la potencia imperial y con su anuencia. La clarividencia de Prats pone en jaque las interpretaciones del significado histórico de las maniobras políticas de la Concertación en la transición a la democracia que no dan cuenta cabalmente de la intervención imperial.

La evidencia histórica muestra lo apropiado que es hablar de una "transición pactada", de "pactos secretos" de una "democracia tutelada", de que, gradualmente, los lideratos de la DC, de la mayoría de las fracciones del Partido Socialista durante la década de 1980 y de la Concertación, en general, durante la década de 1990, renegaron de principios fundamentales de su doctrina y promesas eleccionarias para comenzar a "transar sin parar". No obstante, es imperativo preguntar con quién realmente se pactó, quién realmente tuteló. Si ese "transar sin parar" se atribuye a que la Concertación claudicó ante los "poderes fácticos" internos de Chile –las Fuerzas Armadas, la gran burguesía y la nueva Derecha surgidas del régimen militar–no queda sino concluir que son apresuradas las descalificaciones del sentido que tomó la transición. Es imprescindible reconocer un imperativo mucho más fundamental: *todas las cúpulas políticas y también los altos mandos de las Fuerzas Armadas debieron acomodarse a los esquemas imperiales que garantizarían la democracia.*

Consideremos las motivaciones por las que la administración Reagan desestabilizó el régimen militar chileno. Esto ocurrió porque aun las administraciones estadounidenses más conservadoras adoptaron la política de Derechos Humanos iniciada por Jimmy Carter, y la han mantenido de allí en adelante. Esta convergencia no obedece sólo a razones humanitarias. La política de Derechos Humanos también es un instrumento de administración y control imperial.

El fundamento de la política internacional de Estados Unidos –secundada por todas las potencias europeas y Japón– es la promoción del librecambio en el mundo. Por ello crea instrumentos de presión política, diplomática, financiera y militar para abrir las economías nacionales al capitalismo transnacional. Complemento óptimo de esa apertura son una democracia y un Estado de Derecho que respeten y promuevan los Derechos Civiles y Políticos e implementen, en alguna medida, los Derechos Económicos, Sociales y Culturales. La negociación de las empresas transnacionales con gobiernos democráticamente constituidos puede llevar a la creación de códigos legales que habiliten y legitimen la inversión y la libre circulación de capital, mercancías, personal y tecnologías. A corto plazo puede que, en los países en que se inaugura la economía librecambista, los gobiernos dictatoriales garanticen la propiedad de las inversiones y aseguren una fuerza de trabajo dócil y barata. No obstante, a largo plazo las dictaduras pueden llevar al serio cuestionamiento de esa legitimidad y a hacer dudoso el pago de las deudas que *"inexorablemente"* (según Prats) provoca la desigualdad del intercambio comercial en el sistema capitalista y, en especial, en el librecambista.

La democracia y el Estado de Derecho aseguran, por otra parte, la libre competición política que crea las condiciones para el surgimiento y rotación en el poder estatal de sectores políticos y económicos nacionales que pacten cada vez con mayor eficiencia y ventaja mutua sus relaciones con el capital transnacional. La libre competición política facilita el financiamiento encubierto de las castas políticas afines al capital transnacional. Como rebote inverso, el librecambio puede reforzar el Estado de Derecho por cuanto toda inestabilidad política puede gatillar la rápida evacuación electrónica de grandes capitales o interrumpir el influjo continuo de capitales, como ocurrió en la década de 1980 con el "tequilazo" mexicano, y en Argentina, a mediados de la década de 1990, con serias repercusiones en las restantes economías latinoamericanas.

Visto desde esta perspectiva, los altos delegados de la Concertación que expusieron en esa conferencia en el Woodrow Wilson Center en 1989 pactaron la continuidad y profundización de la apertura de la economía chilena al capital transnacional a cambio de la tutela estadounidense y europea de la democracia y del Estado de Derecho en Chile. De otra manera no tendría sentido que la administración Aylwin (1990-1994) hubiera declarado tan tempranamente, en octubre de 1991, el fin de la "transición" y la "consolidación definitiva de la democracia". Ese mes el Ministerio Secretaría General de Gobierno y el Ministerio Secretaría General de la Presidencia proclamaron conjuntamente que se había alcanzado "una reducción de la incertidumbre política y social en forma tal que que los chilenos sienten que el sistema político es estable y que no hay ya riesgo de regresión autoritaria o de confrontación política aguda [...] se ha hablado del fin de la transición, como una forma de indicar que la estabilidad política y económica hoy descansa sobre bases sólidas y que el país está en condiciones de mirar hacia el futuro. Las encuestas indican que en el país predomina ampliamente la percepción de que hemos logrado estabilidad política y seguridad de continuidad democrática"[13]. El Presidente Aylwin reiteró esta convicción en la solemnidad especial de su Mensaje Presidencial del 21 de mayo de 1992 ante el Parlamento:

> [C]onsidero concluida la etapa de transición a la democracia. La frase mereció críticas, especialmente a muchos de mis partidarios y ha dado origen a sesudas disquisiciones. No me arrepiento de haberlo dicho, porque es lo que realmente pienso. No es que yo crea que nuestra democracia sea perfecta, ni que me haya olvidado de las reformas a que nos comprometimos a hacer para perfeccionarla. Es que jamás dijimos que todo nuestro programa de gobierno fuera cosa de transición [...] transición era el paso del gobierno autoritario al régimen democrático, del Estado policial al Estado de Derecho, del abuso de poder a la vigencia de las libertades, del insulto y persecución del disidente al respeto al adversario y a su derecho a hacer oposición, de la convivencia fundada en la fuerza y el temor a la convivencia pacífica (p. 430).

La transición a la democracia narrada como farsa

Si consideráramos sólo las incidencias de la política interna de Chile en ese momento, estas declaraciones habrían parecido descabelladas. Pero hay bibliografía que muestra que esto no fue así.

Ascanio Cavallo[14], en su crónica de la actividad cotidiana de la administración Aylwin muestra que hacia fines de 1990 ya se habían configurado los términos de la lucha entre el gobierno y el ECH. Para desprestigiar al gobierno de la Concertación y mostrarlo como una entidad débil y preservar la institucionalidad instaurada por el régimen militar, el ECH mantuvo el Comité Asesor Político-Estratégico del Comandante en Jefe del Ejército, encargándolo ahora de "mantener una injerencia dentro del sistema político, ya no subterránea, sino abierta y pública [...] 'gabinete en la sombra', 'estado mayor del cogobierno', 'poder paralelo' y cosas semejantes. Peor que peor, el mayor general que dirige el Comité [Jorge Ballerino] lo ha descrito, con inaceptable lógica de guerra, como una 'linea de retaguardia'" (p. 31).

Para hostigar simbólicamente a autoridades y parlamentarios de la Concertación el Comité Asesor creó en especial el "Mes del Ejército" (agosto-septiembre), celebrado precisamente para magnificar la imagen de poder del ECH y aprovechar todo tipo de situaciones para insultar, tratar descomedidamente y hacer desaires protocolares a la autoridad civil –por ejemplo, permitir que militares precedieran a la autoridad civil en las entradas y salidas de ceremonias simbólicas de importancia pública; instruir al general Parera para que diera inicio a la Parada Militar de 1990 sin pedir el permiso protocolar al Presidente Aywiln y dirigiéndose, en realidad, al general Pinochet; organizar grupos para abuchaer e insultar a gritos a las autoridades en las ceremonias públicas. El Comité Asesor se preocupó también de filtrar a los medios de comunicación datos difamatorios de los políticos de la Concertación o de la Derecha democrática para destruir su carrera (Sebastián Piñera, Andrés Allamand, por ejemplo). Agentes de la CNI –supuestamente disuelta–hostigaron a autoridades y políticos de la Concertación con seguimientos del todo evidentes y notorios. El espionaje en las oficinas de gobierno se hizo rutinario. Periódicamente el general Pinochet añadía notas personales a sus intervenciones públicas lanzando desafíos e insultos a la autoridad del gobierno.

Los gobiernos de la Concertación retribuyeron en proporción similar, buscando el desprestigio del general Pinochet y del ECH con campañas de prensa concertadas para humillar al creciente número de militares "triunfadores" en camino a los tribunales para declarar por violaciones de Derechos Humanos; campañas de prensa para exponer el escándalo de "La Cutufa", negocio secreto de extorsión financiera montado por oficiales de la CNI y de inteligencia del ECH; las noticias de que la CNI había estado vendiendo, para beneficio de la familia de su comandante y del general Salas Wenzel, propiedades expropiadas a particulares y usadas como centros de interrogación y tortura; campañas periódicas para exponer negociados fraudulentos de una hija del general Pinochet, Lucía, y de su esposo, Julio Ponce Lerou; la amplia publicitación del "asunto de los pinocheques", pago de tres millones de dólares hecho por el ECH a un hijo del general Pinochet –Augusto Pinochet Hiriart– en la compra ilegal de una pequeña empresa fabricadora de fusiles llamada Proyectos Integrados a la Producción (PSP).

Para dirigir las guerrillas entre el gobierno y el ECH, el Presidente Aywiln se preocupó de nombrar a un Ministro de Defensa como Patricio Rojas, persona de carácter fuerte, apropiado para el choque cotidiano con el general Pinochet. Los violentos altercados entre ambos se hicieron famosos –con frecuencia sus voces destempladas trascendían la oficina cerrada del Ministro. El Ministro Rojas y sus subsecretarios se preocuparon de favorecer con un trato especial a la Marina y a la Fuerza Aérea –con las que el gobierno llegó a un temprano *modus vivendi*– especialmente en la nominación de oficiales en lucrativas misiones especiales en el extranjero. Por el contrario, hicieron evidente su discriminación contra el ECH reteniendo el despacho de decretos relativos al ascenso de oficiales, el reajuste anual de los salarios, el traspaso de bienes raíces (como la mansión de Lo Curro, local para el casino de oficiales), préstamos fiscales para financiar y modernizar la producción en FAMAE –la empresa manufacturera de armas del ECH– y la autorización a FAMAE para la exportación de armas.

Por otra parte, no contando con el apoyo de los servicios de inteligencia militar de las Fuerzas Armadas, la administración Aylwin hizo uso visible de los planes *Halcón I - II* creados por la Policía de Investigaciones para el monitoreo de la actividad en las instalaciones militares, estableciendo, además, su propio organismo de inteligencia con apoyo de Estados Unidos, países europeos e Israel.

De acuerdo con la ocasión, el Comité Asesor del general Pinochet moduló el empleo de recursos legales e ilegales para preservar el orden legal dejado por la dictadura y mantener una imagen limpia del ECH y del general. En los esfuerzos por impedir que se formara la Comisión Nacional de Verdad y Reconciliación que investigaría las violaciones de Derechos Humanos, el Comité asesoró a la Derecha parlamentaria incondicional y metió en cintura a la Derecha con aspiraciones de independencia. Las intervenciones del Comité Asesor alcanzaron volúmenes máximos cuando estuvo en juego la reputación del general Pinochet en el "asunto pinocheques" y cada vez que el gobierno intentó modificar la Constitución y la Ley Orgánica de las Fuerzas Armadas para desmantelar los llamados "enclaves autoritarios" y dar al Poder Ejecutivo la capacidad de reducir el gasto militar y llamar a retiro a la oficialidad que no tuviera la confianza del gobierno. Estas situaciones provocaron los dos "momentos de mayor turbulencia" de la administración Aylwin –el "ejercicio de alistamiento y enlace" en la segunda quincena de diciembre, 1990, y el "boinazo" del 23 de mayo 1993.

La comisión investigadora de la Cámara de Diputados sobre "el asunto pinocheques" había llegado a la convicción de que el pago recibido por el hijo del general Pinochet en la venta de PSP configuraba un delito presumiblemente conocido y encubierto por el padre. Por tanto, Pinochet quedaba abierto a una acusación constitucional y a la encargatoria de reo. Ante esto, el general Ballerino, coordinador del Comité Asesor, a través de diferentes canales plantó una trampa entre los Ministros Enrique Correa, Edgardo Boeninger y Patricio Rojas –el rumor de que el general Pinochet estaba dispuesto a abandonar el cargo de Comandante en Jefe del ECH a cambio de que el gobierno cejara en la campaña de difamación. Este ofrecimiento nunca fue confirmado por el general Pinochet, pero los ministros y el Presidente Aylwin hicieron preparativos para una negociación, preparativos que fueron filtrados a la prensa como una inminente victoria del gobierno. Por su parte, el general Pinochet acuarteló al ECH el 19 de diciembre en grado máximo, en todo Chile, interpretándose el hecho como preparativo para un golpe de Estado. En la tarde de ese día el general (R) Santiago Sinclair, senador designado, cerró la trampa tendida por el Comité Asesor comunicando al diputado Andrés Chadwick que el acuartelamiento se debía a la renuncia exigida al general Pinochet por el Ministro de Defensa Patricio Rojas. Chadwick se lo comunicó a Rojas provocando intensa desazón, mientras la prensa difundía esta versión. Ahora el gobierno aparecía como responsable de desestabilizar la situación política con la exigencia del retiro del general.

De allí en adelante, para apaciguar la situación, los Ministros Correa y Boeninger cooperaron con el general Ballerino en una grave violación del Estado de Derecho –como representantes del Poder Ejecutivo presionaron de manera sistemática e ininterrumpida al comité de diputados que redactaba el informe de la comisión investigadora para que alterara el significado de los hechos averiguados: "puesto que se presumirán irregularidades administrativas –y no penales– , [el informe] no se enviará a la Corte Suprema o al Consejo de Defensa del Estado, sino a la Contraloría" (p. 84), lo que ocurrió el 30 de diciembre. "A fines de mayo [de 1991], el contralor responde que a su juicio no existen irregularidades administrativas. Pero no opina sobre aspectos penales; en vista de ello, la cámara envía el informe al Consejo de Defensa del Estado" (p. 84). El diputado Schaulsohn, presidente de la comisión investigadora, había aceptado el envío del informe a la Contraloría con la expectativa de que esta institución hiciera valer el estado de derecho por el hecho de que el Parlamento había tenido que ceder ante el Ejecutivo por "razones de Estado". Schaulsohn logró un acuerdo de la bancada PS-PPD para presentar una acusación constitucional contra el contralor "por notable abandono de deberes" y se designó un comité para redactar el libelo: "El brioso equipo no llega a escribir ni una línea" (p. 85).

Correa y Boeninger cometieron esa violación del estado de derecho manteniendo en el trasfondo al Presidente Aylwin, quien, como profesor de Derecho Administrativo, siempre se preció de defensor de la corrección de los procedimientos burocráticos del Estado.

Por su parte, en una declaración pública, el ECH no trepidó en identificarse como mafia defensora de un criminal presunto al colocarlo arbitraria y conscientemente por sobre el imperio de la ley: "El 8 [de diciembre], en el auditorio del Estado Mayor, en un acto presidido por el general Lúcar [vicecomandante del ECH], el coronel Juan Emilio Cheyre lee una declaración que confirma la irreductible adhesión de la institución al comandante en jefe, 'cualesquiera sean las características que revistan las acciones infamantes que procuren dañar a su persona'" (p. 83).

Nótese que todo esto ocurre entre fines de 1990 y comienzos de 1991. El gobierno dio por consolidada la transición a la democracia en octubre de 1991. Aquí parece haber una contradicción.

El traslado posterior del informe de la comisión investigadora de la Cámara de Diputados al Consejo de Defensa del Estado provocó la última gran intervención del Comité Asesor con el "boinazo" del 23 de mayo 1993. El "boinazo" fue una segunda rueda del "asunto de los pinocheques".

A fines de 1992 la empresa Sistemas y Productos (SP) había entrado en aguda crisis financiera. Según estatutos secretos, Augusto Pinochet Hiriart era el capitalista principal sin que se lo nombrara. SP había estado directamente asociada con PSP, la empresa que había provocado "el asunto pinocheques". Los socios de Pinochet Hiriart en SP eran los mismos de PSP. No habían recibido su parte de los tres millones de dólares pagados al hijo del general Pinochet; sin embargo, por ese pago aparecían como deudores ante el Servicio de Impuestos Internos y eran investigados por la Brigada de Delitos Económicos de la Policía de Investigaciones. Arruinado por un desastroso divorcio en Estados Unidos, Pinochet Hiriart volvió a Chile y, contra la voluntad de sus socios, usó el patrimonio de SP como garantía para obtener préstamos con que financiar otras aventuras comerciales. En protesta, con amenazas de recurrir a la comisión investigadora de la Cámara de Diputados, los socios exigieron al ECH que les pagara su parte por la venta de PSP, que pagara los impuestos adeudados y solucionara los problemas bancarios causados por las pérdidas de SP. Personal del Comité Asesor modificó la documentación de SP para que no se detectara a Pinochet Hiriart como socio mayoritario. No obstante, el Comité Asesor no cumplió con ninguno de los pagos. A fines de 1992 la situación ya era ampliamente conocida en los altos mandos del ECH. En marzo de 1993, "cartas distribuidas entre distintos organismos del Ejército advierten sobre la acumulación de problemas que se derivan todavía de la venta de PSP y de las irregularidades que afectan toda la gestión de SP. Los montos envueltos parecen inabordables y ciertos movimientos podrían bordear la calificación de fraude" (p. 201).

El 24 de abril de 1993 el presidente del Consejo de Defensa del Estado despachó el expediente de la venta de PSP al Quinto Juzgado del Crimen. Este trámite coincidió con la tramitación en el Parlamento de un proyecto de ley para la reforma de la Ley Orgánica de las Fuerzas Armadas que permitiera que al Ejecutivo la reducción del gasto militar y llamar a retiro a oficiales que no contaran con su confianza. El día 28 de abril el general Pinochet acuarteló al ECH en grado máximo mientras el Presidente Aylwin estaba en gira por los países escandinavos y Rusia. Tropas de provincia fueron movilizadas para cercar la ciudad de Santiago. La Inspectoría General del ECH organizó un Cuartel General de crisis al mando del coronel Juan Emilio Cheyre para dirigir el hostigamiento contra el gobierno.

Esta vez, sin embargo, el estado mayor del Cuartel General en crisis deflectó la atención de la causa original de esta nueva amenaza de un golpe de Estado, es decir, la situación de

Pinochet Hiriart y de la empresa SP. Se excusó la moviliza ón de tropas con el descontento del ECH por la tardanza del Ministerio de Defensa en cursar decretos de importancia para la institución, la tardanza en la transferencia de propiedades, la publicidad desmedida dada a la comparecencia ante los tribunales de oficiales acusados de violaciones de Derechos Humanos. Se demandó que el gobierno cursara una nueva ley de amnistía. Ascanio Cavallo comenta que, entre los oficiales llamados a integrar el Cuartel General en crisis "sólo los más lúcidos perciben la razón más profunda. Un nuevo movimiento militar motivado por el caso de los cheques es impresentable, no ya para el público, sino dentro de las propias filas" (p. 206). ¿Había llegado a su límite la capacidad del general Pinochet y de sus acérrimos para dictar términos por la fuerza, con visos de legitimidad?

El general Jorge Ballerino repitió sus maniobras de atemorizar a los ministros pretendiendo, a la vez, ser la voz racional que intermediaba en favor del gobierno ante un Comandante en Jefe fuera de control. El Vicepresidente Kraus se comprometió a negociar las demandas del ECH mediante comisiones bipartitas especiales: "En teoría, tras la reunión, con todas las comisiones en marcha, las razones para continuar el alerta militar se han extinguido. Así lo confirma Ballerino [al Ministro] Correa" (p. 213).

A su vuelta del extranjero, el 9 de junio, en una reunión en La Moneda el Presidente Aylwin reprochó (¿duramente?) al general Pinochet: "Quiero reiterarle que reprocho categóricamente su acción. Sin perjuicio de esto, estoy dispuesto a escucharlo y a revisar todos los problemas que tenga su institución, y a darles solución en cuanto sea posible" (p. 214). Aylwin se comprometió, además, "a buscar una alternativa de solución global" a la preocupación del ECH por el enjuiciamiento de oficiales por violaciones de Derechos Humanos. De esta promesa surgió la llamada "Ley Aylwin", intento fracasado de crear la impunidad mediante una ley de "obediencia debida" y "punto final".

"¿Y el caso de los cheques, el origen de todo? Los abogados Alfredo Etcheberry [del Comité Asesor] e Isidro Solís [subsecretario de gobierno] y luego el propio ministro Kraus, conversan con el juez Alejandro Solís acerca de él. El 28 de junio, el juez Solís acepta declararse incompetente y traspasar el expediente al Segundo Juzgado del Crimen. Poco después Solís será ascendido a la Corte de Apelaciones de Pedro Aguirre Cerda" (p. 215).

Si hubiera que rotular poéticamente el modo con que Ascanio Cavallo narra las choques políticos cotidianos durante la transición a la democracia, habría que recurrir al género *farsa*. Como género retórico la farsa ubica al espectador ante actores que se exhiben con máscaras teatrales de gran probidad moral, en un juego de interacciones supuestamente negociadas según las normas éticas más excelsas, a sabiendas de que sus poses son nada más que tácticas para engañar, humillar y derrotar al oponente. Este juego de engaños e hipocresías exige la aparición de personajes típicos de la farsa como son los intermediarios que, según las improvisaciones necesarias en cada ocasión, hacen de "buenos" y "malos", "cuerdos" y "locos", "dignos" y "canallas", "gordos" y "flacos", "pulcros" y "desprolijos","bonitos" y "feos", "inteligentones" y "tontos". De todas maneras, los oponentes exigen entre sí y del espectador que aun sus actos más canallescos e inmorales sean respetados según esas normas éticas excelsas. Así los *miles gloriosus* –"las reservas morales de la nación"– se enfrentan a un liderato político civil enmascarando la criminalidad presunta de su líder y de su familia tras la excusa de preservar la "misión cumplida" de haber construido una sociedad de superioridad diferenciadora –"país ganador", "ejemplo mundial", "país líder", "el primero", "invicto", "vencedor y jamás vencido", "Chile dio otro ejemplo al mundo", "Chile, buen país en un mal barrio", "Adiós, América Latina". Por su parte, el liderato civil, supuesto restaurador del estado de derecho, comandado por un profesor de Derecho Administrativo, es capaz de las irregularidades administrativas más mezquinas para apaciguar por unos momentos a un oponente a quien desprecia e identifica como de baja calaña ética. Todo esto, a la vez, reiterando ambas partes su demanda de que todo el mundo valore respetuosamente las augustas poses que estudiadamente adoptan para la posteridad histórica. Aquí se origina el efecto de mayor hilaridad de la farsa –la percepción de la rigidez moralista de los personajes simultáneamente con su desfachatez de pícaros que de manera oportunista no trepidan en claudicar de las normas que profesan. Ascanio Cavallo ha registrado tres ocasiones en que esa rigidez farcesca explota con hilaridad increíble:

> **Escena primera:** El 3 de enero de 1991, el diputado Alberto Espina (RN) visita a Pinochet para alertarlo de que el informe de la comisión investigadora de la Cámara de Diputados sobre el "asunto pinocheques" mostrará que el general y su hijo estaban implicados en delitos. Esquivando el hecho de que son asuntos de Estado los que están en juego, el general Pinochet deja de lado su reconocida imagen de estratega calculador y frío, presionando a Espina con una lacrimosa y tanguera imagen íntima de padre de familia agraviado por las fallas del carácter de su hijo:
> –*Mire, Alberto: están persiguiendo a mi familia, como han querido perseguir al Ejército. Yo sé bien dónde va esto* –hay un breve silencio, y luego un torrente en el que el general va enrojeciendo con el énfasis. *Yo tendré mil defectos, pero nunca en mi vida he sido ladrón. ¿Usted cree que con 16 años de gobierno, si hubiera querido robar, no hubiera tenido cómo hacerlo? Con los puros gastos reservados me podría haber hecho rico. No, yo debería haber hecho como todos los presidentes: haber pescado a mis hijos y darles embajadas. Lejos. A mi me podrán cargar los Derechos Humanos; y nunca he dejado de decir lo que pienso de eso. ¡Por Dios, que me he ganado hasta un atentado! Pero jamás me he robado un peso. ¡Y jamás me imaginé terminar mi carrera con que me acusen de ladrón!*
> [...]

–Que vaya a declarar su hijo [sugiere Espina].
–Yo no lo veo. Mire: tres veces. Tres veces lo eché de
Chile. Cuando supe de esto, lo llamé por teléfono.
Vino para acá. Pero no lo veo. Si quiere, entiéndase
con él.
[...]
Cerca del portón, Pinochet toma a Espina de un bra-
zo:
–¿Tiene hijos, usted?
–Sí, chicos. Nueve años, ocho años, en fin ...
–Nunca escupa al cielo, Alberto (p. 82).

Escena segunda: Durante el "boinazo", el Vicepresidente Kraus –a quien Pinochet llamaba "El Guatón de
los Pacos [=Carabineros]"– trata de convencer al general de que llame a las tropas de vuelta a sus cuarteles:
–Usted va a pasar a la historia –enfatiza– como una
figura excepcional, porque luego de haber sido una
autoridad de mucho poder, fue, primero, capaz de
limitarlo, y luego, de respetar las normas que impuso
... Y esto lo echa a perder" (p. 210).

Escena tercera: El diálogo entre Aylwin y el general
Pinochet en el primer encuentro de ambos, ya terminado
el "boinazo", luego del retorno del Presidente de su gira
al extranjero:
–Cómo le va, Presidente –saluda Pinochet, sonriente.
–Mal, pues, hombre –dice Aylwin–, cómo me va a ir.
Con esto que han hecho mientras yo no estaba ...
Mire, general, estoy muy herido: aquí ha hecho usted
un acto de presión fuera de todas las reglas, que
causa un grave daño al país y a su imagen. Yo siem-
pre he tenido las puertas abiertas para usted. Lo he
tratado con respeto. A mediados de mayo lo recibí.
¿Por qué no me planteó nada de esto?
–Porque eso era para informarle del viaje a China.
–No, general, esa es una excusa. Aquí se ha produ-

*cido un daño al país y a mi persona. Yo no merecía
ese trato de su parte, general.*
*–No, Presidente, cómo se le ocurre que iba a querer
causarle daño. Algunas cosas se han magnificado...*
(pp. 213-214).

El material que, a micronivel, Ascanio Cavallo debe contar con caracteres farcescos, a macronivel Edgardo Boeninger
lo cuenta con un clasicismo apolíneo, iluminista, en que la razón
estratégica, correctamente calculada, marcha a la ineludible
consecución de sus objetivos. Al hablar de los dos "momentos
de mayor turbulencia" en la confrontación con el ECH –el
"ejercicio de enlace" y el "boinazo"–Boeninger reconoce que
"esa noche [del "ejercicio de enlace"] se vivieron horas de
gran tensión". No obstante, "No había riesgo de un golpe de
Estado por cuanto ninguna de las otras tres ramas ni Carabineros estaba implicada en los hechos, configurándose una situación limitada al Ejército pero que tenía visos de un acto de
insubordinación, tan temido por el gobierno"; "De hecho no sólo
no tuvo solidaridad de las otras instituciones sino que tampoco
contó con el respaldo de RN y la UDI" (p. 409). El "boinazo"
Boeninger lo atribuye a que "los canales institucionales con que
el Ejército contaba para hacer frente a actos hostiles o campañas de acoso se estaban demostrando ineficaces" (p. 413).
Agrega que "la inminente llegada del Presidente [de su gira al
extranjero] realzó la autoridad del Jefe de Estado y tranquilizó
a la población, poniendo término a la ola de rumores que sacu-
dieron al país en los días precedentes [...] En segundo lugar
Aylwin citó a su despacho al general Pinochet para represen-
tarle su molestia por una conducta institucional abiertamente
anormal" (p. 414).

Boeninger subsume todas estas contingencias bajo la
rúbrica de una estrategia racional de erosión constante y gradual del poder del ECH con pequeños actos de hostigamiento,
explotando los defectos de carácter del general Pinochet:

El gobierno optó [...] deliberada y explícitamente por

el camino de la gradualidad y de las prioridades
secuenciales, con el objetivo de no recargar en ex-
ceso la agenda pública, evitar la acumulación de
conflictos y el consiguiente riesgo de polarización y
de eventuales alianzas tácticas entre sectores que,
por motivos diferentes, se sintieran simultáneamente
amenazados" (p. 387); "tuvo relevancia el hecho de
que a partir del 11 de marzo [de 1990, inauguración de
la administración Aylwin], *Pinochet había dejado de*
ser el generalísimo de las Fuerzas Armadas por serlo
sólo del Ejército. Los jefes de la Armada, Fuerza
Aérea y Carabineros adquirieron una autonomía más
acorde con la tradición histórica de separación entre
las ramas, lo que les permitió realizar el tránsito
requerido sin dificultad aparente [...] *El caso del*
Ejército fue distinto. Pinochet se fue resignando sólo
gradualmente a la pérdida de su rol político estelar,
por lo que su reconocimiento formal de subordina-
ción al Presidente de la República estuvo salpicado
de actos de protagonismo, declaraciones públicas y
exabruptos que más de una vez estuvieron en el límite
de lo que podía entenderse como conductas constitu-
cionalmente lícitas (p. 394).

¿Qué versión se ajusta más a los hechos?, ¿la farcesca
o la apolínea? Ambas, puesto que, en el estimado de la situación nacional e internacional del momento Boeninger revela
que, para el ECH, no había la menor posibilidad de que pros-
perara un golpe de Estado. Los actos de insoburdinación eran
nada más que bravatas, de pataletas sin real consecuencia:

El reconocimiento formal de la autoridad del Presi-
dente no significaba en modo alguno una disposición
militar a renunciar o flexibilizar sus propios objeti-
vos, amparados por la legislación vigente, cuya
intangibilidad en las materias que podían afectarlas
consideraban esencial. Para la defensa de esa nor-

mativa dependían, sin embargo, del apoyo de los parlamentarios de Renovación Nacional y de la UDI, la que en todo momento se cuidaron de requerir y cautelar.

La consagración de la autoridad presidencial era un primer paso en un largo y difícil camino, pero tuvo enorme significación porque –complementada por las señales emitidas por la UDI y Renovación Nacional– dejó establecida la democracia como un marco común de referencia que a partir de ese momento se daba por descontado. Añadiendo el contexto internacional de término de la guerra fría y de democratización generalizada de América Latina, quedaba descartada cualquier posibilidad de un nuevo golpe de Estado en Chile (p. 395).

Esto implica que los "diálogos" de los Ministros con los representantes del Comité Asesor durante las tensiones del "ejercicio de enlace" y del "boinazo", además de poner fin a una insubordinación militar, también eran maniobras para desacreditar al general Pinochet y al ECH y debilitar mucho más su prestigio ante una comunidad internacional que ya había tenido aislado al régimen militar durante toda su vigencia. De hecho, entonces, convenía a las autoridades de gobierno que esos "diálogos" se prolongaran para entrampar cada vez más al ECH en el descrédito, llevándolo en direcciones que lo debilitarían crecientemente –no sólo hacia el oprobio y repudio internacional; también a llevar al general Pinochet a la disyuntiva irracional de violentar él mismo la legalidad que él mismo había impuesto; a plantar suspicacia entre los oficiales en cuanto al doble standard de castigar a quienes habían participado en las operaciones ilegales de "La Cutufa", pero a la vez encubriendo la criminalidad presunta del general Pinochet y de su familia.

Es con razón, entonces, que Boeninger diagnostica las maniobras del Comité Asesor como índices de debilidad indicando que "los canales institucionales con que el Ejército contaba para hacer frente a actos hostiles o campañas de acoso se estaban demostrando ineficaces".

Al señalar que "en el contexto internacional de término de la guerra fría y de democratización generalizada de América Latina, quedaba descartada cualquier posibilidad de un nuevo golpe de Estado en Chile", Boeninger crea la impresión de que la antipatía extranjera a un nuevo pronunciamiento militar era cuestión de inercia diplomática, no de voluntad activa de apoyo a la transición a la democracia por parte de la comunidad de naciones. Esta es una impresión errada. Los signos más discretos de un apoyo activo son las dificultades cada vez mayores que encontró el general Pinochet en sus viajes al extranjero, reinstaurada la democracia, por considerárselo "persona non grata". Poco antes del viaje a Londres en que fuera arrestado en octubre de 1998, el servicio de inteligencia del ECH lo había advertido del riesgo.

Pero la señal más decisiva de que la comunidad internacional no toleraría las bravatas de Pinochet y del ECH está precisamente en el "asunto pinocheques", lo cual ciertamente requiere una relectura aclaratoria de la verdadera naturaleza del "asunto". Ascanio Cavallo proporciona los datos necesarios para esta relectura.

En realidad la lógica del "asunto pinocheques", iniciado en agosto de 1990, queda explicada más tarde, en octubre de 1991, con el contrabando de armas a Croacia intentado por FAMAE, la industria de armamentos del ECH. Las Naciones Unidas había prohibido toda venta de armas a los ejércitos involucrados en la guerra civil que destruía a Yugoslavia. A través de Hungria, FAMAE intentó el envió de 370 toneladas de armamento a Croacia, por un valor de seis millones de dólares. "Así, el embarque pone a Chile fuera de la legalidad mundial" (p. 131). El contrabando fue desbaratado por la CIA y la Mosad, el servicio de inteligencia israelita. Las armas fueron confiscadas por las autoridades húngaras. "No hay quien ignore que Budapest es el centro del comercio de armas para Europa Oriental, que la vigilancia norteamericana favorece a la industria israelí y que EE.UU. no ha tolerado competencia en la región" (p. 131).

Por la incompetencia con que se lo organizó, el contrabando tuvo una dinámica farcesca.

FAMAE había estado reuniendo armas dadas de baja para un contrato de venta con Malasia por 500 millones de dólares. Pero en octubre de 1991 había llegado a Chile un representante de *Ivi Finance & Management (IF&M),* corredora internacional de armas basada en Panamá y Luxemburgo. Este representante estaba asociado con Patricio Pérez, capitán (R) de la Fuerza Aérea de Chile (FACH). Ambos propusieron a FAMAE la venta de 370 toneladas de armas usadas a Sri Lanka. La petición de compra estaba avalada con un documento del Ministerio de Defensa de ese país. El Ministerio de Relaciones Exteriores de Chile autorizó la venta. El representante de *IF&M* contrató dos aviones Ilyushin para trasladar el cargamento a Lisboa, facturándolo como "ayuda humanitaria"; allí sería transferido a un buque de carga yugoslavo que lo transportaría a Sri Lanka. Ascanio Cavallo apunta: "¿Carguero yugoslavo? ¿Lisboa, la vieja capital europea del tráfico de armas? Muy raro. Los Ilyushin fueron contratados por *Southern,* una de las aerolíneas favoritas de la CIA en el pasado; y en cuanto conoce la verdadera carga, su representante, Jean Paul de Bourguignon, la rechaza [...] Pero desde ese instante la CIA conoce el negocio" (p. 129).

Fracasado el transporte con la *Southern,* el capitán Pérez buscó la ayuda de su socio, el general (R) Vicente Rodríguez, ex-jefe del Servicio de Inteligencia de la FACH quien, de allí en adelante, se hizo cargo de la operación. El general Rodríguez contrató un Boeing 707 de la *Florida West Airlines.* Junto con el brigadier general Guillermo Letelier, director de FAMAE, el general Rodríguez buscó la cooperación del brigadier general Carlos Krumm, director de Logística del ECH, para hacer expedito el trámite de exportación a través de aduanas. El general Krumm encargó el trámite al coronel Gerardo Hüber, jefe de Exportaciones e Importaciones de Logística, ex-agente de la CNI. Para el envío a Sri Lanka, el cargamento de armas fue rotulado "pertrechos de propiedad del Estado". No obstante, poco antes del despegue, el cargamento fue rotulado "ayuda humanitaria" con un timbre del Hospital Militar del ECH. También se alteró el plan de vuelo; ahora el destino sería Budapest vía Cabo Verde. Aquí intervino Marc Rae, el piloto estadounidense del Boeing 707; exigió que la carga fuera rotulada "pertrechos de armamento". Se cambió la factura pero no se detalló el contenido.

Con la fuerte protesta de Aníbal Pinto, ex-piloto de la FACH, oficial de ruta, sobre el Adriático Marc Rae intentó aterrizar en un aeropuerto italiano. Este conflicto retrasó la llegada a Budapest. Finalmente, al aterrizar en Budapest el domingo 1° de diciembre de 1991, el Boeing fue cercado, allanado y las armas fueron confiscadas.

El 5 de diciembre el embajador de Estados Unidos en Chile, Charles Gillespie, comunicó la noticia al Presidente Aylwin. "Añade algo más: la CIA ha detectado en Miami que los mismos hombres que gestionaron el vuelo están tratando de alquilar otro para enviar más armas, ahora por Bucarest, Rumania". "Aylwin informa a Rojas, y cuando el ministro [de Defensa] se comunica con su colega de Sri Lanka, el doctor Wijetehunge, un escalofrío lo recorre: el gobierno cingalés no ha autorizado ninguna compra de Chile" (p. 131). "El 16 de diciembre, el diputado Schaulsohn propone crear una comisión investigadora del Parlamento y expresa sus sospechas de que en el embarque pueda estar envuelto Augusto Pinochet Hiriart o su empresa PSP, vendida al Ejército" (p. 132).

"Pero el gobierno obtiene una amarga conclusión: hay zonas del Estado que le están veladas, que le resultan esquivas, opacas, a veces negras" (p. 133). Con estos antecedentes, en retroperspectiva, el significado del "asunto pinocheques" toma otro cariz.

Aunque también puede que se haya considerado el bienestar del hijo del general Pinochet, en lo fundamental la empresa PSP fue parte de la planificación del ECH ante la posible guerra con Argentina, Perú y Bolivia a fines de la década de 1970: "... la crítica situación con la Argentina y las restricciones impuestas por Occidente al gobierno militar impulsaron la política de autoabastecerse de armas" (p. 69). Desde septiembre de 1987 el ECH hizo esfuerzos especiales para que el componente principal de lo que luego sería PSP –la empresa *Valmoval*– fuera propiedad de Augusto Pinochet Hiriart: eliminó de consideración la oferta de compra de un ex-oficial de la Armada; en apenas 45 minutos la CORFO aprobó un préstamo de un millón 174 mil dólares para que PSP iniciara la producción de armas, préstamo que fue ilegalmente inventariado como proyecto de minería; el Banco del Estado concedió a PSP un préstamo adicional de 338 millones de pesos; luego la CORFO compró el préstamo del Banco del Estado para dar mayor latitud financiera a PSP; en julio de 1988 la comisión legislativa de la Junta Militar dictó una ley especial creando el Comando de Industria Militar e Ingeniería (CIMI) para que el ECH pudiera participar como copropietaria en empresas como PSP; hacia fines de 1988 el Ministro de Hacienda Hernán Büchi modificó el presupuesto de la nación añadiendo tres millones de dólares para que el ECH se convirtiera en el único dueño de PSP. Esos fueron los millones que Augusto Pinochet Hiriart recibió del ECH como "pinocheques".

De aquí en adelante la evaluación de aspectos importantes de la investigación de los "pinocheques" –así como ocurrió con el contrabando de armas a Croacia– debe considerar que las Fuerzas Armadas de Chile ya de larga data están infiltradas por servicios de inteligencia extranjeros, especialmente la CIA, hasta sus altos mandos.

Es posible que Augusto Pinochet Hiriart haya sido involucrado en las transacciones de PSP también para esconder la ingerencia del ECH en la producción de armamentos en Chile y, posteriormente, su contrabando. Dentro de una cultura militar aislada del resto de Chile, caracterizada por una fuerte lealtad de casta, ¿qué mejor garantía interna dentro del ECH podía haber de que dineros ilegalmente transferidos contaran con el aval de un uso honesto de los fondos que el de un hijo del general Pinochet? Ante la comisión investigadora de la Cámara de Diputados, Augusto Pinochet Hiriart declaró que él, personalmente, había gestado un préstamo de tres millones y medio de dólares "en el exterior", "para echar a andar la fábrica de fusiles" (p. 83). Los "pinocheques" recibidos del ECH habían sido usados para pagar esa deuda. "Sus contactos exteriores quedan bajo el misterioso velo de la industria mundial de armas" (p. 83). El secreto de la transferencia de fondos y de armas puede explicar los cuidados por mantener a Augusto Pinochet Hiriart fuera de escrutinio público como socio principal de PSP cuando, en realidad, el ECH siempre había sido el propietario de la empresa.

Si se trataba de una compleja operación encubierta, ¿cómo se explica, entonces, el descuido de que los tres cheques para el pago de esa deuda "en el exterior" hayan sido extendidos con el nombre de Augusto Pinochet Hiriart? El brigadier general Fernando Hormazábal, comandante del CIMI –el comando logístico creado especialmente para que el ECH participara en aventuras comerciales en la manufactura de armas– quedó profundamente sorprendido: "Mientras el ministro de Hacienda Hernán Büchi modificaba el presupuesto de la nación para añadir algo más de tres millones de dólares al Ejército, Hormazábal recibía la orden de comprar el 51% de PSP [...] Pero cuando en los primeros días de enero [de 1989], recibió los cheques extendidos a nombre de Pinochet Hiriart, se extrañó [...] Lo que pasó en este punto es un negro misterio. ¿Consultó? ¿Los cursó, simplemente? ¿Lo comentó? ¿No le dijo a nadie? ¿Cómo pudo expresarse en ese momento la extrañeza que un año después reconocería ante la [comisión investigadora de la] Cámara de Diputados?" (p. 71). La suposición de que el hijo del general Pinochet ya había participado en operaciones encubiertas de tráfico de armas se revela porque él mismo tuvo una sorpresa similar: "El 4 de enero de 1989, Pinochet Hiriart recibió los tres cheques. También se extrañó, aunque por otra razón: ¿cheques? ¿No se hacen estas operaciones usualmente con efectivo? No, los procedimientos del Ejército son éstos. Lo toma o lo deja" (p. 71).

¿Qué pasó aquí? En operaciones encubiertas este descuido aparece como negligencia incomprensible, a menos que hayan intervenido intenciones de marcar un rastro de papeleo burocrático que más tarde se pudiera reconstruir y utilizar políticamente.

Teniendo esto en cuenta, llama la atención que se haya preparado una "carpeta especial" (p. 67) para el Presidente Aylwin con las tres fotocopias de cheques por el equivalente de tres millones pagados a Augusto Pinochet Hiriart. Los cheques procedieron "de los archivos del Banco del Estado, donde han sido hallados durante tediosas investigaciones que realizan desde marzo [de 1990] las nuevas autoridades [de gobierno de la Concertación]" (p. 67). Ascanio Cavallo usa una forma verbal pasiva, impersonal para dar cuenta del hallazgo –"han sido hallados". ¿Quiénes hallaron los cheques?, ¿actuaron según información específica? No parece plausible que el número limitado de burócratas de los nuevos servicios de seguridad de la administración Aylwin haya tenido el tiempo necesario para hurgar al azar entre los documentos acumulados en las bóvedas del Banco Central durante los diecisiete años del régimen militar. No se conoce el hallazgo de otros documentos de importancia similar.

Por el contrario, resulta del todo plausible que servicios de seguridad extranjeros, preocupados por el tráfico internacional de armas de las Fuerzas Armadas chilenas hayan tenido una bitácora de esas transacciones secretas. Además, preocupados de apoyar la transición a la democracia en Chile y de sujetar a las Fuerzas Armadas al liderato político civil, resulta plausible que esos servicios de inteligencia entregaran esa información para que el gobierno de Aylwin la usara como arma política. Ascanio Cavallo relata que "a mediados de noviembre [de 1990], Schaulsohn [presidente de la comisión investigadora de la cámara de Diputados] comienza a recibir en su departamento de Vitacura sobres sin remitente, cargados de documentos internos del Ejército sobre el caso ["pinocheques"]" (p. 69).

La dialéctica del amo y del esclavo en versión cómica

"La niebla se extendió por sobre el campamento y la bestia, que dormita en lo íntimo del ser humano civilizado, despertó súbitamente con frenética avidez de víctimas, ante las incitaciones interesadas". Estas palabras del general Carlos Prats (p. 601) apuntan directamente al nihilismo ético de la cultura chilena, a que carece de una vivencia raigal de la dignidad humana manifestada como valoración práctica y no sólo retórica de los Derechos Humanos.

Con la metáfora de la niebla extendida sobre el campamento el general Prats no sólo se refiere a las claudicaciones éticas de las castas políticas que arrastraron al fin de la democracia en Chile sino también a la ruta ya tomada por el régimen militar –lo que él llama "política de desarrollo por coersión" y, más ajustadamente a los hechos, "cesarismo desarrollista dependiente". Nuevamente llamo la atención sobre la clarividencia del brutal realismo melodramático con que el general Prats avizoró la situación histórica de las Fuerzas Armadas y del aparato político chileno dentro de los parámetros imperiales –la de creer que su acción responde a necesidades internas cuando, en última instancia, simplemente reproducen en Chile los intereses de potencias externas. Recordemos la cita que toma de Alain Joxe: "Las Fuerzas Armadas nacionales son el principal instrumento de consolidación de las relaciones entre los centros hegemónicos mundiales y los grupos hegemónicos locales [...] El problema político de las Fuerzas Armadas nacionales es que pueden muy bien, y sin darse cuenta, estar entrenadas hacia la integración orgánica de un sistema represivo internacional, teniendo la ilusión de desempeñar un papel desarrollista nacional" (p. 596).

Prats llamaba a "penetrar mejor el conocimiento histórico-sociológico de la 'democracia condicionada' que hemos vivido tan engañados" (p. 522). Advertía también que si "los marxistas insisten en que la próxima etapa les exige luchar por imponer el socialismo y los democratacristianos creen que pueden volver a gobernar con el aval de la burguesía oligárquica, no hay perspectiva alguna de salida democrática para un país de predominante clase media. Tampoco ni la más remota esperanza de restaurar la paz social, eliminando el odio de clases" (p. 559).

El destino de las castas políticas y militares de la periferia del sistema imperial parece ser el de encarnar y actuar los designios superiores del imperio de manera ritual y cíclica. Es aquí donde Carlos Prats introduce el tema de la vergüenza: "... siento vergüenza personal ante todo acto de impudicia moral en el que aparezca un compatriota estirando la mano para recibir el oro de Washington o de Moscú" (p. 601). No obstante, Prats reconoce que dentro de la *"servidumbre inexorable"* a los condicionamientos imperiales hay espacio de maniobra. De otra manera el general no habría dicho que el golpe de Estado de 1973 no era inevitable.

En medio del conflicto ese espacio de libertad debió ser el respeto y la protección de los derechos de las personas más allá de los enceguecimientos ideológicos. Esta *mínima dignidad humana* hubiera obligado al abandono inmediato y gratuito de la *soberbia ideológica, gratuito* porque nada justifica la masacre de miles de personas por la *pureza ideológica.* No ocurrió así porque las dirigencias políticas que tenían el poder para deponer las soberbias ideológicas prefirieron continuar en Chile la lucha a muerte de la Guerra Fría. Veremos que no fue sólo el general Prats quien dio testimonio de que ese espacio de libertad realmente existía, pero los soberbios rehusaron usarlos.

La manera como los oponentes escucharon y actuaron el mandato de Washington y Moscú para continuar la Guerra Fría a toda costa es una nueva versión de la fábula del amo y del esclavo, ese mito hegeliano sobre el origen de la cultura.

Según Hegel, en la lucha primitiva por demarcar su espacio de manifestación de ser, los humanos buscaban fascinar la conciencia de los otros proyectando una imagen de dignidad suprema, una respetabilidad imponente y, por tanto, incuestionable. Así la paz comunitaria se constituyó paradojalmente con la lucha de cada uno y de todos por conquistar y acumular más de ese reconocimiento como protocolo deslindante. Esa paradoja generó una violencia difusa. Se trataba de una violencia hipnótica por cuanto cada uno buscaba el reconocimiento del otro apoderándose de su conciencia, enseñoreándose en ella como amenaza conscientemente modulada para garantizar, contradictoriamente, que la entrega aseguraría buenas relaciones.

El estado hipnótico podía estallar en violencia en cualquir momento. Una vez desencadenada, prevalecieron aquéllos a quienes no les importaba morir para asegurar un reconocimiento máximo. Así surgieron los amos; los temerosos que sobrevaloraron su vida fueron convertidos en esclavos. Dentro de estos parámetros, la mentalidad del amo y la del esclavo constituyeron las actitudes psíquicas más básicas de la especie humana en la conducción de las relaciones públicas. Ambas actitudes están en permanente tensión dialéctica en cada uno de nosotros.

La violencia siempre latente podría generar tanto ciclos de paz como de conflicto. La vida, sin embargo, tiende a establecer la inercia de rutinas. La inercia rutinaria evita que se aceleren los ciclos de paz y conflicto. Surge el imperativo de la *stasis* estratégica para que los amos y los esclavos puedan distenderse y administrar el dominio y el trabajo. Para lograr esa *stasis* tanto los esclavos como los amos se vieron obligados a crear normas estables para modular los ciclos de paz y conflicto. Para ello llegaron al acuerdo de prestigiarse mutuamente con un pacto de reconocimiento de que el lugar que ocupaban en la jerarquía equivalía a un imperativo ético para la convivencia. El esclavo y el amo tendrían que convenir en reconocerse mutuamente en términos de lealtad. Con ello surgiría un conservadurismo por el que el esclavo lucharía por dignificarse precisamente por ser esclavo preciado por el amo. El esclavo así preciado demostraría su lealtad al amo cooperando con él en la destrucción de los esclavos subversivos. Las normas de la lealtad fueron sacralizadas. La norma sagrada se convirtió en maquinaria exterminadora de los remisos. Ley y sacrificio humano coincidieron.

A pesar de todo ajuste y compensación dignificadora, la conciencia de los esclavos mantendría algún grado de vergüenza por la debilidad que los hizo esclavos. La vergüenza se haría patente como una abrupta dicotomía en la realización del trabajo a que fueron forzados. Con su trabajo, los esclavos constataban su capacidad de construir la cultura como espacio diferenciado de la naturaleza. Tomaron conciencia de su valor como personas. Pero después de todo no eran más que seres abyectos.

Con el tiempo, los esclavos más torturados mentalmente por la vergüenza soñaron la utopía de que, precisamente con los frutos de su trabajo, con lo que habían aprendido con él y con las riquezas cada vez mayores que producían, quizás podrían construirse sociedades en que todos superarían la vergüenza y la abyección de ser esclavos. Para concretar esa utopía los esclavos estaban preparados a morir en combate mortal con los amos a quienes debían lealtad. De hecho, entonces, querían transformarse en amos. Para apaciguar moralmente su conciencia rupturista, los subversivos se ilusionaron con que su utopía también libertaría a los amos de su función opresora. Era nada más que una ilusión porque tanto los esclavos preciados por el amo como los amos mismos tendrían que rigidizar su conservadurismo para eliminar a los esclavos levantiscos en una lucha despiadada y sin cuartel. Los levantiscos harían lo mismo.

Corte.

Los europeos comienzan a expandirse por el mundo para formar imperios. Los imperios los convierten en amos de pretensiones universalistas.

En América los europeos se enfrentan con los aztecas que no temen pelear hasta la muerte por su dignidad. Son exterminados. Los Incas, debilitado su poder por las luchas políticas intestinas, creen que los europeos revitalizarán la forma de dominio que habían establecido, la de dominar sin cambiar radicalmente las civilizaciones enganchadas al imperio incaico. Engañados por esta ilusión son sojuzgados.

Con un profundo sentido de la ironía, los europeos pacifican a los indios con el ícono de Cristo, infligiéndoles una neurosis radical –el ícono que les promete liberación espiritual simultáneamente los sojuzga como esclavos desde el momento mismo en que se convierten al cristianismo. Así los europeos introducen en América una geometría de círculos concéntricos de dominio en que la conciencia de la relación amo-esclavo se desliza desde lo más específico a lo más abstracto. En lo específico de la cotidianeidad imperial, los esclavos preciados por el amo se convierten en amos de esclavos de rango inferior. Todos, en una cadena ascendente de amos intermediarios –europeos y nativos– deben rendir pleitesía a una autoridad suprema y externa. En el pináculo de esta pirámide está la norma sacralizada, el Dios cristiano por quien se sojuzga o extermina al pagano.

Corte.

A comienzos del siglo XX, en Rusia se establece la primera república de "los esclavos sin pan" y la Internacional Comunista invita a "los esclavos del mundo" a plegarse a su utopía. Como leninistas, deben prepararse para la violencia que destruya a los amos imperialistas.

En Latinoamérica la Iglesia Católica, sostén del orden creado por la Conquista, aparece como baluarte de Dios ante los esclavos subversivos y, por tanto, ateos. Por un período el Vaticano imagina que el fascismo, el nazismo y el franquismo son preferibles al socialismo y al comunismo. Aceptan los genocidios como sacrificio para que prevalezca el orden de Dios. Según el dispositivo sacrificial de la ley sagrada, el odio administrado y empleado a fondo debe destruir a los infieles para que impere el amor divino.

Corte.

Con Stalin la burocracia que ha regido la república de "los esclavos sin pan" la han transformado en un orden social de esclavizamiento y destrucción de los infieles. Desde fines de la Segunda Guerra Mundial la república se transforma en imperio pero todavía busca que se la reconozca como el liberador futuro y para siempre de "los esclavos del mundo". Se inicia la Guerra Fría. Reconociendo que Estados Unidos es la única defensa posible frente al comunismo ateo, el Vaticano se allana a reconocer que la Modernidad que viniera anatemizando desde el siglo XVIII, después de todo, no es tan mala. Por ello nacen conjuntamente la Iglesia Modernizada y la Democracia Cristiana. La fe, la ciencia y los recursos del imperio son conjugados para neutralizar al ateo infiel y totalitario.

Corte.

En Chile los infieles totalitarios llegan al gobierno con la Unidad Popular. La administración de Richard Nixon moviliza sus recursos políticos y militares en Estados Unidos y en Chile para destruirlo. Chile se convierte en uno de los epicentros más tensionados de la Guerra Fría. El liderato de la DC sigue la línea dura de la administración de Richard Nixon. El general Prats narra que el "viernes 3 de agosto de 1973, es un día también histórico: en esa fecha, Aylwin desahució el diálogo con el gobierno, abriendo así las compuertas de la más grave crisis institucional de la Historia de Chile" (p. 544). La Izquierda en su mayor parte se había declarado marxista-leninista y demanda "avanzar sin transar". Irónicamente, el Partido Comunista, leninista ya de larga data, busca evitar la violencia –llama a la Izquierda a replegarse para conservar las reformas logradas, evitar el golpe militar que ya se anuncia, evitar una guerra civil y preservar la democracia.

Entendamos ahora la manera con que los esclavos en Chile escucharon y siguieron la voz de sus diferentes amos imperiales.

Enceguecido por el mesianismo anticomunista, el liderato democratacristiano –*iconos* como Aylwin y Frei Montalva– creyó que la voz de Estados Unidos la representaba un ídolo falso –Richard Nixon, político moralmente pervertido y corrupto[15], a quien no le importaba el medio o la agencia criminal que pudiera usar para exterminar al enemigo. Más tarde, su falsedad lo expulsaría de la presidencia por violar la Constitución de Estados Unidos y suspender el estado de derecho.

Arrastrados por la inercia de décadas de cooperación con Estados Unidos, el liderato democracristiano supuso que la CIA ya habría tomado las medidas para una transferencia del poder a la DC luego de un período prudencial de gobierno por la Fuerzas Armadas. Por esto, poco después del golpe de Estado, la dirigencia DC contribuyó a "limpiar" la imagen internacional de la Junta Militar por las violaciones de Derechos Humanos.

Basándose en documentos secretos de la CIA publicitados por la administración del Presidente Bill Clinton, Peter Kornbluh narra que "el embajador [Nathaniel] Davis trató de convencer a los miembros de la nueva Junta para que 'reclutaran' a los democratacristianos para que hicieran algo 'con este problema de la imagen en el extranjero'"(*op. cit.*, p. 202).

Mediante sus programas de acción política, la CIA también promovió encubiertamente una mejor imagen del nuevo régimen. En octubre de 1973, la Estación [chilena de la CIA] financió secretamente una gira internacional de un grupo de democratacristianos prominentes para justificar el derrocamiento. El viaje, que duró más de un mes, incluyó a líderes del partido tales como Enrique Kraus, Pedro Jesús Rodríguez, Juan de Dios Carmona, y Juan Hamilton. "El partido produjo un plan para enviar una 'escuadra de la verdad' a algunas capitales latinoamericanas y europeas para explicar el trasfondo del golpe militar en Chile y la asociación del PDC con la Junta y su apoyo en esta situación", según informaba el directorio de operaciones de la CIA en un memorando secreto escrito para el Comité de los 40 que dirigía Kissinger. "Desafortunadamente, el PDC no ha tenido el tiempo para recuperarse de la sequía financiera del período de Allende; por lo tanto", de acuerdo con el memo de la CIA, era necesario poveer fondos (p. 208).

Sin que se resolviera, el debate interno entre la CIA y el Departamento de Estado sobre el financiamiento secreto de los democratacristianos se prolongó hasta entrada la primavera de 1974. El 4 de abril, el jefe de la Oficina de Inteligencia e Investigación, William Hyland, escribió un memorando que se oponía a lo que consideraba "un asunto enredoso ... empujado por la inercia burocrático-clandestina". Hyland argumentaba que se le debía decir a Kissinger que cualquier pago al PDC "nos expondría a reacciones del Congreso por 'continua intromisión' en Chile". Además, agregó que "no entiendo por qué continuamos apoyando a un partido político que está, de hecho, en oposición al gobierno que presumiblemente ahora apoyamos". Después que el ex-presidente Eduardo Frei trató el delicado asunto de los fondos secretos con el embajador Popper en una reunión del 18 de abril, sin embargo, la embajada envió un cable especial –por canales de la CIA– abogando por la devolución de fondos que el PDC había gastado "durante los agitados días de la lucha de la oposición civil contra el gobierno de Allende". Popper argumentaba que "nos conviene mantener una relación mínimamente satisfactoria con el PDC, y evitar la imputación de mala fe. Se nos ha dicho claramente que no cumplir esta obligación [censurado] resultará en el deterioro de nuestros contactos actuales (p. 211).

En sus memorias del período, Patricio Aylwin narra[16] que ese "problema de la imagen en el extranjero" a comienzos de noviembre de 1973 llevó a Eduardo Frei Montalva a escribir una carta personal a Mariano Rumor, presidente de la Internacional Demócrata Cristiana, para justificar al nuevo régimen militar:

Luego de exponer los antecedentes que condujeron al golpe militar y de señalar la responsabilidad de la Unidad Popular y de su gobierno en crisis económica, el caos social y el colapso institucional del país, Frei precisaba que nuestro partido no había tenido intervención alguna en el golpe ni partcipaba del gobierno militar.

[En parte, decía Frei]

Las fuerzas armadas –estamos convencidos– no actuaron por ambición. Más aún, se resistieron largamente a hacerlo. Su fracaso sería el fracaso del país y nos precipitaría en un callejón sin salida. Por eso los chilenos, en su inmensa mayoría, más allá de toda consideración partidista, quieren ayudar porque creen que ésta es la condición para que se restablezca la paz y la libertad en Chile. Cuanto más pronto se destierre el odio y se recupere económicamente el país, más rápida será la salida (pp. 45-46).

Hay un problema, sin embargo –en su inmoralidad, Nixon y Kissinger pusieron en marcha fuerzas imprevisibles que, en su concepción mecánico-rutinaria de las relaciones del PDC con el poder imperial, Aylwin y Frei no podían captar. Los fascistas rápidamente desplazaron o eliminaron a los generales del ECH –*iconos* como Bonilla y Arellano Stark– que buscaban un rápido retorno a la democracia, definida la democracia según el PDC. Hay una inocencia conmovedora en la manera como Aylwin habla de esta decepción: ***el imperio no había cumplido su promesa.***

Los hechos demostraron que pecamos de ingenuos quienes creímos la versión oficial de la Junta de que los militares asumían el poder "por el solo lapso en que las circunstancias lo exigían" para "establecer la normalidad económica y social del país, la paz, la tranquilidad y seguridad perdidas". La visión que entonces teníamos de las Fuerzas Armadas chilenas –su tradición constitucionalista, la doctrina Schneider de claro profesionalismo y definida subordinación al poder civil, su composición social preferentemente de clase media progresista– explican esta ingenuidad (p. 34).

Desde ese momento Aylwin habla del imperativo de "salvar el cuerpo y el alma del partido". Desde una perspectiva de Derechos Humanos importa aclarar que, con estas palabras, Aywin no se refiere a la urgencia de abandonar las rigideces ideológicas y de inmediato formar una alianza pluralista para terminar con un régimen militar ya notorio mundialmente por sus crímenes de lesa humanidad.

El mismo Aylwin indica que, de hecho, dentro de la DC surgieron voces con esa demanda. Narra que, luego de haberse publicado una declaración de la dirigencia DC justificando el golpe militar la misma noche del 11 de septiembre de 1973, "supe que el 13, tan pronto se suspendió el toque de queda, se habían reunido los camaradas Bernardo Leighton, Radomiro Tomic, Ignacio Palma, Renán Fuentealba, Fernando Sanhueza, Sergio Saavedra, Claudio Huepe, Andrés Aylwin, Mariano Ruiz-Esquide, Jorge Cash, Jorge Donoso, Belisario Velasco, Ignacio Balbontín y Florencio Ceballos, quienes por su parte suscribieron la siguiente declaración: [que en dos partes medulares dice] Condenamos categóricamente el derrocamiento del Presidente Constitucional de Chile, señor Salvador Allende, de cuyo gobierno, por decisión de la voluntad popular y de nuestro partido, fuimos invariables opositores [...] Reiteramos hoy, igual que siempre, nuestra convicción profunda de que dentro de los cauces democráticos habríamos podido evitar a Chile la implantación de un régimen totalitario sin necesidad de pagar el costo de vidas y los excesos inevitables en las soluciones de fuerza" (p. 32).

En otra oportunidad Bernardo Leighton también señaló este camino: "La actitud de Aylwin será juzgada oportunamente por la historia. Sin embargo, en más de una oportunidad he señalado que Aywin es mejor respecto a lo que hace que a lo que dice. Sólo puedo manifestar que yo responderé por mi conducta y tengan presente que defenderé más la Democracia que a la Democracia Cristiana, ya que no estoy seguro que alcanzaré a vivir en un país democrático, ya que ni en diez años saldremos de esto, salvo que ocurra un milagro" (pp. 48-49).

En la consigna de "salvar el alma del partido", Aylwin

muestra una angustia hegeliana por recuperar el prestigio de la DC como campeón de la democracia, luego de haber caído en la trampa de apoyar a un régimen fascista. En sus memorias del período, Aylwin habla con agobio de las explicaciones que debió dar a los democratacristianos de Bélgica y Francia. Peor aún, los facistas habían quitado a la DC la categoría de esclavos más preciados del imperio. Desde ese momento, recuperar esa confianza fue un imperativo vital. Por tanto, recuperar la imagen democrática del PDC y la confianza imperial implicó continuar con la política de aislar al Partido Comunista, rehusar todo entendimiento con él y dejar que fuera el régimen quien los exterminara.

No obstante, Aylwin cumple puntillosamente con lamentar que el régimen militar hubiera desaparecido a varias Direcciones del PC y degollado a cuadros clandestinos de importancia.

La imagen democrática de la DC volvió a ser funcional sólo después que el Presidente Jimmy Carter reintrodujera la moral a la política internacional de Estados Unidos usando el respeto de los Derechos Humanos como criterio oficial de evaluación de las relaciones interestatales. Cuando la administración Reagan finalmente descubrió que ese criterio también podía usarse con instrumento de control imperial, la DC otra vez fue la punta de lanza de la política de Estados Unidos en Chile. Fue Aylwin quien propuso y convenció a la DC de someterse a la Constitución impuesta por el régimen militar y minar el poder dictatorial desde el interior de su propio ordenamiento legal. Un esclavo socava al otro.

¿Ambigüedad? No. Triunfo hegeliano. Con ello la DC se apropió de la Constitución y robó al régimen militar el prestigio de haber establecido un orden social cercano al deseo imperial. Más tarde sería cuestión de hacerle algún remozo por aquí y por allá, pero sin mayor urgencia.

Por su parte, después del golpe militar la Dirección del Partido Comunista debió enfrentar la dura crítica del movimiento comunista internacional por haber descuidado el componente militar en el fallido despegue revolucionario en Chile. Sin mayor entusiasmo, la Dirección exterior del PC se vio obligada, ya desde mediados de 1974, a destinar cuadros de las Juventudes Comunistas al entrenamiento como oficiales de las Fuerzas Armadas Revolucionarias de Cuba[17]. No obstante, los comunistas escondieron el arma bajo el capote y, con máscara amistosa y gestualidad generosa, el PC ofreció a la DC la formación de un Frente Antifascista de lucha por la democracia como socios igualitarios. Fracasada esta maniobra, en 1980 el PC anunció que, cansado de esperar, obligado a ello por la sordera de la DC, se veía forzado a ejercer incluso una "violenta aguda" en la legítima defensa del pueblo. Pero, en realidad, los preparativos militares del PC habían comenzado seis años antes.

Sin ideas claras sobre el uso de esta Fuerza Militar Propia, la Dirección postergó su empleo más allá de lo razonable. El liderato revolucionario cubano forzó una decisión destinando a mediados de 1978, bajo su exclusiva responsabilidad, un contingente de oficiales chilenos para combatir en el Frente Sur de Nicaragua, en las etapas finales de la lucha contra el régimen de Anastasio Somoza. Desde 1980 comenzó la infiltración a Chile de un número selecto de oficiales que debían racionalizar y dar mayor rango al uso de los cuadros militares de las Juventudes Comunistas formados en el interior. Los oficiales descubrieron que su entrenamiento los había sobrecalificado para las muy pequeñas tareas de hostigamiento a Carabineros y la propaganda armada que requería la situación política iniciada por la crisis económica de 1981-1982. Encontraron, además, la hostilidad de la militancia comunista formada en la negociación política pacífica usual del populismo chileno que vigiera desde la década de 1940. La Dirección interior tampoco fue unánime en que la lucha armada fuera la línea correcta. No obstante, las Protestas Nacionales iniciadas en mayo de 1983 parecieron indicar que Chile entraría a un período insurreccional. Preparándose para conducirlo, la Dirección del PC destinó un tercio de la Fuerza Militar Propia a lo que se llamó Frente Patriótico Manuel Rodríguez, aunque el PC siempre negó su conexión con el FPMR.

En adelante la Dirección interior del PC perdió control de la situación. La eficiencia de los servicios de seguridad militar desarticuló la organización del partido. Cada vez más la acción de masas del PC quedó circunscrita y asociada con las demostraciones de su aparato armado en las poblaciones marginales. Esto en circunstancias en que –con la intervención de Estados Unidos– la redemocratización ya se vislumbraba como un pacto entre el régimen militar, la DC, los Radicales, los Socialistas "renovados" y sectores de la Derecha de tradición democrática. En julio de 1986 la CIA informó a la CNI de la masiva infiltración por Carrizal Bajo de armas proporcionadas por Vietnam y transportadas por Cuba. Así como la entrada de oficiales sobrecalificados había sido una desmesura, no había en Chile un contingente militar comunista proporcional a la cantidad de armas infiltradas. Con el descubrimiento el PC quedó totalmente aislado. En septiembre, buscando dar un golpe decisivo para revertir la situación, el FPMR intentó y fracasó en el asesinato del general Pinochet en el Cajón del Maipo. Desde allí el PC perdió relevancia en la política chilena.

Por su parte, el régimen militar nunca logró entender la actitud de Estados Unidos después de su gran triunfo contra el comunismo internacional el 11 de septiembre de 1973.[18] "El Gobierno Militar partió con la bandera de que él era la reserva de Occidente y encabezaba la cruzada, la lucha contra el mundo marxista" (Cubillos, p. 215). Sobreideologizada por la Doctrina de la Seguridad Nacional, la Junta Militar concebía su acción en términos de guerra absoluta, en que no cabían reparos en el exterminio del enemigo ("tampoco aquilatábamos lo que estábamos entregando en materia de propaganda, de arma de propaganda, con los problemas de Derechos Humanos", Cubillos, p. 214). Por esto mismo consideraba que toda apelación a los principios fundamentales del Derecho Internacional de Derechos Humanos no era más que maniobras ideológicas de subversivos a las que ningún país prestaba mayor atención.

Por el contrario, en la medida en que Estados Unidos se proclamara campeón de la democracia y de los valores liberales durante la Guerra Fría, no podía aparecer apadrinando un régimen notorio por la comisión de crímenes contra la humanidad. Durante el resto de la administración de Richard Nixon y la de Gerald Ford, el apoyo financiero, logístico y propagandístico del régimen militar tendría que ser secreto. No obstante, en un estado de derecho, el Ejecutivo no podía mantener el secreto ante un Poder Legislativo en armas por las violaciones de la Constitución por la administración Nixon y horrorizado por el prolongado programa de atrocidades con que la Junta gobernaba. Tampoco podía mantenerse el secreto ante los aliados de Estados Unidos en Europa. Los países europeos nunca dejaron de criticar duramente la conexión encubierta de Estados Unidos con el régimen militar chileno. Paulatinamente la Junta Militar se convirtió en un estorbo desechable para todo gobierno estadounidense. A pesar de la defensa de las administraciones Nixon y Ford, el desecho comenzó con la llamada Enmienda Kennedy de 1976. Esta prohibió toda ayuda militar o financiera que Estados Unidos pudiera proporcionar al régimen militar.

Luego el régimen cometió el error increíble de ordenar el asesinato de Orlando Letelier –en que también muriera Ronnie Moffit– en el centro de Washington, la capital federal de Estados Unidos. Para la sensibilidad estadounidense, un dictadorcillo de baja estofa y un coronelcito a sueldo de la CIA, por muy anticomunistas que fueran, se habían permitido insultar de manera imperdonable al país más poderoso del planeta. De allí en adelante Estados Unidos no cejó en el aislamiento y la presión contra el régimen militar.

La manera con que la DC, el PC y el general Pinochet y sus asesores escucharon y siguieron la voz de Washington, Moscú y La Habana tiene rasgos de comedia de errores. La comedia –género teatral– trata de la forma en que las sociedades se renuevan en una tránsición que deja atrás el imperio de la ley arbitraria, la sumisión ritualista a este imperio, para entrar a una etapa en que lo juvenil prevalecerá y experimentará con formas de vida de mayor libertad.[19]

A través de miles de años de historia, la comedia ha sido el esfuerzo de la imaginación por rechazar, por dejar atrás, por desprenderse de realidades sociales en que la autoridad administra con violencia tan pavorosa que la sociedad, en general, queda asociada con el imperio de la muerte, el sufrimiento, la escasez y la denigración inhumana del ser humano. Las relaciones humanas así han quedado trastocadas en sumisiones, en la caza y el sacrificio de chivos expiatorios. Los espacios públicos se han transformado en entornos estériles en que el trabajo ya no parece dar frutos y los monumentos construidos por la autoridad parecen ser nada más que celebraciones de lo insano. En los lugares más inesperados se oculta un laberinto de máquinas de tortura, de armas de destrucción, de cadáveres y esqueletos que no encuentran paz ni sepultura. Se trata de un retroceso peor que a la barbarie porque ahora no es la naturaleza no dominada la que acarrea la miseria; son seres humanos lúcidos y civilizados los que administran la muerte pero esconden y enmascaran sus designios en el secreto.

El líder del mundo demoníaco aparece como ser inescrutable, despiadado, calculador, melancólico, de voluntad inquebrantable e insaciable. Mantiene la cohesión social molecuralizando el sentimiento de comunidad, dispersándolo en una tensión nunca distendida de egoísmos individuales que el líder logra articular con el llamado a una lucha épica para destruir a enemigos inagotables e infinitos. El líder demoníaco se monumentaliza a sí mismo y a la épica de destrucción infinita fundiéndolos directamente con el prestigio de su persona.

Ni la imaginación ni la inocencia son capaces de residir en este mundo de pesadilla. Las madres desean que sus hijos no nazcan. El agua no parece fertilizar. Atada al imperio de la muerte, la imaginación busca elevarse sobre ella en pos de mitos de vida y de esperanza que sólo se concretarán tras una lucha. Durante el régimen militar la Iglesia Católica de Chile esbozó este esquema cómico llamando repetidamente a la superación pacífica de la "cultura de la muerte" por la "cultura de la vida".

"Lo joven" aparece como la agencia cómica que intenta elevarse hacia el mito de lo vital, de lo deseable y de la esperanza. El surgimiento de "lo joven" trastoca la "cultura de la muerte" y la transforma en "lo viejo", en lo que debe quedar atrás. Por tanto, "lo joven" emerge como "lo subversivo" y entra en lucha contra las rigideces de los *senex iratus,* "los viejos cascarrabias". En la comedia romana los "viejos cascarrabias" solían ser un *miles gloriosus,* soldado demasiado hablador y predispuesto a la fanfarronería. El líder demoníaco, ser inescrutable, despiadado, calculador, melancólico, de voluntad inquebrantable e insaciable queda reducido en rango a la categoría de "viejo maniático". Las manías irascibles de los viejos se hacen cada vez más risibles porque el espectador sabe que el orden de los jóvenes ya está presente, gravita cada vez más y adquiere mayor vigor ("la alegría ya viene"). Sabemos que su predominio es sólo cuestión de tiempo.

Llegado el orden deseado, la comedia se convierte en rito sacrificial. El nuevo orden hace un juicio discriminatorio de los aspectos del pasado que puedan integrarse y proyectarse al futuro renovado. Aquello que no puede absorberse desaparecerá anónimamente. Los personajes que lo representan se disolverán en un destino desconocido que no preocupará a nadie. Los personajes rescatables reaparecerán como "los viejos sabios que nos conectan con la tradición". Se los declara monumentos venerables mientras los jóvenes proceden a los funerales que conmemoran a los caídos; luego se van a los banquetes, festejos, ceremonias y nupcias que celebran el triunfo de lo nuevo.

Dependiendo de la naturaleza del estadio social repulsivo que se deja atrás, a pesar de su espíritu esperanzado la comedia puede estar muy cercana a lo demoníaco. Esto se hace patente en la comedia de errores como un gran riesgo de perversión de la comedia entendida como renovación de la sociedad. Por ello la comedia de errores está cercana al espíritu de la farsa, la sátira y la parodia.

Los errores cómicos muestran confusión y dudas sobre qué personajes realmente pueden atraerse entre sí para armar amistades, asociaciones y alianzas renovadoras. Hay viejos que parecen tener aspiraciones juveniles así como hay jóvenes fascinados por lo viejo. Hay viejos-jóvenes y jóvenes-viejos incapaces de definir su propia identidad. Puede que los "viejos sabios" que podrían conectar a los jóvenes con la tradición escondan malicia y engaño. Puede que jóvenes que se perfilen como líderes en la marcha al nuevo orden sean cooptados por las tentaciones de lo viejo, o sean consumidos por la duda y se paralicen. Quizás se produzca un prolongado interregno en que todo quede estático hasta que por fin se produzca la ruptura que inicia el avance.

Es en ese interregno cuando surgen las dudas, ¿quiénes son realmente los viejos?, ¿quiénes son realmente los jóvenes?, ¿no convendría abanderarse por la seguridad del orden antiguo porque el nuevo orden quizás traiga mayores desventuras que las que se sufren en marcha hacia él? Fundamentalmente, ¿cómo reconocer lo que es viejo-antiguo?, ¿lo que es joven-nuevo?

En Chile el nuevo orden deseado fue la transición a una democracia "amarrada". Fue un avance limitado pero importante –por lo menos la "guerra interna" pasó de un estado flagrante a un estado latente. Pero quienes impulsaron el movimiento a lo nuevo fueron viejos contradictorios –una Junta liderada por militares ideologizados con un rancio medievalismo hispánico, fascista, que aborrecían de la Modernidad institucional de los liberales pero que impusieron un librecambio irrestricto; íconos como Patricio Aywin, cristiano modernizado siempre fiel al imperio, guerrero incansable de la Guerra Fría, demócrata que prefirió sacrificar la democracia para derrotar al enemigo comunista.

Dentro del Partido Comunista, una militancia y un viejo liderato formado en las "vivezas" tácticas del "tiro pasado" y del "muñequeo" de la época populista, que nunca asumieron la esencia de la identidad leninista. Cuando la presión de la internacional comunista forzó al liderato a asumirla, no supieron que hacer con su propia identidad. Se bifurcaron. Por una parte, echaron mano de la "viveza muñequera" para tratar de convencer a la DC de una alianza democrática, como si la DC no hubiera tenido acceso a información de los servicios de inteligencia estadounidense. En el colmo de la "viveza", pretendieron convencer a todo el aparato político chileno de que no había relación alguna entre el PC y el FPMR.

Y, feroz ironía –cuando los jóvenes del FPMR creen haber renovado al PC asumiendo el leninismo que los viejos descartaran, el bloque soviético, ya carcomido, estaba por desplomarse. Su experiencia histórica quedó condenada "al tacho de la basura" (Vidal, *op. cit.*).

En esta comedia de errores ha triunfado el ícono Aylwin –el viejo rígido reciclado como "viejo sabio que nos conecta con la tradición", con la tradición imperial renovada. Alfredo Jocelyn-Holt es quien ha enhebrado una hipótesis del significado del ícono Aylwin al interpretar las consecuencias de los gobiernos de la Concertación en cuanto a la restauración democrática. Su hipótesis expone los aspectos demoníacos de la comedia de errores iniciada en 1973.

En primer lugar reconozcamos que hay un riesgo en reconstruir el meollo de las hipótesis de Jocelyn-Holt porque –dado que es audaz en extremo– las enhebra con tal cautela que sus prolongados meandros lingüísticos tienden a desdibujarla.

Jocelyn-Holt sugiere que, si realmente queremos hablar de la democracia como la construcción del orden social deseable, no podemos pensar que sus mentores en Chile hayan sido los sectores progresistas de base ideológica cientificista, sino el "gatopardismo lampedusiano" del "Antiguo Régimen" oligárquico latifundista. Lanzados a las tareas modernizadoras, desde la Independencia decimonónica las reformas estructurales del progresismo cientificista tendieron al autoritarismo. Por el contrario, para conservar un estilo de vida semifeudal, aristocratizante, asociado con la posesión de la tierra, a través de la historia independiente las oligarquías se dedicaron exitosamente a cooptar a las clases medias emergentes en un *modus vivendi* que en Chile vino a llamarse democracia. "Concibo, por tanto, el Antiguo Régimen no como un orden tradicional ni estático ni nostálgico. No pretende restaurar sus prerrogativas, sino que las defiende con las mismas armas que la propia modernización le proporciona. Se trata de un Antiguo Régimen que, lejos de volverse anacrónico, participa del mundo cada vez más moderno capitalizando sus logros. Lo que no significa dejar de condicionar su impacto" (*op. cit.,* p. 250).

En otras palabras, se engañan quienes piensen que los movimientos políticos de orientación científica instaurarían y profundizarían la democracia. Surge una fórmula de proporcionalidad matemática: la continuidad de la democracia *chilensis* retardaba la modernización; la modernización terminaría con esa democracia. Se trata de una audaz "remodulación demoníaca" que invierte el sentido del deseo en la utopía cómica de la Modernidad. En ésta democracia y modernización coincidían. Ahora resulta que: *Si queremos la modernización no nos quejemos de la pérdida de la democracia.* Jocelyn-Holt no lo dice así, pero lo insinúa. Abunda al respecto caracterizando ese progresismo cientificista como una *"versión evangelizante"* de la libertad "planteada siempre desde las alturas más soberbias" (p. 254) y lo caracteriza como concepciones "precarias porque una y otra vez se desechan a cambio de una u otra, previa (re)conversión posterior. Débiles también porque no obstante plantearse como liberalizantes, suelen preterir la obtención de la libertad concreta para un tiempo *después de,* después que nos salvemos, que nos volvamos más ricos, más ilustrados, progresistas, en fin ..., después que alcancemos la utopía siempre inalcanzable. Libertad sujeta a metas, no a plazos" (p. 254).

En su síntesis de la historia chilena, Jocelyn-Holt muestra que, desde mediados del siglo XIX hasta la década de 1960, con su flexibilidad "gatopárdica", la oligarquía "acepta restringir los gobiernos fuertes después del decenio de Manuel Montt (1850-1860), rechaza todo intento caudillista, desconfía de los militarismos, seculariza el ámbito institucional público, amplía gradualmente el sufragio (si bien no renuncia a controlarlo), tolera cuotas no despreciables de libertades públicas, apoya fuertemente la educación, institucionaliza el juego político plural centrándolo en el Parlamento y en los partidos, destina gran parte de las nuevas fuentes de riqueza a adelantos en obras públicas" (p. 250). El Antiguo Régimen terminó [con los esfuerzos radicalmente modernizadores del Presidente Balmace-

411

da,] con la ola populista de Arturo Alessandri y de los militares de los años 20; se las arregló para impedir la reforma agraria aun durante la Industrialización Sustitutiva de la Importación. No obstante, a pesar del aumento gradual de la participación democrática, todavía en en las décadas de 1950 y 1960 continúa "la alta concentración de la tierra cultivable en pocas manos, la deficiente concentración del ingreso, el aprovechamiento mayor del crecimiento producido entre 1940 y 1957 que hacen los grupos altos y medios en comparación con los trabajadores, en fin, el que un cuarto de la población todavía fuese analfabeta" (p. 253). Todo cambiaba para quedar igual. Jocelyn-Holt recapitula las características de la democracia *chilensis* describiendo su "núcleo social fundamental":

> [Q]*ue siguiera tratándose de una sociedad fundada en jerarquías, diferencias y privilegios, conforme a un modelo patronal-rural, que venía del siglo XVII, y que había logrado constituirse, además, en nada menos que el único paradigma de cómo ejercer la autoridad entre nosotros. El mundo agrario tiene – debido a su larga duración– dos cruciales logros a su favor: el que históricamente hiciera posible las bases perdurables de la organización social, y el haber consagrado el paternalismo vertical como la modalidad más probadamente eficaz, económica, en términos de esfuerzo, por cierto inequitativa aunque –conste–no brutal de ejercer la autoridad* (p. 251).

Esta versión de democracia es contrastada con el autoritarismo con que se impusieron las reformas de los últimos tres intentos "revolucionarios". La "Revolución en Libertad" de la DC se postuló sobre la base de mantener por largo tiempo una máquina electoral arrolladora que supuestamente permitiría gobernar sin negociar con la oposición. Por su parte, la "Vía Chilena al Socialismo" de la Unidad Popular en algún momento tendría que pronunciarse sobre la dictadura del proletariado. La "democracia protegida" del régimen militar fue nada más que la culminación natural de esta inercia modernizadora y autoritaria: *"Ergo,* sumémonos a la última fase del ciclo revolucionario, la militar, hagamos una mescolanza, un combinado cívicomilitar; retomemos el cuento donde *nosotros* [DC o Unidad Popular] lo dejamos la última vez, adhierámonos a lo que estos *otros* han hecho en el entretanto, y por último, redondeemos, de una vez por todas, el asunto" (p. 261). Para Jocelyn-Holt, la democracia post-1990 es la continuidad de esa inercia, es una teatralidad creada por gesticuladores aviesos que realmente administran un neoautoritarismo.

A estas alturas Jocelyn-Holt ha introducido el término *restauración* en los términos en que lo usa Alexis de Tocqueville, "vale decir, *una consolidación, no una vuelta atrás"* (p. 256). El concepto restauración es el más oscuro de los argumentos de Jocelyn-Holt. Indica que no se trata de una vuelta atrás porque el Antiguo Régimen fue destruido por el régimen militar. La mayor parte del latifundio expropiado por la DC y la Unidad Popular no fue retornado a las antiguas oligarquías; surgieron nuevos grupos financieros chilenos, de mayor espíritu empresarial que los grupos monopólicos asociados con el Antiguo Régimen; se diversificó el capital transnacional que penetró a Chile –además de estadounidenses e ingleses vinieron los españoles, los australianos, los neozelandeses, los italianos, los surcoreanos; surgió una Derecha nueva, ultratecnocrática, más eficiente que la del Antiguo Régimen. El neoautoritarismo de la Concertación comparte el ultratecnocratismo de la Derecha al desmovilizar la participación ciudadana y restringir la transacción política a las cúpulas partidistas.

A pesar de que Jocelyn-Holt revela lógicas para una exploración más profunda del período iniciado en 1970, en la medida en que no reconoce la intervención del factor imperial en este proceso, su aporte interpretativo se debilita. ¿Qué significa *restauración* entendida como *consolidación?*, ¿consolidación de qué? Las dudas que expone Jocelyn-Holt en cuanto a la Concertación se concentran sobre el concepto de *gobernabilidad* agitado por Edgardo Boeninger en particular. Jocelyn-Holt dice: "En el fondo, la idea de gobernabilidad –argamasa de criterios mercantiles, militares y constructivismo ingenieril sistémico– es la versión actual de la idea de orden hecha a la medida de un mundo neoliberalizado, postpolítico, virtual, que naturaliza a los sujetos sociales, los despoja de su virtuosismo político y se atiene a lo único que entiende: el poder en bruto. En suma, *gobernabilidad no es política, es otra cosa"* (p. 263). ¿Qué es esta *otra cosa*? Jocelyn-Holt no lo aclara.

Es aquí donde donde puede apreciarse con mayor valor la clarividencia del general Carlos Prats. Sin ambages, el general aclara esto de la *"restauración entendida como consolidación"*. Recuérdese lo que dijera: "Las Fuerzas Armadas nacionales son el principal instrumento de consolidación de las relaciones entre los centros hegemónicos mundiales y los grupos hegemónicos locales". Amplificando esto en relación con lo planteado por Jocelyn-Holt, el concepto modernización debe ser entendido como el modo con que los "grupos hegemónicos locales" periódicamente renegocian su inserción en el sistema capitalista transnacional.

De aquí se desprende un corolario: la cuota de democracia que esa renegociación periódica permita en la periferia local chilena será la que coincida funcionalmente con la lógica del sistema capitalista transnacional en ese período de renegociación.

Creo que esto clarifica meridianamente la razón por la que la administración Reagan desestabilizó el régimen militar, la razón por la que los gobiernos que siguieron al de Reagan la continuaron y la razón por la que los servicios de inteligencia estadounidenses han mantenido su apoyo a la transición chilena a la democracia.

Se trata de otro cariz de la "democracia protegida", de la "democracia tutelada", el cual arroja otra luz sobre el significado del ícono Aylwin, "el viejo sabio [de la comedia] que nos conecta con la tradición". Ahora podemos leer el ícono como un esclavo capaz de entender claramente el grado de libertad que permitirá el amo imperial y como un esclavo capaz de ocupar esos espacios de maniobra "en la medida de lo posible".

Así también se aclara lo que implicó su intención de "salvar el cuerpo y el alma del partido" después del error que asociara a la DC con un régimen fascista. Este ícono Aylwin-Frei Montalva tenía la experiencia de una larga relación con el amo imperial; con esta relación había adquirido su sustancia y su identidad política. Entonces, ¿podemos culparlo de haber "traicionado" la transición a la democracia por conducirla del modo como lo hizo? ¿Realmente se esperaba que "autotraicionara" su identidad de siempre?

Esta disquisición obliga a considerar el actor no mencionado hasta ahora en esta comedia de errores –el Partido Socialista.

Aunque el Congreso de Chillán de 1967 proclamó el marxismo-leninismo como la línea oficial, el PS más bien fue siempre un conglomerado de las posturas teóricas más diversas dentro de la Izquierda chilena. Fue siempre un partido con fuerte tendencia a la fractura. Esto explica que, hacia el desenlace del gobierno de la Unidad Popular, la Dirección del PS entrara en conflicto con el Presidente Salvador Allende, su líder de mayor trascendencia histórica. Instalada en la República Democrática Alemana después del golpe militar, la experiencia directa del "socialismo real" junto con el duro cuestionamiento que se hacía de las causas de la derrota de la Unidad Popular, llevaron a la Dirección a renegar del leninismo, a desahuciar el "socialismo real" como utopía válida para Chile y Latinoamérica y a fracturar la Unidad Popular en 1979. El liderato se dispersó por Europa. En el exilio y en el interior de Chile, el PS se dividió en fracciones múltiples, extraordinariamente conflictivas entre sí, con posturas casi ininteligibles para un observador externo. Los conflictos internos del PS fueron exacerbados por las operaciones de desinformación de que fueran objeto las diferentes fracciones por la DINA y la CNI. La dispersión geográfica y la dura represión en Chile debilitaron en extremo la organización partidaria. La difícil visibilidad pública del PS se mantuvo mediante las figuras intelectuales que se congregaron en Chile y en el exilio en centros de estudios financiados por la Internacional Socialdemócrata. La conexión de estos intelectuales con las masas militantes fue siempre dudosa o inexistente. En estas condiciones de escasa representatividad de la población chilena, estos intelectuales tomaron una importancia desmesurada en el momento del acercamiento de los sectores opositores al régimen militar propiciado por Estados Unidos.

En contraste con la disgregación del PS, fue la capacidad para mantener un alto grado de organización a través del país lo que hizo de la DC el único partido que podía articular una oposición coherente. Aquí está la sabiduría del ícono Aylwin en su intención de "salvar el cuerpo" del partido. Examinemos el tono irónico de un testimonio de Genaro Arriagada –alto dirigente del PDC y ministro en la administración Frei Ruiz-Tagle– por la luz que arroja sobre las relaciones entre el PS y la DC[20]:

> *La verdad es que Carlos Altamirano* [Secretario General del PS] *fue un caso típico del cambio socialista y no la excepción. En 1979, el Partido Socialista organizó su Congreso de Berlín, cuya consecuencia inmediata es el quiebre del movimiento en dos bloques. El prosoviético, liderado por Clodomiro Almeyda, y el renovado, que encabeza Carlos Altamirano y que está compuesto por la minoría. De resultas de esta división, Altamirano es expulsado del partido.*
>
> *El año 1979 es, además, el inicio de las relaciones entre los socialistas –al menos los de Altamirano–y la Democracia Cristiana.Este hecho obedece, en primer lugar, al cambio en la teoría y la práctica del socialismo y a un hecho coyuntural: los comunistas se habían adueñado del exilio y estaban expulsando a los socialistas renovados de todas partes. Fue entonces cuando los socialistas de Altamirano comenzaron a ver con buenos ojos las relaciones con el PDC (p. 74)*
>
> *El PS, por su propia naturaleza, es un partido tremendamente anárquico, que constantemente se está dividiendo de una manera dramática. Para nosotros los democratacristianos, siempre ha sido difícil en-*

tender la geografía socialista. Entre 1980 y 1988 se podían distinguir varios grupos. Estaban, por ejemplo, los que se autodenominaban "el Congreso N° 24", que eran los seguidores de Altamirano, y que incluían a Ricardo Núñez y Arrate, entre otros. Después, había otro grupo que provenía del MAPU cercano al PC, como Antonio Viera-Gallo; en seguida estaban los que habían pertenecido al MAPU pro-MIR como Oscar Guillermo Garretón y Eugenio Tironi. También había un sector formado por los ex Izquierda Cristiana, donde estaba Luis Maira y Sergio Bitar; y había una vertiente que venía del MIR, con Carlos Ominami y Gonzalo Martner, entre otros; y también estaban los "suizos", que incluían a Ricardo Lagos y Enzo Faletto y, por último, los intelectuales, con José Joaquín Brunner, Angel Flisfisch y muchos otros. Durante estos ocho años, la DC se la pasó armando y recomponiendo organigramas de grupos socialistas y estudiando de qué manera se articulaban unos y otros, porque nuestro interés era llegar a tener las mejores relaciones con ellos (pp. 74-75).

Si consideramos las circunstancias del momento, ese interés por "llegar a tener las mejores relaciones con ellos" era una invitación a que se plegaran al proyecto democratacristiano-estadounidense de transición a la democracia para "hacer número", "hacer comparsa" junto con fracciones del Partido Radical y del Partido Nacional, las que tampoco tenían mayor representatividad social. Es decir, esa "invitación" proyectaba la imagen de "un amplio consenso nacional" que realmente no existía. Camilo Escalona *(op. cit.)* ha sido franco al describir la situación del PS en ese momento:

La división del socialismo chileno también influyó muy desfavorablemente en el curso de estos acontecimientos. Faltando 48 horas para el término de la década, el 29 de diciembre de 1989, con Patricio Aylwin ya electo Presidente de la República, pero aún sin asumir la Jefatura del Estado, se realizó el acto político formal de reunificación del Partido Socialista. Habían pasado diez años de agudísimas divisiones que nos arrojaron a una década de dispersión y debilitamiento político y orgánico.

Aunque distante en el tiempo, no cabe duda que que la división del socialismo chileno fue en gran medida un coletazo de la crisis de 1973, pero su impacto debilitó decisivamente el rol del progresismo. La recomposición de la fuerza unitaria del socialismo fue un avance enorme para la recuperación democrática, pero llegó tarde. Los ajustes de cuentas de ese período nos atrasaron más de la cuenta, la estrategia de despliegue "gradual" de la transición se convirtió en una conducta de cohabitación con el aparato dictatorial. Mientras se decía que la transición había terminado, los pasos prácticos del quehacer gubernativo se rebajaban a un mínimo-mínimo, generado por el chantaje provocado por el control pinochetista del estamento militar (pp. 54-55).

Quienes generaron esa imagen ilusoria de "amplio consenso nacional" para la redemocratización de Chile fue, por tanto, un pequeño grupo de intelectuales socialistas. Para esto cortaron violenta y radicalmente con el leninismo del pasado. Patricio Aylwin muestra un índice de esta ruptura al hablar *(op. cit.)* de la vehemencia de un documento escrito por José Joaquín Brunner poco después de fracasado el atentado del FPMR contra el general Pinochet y a raíz de las sangrientas represalias de la CNI. Este documento implica la aceptación socialista de la "invitación" democratacristiana:

En los mismos días, el sociólogo de militancia socialista Joaquín Brünner emitió un documento en que cuestionó severamente la estrategia seguida ese año por la oposición en su lucha contra la dictadura. En su concepto, el año 1986 había resultado "decisivo" pero en un sentido opuesto al querido por los opositores: el gobierno había salido robustecido y reforzado el liderato del General Pinochet, quien mostraba al país "que la oposición está de hecho subordinada a las acciones de su sector más radicalizado". Entre estas tres estrategias: la armada, la radicalizada del MDP y la que rechazaba la violencia y "todas las formas de lucha" de la Alianza Democrática, el Acuerdo Nacional y el Pacto de Sustentación Democrática, en los hechos había predominado la del MDP y, particularmente, la "de su conglomerado eje, el PC".

Frente a esta realidad, Brünner sostenía que para recuperarse, la oposición democrática requería "un distanciamiento explícito del MDP y buscar una "salida política [...] negociada con las Fuerzas Armadas", que utilizando los mecanismos de la Constitución vigente propusiera al país un candidato propio, un programa de gobierno y un mecanismo que hiciese posible modificar la Constitución. Para lograrlo sería necesario impulsar elecciones libres y participar en ellas en forma conjunta (pp. 317-318).

Puesto que el espíritu de la comedia es el de la ruptura con "lo viejo", lo fosilizado, lo rígido para abrir el camino a lo nuevo, a lo inesperado, a la aventura del futuro, es decir, a "lo joven", los socialistas "renovados" resultan ser los personajes esencialmente cómicos, "los jovencitos" en la comedia de errores de la transición a la democracia. Esa minoría comandada por Carlos Altamirano, desilusionada de la utopía leninista en la República Democrática Alemana, que en el Congreso de Berlín en 1979 fraccionó al PS, condenándolo a "diez años de agudísimas divisiones que nos arrojaron a una década de dispersión y debilitamiento político y orgánico", según Escalona, tuvo la clarividencia de adelantarse en seis años a la revelación de la política de *perestroika* y *glasnost* con que Gorbachov proclamó *urbis et orbis,* en 1985, la corrupción raigal y total del sistema soviético. De aquí en adelante los socialistas "renovados" se entregaron a las incertidumbres ideológicas y prácticas provocadas por integrarse al proyecto de redemocratización democratacristiano-estadounidense. Ricardo Lagos innovó también con la creación del Partido por la Democracia (PPD) partido que ha perdurado a pesar de haber sido supuestamente "desechable", es decir, mero rótulo para que el PS pudiera inscribirse legalmente y participar en el plebiscito de 1988.

El esquema dramático de la comedia implica precisamente una renovación social del todo incierta en cuanto al modo con que se la consolidará. La comedia es un movimiento desde lo falso a lo real en que "lo joven", debe explorar de manera pragmática la manera de crear nuevas normas para una sociedad libre. De no ser así, volvería a las rigideces, a las inercias rutinarias, a las arbitrariedades del mundo superado. La sociedad nueva no puede ser *eso;* quienes construyen la sociedad nueva quieren, por ende, pensarla como una drástica negación de los enmascaramientos, las hipocresías, las obsesiones del pasado.

En el momento del triunfo de "lo joven", la comedia se convierte en un ritual de discriminación y sacrificio de "lo viejo" no integrable a la nueva sociedad. Por tanto, los personajes cómicos necesitan reconstruir su cosmología ancestral con un enjuiciamiento de las figuras paternas. Se trata de una analogía de la "saturnalia" romana por cuanto la imaginación de "los jóvenes" retorna al pasado para recuperar una "edad de oro" de supuesta autenticidad perdida por la interferencia de "lo viejo", de los "padres y abuelos falsos" que borraron esa memoria con sus locuras y obsesiones o entorpecieron la imaginación que la pudiera recrear. Camilo Escalona *(op. cit.)* hace una demostración paradigmática de esta "saturnalia" de reconstrucción cosmológica del PS. En este retorno a los orígenes Escalona desecha tanto a Stalin, el ícono leninista más lejano, como al más cercano, Clodomiro Almeyda, para recuperar los íconos "auténticos" de Salvador Allende y Eugenio González, político, catedrático y filósofo:

Salvador Allende, a través de su dilatada trayectoria de dirigente político y de organizador del movimiento popular, construyó una vocación democrática inalterable y una voluntad de cambio fundada en la convicción que no había otro rumbo que no fuera la profundización sucesiva de la democracia, su consolidación y progresiva evolución institucional. Esa fue su orientación estratégica plasmada en el concepto de "la vía chilena al socialismo".

Así lo proclamó ante el mundo en su memorable discurso ante la Asamblea General de las Naciones Unidas: "El nuestro es un combate permanente por la instauración de de las libertades sociales, de la democracia económica, mediante el pleno ejercicio de las libertades políticas". Tal convicción se resumía en su síntesis tantas veces reiterada de construir una nueva sociedad en "democracia, pluralismo y libertad" (p. 139).

La fuerza potente [del] *esfuerzo teórico* [de Eugenio González] *empalmaba con una de las más reiteradas convicciones políticas del pensamiento político de Salvador Allende, aquella de la incompatibilidad entre socialismo y dictadura que se encuentra a lo largo de toda su reflexión y construcción de proyecto de sociedad. Decía Eugenio González: "Como heredero del patrimonio cultural, repudia el socialismo cualquiera forma de Estado totalitario. Los fueros de la conciencia personal en lo que concierne a los sentimientos y a las ideas así como a su expresión legítima, son tan inalienables para el socialismo como el derecho de los trabajadores para designar a sus representantes en la dirección de las actividades comunes. No excluye, pues, el socialismo, ninguno de los modos superiores de vida espiritual. A la inversa, él es la única garantía de que en un futuro próximo puedan ellos darse con mayor contenido humano, una vez superada la crisis por que atraviesa el mun-*

do contemporáneo" (p. 147).

Las afirmaciones referidas al rol de Allende no excusan sino que reafirman que, luego de frustrado el proceso de cambios por él encabezado, fue necesario extraer de nuestro pensamiento político aquellas deformaciones dogmáticas que se extendieron por la izquierda mundial en el extenso y hermético período de la llamada guerra fría. El Congreso de Chillán del Partido Socialista [en que se proclamó la línea marxista-leninista], *en 1967 puso de manifiesto ese telón de fondo. Sus resoluciones indican la incapacidad para encontrar en ese período la correcta articulación entre la práctica democrática y transformadora de la izquierda chilena con su correspondiente elaboración en el campo teórico. Primó la simplificación por sobre la formulación creadora de nuestra propia experiencia, fue un esquema nocivo por sobre décadas de luchas tesoneras que abrieron camino a un desarrollo singular e irrepetible del proceso político en Chile* (p. 150).

Como se observa, rearticular la cosmología ancestral con Allende y González lleva al sacrificio de los comunistas por haber sido los tenebrosos instigadores de un leninismo que la intelectualidad socialista de las décadas de 1960-1970 no podía calibrar en sus consecuencias. Como inocentes inexpertos, su identidad auténtica había sido pervertida, desorientados, habían sido desviados de su camino. Desde esta perspectiva, entonces, el PS parece haber asumido la comedia de errores como consecuencia de un acceso incontrolable de insanía colectiva —la identidad auténtica del socialismo chileno y del proyecto allendista siempre fueron socialdemócratas pero el PS terminó extrañamente arrastrado hacia la dictadura del proletariado por un arrebato demencial, por una "obcecación dogmática". La purificación de estos errores y la recuperación de la esencia socialdemócrata debió pagarse con una durísima penitencia: "En los socialistas, no obstante estar cercados y perseguidos para ser físicamente eliminados, como así dramáticamente ocurrió con muchos de los suyos, hubo la perspectiva histórica necesaria para pensar y repensar el rumbo histórico a seguir por la izquierda chilena, a través del cual hacer posible la reconstrucción de la democracia chilena y, en consecuencia, para iniciar el proceso de redefinición y reconceptualización de la inclusión, protagonismo y objetivos del socialismo chileno en ese proceso" (pp. 156-157).

Pero... ¡momentito!

¿Ahora se está desconociendo que los "renovadores" del socialismo chileno fue un pequeño número de intelectuales que habían sido expulsados del PS?

Entonces, ¿por qué se habla en términos tan generales de la "redefinición y reconceptualización de la inclusión, protagonismo y objetivos del socialismo chileno en ese proceso"?

En buena medida Camilo Escalona parece estar enfrentando, a fines de la década de 1990, el mismo problema que Patricio Aylwin enfrentó a mediados de la década de 1970 – "salvar el cuerpo y el alma del partido". Hay, no obstante, una gran diferencia. Durante la dictadura la DC logró mantener las estructuras organizativas de la masa militante ("cuerpo") y, por último, a través de consultas nacionales, logró rearticular un acuerdo ideológico ("alma"). Por el contrario, en el PS fue un pequeño grupo de intelectuales no representativos de la totalidad del partido ("no-cuerpo") quienes "renovaron" la identidad socialdemócrata de la institución ("alma"). Obviamente, en el PS hay un conflicto neurótico entre cuerpo y alma.

Esto se comprueba con la confusión creada por Escalona entre el PS como organización política y la ideología socialdemócrata. Si habla de la utopía socialista, presenta un cuadro de gran coherencia y unidad. Si habla de la actividad de dirigentes del partido en el gobierno de la Concertación, muestra conflictos ideológicos que ponen en entredicho la unidad partidaria. Se necesita gran atención para entender cuándo Escalona habla de la organización partidaria o de la utopía. Tiende a confundirlas. Esto se manifiesta, en especial, con la problemática del llamado "partido transversal" dentro de la Concertación, problemática que reitera la desconexión entre la élite intelectual del PS y la masa de militantes.

El término "partido transversal" apunta al hecho de que los intelectuales de los diferentes partidos de la Concertación y los de la oposición neoliberal –Renovación Nacional y la UDI– han formado redes de afinidad fundadas en credenciales de administración tecnocrática que los acerca por sobre su militancia y sus responsabilidades concertacionistas. A esto se achaca una cierta renuencia a llevar a cabo las reformas sustanciales del orden legal que instalara la dictadura. Dado el origen social de los dirigentes, el número de tecnócratas de la DC es ciertamente mayoritario. Esto se refleja en un párrafo clave del testimonio de Escalona:

> *Las fuerzas políticas de la Concertación han recibido sobre sus hombros todo el peso ideológico y práctico de una sistemática descalificación, que menoscaba y anula su rol, que desconoce su irremplazable función de articulación y construcción democrática, que estimula asimismo la permanente falta de identificación de sus mandatarios* [la masa militante] *con sus propios Partidos. Estos tienen debilidades y retrasos, es cierto, pero no puede ser sana una práctica en que las formaciones políticas son queridas y apreciadas cuando hay que apoyarse electoralmente en ellas, pero que prontamente son dejadas de lado por nostálgicas e irrelevantes, de acuerdo con la lógica y la ideología del sistema de poder, aún simidemocrático, instalado en el país. Se extendió la noción que los partidos resultaban ser más un obstáculo que un vehículo necesario para la renovación democrática de la sociedad. Sin querer queriendo, esta lógica se legitimó con el llamado "partido transversal". Al hacerse parte del desprecio y desconocimiento de los partidos democráticos, una vez más muchos demócratas olvidan que el descrédito que*

inocula la ideología de la derecha hacia los parti-
dos, es porque estos no le importan. Le estorban en
su afán de dominación. Para ella, el partido princi-
pal siempre será el poder del dinero; por eso, inclu-
so condena al subdesarrollo y la decadencia a las
fuerzas partidistas que la representan en el escena-
rio nacional, llegando a debilitar, dividir o asfixiar
a cualquiera de ellas en el caso que no sean de su
gusto sus decisiones u orientaciones estratégicas (pp.
71-72).

"Se extendió la noción que los partidos resultaban ser
más un obstáculo que un vehículo necesario para la renovación
democrática de la sociedad". En esto Escalona coincide con
Jocelyn-Holt en cuanto a que los líderes de la Concertación son
gesticuladores que administran un neoautoritarismo. Coincide
también con el general Carlos Prats en cuanto a que, dentro de
las demarcaciones del sistema imperial, "el principal papel jugado por los partidos políticos ha sido tradicionalmente el de
servir de 'aspiradoras' de la gran masa de electores independientes en las elecciones presidenciales, parlamentarias y
edilicias". Todo tiene que cambiar para que siga igual.

Escalona dice "...incluso condena al subdesarrollo y la
decadencia a las fuerzas partidistas que la representan en el
escenario nacional, llegando a debilitar, dividir o asfixiar a cualquiera de ellas". De este modo, la Concertación aparece como
un conglomerado de cuerpos esmirriados, anémicos y cianóticos
que demuestra, no obstante, una extraordinaria fortaleza, cohesión, articulación y unidad al expresar la utopía política del
socialismo. El "alma" socialista resulta ser vastamente superior
a su cuerpo. Comparemos pasajes de Escalona y de Luis
Maira[21]. Maira es uno de los "transversales" fustigados por
Escalona:

Escalona:
Hablar de democracia significa oponerse a la omni-
potencia del mercado y gobernar el proceso de glo-

balización, por cuanto la acción ciega y persistente de su lógica de funcionamiento reproduce un tipo de sistema económico en que prevalecen las ambiciones y propósitos de cada cual, sin respeto por las personas y sus derechos básicos. La derecha pretende que la sociedad se convenza que existe un único, rígido y excluyente proceso de globalización, la globalización de los negocios, en la cual enormes masas de capital succionan la riqueza de las naciones y desconocen los derechos de los trabajadores.

Cuando se trata de temas valóricos y de principios referidos al ser humano y sus derechos inalienables, que se oponen precisamente al imperio de la ley de la selva en las relaciones sociales; derechos, principios y valores que han adquirido vigencia universal, entonces la derecha cambia su rostro y aparece sin sutilezas su fisonomía autoritaria. Para los negocios la derecha se globaliza, para los derechos humanos se enrosca en una dura caparazón seudo-patriótica. Tanto desde el punto de vista ideológico como práctico, la derecha no está dispuesta a reconocer que el mercado promueve una competencia entre "desiguales", y por tanto, impone una relación social que no puede sino ensanchar y agudizar la brecha que separa a unos de otros, hasta extremos insoportables para las personas. Es allí donde surge, adquiere sentido y vigor la política, más exactamente, la política para someter al control humano y al interés social las irracionalidades del mecanismo económico (pp. 160-161).

Maira:

Y quisiera señalar para evitar equívocos que no hay ninguna duda que la vida es más rica, más variada y se hace en mejores condiciones cuando existen elementos con los cuales satisfacer las necesidades materiales. Pero creo que, a medida que el siglo transcurre, se hace igualmente dramática la compro-

bación que la pura satisfacción material de las ca-
rencias humanas genera insatisfacción y vacíos
existenciales, genera una angustia en las mujeres y
hombres que van teniendo que solucionar estas nece-
sidades materiales sin que vaya acompañado este
proceso por un enriquecimiento de su vida, de las
relaciones afectivas, de la solidaridad y la fraterni-
dad humanas. Y estas insuficiencias que hoy sentimos
con tanta fuerza siguen constituyendo una gran de-
manda y representan un gran desafío en la lucha
política por el cambio, por el cambio del hombre, por
el cambio del mundo. Yo creo que en la izquierda la
valorización de la renovación no puede significar el
dar por bueno el modelo neoliberal. Pienso que se
trata de un proceso más general, una tendencia a la
renovación que atraviesa a todas las corrientes del
pensamiento humano. Hay una renovación de la
derecha y yo me felicito que empecemos a tener una
derecha democrática, consecuente con la adhesión a
los valores y principios de distribución del poder
político, al respeto de la opinión de la mayoría que
es esencial, de los métodos democráticos que antes
ellos simplemente no apreciaban. Es muy importante
que haya una derecha que en lugar de golpear a los
cuarteles esté dispuesta a competir por la voluntad y
la conciencia de la mayoría de la población (pp. 76-
77).

En comparación con Escalona, en Maira es evidente la
valoración positiva de la productividad librecambista cuando
indica que "la vida es más rica, más variada y se hace en
mejores condiciones cuando existen elementos con los cuales
satisfacer necesidades materiales". Acompañado esto con la
bienvenida que da a "una renovación de la derecha", su indicación de que "en la izquierda la valorización de la renovación
no puede significar el dar por bueno el modelo neoliberal" no
puede entenderse como negación del mercado como mecanismo de creación y asignación de recursos para mejorar la ca-

lidad de vida de la población. Más bien parece apuntar a un entendimiento entre la derecha democrática y un socialismo preocupado por introducir el bienestar espiritual en una posible convivencia social regida por la cooperación más allá de consideraciones ideológicas. Esta actitud es, sin duda, la base del "partido transversal".

Dos posturas ante una cuestión crucial como los efectos sociales del librecambio. ¿Cuál es la postura socialista "auténtica"?

A pesar de la animadversión al mercado en Escalona frente a la contemporización de Maira, ambos coinciden en introducir consideraciones éticas para "gobernar el proceso de globalización" y "someter al control humano y al interés social las irracionalidades del mecanismo económico".

Implícita en esta convergencia está el reconocimiento de que la sociedad debe ser administrada según los más altos niveles tecnocráticos de eficiencia ante la extraordinaria complejidad del "proceso de globalización" para morigerar las "irracionalidades del mecanismo económico". Frente a este tecnocratismo, la función cómica de la tendencia socialista representada por Escalona está en erigirse como conciencia ética de la Concertación, señalando constantemente las carencias de su política. A esto parece referirse Escalona con su afirmación de que "es allí donde surge, adquiere sentido y vigor la política, más exactamente, la política, para someter al control humano y al interés social las irracionalidades del mecanismo económico".

Inercia política, tecnocratismo y la creación de una Cultura de Derechos Humanos

Examinados los condicionamientos que originaron la transición a la democracia en Chile, ese tecnocratismo "transversalista" parece ineludible. A la vez, debemos considerar que las dimensiones políticas y tecnocráticas de ese condicionamiento han gravitado fuertemente sobre la tarea pendiente de crear una cultura nacional consciente y respetuosa de los Derechos Humanos.

428

En la medida en que la transición fue un pacto multilateral circunscrito por los designios imperiales, la oposición estaba forzada a un acuerdo con los sectores castrenses y civiles del régimen militar. Como lo señalaban Angel Flisfisch y Carlos Ominami en ese simposio en el Woodrow Wilson International Center de 1989, para ello el lugar común más viable para la convergencia de los oponentes era la eficiencia técnico-administrativa en la mejora y continuación del modelo económico neoliberal impuesto por la dictadura. Las repercusiones de este lugar común redundarían obligatoriamente en la modernización general del funcionamiento de la burocracia estatal –el proyecto de "modernización del Estado" actualmente en progreso.

En estas negociaciones nunca podría el PS ejercer su tarea potencial de conciencia ética efectiva porque sus masas militantes estaban sobrecargadas de dolor por la represión de la dictadura, ansiosas de justicia. Precisamente su sed de justicia las hace "nostálgicas e irrelevantes" como lo comprueba la tardanza con que el PS superó su extrema fragmentación a última hora, para integrarse al bloque de gobierno. En el esquema de "correlación de fuerzas políticas" de la transición esa forma de conciencia ética del PS no podía ejercerse si es que el partido deseaba mantenerse dentro de la coalición de gobierno. Por tanto, son las masas socialistas las que la Concertación debía paralizar, no la militancia DC, que nunca fue reprimida en el mismo grado. Tampoco eran las masas comunistas; contra ellas el primer gobierno de la Concertación se premunió de su propio aparato de seguridad, la Oficina de Seguridad.

Estas fueron las circunstancias que estrecharon el tratamiento de la problemática de los Derechos Humanos en Chile casi exclusivamente a esas dos esferas –la política y la técnico administrativa. Es decir, a dos órdenes de actividad –a las presiones y negociaciones cupulares que los oponentes puedan ejercer sobre los componentes de la Sociedad Política y el Estado bien para lograr Justicia "en la medida de lo posible" o para asegurar impunidades; o a los diseños curriculares con que el personal técnico del Ministerio de Educación pueda orientar los planes y programas de las escuelas chilenas y el apoyo metodológico que puedan dar a las escuelas de pedagogía y al profesorado en momentos en que hay una conciencia aguda y generalizada de la mala preparación técnica del profesorado chileno.

Sin embargo, la creación de una cultura consciente y respetuosa de los Derechos Humanos implica tareas que rebasan todo marco político-institucional y burocrático. No se trata sólo de reconstruir una confianza en el Poder Judicial chileno y en el imperio de la ley en democracia. Se trata de buscar maneras de promover y fijar permanentemente en la psiquis de la población actitudes subliminales que en los azares y las acciones rutinarias y automáticas de la cotidianeidad para que una conciencia moral impulse a los individuos a respetar la dignidad de las personas como reacción espontánea e imperativa, expresada aun en los actos más nimios de la cotidianeidad. A nivel racional, sin duda en esto tiene influencia decisiva toda directiva y apoyo curricular y metodológico que pueda aportar el personal técnico del Ministerio de Educación. No obstante, el tiempo de permanencia de los educandos en la sala de clases es menor que el resto de sus experiencias cotidianas menos formalizadas, fuera de las aulas. Esto requiere la participación decidida y organizada de la Sociedad Civil por iniciativa propia, independiente.

Insistimos en entender el estrechamiento de la cuestión Derechos Humanos a lo político-burocrático-administrativo. Al hacerse cargo de la administración del Estado, la Concertación se encontró con un aparato burocrático enormemente reducido, desfinanciado, con personal mal pagado, desprestigiado por diecisiete años de desprecio neoliberal por la gestión social del Estado, sin misión profesional, sin iniciativas innovadoras y, por tanto, profundamente desmoralizado[22]. Con esta burocracia la Concertación debía mantener y expandir la inserción de la economía chilena en el mercado mundial, reorientar la política pública para compensar "la deuda social" legada por el régimen militar –el deterioro de los servicios de bienestar público dependientes del Estado. Todo esto con la intención de que un mayor gasto en bienestar social realmente resultara en mejor atención y beneficios efectivos al público y no fuera absorbido por el costo burocrático. Junto con este requisito básico, el gobierno se vio forzado a restaurar la confianza en sí misma de la burocracia mejorando sus salarios y asegurando algún grado de seguridad de empleo.

Para navegar estos condicionamientos el gobierno ocupó los cargos públicos con tecnócratas en su mayoría doctorados en el extranjero. A su vez éstos optaron por contratar a honorarios especiales a expertos similares para diseñar e implementar las directivas de los equipos técnicos. Debido a las limitaciones ya esbozadas, dicha "perpectiva rechazaba la idea de una gran reforma administrativa y concebía el cambio como un proceso gradual, compuesto de iniciativas parciales factibles de ser implementadas sin grandes modificaciones legales y donde los incentivos, las demandas y las orientaciones sobre los gestores institucionales jugarían un papel central. El sentido final que se otorgó a este proceso fue el de desarrollar una nueva cultura organizacional orientada a los resultados y a la satisfacción de los usuarios" (Marcel y Tohá, p. 602). Por tanto, se "reafirmó el criterio de no fijar los reajustes de remuneraciones de acuerdo con la evolución de la productividad y la inflación futura, sino que se desarrollaron instrumentos específicos para ligar remuneraciones con responsabilidad y desempeño" (Marcel y Tohá, p. 604).

La tecnocracia ha llevado a cabo estas tareas evitando la consulta con la burocracia de carrera, con los representantes de los gremios de funcionarios estatales y profesionales y, muy especialmente, sin consultar a las dirigencias de los partidos políticos de la Concertación. Esta estrategia fue posible por la desmoralización generalizada de la burocracia estatal y de los gremios, por la sumisión a la autoridad insuflada en toda la ciudadanía por el régimen militar y la sostenida campaña de denigración de la actividad política:

Desde una posición de súbditos, las personas se relacionan con el aparato público al quedar sometidas a la regulación y al ejercicio del mando por parte de

*las autoridades. Este es un ámbito en que los años de
gobierno militar calaron hondo. En Chile existe un
sometimiento de las personas al poder y la demanda
de la autoridad que no se ha aminorado con el cambio democrático. Aparentemente, mientras las autoridades no incurran en situaciones de corrupción que
las invaliden moralmente, los ciudadanos están dispuestos a someterse a su mando. Aún no se produce
una demanda por información acerca de la actividad
de las instituciones públicas ni se espera de las autoridades rendición de cuentas respecto de su gestión* (Marcel y Tohá, pp. 613-614).

Con esto quedan confirmadas una vez más las suposiciones del *Informe Rettig* y del *Informe 2002* del PNUD –la
población chilena no se piensa a sí misma como nacionalidad-
sujeto activo de Derechos Humanos y de la responsabilidad de
mantenerlos y ampliar su efectividad en todo su entorno de
acuerdo con criterios informados y razonados. La Sociedad
Civil se ha entregado pasivamente al aparato político-estatal:
"El espacio para la creación de otras instancias de la sociedad
civil parece aún precario, y en ello tiene también responsabilidad el Estado al no reconocer la interlocución de organizaciones sociales distintas de las tradicionales, que son más informales, políticamente menos controlables, y agrupadas en torno a
temas de interés común o a propuestas culturales más que a
pertenencias gremiales" (Marcel y Tohá, p. 614). Aquí reside
el mayor obstáculo para la creación de una cultura respetuosa
de los Derechos Humanos.

Esos espacios de iniciativa demandan el compromiso
activo de organizaciones de la Sociedad Civil, "las organizaciones sociales distintas de las tradicionales, que son más informales, políticamente menos controlables, y agrupadas en torno a
temas de interés común o a propuestas culturales más que a
pertenencias gremiales" de que hablan Marcel y Tohá. Que
sepamos, no existen iniciativas para promover grupos que con-
tribuyan a la creación de una conciencia *práctica* de Derechos

Humanos al micronivel de barrio y vecindario.

Además de una instrucción formal en aspectos fundamentales del Derecho Internacional, una conciencia de los Derechos Humanos para una evaluación crítica del entorno está directamente relacionada con la experiencia inmediata de la calidad de la vida diaria. La cotidianeidad es el espacio donde se jugará la posibilidad de crear una cultura chilena consciente y respetuosa de los Derechos Humanos. En la medida en que la Sociedad Civil no se movilice masiva y solidariamente para intervenir en la calidad de la vida ella nunca existirá. Por sus propias inercias la modernización neoliberal estructura una cotidianeidad que, sobre la base infraestructural chilena, atenta contra la calidad de la vida y tiende a derrotar las aspiraciones a mejorarla.

En las ciudades principales de Chile no hay correlación de proximidad entre las zonas de residencia y de trabajo. Por ello el trabajador común gasta en transporte una buena parte del tiempo que podría dedicar a su familia y al cuidado de su entorno vecinal inmediato. Junto con la escasez de recursos de las municipalidades en que se localizan los sectores de ingresos más bajos, esto se traduce en la acumulación de basurales y animales vagos en la vía pública que ningún grupo voluntario de vecinos recoge, limpia o despeja. Las paredes de los vecinos que se preocupan de la apariencia de sus hogares son rayadas por muchachos que vagan sin supervisión. La solución de hacer cada vez más accesible la compra de un auto agrava el atochamiento de una infraestructura anticuada de calles y caminos que no fueron diseñados para un gran volumen de tráfico. La contaminación ambiental resultante hace irrespirable el aire, afecta especialmente la salud de los niños y los ancianos, cubre de costras inmundas los espacios públicos y los edificios. El trabajador vuelve a su hogar cubierto de sudor mugroso y ropa maloliente. El alto desempleo inevitable en la economía neoliberal genera cantidades de pordioseros que en los buses y en las calles recaban caridad con lacrimosas historias de infortunio y poses de intenso sufrimiento. ¿Tenemos el dinero suficiente para conmiserarnos con cada uno de ellos?

Muchos enfrentan el desempleo crónico con la criminalidad del narcotráfico y el saqueo de la propiedad privada con organización y armamento que recuerdan los operativos militares de la época de la dictadura. Hay poblaciones marginales o sectores de poblaciones controladas por bandas de narcotraficantes que mediante el terror paralizan toda iniciativa de los vecinos para proteger a los niños y la propiedad. Muchas de estas poblaciones se originaron con la estrategia de la dictadura de erradicar los campamentos de pobladores cercanos a los sectores acomodados para concentrarlos en lugares lejanos y aislados, política cercana al "apartheid" sudafricano. Allí la policía no puede entrar o no tiene personal suficiente para mostrar la presencia de la ley e imponerla. Se trata de territorios "donde el Estado es sólo teoría".[23]

Sobrevivir en esta cotidianeidad fuerza a las personas a encallecer sus sentimientos y sujetar sus impulsos solidarios, a mantener una alerta agresiva y defensiva, a desconectarse dormitando en los largos viajes en los buses. Cuando el trabajador de las bajas clases medias retorna a los condominios en que ha comprado una casa modesta, se siente amenazado por los criminales que incursionan desde los campamentos circundantes. En defensa de estos condominios se han dado batallas campales contra los pobladores y aun linchamientos de criminales capturados por vecinos.[24] La Derecha acentúa este nihilismo desprestigiando a los gobiernos democráticos por ser "blandos" con la criminalidad, fomentando una nostalgia por el "orden y la seguridad ciudadana que se gozaba" durante la dictadura.

En última instancia las Fuerzas Armadas, especialmente el Ejército, son las únicas instituciones que difunden un discurso sistemático de franca cohesión nacional(ista). Lo hacen, no obstante, proclamándose superhombres instalados más allá de la ley y para vilipendiar el movimiento de Derechos Humanos. Lo caracterizan como residuo del resentimiento de subversivos derrotados. La celebración de los "héroes nacionales" del deporte al parecer es el único espacio restante para un sentimiento espontáneo de cohesión nacional. Los medios de comunicación, controlados en su mayoría por la Derecha, reiteran los triunfos deportivos por largos períodos para fijar en ellos la atención masiva y compensar tácitamente el enorme cúmulo de carencias cotidianas.

En este contexto, ¿puede la imaginación poética llegar a concebir que alguna vez pueda nacer una cultura consciente y respetuosa de la dignidad de las personas y del imperio de los Derechos Humanos?

Notas

1.- Robert Brophy and Peter Zirnite, "U.S. Military Training for Latin America". *Foreign Policy in Focus,* Volume 2, Number 48, October, 1997, p. 2.

2.- United States General Accounting Office. Report to the Ranking Minority Member, Committee on National Security, House of Representatives, *School of the Americas. U.S. Military Training for Latin American Countries.* GAO/NSIAD-96-178, August, 1996. Las traducciones son mías.

3.- John L. Romjue, *American Army Doctrine for the Post-Cold War* (Fort Monroe, Virginia: Military History Office, United States Army Training and Doctrine Command< TRADOC Historical Monograph Series, 1996).

4.- Roberto Moore, *The Hunt For Binladen Task Force Dager* (New Yor: Ballantine Books, 2003).

5.- Johanna Mendelson Forman and Claude Welch, *Civil-Military Relations: USAIDS Role* (Washington, D.C.: Center for Democracy and Governance, Technical Publications Series, July 1998). Las traducciones son mías.

6.- "Discurso del Comandante en Jefe, General de Ejército Ricardo Izurieta Caffarena, con motivo del encuentro con el mundo académico y cultural" (Santiago, 22 de agosto del 2001). http://www.ejercito.cl/htm-generado/20.html

7.- "Discurso del Comandante en Jefe del Ejército Juan Emilio Cheyre Espinosa, con ocasión del encuentro con personalidades del ámbito académico y cultural". (Santiago, 24 de octubre del 2002). http://www.ejercito.cl/htm-generado/88.html

8.- Alfredo Jocelyn-Holt Letelier, *El Chile perplejo. Del avanzar sin transar al transar sin parar* (Santiago de Chile: Editorial Planeta Chilena, 1998).

9.- Carlos Prats González, *Memorias. Testimonio de un soldado* (Santiago de Chile: Pehuén Editores Limitada, 1985).

10.- José Galiano, *Derechos Humanos. Teoría, historia, vigencia y legislación. Tomo I – Teoría e historia* (Santiago de Chile: LOM – ARCIS, 1996).

11.- Patricia Politzer, *El libro de Lagos* (Santiago de Chile: Ediciones Grupo Zeta, 1998).

12.- Camilo Escalona, *Una transición de dos caras. Crónica crítica y autocrítica* (Santiago de Chile: LOM Ediciones. Colección Sin Norte, 1999).

12- Edgardo Boeninger, *La democracia en Chile. Lecciones para la gobernabilidad* (Santiago de Chile: Editorial Andrés bello, 1997) p. 429.

14.- Ascanio Cavallo, *La historia oculta de la transición.Memoria de una época* (Santiago de Chile: Editorial Grijalbo S.A., 1998).

15.- Anthony Summers with Robbyn Swan, *The Arrogance of Power. The Secret World of Richard Nixon* (London: Victor Gollancz, 2000).

16.- Patricio Aylwin, *El reencuentro de los demócratas. Del golpe al triunfo del NO* (Santiago de Chile: Ediciones Grupo Zeta, 1998).

17.- Hernán Vidal, *Frente Patriótico Manuel Rodríguez. El tabú del conflicto armado en Chile* (Santiago de Chile: Mosquito Ediciones, 19). Todas las observaciones sobre el FPMR de esta sección provienen de este trabajo.

18.- Estas observaciones provienen de Hernán Cubillos, "Los Grandes Problemas de la Política Exterior Entre 1973 y 1986"; Mario Barros, " La Diplomacia Chilena Durante el Régimen Militar" en Gonzalo Vial (editor), *Análisis crítico del régimen militar* (Santiago de Chile: Universidad Finis Terrae, 1998).

19.- En cuanto al sentido social de la comedia sigo a Northrop Frye, "A Theory of Myths". *Anatomy Of Criticism* (New York: Atheneum, 1966).

20.- Genaro Arriagada en Gonzalo Vial (editor), *Análisis crítico del régimen militar* (Santiago de Chile: Universidad Finis Terrae, 1998).

21.- Luis Maira/Guido Vicario, *Perspectivas de la izquierda latinoamericana. Seis diálogos* (Santiago de Chile: Fondo de Cultura Económica, 1991).

22.- Mario Marcel y Carolina Tohá, "Reforma del Estado y de la Gestión Pública". *Construyendo opciones: propuestas económicas y sociales para el cambio de siglo* (Santiago de Chile: CIEPLAN; Ediciones Dolmen, 1998).

23.- Marcela Ramos A. y Juan A. Guzmán de Luigi, *La guerra y la paz ciudadana* (Santiago de Chile: LOM Ediciones; Colección Nuevo Periodismo, 2000).

24.- Ramos y Guzmán de Luigi, Capítulo I "Botón de Pánico", *op. cit.*

LAS CAPELLANÍAS CASTRENSES DURANTE LA DICTADURA
fue impreso en los talleres gráficos
de MOSQUITO Comunicaciones Ltda,
Miguel León Prado 182, Santiago de Chile
Fono/Fax: 5565508
e mail: mosquito@netexpress.cl
en el mes de febrero del año 2005.
Se imprimieron 1.000 ejemplares.
Interiores en papel Bond 24 de 80 grms.
Portada en cartulina reverso blanco 240 grs.
En la producción participaron:
Hernán Vidal, autor de los textos
Alvaro Hoppe, fotografía
Cristian Cottet, coordinación técnica
Carolina Martínez, pre-prensa
Juan Loyola prensista
Cristian Hernández, encuadernación
Raimundo Cottet, fotomecánica
Julio Sasmay, relaciones internacionales
José Villar, administración.